정신개벽의
# 일원상 공부
| 증보판 |

정신개벽의
# 일원상 공부
| 증보판 |

방길튼 지음

WONBOOK 원불교출판사

**증보판은**

〈일원상 서원문〉의 "유상으로 보면 상주불멸로 여여자연하여 무량세계를 전개하였고" 대목을 중심으로 의미를 보완하고, 풍성해질 수 있는 몇 가지 내용을 덧붙였으며, 표현 또한 다듬어 정리하였다.

| 일러두기 |

1. 정전 판본은 『원불교 정전』 한자표기(원불교출판사 1999.7.31. 발행)를 기준으로 한다.

2. 『정전』의 띄어쓰기는 『원불교 정전』 한자표기에 따른다.
   특히 한문 용어는 주로 붙여 쓴다. 예) 원만구족 지공무사, 천지만물 허공법계

3. 『정전』의 장과 절의 표기는 장은 「 」, 절은 〈 〉로 구분한다.
   예) 제1장 제1절 일원상의 진리 → 〈일원상의 진리〉 단, 문장에 따라 '일원상의 진리'로도 표기한다.
   제2장 교법의 총설 → 「교법의 총설」

4. 월말통신, 월보, 회보 등 잡지류는 《 》으로 표기한다.

5. [ ]은 원문 출처와 한자 및 글쓴이의 설명 등을 표기한다.

6. 호칭은 소태산 대종사, 소태산, 정산 종사 등으로 통일한다.

7. 대칭적인 문구는 상호 대칭적 띄어쓰기를 한다.
   예) 가고 오고 주고 받는
   예) 분별 없는 자리, 분별 있는 자리

8. 공부심, 공부길, 공부밭 등은 고유명사로 사용한다. 또한 본원처, 관조처, 의지처, 신앙처 등도 고유명사로 붙여 쓴다.

9. '바탕하다'는 '바탕 하다', '바탕을 두다', '바탕으로 하다' 등으로 경우에 따라 사용한다. '기반하다' 등도 이에 따른다.

10. '이다'체를 주로 사용하되 교감을 유도할 때는 '입니다'체를 혼용한다.

| 여는말 |

# 정신개벽의
# 일원상 공부

　소태산 대종사는 수행 및 적공을 공부 또는 마음공부라 달리 말한다. 또한 마음공부를 공부심工夫心이라 한다. 공부심은 초심자인 보통급도 있어야 하고 깊은 경지의 대각여래위도 놓쳐서는 안 된다. 공부심이 있어야 공부법에 따라 공부길에 들어서기 때문이다. 공부길은 공부심을 통해 밟을 수 있으며, 이 중 일원상 공부가 근본 중 근본이다.

　일원상의 진리에 기반해서 사은사요를 밟아가고 일원상의 진리에 바탕해서 삼학팔조를 실행해야 소태산의 공부길이 비로소 열린다. 만일 일원상에 근거하지 않으면 사은사요는 규범화되고 윤리화되며, 삼학팔조는 처세술이나 자기 관리법에 그치고 만다. 그러므로 일원상 공부는 공부 중 공부로써 마음공부의 기반이요 근원이며 원동력이다.

　**일원상 공부는 이제 막 시작한다고 해서 작지 않고, 경지가 높다고 그만둘 수 있는 공부가 아니다. 일원상 공부를 놓치고 외면하면 소태산의 공부길에서 멀어지게 된다. 일원상 공부는 보통급에서부터 발원해야 하고 공부가 깊어질수록 더욱 확고해야 한다.** 그러므로 알고자 하는 결심이 있어야 하고 터득하려는 분발심과 모르면 더욱 탐구하는 마음과 안되면 또 하고, 하는 정성이 요구된다.

　이런 중요성에 따라 일원상에 관한 연구를 『정신개벽의 일원상 공부』라는 이름을 붙여 그 공부 방법을 제시하였다. 높은 경지에서 조망하는 것이 아니라 한 봉우리 한 봉우리 올라가듯이, 그 단계 단계에 따른 궁금증과 실행해 본 것을 펼쳐 보인 것이다. 특히 일원상이 사은사요 삼학팔조로 전개되는 풍광도 소태산의 법문과 초기 교단의 논설 등으로 제시해 가고자 한다.

더군다나 물질개벽의 시대에 합당한 정신개벽을 펼쳐가기 위해서는 일원상의 공부가 필수적으로 요청된다. 정신개벽을 이루는 깨달음의 핵심 동력이 일원상 공부이기 때문이다.

예를 들면 「사요」의 지자본위智者本位는 고하高下가 없는 일원상에 기반하여 근본적으로 차별 있게 할 것이 아니라, 구할 자리에서 불합리한 차별에 끌리지 않고 그 구할 상황의 지자智者를 찾아 스승으로 삼는 공부이다.

이는 가장 탁월한 사람들이 다스리는 정치세력을 엘리트화·특권 계급화하는 플라톤이 추구했던 통치 원리의 한계도 극복하고, 지자智者마저도 돈으로 계량화하는 자본주의의 능력주의에 함몰되지 않기 위해서라도 일원상 공부가 더욱 요구된다.

『원불교교전』은 『정전』과 『대종경』으로 구성되어 있으며, 그 첫머리가 일원상(○)이다. 다시 말하면 『원불교교전』을 펼치면 첫 장에 일원상이 전면에 등장한다.

일원상은 일원회상一圓會上의 신앙의 대상이요 수행의 표본이며, 일원상에 근원하여 사은사요와 삼학팔조가 펼쳐진다.

그러므로 소태산 대종사의 대각인 일원대도一圓大道와 눈이 맞으면 사은사요가 일원상의 진리에 근원해서 전개되고, 삼학팔조가 일원상의 진리에 바탕으로 하여 펼쳐지게 된다. 또한 『정전』 수행편의 훈련법과 수행법이 다 일원상의 진리가 발현되는 공부가 될 것이다.

『정전』 제2 교의편 제1장 일원상을 받아들여야 소태산의 공부길이 정립되며 그 길에 제대로 들어설 수 있다. 한마디로 소태산의 가르침은 일원상을 체받아서 심신을 원만하게 작용하는 용심법用心法이다.

　원기109년(2024) 11월 7일에 사랑하는 어머니[華타원 박성향 正師]가 98세를 일기로 오랜 병고의 삶을 졸업하셨다. 어머니를 생각하면 아들은 해 드린 일이 별로 없는 죄송한 중생이다. 자식으로서 무력했던 불효에 조금이나마 만회코자 해도 딱히 할 일이 없었다. 그러다가 천도재 동안 공부를 해야겠다는 마음이 들었다. 그중에서도 일원상 공부에 적공하기로 다짐했다. 50대 중반 유튜브에 올렸던 일원상 강의 원고를 다시 정리하기로 했다. 일원상 공부의 적공이 어머니에게 못다 한 애달픔과 불효에도 감응이 되고 어머니의 천도 길에도 밝은 빛이 되기를 빌고 바란다.

　소태산 대종사 당대의 간행물인 《월말통신》에 '이야기'를 '이로울 이利' '약초 약藥'으로 표현하고 있다. 필자는 일원상 공부를 이야기하고 싶다. 일원상을 우리의 삶에 이로운 약이 되도록 공부심의 이야기로 펼쳐보고 싶다. 일원상 공부담을 나누는 공부심의 이야기꾼이 되고 싶으며, 일원상 공부법과 공부길을 안내하는 길잡이고 싶다. 그리하여 소태산 대종사가 대각하신 일원상의 봄소식이 우리 모두의 마음에 싹 트길 원한다.

　끝으로 유튜브 「길튼 교무의 정전이야기」에 올린 『정전』 교의편 제1장 일원상에 관한 필자의 묵은 강연 원고를 다듬어 1부 '일원상 공부'와 2부 '일원상 적공'으로 묶었으며, 《월말통신》《월보》《회보》 등에서 일원상에 해당하는 소태산 대종사의 법설과 제자들의 글을 모아 이해를 북돋는 해설을 덧붙여 3부 '일원상 법문'으로 묶었다.

원기110년(2025) 3월 1일
원고를 마무리하며
길산 방길튼 합장

| 머리말 |

# 물질개벽과
# 일원상의 정신개벽

소태산 대종사는 1916년 음력 3월 26일 일원대도一圓大道를 대각했다. 이를 대원정각大圓正覺이라 한다. 그리고 대각 직후 당시 시국을 살펴보고 "물질이 개벽되니 정신을 개벽하자"라는 표어를 주창한다.[『대종경』 서품 3장] 그러므로 소태산의 대각은 '정신개벽의 대각'이라 해도 과언이 아니다. 대각 후 공생애公生涯는 물질개벽에 따른 정신개벽의 깨달음에 이르도록 지도하는 삶이었다.

소태산의 구도 과정은 제국주의 침탈과 함께 물질문명이 유입되어 확산해 가는 과정의 목도였다. 이로 인한 민중들의 혼란과 고통을 살이 에이는 심정으로 접했다.

특히 구도지였던 영광, 법성, 고창, 부안 일대는 새로운 시대를 갈망하고 추돌했던 동학농민혁명의 민초들이 과학기술에 기반한 일제日帝의 신무기에 의해 처참하게 몰살당한 후 그 좌절의 심정을 묻었던 현장이요 이러한 처참함을 위로하고 한편은 새롭게 다시 일어서려는 의지의 땅이었다. 소태산은 그 엄청난 탄압의 자취와 더불어 새롭게 도약하려는 기운을 한발 한발 숨죽이며 보고 듣고 겪었고 받아들였다.

그리고 법성포를 위시하여 칠산 바다 일대에 물질문명이 유입되는 거대한 흐름을 마치 풍랑을 맞듯이 당면한다. 일대 전환의 물질문명의 미래시대를 직감한 것이다.[『원불교교사』 '일대 전환의 시대' 참조]

소태산은 경험하지 못한 물질문명이 밀려드는 시기를 겪으면서 '이 일을 장차 어찌할꼬'라는 절박한 심정으로 구도했다. 이러한 처절한 구도 역정을 거쳐 내놓은 해법이 물질개벽에 따른 정신개벽의 마음공부이다.[방길튼, 『소태산 영광을 수놓다』 참조]

치열한 구도 끝에 밤낮으로 염원했던 의심이 해결되지 못한 심사미정心事未定의 답답함도, 아들의 득도를 간절히 바라던 부친의 기대에 부응하지 못한 죄송함과 불효도 녹아냈고, 나라 잃은 서러움도, 나라를 지키려다 목숨을 잃고 나라를 찾기 위해 목숨을 바친 분들의 피눈물 나는 절망과 한계와 안타까움도 새로운 차원으로 해원하고 승화하여 풀어갔다.

물질문명에 기반한 제국주의의 침탈에 의한 약자와 약소국의 서러움도 이웃의 아픔과 망국의 슬픔도 녹아냈다. 소태산의 안목은 강자와 약자라는 계한界限마저 트인 것이다. 약자의 울분도 녹아났고 강자도 진정한 강자로 진화시킬 제도의 대상으로 품게 되었다. 조선의 독립도 이 선상에서 모색한다. 소태산은 이러한 안목을 일원상의 경지라 이름한다.

또한 소태산은 구도 과정에서 이인이나 도사라 자칭하는 수행자들이 사람의 길[人道]을 벗어나 신통하고 신비한 길로 유혹하여 둘림을 당하고 허망한 사태에 접한다. 이러한 구도 시의 경험에 따라 사람으로서 밟아갈 떳떳한 길인 인도상人道上 요법에 큰 자각이 생긴다.

**소태산은 물질개벽의 시대를 통찰하고 이를 향도할 정신개벽의 길을 제시한다. 이 중심에 당신이 대각한 일원상의 경지를 제시하며, 정신개벽을 하기 위해서는 일원상 공부가 동력이 되어야 한다고 강조한다.**

**물질문명이 발달하여 가는 시대의 과제 상황을 근원적으로 파악하고 해결해 가려면 과학기술 만능의 세계관과 이성의 잣대로 잴 수 있는 것만 받아들이는 경직된 이성주의 가치관과 이에 반동한 피안의 도피적 신비주의 및 힐링healing에 도취된 명상법을 넘어서야 한다. 그러기 위해서는 과학과 이성 및 신비에 매몰되지 않으면서 이를 파악하고 극복할 수 있어야 한다. 이성을 떠나지 않지만 이성에 획일화되지 않고, 과학문명을 배척하지 않지만 과학에만 경도되지 않고, 신비주의를 수용은 하지만 이에 빠지지 않는 경지를 확보해야 한다. 이러한 영육쌍전靈肉雙全의 안목을 소태산은 일원상이라 하였고 오랜 구도 끝에 대각하여 밝힌 경지다.**

소태산은 일원상의 경지에 기반한 마음의 힘을 기르고 갖추어야 과학과 결부된 물질문명을 수용하는 한편 극복도 할 수 있다고 주창한다. 소태산은 현대문명의 조류인 과학문명, 이성주의와 그 반동의 신비주의도 물질의 일종으로 본다.

소태산은 이 일원상에 근거한 마음의 경지를 '정신'이라 하였고 정신개벽을 주창한다. 또한, 대각 후 외친 "물질이 개벽되니 정신을 개벽하자"라는 개교표어처럼 물질개벽 시대에 물질의 세력을 항복 받고 물질을 선용善用하기[『대종경』 교의품 30장] 위해서는 일원상에 근거한 마음공부가 필요하다고 역설한다. 물질문명이 발달함에 따라 이에 상응하는 정신개벽이 진전해야 한다는 처방이다.[『정전』 '개교의 동기' 참조]

정신개벽은 일원상에 근거한 마음공부로 정신의 세력을 확장하는 것이다. 이러한 정신개벽을 꽃피우기 위해서는 일원상 공부가 절실히 요구되며, 일원상은 정신개벽의 핵심 동력이다.

소태산은 "즈선이 갱조선"[『대종경』 전망품 5장]으로 "정신적 방면으로는 장차 세계 여러 나라 가운데 제일가는 지도국이 될 것"[『대종경』 전망품 23장]이라고 전망했다.

결국 "우리나라는 정신의 지도국"[『한울안한이치에』]으로 정신개벽의 리더 역할을 할 것이라는 선언이다. 이는 일원상을 중심으로 삼아 정신개벽을 이루라는 바람과 다짐과 의지를 담고 있다.

일원상 공부는 소태산 대종사가 『정전』 「개교의 동기」에서 밝힌 '진리적 종교의 신앙과 사실적 도덕의 훈련'의 동력으로, 물질개벽시대에 물질의 세력을 항복받고 선용하는 정신개벽을 펼치어 광대무량한 낙원으로 인도하는 핵심 마음공부법, 용심법用心法이다. 일원상 공부는 정신개벽의 진행이요 일깨움이다.

**다시 말하면 정신개벽이 진척되어야 물질문명의 시대에 「개교의 동기」의 '광대무량한 낙원'을 가꾸어 갈 수 있다. 결국 소태산 대종사가 제시한 정신개벽의 일원상 공부는 개인의 해탈과 자유를 추구하는 데 그치는 것이 아니라 다 함께 다 같이 잘 살아가는 공도公道를 위하는 낙원 세상을 서원하는 중심 동력이다. 즉 일원상은 물질개벽과 정신개벽의 선상에서 탐구하고 실행해야 한다.**

**소태산 대종사가 당신의 깨달음[大圓正覺]을 직접 밝히고 그 내용을 담은 『정전』의 「일원상」 장을 차근차근 착실하게 공부해야 할 이유이다.**

## 차례

**여는말** 정신개벽의 일원상 공부 · 06
**머리말** 물질개벽과 일원상의 정신개벽 · 09

# 제1부 일원상 공부

## 제1장 일원상 · 21

「일원상」장의 구성과 정신개벽 · 23

🔍 더보기 | 손가락의 일원상과 참 달의 일원상 · 27

### 제1절 일원상의 진리 · 31

〈일원상의 진리〉 독송하기 · 32

'일원상의 진리' 구조 · 33

'일원상의 진리'의 주어, 일원 · 37

우주만유의 본원이며 · 42

🔍 더보기 | 우주만유의 본원과 한 체성 한 근원 · 46

제불제성의 심인이며 · 48

일체중생의 본성이며 · 52

대소유무에 분별이 없는 자리며 · 57

생멸거래에 변함이 없는 자리며 · 61

선악업보가 끊어진 자리며 · 66

언어명상이 돈공한 자리로서 · 70

공적영지의 광명을 따라 · 74

🔍 더보기 | 공적영지의 광명과 정신개벽 · 80

대소유무에 분별이 나타나서 · 83
　🔍 더보기 | 생멸거래에 변화가 역력하고 · 88
선악업보에 차별이 생겨나며 · 91
　🔍 더보기 | 선악업보의 차별 세계와 은혜 · 95
언어명상이 완연하여 · 100
　🔍 더보기 | 언어명상의 산책 · 105
시방삼계가 장중의 한 구슬같이 드러나고 · 109
진공묘유의 조화는 우주만유를 통하여 · 113
　🔍 더보기 | 진공묘유의 조화와 정신개벽 · 118
우주만유를 통하여 무시광겁에 은현자재 하는 것 · 121
　🔍 더보기 | 진공묘유의 조화와 은현자재 · 125
'일원상의 진리' 총괄 · 128

제2절 일원상의 신앙 · 133
　〈일원상의 신앙〉 독송하기 · 134
　일원상의 신앙과 그 필요성 · 135
　일원상의 신앙과 '믿으며' · 140
　본원으로, 심인으로, 본성으로 믿으며 · 144
　없는 자리로 믿으며 · 147
　그 없는 자리에서 공적영지의 광명을 따라 · 150
　대소유무에 분별이 나타나는 것을 믿으며 · 153
　선악업보에 차별이 생겨나는 것을 믿으며 · 157
　언어명상이 완연하여 시방삼계가 장중에 한 구슬같이 드러나는 것을 믿으며 · 161
　진공묘유의 조화는 우주만유를 통하여 은현자재하는 것을 믿는 것 · 165
　🔍 더보기 | 일원상을 신앙의 대상으로 모시는 공부 · 169

제3절 일원상의 수행 · 171

〈일원상의 수행〉 독송하기 · 172

일원상의 진리를 신앙하는 동시에 수행의 표본으로 삼아서 · 173

수행의 표본, 일원상 · 175

일원상과 같이 원만구족한 각자의 마음 · 179

일원상과 같이 지공무사한 각자의 마음 · 183

알자는 것이며, 또는 양성하자는 것이며, 또는 사용하자는 것 · 187

🔍 더보기 | 일원상과 같이 원만구족하고 지공무사한 마음과 정신개벽 · 191

일원상의 수행과 삼대력 · 194

일원상의 수행과 공·원·정 · 198

일원상의 수행과 온전한 생각으로 취사 · 202

🔍 더보기 | 원만과 온전 · 205


## 제4절 일원상 서원문 · 209

〈일원상 서원문〉 독송하기 · 210

일원상 서원문의 구조 · 211

언어도단의 입정처이요 · 216

🔍 더보기 | 언어도단의 입정처와 일심 · 221

유무초월의 생사문인 바 · 223

🔍 더보기 | 유무초월의 생사문과 일원상 게송 · 227

천지·부모·동포·법률의 본원이요 · 229

🔍 더보기 | 광활한 천지와 은혜 · 233

제불·조사·범부·중생의 성품으로 · 236

능이성 유상하고 능이성 무상하여 · 242

유상으로 보면 ~ · 246

무상으로 보면 ~ · 249

🔍 더보기 | 유상·무상과 원각가 · 255

사생의 심신 작용을 따라 육도로 변화를 시켜 · 264

🔍 **더보기** | 유상의 무량세계와 무상의 무량세계 • 268

우리 어리석은 중생은 • 272

이 법신불 일원상을 체받아서 • 275

🔍 **더보기** | 법신불 일원상을 체받는 공부와 정신개벽 • 280

수호하는 공부, 아는 공부, 사용하는 공부를 지성으로 하여 • 282

진급이 되고 은혜는 입을지언정 강급이 되고 해독은 입지 아니하기로써 • 286

🔍 **더보기** | 진급과 은혜, 강급과 해독 • 290

일원의 위력을 얻도록까지 서원하고 일원의 체성에 합하도록까지 서원함 • 292

🔍 **더보기** | 일원의 위력과 체성 그리고 정신개벽 • 296

'일원상 서원문' 내레이션 • 299

## 제5절 일원상 법어 • 305

〈일원상 법어〉 독송하기 • 306

일원상 법어의 구조 • 307

시방삼계가 다 오가의 소유인 줄을 알며 • 311

🔍 **더보기** | 우주의 본가와 일원상 • 316

우주만물이 이름은 각각 다르나 둘이 아닌 줄을 알며 • 322

제불·조사와 범부·중생의 성품인 줄을 알며 • 327

생로병사의 이치가 춘하추동과 같이 되는 줄을 알며 • 333

인과보응의 이치가 음양상승과 같이 되는 줄을 알며 • 337

원만구족한 것이며 지공무사한 것인 줄을 알리로다 • 341

이 원상은 육근을 사용할 때 쓰는 것이니 원만구족한 것이며 지공무사한 것이로다 • 345

🔍 **더보기** | 일원상으로 육근 사용하는 법 • 349

도형 일원상(○) 사용법 • 351

## 제6절 일원상 게송 • 355

〈일원상 게송〉 독송하기 • 356

소태산의 전법게송과 공전 • 357

유는 무로 무는 유로 돌고 돌아 지극하면 • 361

유와 무가 구공이나 구공 역시 구족이라 • 365

🔍 더보기 | 일원상의 노래, 게송 • 368

# 제2부 일원상 적공

## 1. 일원상과 교법 • 373

사은·사요 삼학·팔조와 일원상 • 374

의두요목과 일원상 • 380

반조와 일원상 • 382

고락과 일원상 • 384

인간과 일원상 • 386

시간과 일원상 • 390

천도와 일원상 • 393

영혼과 일원상 • 396

## 2. 일원상과 금강경 • 401

금강경 난코스와 일원상 • 402

사상의 변주와 일원상 • 408

사상의 해법과 일원상 • 413

## 3. 일원상과 주문 • 417

〈대각 일성〉 독송하기 • 418

대각 일성과 일원상 • 419

〈성주〉 독송하기 • 423

성주와 일원상 · 424

〈영주〉 독송하기 · 428

영주와 일원상 · 429

〈청정주〉 독송하기 · 434

청정주와 일원상 · 435

# 제3부 일원상 법문

## 일원상 관련 법문 1 · 440

「법설」 일원상을 모본하라 · 440

「법설」 삼대력 얻는 빠른 길 · 442

「법설」 일원상과 인간과의 관계 · 444

## 일원상 관련 법문 2 · 447

「논설」 신앙과 수양 · 447

「논설」 일원상에 대하여 · 451

「논설」 일원상의 유래와 법문(하) · 458

## 일원상 관련 법문 3 · 462

「감상」 승급의 인과 강급의 인 · 462

「감상」 이재문 군의 열반을 보고 더욱 인세의 무상을 감득 · 464

「감상」 원각가 · 467

## 일원상 관련 법문 4 · 470

「법설」 대우주의 본가를 찾아 초인간적 생활을 하라 · 470

「법설」 대지강산과 삼라만상이 모두 다 내 것이다 · 473

「법설」 시방삼계가 오가의 소유 • 476

「법설」 소태산 대종사 최후 법설 • 478

## 일원상 관련 법문 5 • 482

「법설」 우주만물은 곧 만능의 조물주이다 • 482

「법설」 천상락과 인간락 • 484

「법설」 사생과 육도 • 487

## 일원상 관련 법문 6 • 489

「법설」 일원상의 진리와 그 운용법 • 489

「초기 교서」 등상불 숭배를 불성 일원상으로 • 492

「법설」 편편법어 • 495

# 부록  일원상 명상

〈일원상의 진리〉 명상 • 500

〈일원상의 신앙〉 명상 • 504

〈일원상의 수행〉 명상 • 507

〈일원상 서원문〉 명상 • 511

〈일원상 법어〉 명상 • 514

〈일원상 게송〉 명상 • 519

## 맺는말
물질문명의 자본주의 시대에 더욱 필요한 '일원상 공부' • 522

## 참고문헌 • 524

# 제1부
# 일원상 공부

# 제1장 일원상

一圓相

『정전』
제2 교의편
제1장 일원상

# 「일원상」 장의 구성과 정신개벽

## 1. 「일원상」 장의 구성

『정전』 제2 교의편 제1장 「일원상」 장의 구성과 구조를 포괄적으로 살펴보자.

『정전』 「교법의 총설」에 따르면 일원상은 신앙의 대상이요 수행의 표본으로 삼아야 하는 정언명령定言命令이다. 소태산 대종사의 교법은 일원상으로부터 전개된다. 일원상에 근원하고 일원상에 기반하여 신앙과 수행으로 펼쳐진다.

「일원상」 장은 일원상의 진리, 일원상의 신앙, 일원상의 수행, 일원상 서원문, 일원상 법어, 게송[이후로 게송은 '일원상 게송'으로 명명한다]으로 구성되어 있다.

일원상의 진리를 전제하여 신앙하고 수행하며, 이 일원상의 진리를 체받아서 일원의 위력을 얻고 일원의 체성에 합하도록 서원하고, 이 일원상을 깨달았는지 여부와 실행 유무를 확인하고 확증하는 일원상 법어와 일원상의 내역을 집약한 일원상 게송으로 구성되었다.

일원상의 진리와 일원상의 신앙과 일원상의 수행은 정산 종사의 초안을 소태산 대종사가 감수하여 확정한 것이라고 전해 오며, 일원상 서원문과 일원상 법어 및 일원상 게송은 소태산의 친제親製이다. 그러므로 「일원상」 장은 소태산 대종사가 법통 제자인 정산 종사와 합심하여 이룬 법문 파노라마다. 이처럼 소태산은 제자의 공부와 적공을 열린 마음으로 수용하였다.

일원상은 『정전』 교의편 제2장 사은과 제3장 사요와 제4장 삼학과 제5장 팔조의 근원이다. 즉 일원상에 근거한 사은이요 일원상에 기반한 사요이며, 일원상을 바탕으로 한 삼학이며 일원상의 동력으로써 팔조이다. 그러므로 일원상을 체득하지 않고서 소태산의 교법을 체감하는 것은 어려운 일이다. 일원상 자리에서 전개되는 사은을 알아야 사은에 보은할 수 있고, 일원상 안목을 갖추어야 사요를 제대로 실천할 수 있으며, 일원상 자리를 떠나지 않아야 삼학이 힘을 갖추고, 일원상과 연결되어야 신·분·의·성으로 진행한다.

「일원상」장은 순서상으론 제1절 일원상의 진리, 제2절 일원상의 신앙, 제3절 일원상의 수행, 제4절 일원상 서원문, 제5절 일원상 법어, 제6절 일원상 게송으로 되어 있으나 내용상으론 '일원상 서원문'을 중심으로 전개하는 것이 적합하고 타당하다.

소태산 대종사의 친제인 일원상 서원문은 일원상의 내역 및 서원으로 구성되어 있으며, 일원상의 내역 부분은 일원상의 진리를 포괄하고 일원상 게송으로 다시 집약된다. 또한 일원상의 서원 부분은 일원상의 신앙과 일원상의 수행을 포괄하면서 일원상 법어로 확인하고 증명할 수 있다. 일원상의 내역은 일원상 법어의 큰 원상으로 확인하고, 일원상의 서원은 일원상 법어의 작은 원상 6개로 증명한다.

그리고 일원상 서원문은 일원상 게송으로 수렴되며 일원상 게송은 일원상 서원문으로 펼쳐진다. 이처럼 일원상 게송은 일원상 서원문의 집약이며 일원상 서원문은 일원상 게송의 전개라고 할 수 있다.

| | 일원상 서원문 | | |
|---|---|---|---|
| 일원상의 진리<br>일원상 게송 | ← | 일원상 내역 | → | '일원상 법어'의 큰 원상 |
| 일원상의 신앙<br>일원상의 수행 | ← | 일원상 서원 | → | '일원상 법어'의 작은 원상 |

그러므로 일원상의 진리는 일원상 서원문의 내역 부분과 원융圓融하게 하나로 녹아나며, 일원상의 신앙과 일원상의 수행은 일원상 서원문의 서원 부분으로 펼쳐진다. 그러므로 「일원상」장은 '일원상 서원문'을 중심으로 이해되어야 한다.

일원상의 진리든 일원상의 신앙이든 일원상의 수행이든 다 일원상 서원문에서 읽혀야 한다. 그리고 일원상 서원문은 일원상 법어로 통하고 일원상 게송으로 상통한다. 만일 일원상의 진리이든 일원상의 신앙이든 일원상의 수행이든 일원상 서원문으로 독해되지 못한다면 일원상을 확연히 이해하지 못한 것이다. 소태산 대종사가 밝혀 주신「일원상」장을 상호 관통되도록 포괄해서 이해해야 한다.

일원상은 고정된 명사가 아니다. 일원상은 깨어있는 경지를 동명사화한 것이다. 일원상은 마음 밖에 따로 존재하는 게 아니라 마음과 우주가 둘이 아닌 여실한 실상이다. 이러한 일원상을 신앙의 대상과 수행의 표본으로 삼으라는 것이다. 일원상은 마음보다 위상이 더 높은 어떠한 실체도 아니요, 마음을 지배하는 어떠한 존재도 아니요, 우주만유를 창조하고 주재하는 그런 존재도 아니다. 깨어있는 그 자체이나 그 자체도 없는 무어라 할 수 없는 경지이다.

소태산은 이러한 일원상을 실생활에 연락시키라고 당부하였다.[『대종경』 교의품 5장] 만일 일원상이 실생활과 연락되지 못한다면 문제 상황에 부닥치게 된다. 이 점이 숙제요 당면 과제이다. 그러므로 일원상 서원문처럼 일원상의 내역[법신불 일원상]을 쳐받아서 일원상의 서원으로 전개하자는 것이다.

## 2. 정신개벽의 근원, 일원상

일원상은 "물질이 개벽되니 정신을 개벽하자"는 개교표어의 근원이다.

소태산은 이 일원상을 정신개벽의 근원 동력으로 삼도록 하였다. 왜냐하면 정신은 〈일원상의 진리〉의 '공적영지의 광명'이요 '진공묘유의 조화'가 발현되는 경지이기 때문이다.

공적영지의 광명은 '정신개벽'의 정신이다. 즉 정신은 '맑은 정精' '신령할 신神'으로 "마음이 두렷하고 고요하여 분별성과 주착심이 없는 경지"[『정전』 정신수양의 요지]이다. '공적영지의 광명'의 공적空寂한 경지가 맑고 청정한 정신으로 발현하고 영지靈知의 광명이 신령하게 깨어있는 정신으로 발현하는 것이다.

그러므로 정신개벽은 공적영지의 광명인 일원상의 진리에 근원하여 전개하는 마음공부이다.

또한 진공묘유의 조화가 '정신개벽'의 근원이다. 맑고 신령한 정신精神은 텅 비었으되 그 텅 빈 자리가 묘하게 있으면서 작용하는 경지이다. 이처럼 정신개벽의 정신은 진공묘유의 조화인 일원상이 발현되는 경지로, 이 진공묘유의 조화에 근원하여 정신의 경지를 열고 또 열어 개벽하자는 것이다.

또한 〈일원상의 수행〉의 '원만구족하고 지공무사한 각자의 마음'과 〈일원상 서원문〉의 '언어도단의 입정처이요 유무초월의 생사문'도 정신개벽의 근원 동력이다.

**일원상은 공적영지의 광명이요 진공묘유의 조화이며, 원만구족하고 지공무사한 각자의 마음이요, 언어도단의 입정처이요 유무초월의 생사문이다. 이러한 일원상에 바탕을 둔 마음공부 즉 일원상 공부는 깨어있는 공부요, 정신을 차리고 정신을 챙기는 공부이며, 유념이요 또한 무념 공부이며, 매사에 주의하는 공부이다.**

### 3. 일원상 공부와 제생의세

물질개벽의 시대가 진행될수록 정신개벽은 더욱 요청된다.[『정전』 제1 총서편 제1장 「개교의 동기」] 또한 이러한 정신개벽의 중추로 일원상을 신앙의 대상과 수행의 표본으로 삼도록 한다.[『정전』 제1 총서편 제2장 「교법의 총설」]

소태산은 정신개벽의 마음공부로 『정전』 교의편에서 일원상에 근원을 둔 인생의 요도 사은·사요와 공부의 요도 삼학·팔조의 교법과 『정전』 수행편에서 일원상에 바탕을 둔 구체적인 수행법을 제시한다.

일원상에 근원한 정신개벽의 마음공부를 할 때 물질문명을 선용善用하고 항복받을 수 있으며, 물질개벽에 따라 발생되는 온갖 문제도 해결해 갈 수 있다.[『대종경』 교의품 30장]

더 나아가 물질문명과 정신문명을 병행토록 하여 개인·가정·사회·국가·세계가 제생의세濟生醫世의 길에 들도록 인도한다.[『대종경』 교의품 31·32장]

## 🔍 더보기

### 손가락의 일원상과 참 달의 일원상

『정전』 제2 교의편 제1장은 「일원상」이다.

일원상一圓相은 소태산 대종사의 대원정각大圓正覺의 경지로, 「교법의 총설」에서 "법신불 일원상을 신앙의 대상과 수행의 표본으로 모시고"라고 제시한다.

이처럼 소태산 대종사가 제시한 신앙과 수행의 중심축은 일원상이다. 이 일원상에 따라 신앙하고 수행하는 것이 정로正路이다.

**첫째, 상징으로써 일원상이다.**
소태산은 도형 일원상과 참 일원을 제시한다.
"저 원상은 참 일원을 알리기 위한 표준이라, 비하건대 손가락으로 달을 가리킴에 손가락이 참 달은 아닌 것과 같나니라."라고 하며 "표본의 일원상으로 인하여 참 일원을 발견하여야 할 것이며, 일원의 참된 성품을 지키고, 일원의 원만한 마음을 실행하여야 일원상의 진리와 우리의 생활이 완전히 합치되리라."[『대종경』 교의품 6장]라고 명시한다.

저 원상은 도형 일원상이고 참 일원은 일원상의 진리이다. 도형 일원상은 달을 가리키는 손가락이라면 참 일원은 달[달빛] 자체이다.

정산 종사는 '법신불의 상징인 일원상을 봉안하여 일반대중에게 신앙의 대상을 보여 마음의 귀의처가 되게 하고 수행의 표준을 보여 마음 대조에 표준을 잃지 않도록 일원상을 봉안하도록 하였다."[『정산종사법어』 원리편 1장]라고 말씀하시며, 일원상을 '진리불의 도면'[『정산종사법어』 경의편 3장]이라 하였다.

즉, 도형 일원상과 참 일원의 관계를 손가락과 달, 도면과 건물의 관계로 비유하여 표본의 일원상으로 참 일원을 발견하라고 하였다. 이처럼 일원상은 진리의 상징이다.

**둘째, 실상으로써 일원상이다.**

소태산의 "한 두렷한 기틀을 지었도다."라는 대각 일성은 '일원상'의 다른 표현이다. "만유가 한 체성이요 만법이 한 근원"으로 "이 가운데 생멸 없는 도와 인과 보응되는 이치가 서로 바탕"한 모습이 '한 두렷한 기틀'인 일원상이다.[『대종경』 서품 1장]

일원상은 만유와 만법이 본래 하나[一]로 두렷한[圓] 실다운 모습[相]이다.

소태산 대종사는 『대종경』 교의품 6장의 육성 법문인 '일원상과 인간과의 관계'[《회보》 제46호]에서 "공부하는 자는 마땅히 저 목판의 일원상은 참 일원상을 알려주기 위한 표본이니, 비컨대 손가락으로 달을 가리킴에 손가락이 참 달은 아닌 것과 마찬가지다. 그런즉 공부하는 자는 마땅히 저 표본의 일원상으로 인하여 참 일원상을 발견하여야 할 것이요, 발견한 이상에는 그 일원상의 참된 성품을 지키고 그 일원상의 원圓한 마음을 실행하여야 일원상의 진리와 우리의 생활이 완전히 합치될 것이라."라고 표본 일원상과 참 일원상의 관계를 밝히고 있다.

그러므로 『대종경』 교의품 6장의 "참 일원을 발견하여야 할 것"의 '참 일원'은 '참 일원상'으로 읽어도 의미상 차이가 없다.

이처럼 일원상은 '표본 일원상'이면서 '참 일원상'이다. 법문의 문맥에 따라 어떨 때는 표본 일원상으로 어떨 때는 진리 자체인 참 일원상을 나타낸다. 일원상은 진리를 가리키는 표본이면서도 진리 자체이다. 일원상은 표본과 실상을 포괄한다.

일원상과 일원을 엄격하게 구분하여 일원상은 달을 가리키는 손가락이라면 일원은 달이라고 단순히 규정하는 것은 소태산의 의도에 적절치 않다. 일원상이 진리의 상징이라면 일원도 진리의 대명사로 볼 수 있기 때문이다. 그러므로 일원상과 일원의 관계를 굳어진 시멘트처럼 고착固着하여 구분할 것이 아니라, 일원이 진리 자체를 뜻한다면 일원상은 한편으론 일원의 상징 및 표본이면서 또 한편으론 일원의 실상이다.

**셋째, 상징의 일원상과 실상의 일원상은 불가분의 관계이다.**

일원상은 달을 가리키는 손가락 역할로 보면 일원상의 진리를 상징하는 표본이지만 가리키는 본의로 보면 달 자체로 실상의 일원상이다. 결국 일원상은 상징으로써 일원상이면서 실상으로써 일원상이다.

   손가락이 가리키는 뜻을 아는 사람은 달을 보는 사람이다. 이처럼 손가락은 달과 둘이 아니다.

   정산 종사는 '일원상에 대하여'에서 표본 일원상과 진리의 관계에 대해 논설한다.
"만약 이 진리를 알지 못하고 한갓 맹목적으로 일원상의 위패에만 국한하여 그 신앙과 숭배를 올린다면 이는 재래의 등상불 숭배에 다름이 없는 것이요, 또는 일원상 위패는 오직 가면假面에 지나지 못한다고 하여 거기에 공경 예배를 등한히 한다면 이는 또한 일원상 봉안하는 본의를 모르는 것이니, 우리는 이 양방을 잘 이해하여 일원상[표본 일원상]을 봉안하는 중에도 항상 그 진리의 본면[本面, 일원상의 진리]을 생각하고, 일원상에 예배할 때도 항상 그 우주의 전체를 상상하며, 심고와 기도를 올릴 때도 항상 그 일심은 능히 자연을 감동하는 묘력妙力이 있는 것을 신앙할지며 … "[《회보》 제38호, 시창22년(1937) 9·10월호]

   이처럼 달을 가리키는 손가락인 일원상 위패[표본 일원상]로 인하여 손가락이 가리키는 달 자체인 진리의 본면[일원상의 진리]을 모시라는 의도이다. 또한 심고와 기도로 표본 일원상에 예배드릴 때 그 표본이 가리키는 우주만유 전체 즉 사은을 품으라는 것이다. 이처럼 표본 일원상과 실상 일원상은 불가분리의 관계이다.

   일원상을 모실 때 그곳은 거룩한 법당이요 도량으로 승화된다. 일원상의 기운이 깃들게 된다. '목판 일원상'-'각자의 신앙과 수행'-'일원상의 진리'가 서로 영향을 준다. 셋이면서 하나로 겹쳐있다.

   일원상은 위퍼 형태의 목판 일원상을 시작으로 이후 벽상壁上 일원상으로 정착한다. 처음에는 위패 형태에 일원상을 그려 넣은 것이다. 그러다가 위패 형태에서 벗어나 벽상에 일원상을 모시는 방식으로 나아간다.

# 제1장 일원상

## 제1절 일원상의 진리

# 〈일원상의 진리〉 독송하기

『정전』
제2 교의편
제1장 일원상

### 제1절 일원상의 진리 一圓相一眞理

　일원一圓은 우주만유의 본원이며, 제불제성의 심인이며, 일체중생의 본성이며, 대소유무大小有無에 분별이 없는 자리며, 생멸거래에 변함이 없는 자리며, 선악업보가 끊어진 자리며, 언어명상言語名相이 돈공頓空한 자리로서 공적영지空寂靈知의 광명을 따라 대소유무에 분별이 나타나서 선악업보에 차별이 생겨나며, 언어명상이 완연하여 시방삼계十方三界가 장중掌中에 한 구슬같이 드러나고, 진공묘유의 조화는 우주만유를 통하여 무시광겁無始曠劫에 은현자재隱顯自在하는 것이 곧 일원상의 진리니라.

## '일원상의 진리' 구조

『정전』 교의편 제1장 제1절인 〈일원상의 진리〉의 구조에 대해 살펴보자.

'일원상의 진리' '일원상의 신앙' '일원상의 수행'은 정산 종사의 초안에 소태산 대종사의 감수監修를 거쳐 완성되었다고 전한다.
　소태산 대종사는 원기 20년(1935) 대각전에서 신앙의 대상과 수행의 표본으로 일원상을 공식적으로 모신 후 초기 교단은 일원상에 대한 담론을 활발하게 전개한다.
　이러한 일원상에 대한 소태산의 법문을 정산 종사는 충실히 받아들여 소화하여 일원상의 진리와 신앙과 수행을 초안했으며, 소태산 대종사의 세세한 검토와 감정을 거쳐 완성되었다.
　제자들에 따르면 초고에 소태산의 교정이 여러 차례 거쳤다고 전한다.
　그러므로 이 〈일원상의 진리〉는 소태산과 정산의 사제간에 법맥이 흐르고 있어 더욱 소중하다.

먼저 〈일원상의 진리〉 절을 음미하며 봉독해 보자.
　"일원一圓은 우주만유의 본원이며, 제불제성의 심인이며, 일체중생의 본성이며, 대소유무大小有無에 분별이 없는 자리며, 생멸거래에 변함이 없는 자리며, 선악업보가 끊어진 자리며, 언어명상言語名相이 돈공頓空한 자리로서 공적영지空寂靈知의 광명을 따라 대소유무에 분별이 나타나서 선악업보에 차별이 생겨나며, 언어명상이 완연하여 시방삼계十方三界가 장중掌中에 한 구슬같이 드러나고, 진공묘유의 조화는 우주만유를 통하여 무시광겁無始曠劫에 은현자재隱顯自在하는 것이 곧 일원상의 진리니라."

〈일원상의 진리〉의 구조는 2등분 또는 3등분을 할 수 있다.

체용體用으로 크게 대별할 수도 있고, 또는 체상용體相用으로 3등분할 수도 있다.

먼저 "일원一圓은 우주만유의 본원이며, 제불제성의 심인이며, 일체중생의 본성이며, 대소유무에 분별이 없는 자리며, 생멸거래에 변함이 없는 자리며, 선악업보가 끊어진 자리며, 언어명상이 돈공한 자리로서"까지를 체體로,

"공적영지의 광명을 따라 대소유무에 분별이 나타나서 선악업보에 차별이 생겨나며, 언어명상이 완연하여 시방삼계가 장중에 한 구슬같이 드러나고, 진공묘유의 조화는 우주만유를 통하여 무시광겁에 은현자재하는 것이 곧 일원상의 진리니라."까지를 용用으로 2등분할 수 있다.

| 體 | 일원一圓은 우주만유의 본원이며, 제불제성의 심인이며, 일체중생의 본성이며, 대소유무에 분별이 없는 자리며, 생멸거래에 변함이 없는 자리며, 선악업보가 끊어진 자리며, 언어명상이 돈공한 자리로서 |
|---|---|
| 用 | 공적영지의 광명을 따라 대소유무에 분별이 나타나서 선악업보에 차별이 생겨나며, 언어명상이 완연하여 시방삼계가 장중에 한 구슬같이 드러나고, 진공묘유의 조화는 우주만유를 통하여 무시광겁에 은현자재하는 것이 곧 일원상의 진리니라. |

둘째는 "일원은 우주만유의 본원이며, 제불제성의 심인이며, 일체중생의 본성" 부분을 '일원상의 진리' 전체를 포괄하는 전제前提로 삼고,

"대소유무에 분별이 없는 자리며 ~ 언어명상이 돈공한 자리로서"까지를 체體로,

"공적영지의 광명을 따라 ~ 은현자재하는 것"까지를 용用으로 2등분하기도 한다.

| 前提 | 일원一圓은 우주만유의 본원이며, 제불제성의 심인이며, 일체중생의 본성이며, |
|---|---|
| 體 | 대소유무에 분별이 없는 자리며, 생멸거래에 변함이 없는 자리며, 선악업보가 끊어진 자리며, 언어명상이 돈공한 자리로서 |
| 用 | 공적영지의 광명을 따라 대소유무에 분별이 나타나서 선악업보에 차별이 생겨나며, 언어명상이 완연하여 시방삼계가 장중에 한 구슬같이 드러나고, 진공묘유의 조화는 우주만유를 통하여 무시광겁에 은현자재하는 것이 곧 일원상의 진리니라. |

셋째는 "대소유무에 분별이 없는 자리 ~ 언어명상이 돈공한 자리로서"까지를 진공의 체體로, "공적영지의 광명을 따라 ~ 시방삼계가 장중에 한 구슬같이 드러나고"까지는 묘유의 상相으로 "진공묘유의 조화는 ~ 은현자재하는 것"까지를 묘유의 용用으로 3등분할 수도 있다.

| | |
|---|---|
| 前提 | 일원一圓은 우주만유의 본원이며, 제불제성의 심인이며, 일체중생의 본성이며, |
| 體 | 대소유무에 분별이 없는 자리며, 생멸거래에 변함이 없는 자리며, 선악업보가 끊어진 자리며, 언어명상이 돈공한 자리로서 |
| 相 | 공적영지의 광명을 따라 대소유무에 분별이 나타나서 선악업보에 차별이 생겨나며, 언어명상이 완연하여 시방삼계가 장중에 한 구슬같이 드러나고, |
| 用 | 진공묘유의 조화는 우주만유를 통하여 무시광겁에 은현자재하는 것이 곧 일원상의 진리니라. |

진공의 체는 진리 당체라면, 묘유의 상은 진리의 나타남이요, 묘유의 용은 진리의 작용이라 할 수 있다.

'체용體用'이나 '체상용體相用'은 구분하는 방법론이지 실지가 아니다. 실제를 바라보는 시각이다. 다만, 이러한 분류는 하나의 자리를 여러 차원에서 바라본 입체적 관점으로, 바라보는 시각이 다를 뿐 진리 자체가 다른 것은 아니다.

소태산 대종사는 〈일원상 서원문〉에서 '유상으로 보면~' '무상으로 보면~'이라고 전개한다. 유상과 무상이 본래 둘이 아니라 일원상 한자리를 바라보는 관점에 따라 두 모습으로 설명하였다. 한 건물을 볼 때 기능에 따라 다양하게 설명되듯이, 한자리의 다른 시각일 뿐이다.

그러므로 일원상을 진공·묘유로 2등분 하든, 진공·광명·조화, 진공·묘유·인과 등으로 3등분 하든, 아니면 불생불멸과 인과보응으로 크게 나누든, 모든 구분의 단락은 독립된 일단락이 아니라 각각의 단락이 주체가 되어서 나머지 단락을 머금고 있는 한 자리이다. 서로 떨어져 있지도 않지만 섞이지도 않는 하나이다.

진공체가 영지의 광명이면서 묘유의 조화로, 진공체가 영지의 광명과 묘유의 조화를 머금고 있다. 진공체가 일원상 진리의 3분의 1이 아니라 전체이다.

영지의 광명과 묘유의 조화도 마찬가지로, 영지의 광명이 진공묘유의 조화요 돈공한 진공체이다. 마찬가지로 진공묘유의 조화가 돈공한 진공체이면서 공적영지의 광명이다.

진리를 대별하는 것은 두부 자르듯 나눈 구분이기보다는, 바라보는 시각에 따른 풍광이다.

정산 종사는 "진공과 묘유와 인과가 서로 떠나지 아니하여 한 가지 일원의 진리가 되나니라."[『정산종사법어』 원리편 2장]라고 일원상의 원리를 밝혔다.

모든 관점이 다 한 가지 일원의 진리로 하나라는 것이다.

일원상의 진리를 돈공한 자리, 공적영지의 광명, 진공묘유의 조화로 대별하여 구조화한 것은 소태산 대종사의 진리관으로, 일원상의 진리를 쉽게 파악하도록 한 친절한 안내이다.

## '일원상의 진리'의 주어, 일원

〈일원상의 진리〉절의 주어인 '일원一圓'에 대해 살펴보자.

일원은 '일원상의 진리'의 주어이다.
즉, 일원一圓은 우주만유의 본원이며, 일원은 제불제성의 심인이며, 일원은 일체중생의 본성이며, 일원은 대소유무大小有無에 분별이 없는 자리며, 일원은 생멸거래에 변함이 없는 자리며, 일원은 선악업보가 끊어진 자리며, 일원은 언어명상言語名相이 돈공頓空한 자리로서 일원인 공적영지空寂靈知의 광명을 따라 대소유무에 분별이 나타나서 선악업보에 차별이 생겨나며, 일원인 공적영지의 광명을 따라 언어명상이 완연하여 시방삼계十方三界가 장중掌中에 한 구슬같이 드러나고, 일원인 진공묘유眞空妙有의 조화는 우주만유를 통하여 무시광겁無始曠劫에 은현자재隱顯自在하는 것이 곧 일원상의 진리라고 풀어볼 수 있다.

〈일원상의 진리〉절의 주어인 일원을 첫머리에 제시하고 이후의 단락부터는 생략하고 있다. 예를 들면 '철수는 훌륭하다.'는 말을 증명하기 위해서는 철수를 겪어보는 경험이 필요하다. 이처럼 종합명제는 주어만으로는 술어를 증명할 수 없다. 이에 비해 '비가 내린다.'는 말에는 선험성이 내포되어 있다. '비'라는 분석명제의 주어 속에서 '내린다'라는 술어를 알 수 있다. 이러한 분석명제처럼 일원의 주어 속에서 일원의 술어를 파악할 수 있다.

분석명제처럼 주어인 일원의 뜻을 통해서 〈일원상의 진리〉 전체의 내용을 드러낼 수 있다는 말이다. 〈일원상의 진리〉에서 일원이라는 주어만 듣고도 나머지 술어를 감지할 수 있다.

한마디로 일원만 알면 술어는 안 봐도 그 이해가 열림을 의미한다.

허공에 한 일一 자字를 쭉 그어 둥근 원圓을 그리면 그걸로 끝난 자리이다.

일원의 '둥근 원'은 한점에서 평면의 펼쳐짐으로 나아가 상하좌우로 펼쳐진 입체의 드러남이다.

『원불교 성가』 55장 〈둥그러운 한 기운이[일원상가]〉에서 일원一圓의 뜻을 "하나이신 임이시라 일원으로 둥그시네" "돌고 도는 임이시라 일원으로 둥그시네"라고 펼쳐 노래한다. 또한 "텅 비이신 임" "가득하온 님"이라고 노래한다.

일원은 '하나 일一' '두렷할 원圓'으로, 두렷한 하나의 자리이다.

하나와 둘의 하나가 아니라,

하나랄 것도 하나가 아니랄 것도 없는 불일불이不一不二의 자리이며,

**안팎의 분별이 끊어져 안으로 들어와도 안이 없고 밖으로 나가도 밖이 없는 한마음이다. 바깥에 있으면서 내부를 떠나지 않으며, 안에 머물러 있는 채로 바깥에 나가 있는 것이다. 일원은 안에 있는 광명이 밖으로 비추는 것이 아니다. 원래부터 안팎[內外]이 툭 트인 광명이요 작용이다.**

**일원은 이러한 무분별無分別의 자리에서 일체 만물이 두렷이 드러나는 경지이다.**

이 일원은 잡으려면 어느새 물러나 빠져나가 버리는 야속한 당신이요, 놓고 있으면 어느 틈에 마음에 자리 잡고 있는 곁에 있는 당신이다. 늘 함께 거주하고 함께 기상하는 관계다.

일원은 사물을 보듯 만지고 잡을 수 없으나, 그렇다고 감지할 수 없는 건 아니다. 다만 경계에 동일시만 하지 않으면 원래 자리 잡고 있는 경지이다. 경계에 끌려가는 한 생각이 날 때면 일단 멈추어 그 생각이 일어나는 당처를 돌이켜 보면 그동안 보이지 않던 텅 비어 고요하면서도 신령한 마음 바탕이 한 순간 감지된다.

「교리도」에서 '일원一圓은 법신불法身佛'이라 정의하고 있다.

일원의 다른 표현이 법신불이다.

법신불은 또한 청정淸靜 법신불이라고 한다. 법신불은 염정染淨을 초월한 청정한 자리이다. 이렇게 더럽다 할 것도 없고 깨끗하다 할 것도 없는 불구부정不垢不淨의 청정한 자리를 알면 그 자리가 법신불이고, 이 청정 법신불 자리가 하나로 두렷한 일원의 자리이다.

이처럼 일원은 무엇에도 걸리고 막힘이 없는 청정한 한자리로써 탁 트인 두렷한 자리이다. 그렇다면 어떠한 자리가 탁 트인 두렷한 한자리일까?

**예를 들면, 여기 연못이 있습니다.**
**장마가 져서 흙탕물이 흘러들어와 연못이 온통 흐려졌습니다.**
**연못 안에서 유유히 노닐던 잉어며 수초가 보이지 않습니다.**
**장마가 지고 시간이 흘러 흙탕물이 가라앉자, 물고기가 노는 것이 다시 보입니다.**
**왜 물고기가 보이나요?**
**물이 맑아졌기 때문이지요. 맑히면 환해집니다. 너무 당연한 질문인가요?**

이처럼 우리는 마음 연못이 흐려지면 맑히는 작업을 한다.
그런데 가만히 돌이켜 보면 연못이 흐리면 흐린 대로 환히 드러나듯이
우리의 마음 연못도 경계에 따라 흐려지면 흐려진 대로 드러난다.

흐려진 연못이 훤히 드러나듯이 어떻게 흐려진 마음 연못이 그대로 드러날까요?
우리에게 텅 빈 맑음이 있기 때문입니다.
흙탕물을 흙탕물로 훤히 아는 맑은 자리가 있습니다.
맑히기 전에 맑은 것입니다. 맑혀서 맑은 것이 아니라 원래 맑은 것입니다.
텅 비어 본래 맑고 청정한 자리가 있습니다.
이 자리를 감 잡아야 합니다. 바로 이 자리가 일원의 경지입니다.
눈앞에 대상이 있든 없든 청정하여 두렷한 그 자리를 알아야 합니다.

방법은 마음의 방향을 돌려 비추어 본다.

원래 역력히 드러나 있는 텅 비어 맑고 밝은 이 자리를 직관한다.

대상에 끌리어 매몰되는 의식을 내려놓고 의식의 방향을 돌려 두렷한 의식 자체를 직관한다.

양말을 뒤집듯 의식을 뒤집어 본다.

이를 회광반조廻光返照, 회광자반廻光自返이라고 한다.

'돌릴 회廻' '빛 광光' '돌릴 반返' '비출 조照'.

머리를 돌리듯 의식의 빛을 돌이켜 걸림 없는 의식 자체를 비추어 본다.

경계에 끌리는 의식의 빛을 돌이켜 두렷한 마음 당체를 비춰보라는 것이다.


일원은 청정 법신불이다.

법신은 청정하여 본래 걸림이 없이 탁 트인 〈청정주〉의 '법신청정본무애法身淸淨本無碍' 자리이다. 청정하다는 것은 청정한 실체가 있다는 게 아니라 걸림 없음을 의미한다.

일원은 본연 청정한 성품 자리이다.

소태산 대종사는 '열반 전후에 후생 길 인도하는 법설'에서 "본연本然 청정한 성품이며 원만구족한 성품"이라고 하였다. 성품은 본디 그대로 청정한 자리이다.

이렇게 본연 청정한 성품 자리를 직관하면 일원의 자리에 들게 된다.


텅 빈 거울에 풍경이 비치듯이

욕하면 욕한 대로 드러나고, 웃으면 웃는 그대로 드러나고

화내면 화낸 대로 짜증 내면 짜증 낸 그대로 두렷이 드러나는 자리다.

욕하고 웃는 마음은 있되 이 마음 상태에 매몰되지는 않는 고요한 경지이며,

화나고 짜증 나는 마음은 분명하되 그 마음 상태에 끌려다니지 않는 텅 빈 경지이다.


마음은 습관대로 생각하는 방식대로 드러나고 자기가 해석하는 대로 보인다.

더 나아가 알 수 없는 무의식에 따라 영향을 받고 우발적이고 우연한 사건에 의해

흔들린다.

　이러한 분별강상이 치중한 중에도 그 마음의 당체는 무엇에 한정되고 고착되지 않는 텅 빈 자리오 온전히 비추는 자리이다.

　그러므로 분별에 분별을 더하지 말고, 분별에 무너지지 않는 무분별의 고요한 자리로서 두렷이 비추는 일원의 자리에 들라는 것이다.

　두렷하다 함은 우리의 자성이 원래 원만구족하고 지공무사한 자리임을 이름이요, 고요하다 함은 우리의 자성이 본래 요란하지 아니하고 번뇌가 공한 자리임을 이름한다.[『정산종사법어』 세전 중 돌반에 대하여]

　일원一圓과 마음은 이원화되지 않는다. 일원은 어떤 고정된 실체이거나 마음을 떠나서 마음 너머에 존재하는 것도 아니다. 일원은 마음을 통해서, 마음이 전개되는 과정過程에서 드러나는 실상이다.

　하나로 두렷한 일원은 외국어가 아니다. 일원은 모국어이다.
　모국어처럼 체득하여 바로 알아들어야 한다.
　우리는 일원이란 말만 들어도 잡념이 뚝 끊어져야 한다.
　일원의 드러남인 일원상 앞에 기도 올리는 순간 잡념이 떨어져야 한다.
　일원상을 대면하는 순간 '하나로 두렷한 자리'가 드러나야 한다.
　그 자리가 분별 주착이 매이지 않는 청정한 당체이기 때문이다.

**　일원의 실상인 일원상은 '한 둥근 새'이며 '한 둥근 빛'이며 '둥근 누리'이다.**

## 우주만유의 본원이며

〈일원상의 진리〉절의 첫 문장인 '일원은 우주만유의 본원이며'를 살펴보자.

우주는 '공간 우宇' '시간 주宙'요, 본원은 '뿌리 본本' '근원 원源'으로, 우주만유의 본원은 시공간에 펼쳐있는 모든 것의 뿌리요 근원이라는 뜻이다.
즉 일원一圓은 우주만유의 출처로서, 이 자리에서 우주만유가 드러난다.
『원불교 성가』 4장 〈둥그신 그 체성이여[법신불찬송가]〉의 "만유의 어머니"처럼 일원은 우주만유를 낳는 자리이다. 낳는 것은 창조가 아니라 드러내는 뜻이다.
우주만유는 자연세계뿐만 아니라 유형·무형의 모든 것이다. 인간의 역사 및 정신적인 것, 이념적인 것 그리고 개념 및 수학적 논리, 논리적 명제까지 포함한다.

소태산 대종사는 '열반 전후에 후생 길 인도하는 법설'[『대종경』 천도품 5장]에서 "이 우주와 만물도 또한 그 근본은 본연 청정한 성품 자리"라고 명시하였다.
우주와 만물은 곧 우주만유로서, 우주만유의 본원은 본연 청정한 성품 자리이다.
이 본연 청정한 성품 자리에서 우주만물이 소종래所從來한다.

김광선이 소태산 대종사께 여쭙니다.
"천지만물의 미생전未生前에는 무엇이 체體가 되었나이까?"
"그대가 말하기 전 소식을 묵묵히 반조返照하여 보라."[『대종경』 성리품 20장]
천지만물 즉 우주만유로, 천지만물의 미생전 자리가 우주만유의 본원으로서, 언어 명상으로 분별하기 전 소식을 돌이켜 반조해 보면 확인되는 자리이다.

**자! 이 본원 자리를 확인해 보겠습니다.**

제가 손[手]을 들겠습니다. 손도 우주만유입니다.
상대적으로 비교해 보면 좀 작을 수도 있고 손가락이 짧기도 합니다.
그렇다면 이렇게 드러나는 손의 본원은 무엇입니까?
나름의 손이 드러났지요. 이러한 손이 어떻게 드러났나요?
이렇게 드러난 손도 마음과 둘이 아닙니다. 마음과 손이 둘이 아닌 자리에서 두렷하게 드러납니다.
걸림이 없이 텅 비었기에 이렇게 드러나는 것입니다.
만일, 이 마음에 장애가 원래부터 있다면 이렇게 드러날 수 없습니다.
어떠한 걸림도 분별도 없이 탁 트인 자리에서 이처럼 눈앞에 전개됩니다.

본래 텅 비어 고요한 자리이기에 손이 이렇게 현전現前한다.
손뿐만 아니라 만법도 마찬가지다.
텅 비어 고요한 일원의 대지에서 만물이 제각기 그 나름대로 드러난다.

한 생각이나 형상이 일어나기 전을 묵묵히 돌이켜보면 본래 텅 비어 청정한 자리이다.
우주만유의 분별 형상을 딱 내려놓으면,
그 자리가 텅 비어 고요한데 신령하게 알아차리는 자리이다.
텅 비어 청정한 자리에서 우주만유가 두렷하게 펼쳐진다.

마음 밖에 우주만유가 있는 것이 아니라, 마음과 둘이 아닌 우주만유가 드러나는 것이다. 이처럼 우주만유와 마음이 둘이 아닌 하나[一]로서, 이 한자리[一]에서 우주만유가 두렷하게[圓] 드러난다. 즉 하나로 두렷한 일원一圓이 우주만유로 펼쳐진다.
마치 맑은 바람에 둥근달이 둥실 뜨면 만상이 훤히 드러나듯이[『대종경』 성리품 1장] 일원의 광명에 따라 우주만유가 역력하게 나타난다. 그렇기에 일원은 우주만유의 본원이다. 다만 그렇다 할지라도 우주만유를 창조하는 건 아니다. 우주만유의 배후에 있는 또 다른 초월적 존재, 최초의 원인, 최고의 존재자를 듯하는 것은 아니다. 우주만유를 드러내고 우주만유를 나타내는 무인칭의 '그것'으로, 우주만유와 마음이 둘이 아닌 탁 트인 그 자리이다.

우리 눈앞에 있는 것도 이 본연 청정한 본원에서 있는 것이고, 우리 눈앞에 없는 것도 본원 안에서 없는 것이다.

〈일원상 서원문〉에서 '일원은 천지·부모·동포·법률의 본원'이라고 하였다.
천지도 일원, 이 자리에서 나왔으며 부모 동포 법률도 이 자리에서 나왔다.
천지·부모·동포·법률은 곧 우주만유이기에, 우주만유의 본원은 천지·부모·동포·법률의 본원이다. 즉 일원=우주만유의 본원=천지·부모·동포·법률의 본원을 말한다.

소태산 대종사는 대각의 일성으로 '만유가 한 체성이며 만법이 한 근원'[『대종경』 서품 1장]이라고 외쳤다. 만유와 만법은 한 체성 한 근원에서 드러나는 것이다.
만유와 만법은 우주만유이기에, 만유가 한 체성이며 만법이 한 근원은 우주만유의 본원이요 일원─圓의 자리이다. 즉 일원=우주만유의 본원=만유가 한 체성 만법이 한 근원이다.

눈앞의 소나무도 저 너머의 산도 다 텅 빈 일원의 성품 자리에서 나타난다. 만유와 만법이 나오는 그 소종래를 찾아들면 텅 비어 청정한 일원의 성품 자리에 들게 된다.
이 일원의 성품 자리가 바로 만법귀일처萬法歸一處이다. 이 자리에서 우주만유가 드러난다.

세존이 영산회상에서 꽃을 들어 대중에게 보인 염화시중拈花示衆 자리[『정전』 의두요목 3조]이며, 조주 선사가 가리킨 뜰 앞의 잣나무[『무문관』 제37칙 庭前栢樹]이다. 꽃도 잣나무도 우주만유로서 꽃이 드러난 자리 잣나무가 드러난 당처가 우주만유의 본원이다.
에드문트 후설[Husserl, E. 1859~1938]의 용어를 빌리자면 꽃이나 잣나무 등 대상인 노에마noema를 지향한다는 것은 마음의 작용인 노에시스noesis를 품고 있다는 뜻이다. 이 꽃의 본원, 잣나무의 본원을 반조하면 노에마와 노에시스가 본래 둘이 아닌, 일원의 툭 트인 성품 자리에 든다.

또한 소태산 대종사는 성주聖呪에서 '영천영지永天永地' 즉 영원한 천지를 말씀하였다. 하늘과 땅이 드러난 청정한 일원의 성품 자리가 영원한 천지이다.
영천영지의 자리가 우주만유의 본원 자리로 청정한 일원의 성품 자리이다.
이를 불조요경본 『수심결』 1장에서 '일물장령거천개지一物長靈盖天盖地'라 하며
대산 종사의 '대지허공심소현大地虛空心所現'의 자리를 말한다.

서대원이 "선성의 말씀에 일월과 성신星辰이 천지 만물의 정령이라 한 바 있사오니 사실로 그러하나이까?"라고 여쭈니 소태산은 "그러하나니라"[『대종경』 변의품 8장]고 대답하였다.
정령精靈은 맑고 신령한 성품 자리로, 이 자리에서 일월성신이 드러난다.
즉 천지만물의 정령=우주만유의 본원=본연 청정한 성품 자리이다.

소태산은 정기훈련 11과목 중 성리를 '우주만유의 본래 이치'라고 정의하였다.
본래本來는 근본에서 왔다는 것으로, 성리는 우주만유가 근본에서 드러난다는 뜻이다. 즉 우주만유의 본래 이치=우주만유의 본원=본연 청정한 성품 자리이다. 이 근본을 찾아들면 근본이랄 것이 없는 근본 다음에 든다.
그러므로 소태산은 "견성見性을 하면 우주만물의 본래 이치를 알게 된다."[『대종경』 성리품 21장]라고 하였다.
마치 영화를 볼 때 영상이 비치는 빈 스크린을 직면하면 이 자리가 바로 우주만유의 본원 격이다. 만상의 분별 영상이 텅 빈 마음 바탕의 스크린에 드러나는 것이다.
이 스크린은 영상 너머에 실체가 따로 있는 게 아니다. 빈 스크린은 영상을 떠나지 아니하고 영상은 빈 스크린을 떠나지 않는 둘이 아닌 자리이다.
이처럼 우주만유의 본원은 우주만유의 배경으로 우주만유에 한정되지 않으면서 우주만유를 두렷이 드러내는 청정한 자리이다. 우주만유의 본원은 하나로 탁 트인 일원의 자리이다.

## 🔍 더보기

### 우주만유의 본원과 한 체성 한 근원

일원一圓은 '우주만유의 본원'이며, 이 본원 자리가 일원상의 진리이다. 우주만유는 시공간과 그 모든 존재라면 우주만유의 본원은 그 존재가 드러나는 만유의 어머니[〈성가〉 4장]이다.

우주만유의 본원은 우주만유와 불일불이不一不二한다. 우주만유는 우주만유의 본원에 바탕을 두고 있고, 우주만유의 본원은 우주만유가 드러나는 바탕이다.

소태산 대종사는 "성품이라 하는 것은 허공의 달과 같이 참 달은 허공에 홀로 있건마는 그 그림자 달은 일천 강에 비치는 것과 같이, 이 우주와 만물도 또한 그 근본은 본연 청정한 성품 자리"[『대종경』 천도품 5장]라고 밝혔다.

즉 이 우주와 만물[=우주만유]도 그 근본[=우주만유의 본원]은 본연 청정한 성품 자리이므로 '우주만유의 본원=우주와 만물의 근본=본연 청정한 성품 자리'이다. 우주만유의 본원은 우주만유가 역력하게 드러나고 작용하는 본디 그렇게[本然] 청정한 성품 자리로, 우주만물의 소종래처所從來處 자리이다.

또한 〈일원상 서원문〉에서 일원은 천지·부모·동포·법률의 본원이듯 천지도 부모도 동포도 법률도 다 청정한 성품 자리에서 드러난다. 이를 종합하면 '일원=우주만유의 본원=천지·부모·동포·법률의 본원=본연 청정한 성품 자리'이다.

소태산은 대각의 일성으로 "만유가 한 체성이며 만법이 한 근원이로다."[『대종경』 서품 1장]라고 일갈한다. 만유와 만법의 귀일처歸一處를 찾아들면 한 체성·한 근원으로 곧 우주만유의 본원 자리이다. 만일 만유와 만법을 유형적인 만유와 무형적인 만법으로 구분한다면 무형에는 개념 및 수학적 논리와 논리적 명제까지 포함한다.

지금 눈앞의 소나무도 한 체성·한 근원의 발현이듯 이 자리에서 만유와 만법이 드러난다. 즉 세존이 영산회상에서 꽃을 들어 대중에게 보인 염화시중拈花示衆의 자리[『정전』 의두요목 3조]로, 꽃도 우주만유의 하나로 꽃이 드러나는 당처를 반조하면 한 체성·한 근원인 청정한 성품 자리에 든 것이다. 또한 천지도 사시 순환과 풍운우로상설로 만변하되 그 바탕은 븐연 청정한 성품 자리로, 이 자리가 곧 〈성주〉의 영천영지永天永地의 자리로, 우주만유의 본원이다.

　『정전』 정기훈련법 중 '성리'는 "우주만유의 본래 이치와 우리의 자성 원리를 해결하여 알자 함'인데, 본래本來는 그 본디 자리에서 온 바[所從來]로 견성을 하면 우주만물의 본래 이치를 알게 된다.[『대종경』 성리품 21장] 당장 천지 만물로 전개되는 그 본래처를 돌이켜 직시한즉 이 자리가 우주만유의 본원으로 눈앞의 유형·무형의 형상에 물들 것이 없는 본연 청정한 성품 자리이다. 이는 천지 만물의 미생전未生前 자리로써 말하기 전 소식을 묵묵히 반조하면 확인되는[『대종경』 성리품 20장] 즉 분별·집착하는 언어명상만 내려놓으면 홀연한 자리이다. 이처럼 본래 분별·집착할 것이 없는 청정한 자리에서 우주만유가 뚜렷하게 드러나는 것으로, 우주만유의 본래 이치와 우리의 자성 원리가 하나로 원융하게 관통된 자리이다.

　이를 주산 송도성은 "두렷하고 텅 빈 이 일원一圓 속에는 천지만물 허공법계가 어느 것 하나 포함되지 않음이 없나니, 그야말로 속으로 들어와도 안이 없고 겉으로 나가도 밖이 없는 우리의 자성이며 우주의 본체이다."[《회보》 34호]라고 밝힌다.

　안팎의 분별이 끊어진 자리가 본연 청정한 성품이며 우주만유의 본원으로, 한자리[一]이기에 텅 비어 온전한[圓] 일원상이다.

# 제불제성의 심인이며

〈일원상의 진리〉절의 '일원은 제불제성의 심인心印이며'에 대해 살펴보자.

제불제성은 '모든 제諸' '부처 불佛' '성인 성聖'으로 모든 부처와 성인이며,
심인은 '마음 심心' '도장 인印'으로 마음 도장을 뜻한다.
즉 제불제성의 심인은 모든 부처와 성인의 깨달은 깨어있는 마음 도장으로,
이 제불제성의 심인은 바로 하나로 두렷한 일원一圓의 자리를 말한다.

일원一圓은 "옛 부처님이 나시기 전에 응연히 한 상이 둥그러운" 고불미생전古佛未生前 응연일상원凝然一相圓 자리[『정전』의두요목 8조]이다.
이 자리는 모든 부처님이 깨쳐도 그 자리이고 깨치기 전에도 원래 두렷한 심인 자리이다. 그래서 『무문관』에선 "석가도 미륵도 오히려 그의 노복일 뿐이니 그는 누구인가?"[제45칙 타시아수他是阿誰]라고 묻는다.
이러한 일원의 심인 자리는 현재불인 석가다 미래불인 미륵이다 할 분별 형상이 붙을 수 없는 자리이다. 깨쳤다 깨칠 것이라고 분별하면 삼천리 밖으로 멀어지는 자리이다.

**제불제성의 심인 자리를 강물에 비친 달에 비유합니다.**
**둥근달이 떠오른 한밤중, 창밖을 바라봅니다.**
**둥근달이 비추고 있는 풍광을 지켜보십시오.**
**빗물에 고인 물웅덩이에도 달빛이 담겨 있고**
**저 들판의 벼가 찰랑거리는 논에도 달이 두렷하게 떠 있으며**
**심지어 건물 벽에도 아련하게 달빛이 비치고 있습니다.**

이를 지켜보십시오. 달은 하나인데 온갖 모습으로 비추고 있지요.

둥근 달빛이 사물에 비추듯이 제불제성의 마음도 마찬가지다.
제불제성의 마음 달이 두둥실 떠올라 비치고 있는 것이다.
마치 도장으로 문서에 직인을 찍듯이 제불제성은 마음 달을 찍고 있다.

제불제성의 온갖 가르침은 일원一圓의 나툼이다. 마음 도장인 일원의 찍음이다.
온갖 가르침이 아무리 다양하더라도 제불제성의 심인에서 나왔으며, 이 자리는 하나이다.

도장은 어디에 찍으나 하나의 자리이다.
종이에 찍으나 가죽에 찍으나 진흙에 찍으나 도장은 하나이다.
빨간 종이에 찍으나 파란 종이에 찍으나 노란 종이에 찍으나 도장은 하나이며,
빨간 인주로 찍으나 파란 인주로 찍으나 검정 인주로 찍으나 도장은 하나이다.

마음 도장은 한자리이다. 심인은 하나이다.
부처와 성인이 나투는 그 마음의 근원 자리는 하나이다.
석가모니는 자비를 나투고
공자는 어질 인仁을 나투고
예수는 박애를 나투고
소태산이 은혜를 나투어도
그 마음의 현상은 다양해도 그 본래는 하나이다.
제불제성의 심인 자리가 바로 제불제성의 본의이다.
이 심인 자리에서 일체의 교법이 나온다.
그러므로 심인 자리는 모든 성자의 교법이 나온 출처이다.
이 심인 자리에서 교법이 펼쳐지기 때문이다.

그리고 심인 자리를 증득한 부처와 성자는 중생들을 청정한 정법淨法으로 훈습한다.

중생은 분별 된 경계에 접하여 전도몽상하나 이 심인에 들면 분별 중에도 무분별의 청정한 자리에 훈습된다.

심인은 중생들을 교화하는 힘이다. 이 심인으로 뭇 중생을 교화하고 제도하는 것이다.

제불제성의 심인에 대한 일화가 있다.

소태산 대종사는 서울 경성의 천도교 대교당을 참배하면서

"공자님은 제 뒷등에 가서 절을 하고 최수운이 여기 와 앉았어도 모를 것이다."라고 말씀하였다.

이 말씀은 제불제성의 심인 자리에서 보면 소태산이나 공자나 수운이나 일원상 한 자리에 앉아 있다는 뜻이다. 모든 부처와 성인은 이 심인 자리에 동석해 있고 이 심인 자리에서 만난다는 것이다.

제불제성의 심인은 제불조사의 성품 자리이다.

하나로 두렷한 일원의 자리가 바로 심인이요 성품 자리이다.

심인心印은 둘로 분별하는 잡스러운 상태가 아니라 분별 집착이 떨어진 텅 비어 청정한 자리를 말한다.

부처와 성인은 이러한 청정한 심인 자리에 바탕 하여 희로애락을 인연따라 나툰다.

그러므로 감각도 청정하고 감정도 청정하고 생각도 청정한 것이다.

제불제성의 심인心印은 텅 비어 청정한 자리이기에 희로애락에 물들지 않으면서 희로애락을 나툰다. 제불제성의 심인은 불리자성不離自性 자리이다.

부처와 성자는 이 심인을 확인하고, 이에 증거하여 자유자재로 사용한다.

허공 달이 일천 강에 따라 두렷하게 찍히듯이 심인이 찍히면 일체중생이 교화가 되는 것이다. 깨달음의 길로 인도하는 것이다.

소태산은 희·로·애·락에 끌리는 여부로 부처와 보살과 중생의 차이를 밝힌다.

"중생은 희·로·애·락에 끌려서 마음을 쓰므로 이로 인하여 자신이나 남이나 해를 많이 보고, 보살은 희·로·애·락에 초월하여 마음을 쓰므로 이로 인하여 자신이나 남이나 해를 보지 아니하며, 부처는 희·로·애·락을 노복같이 부려 쓰므로 이로 인하여 자신이나 남이나 이익을 많이 보나니라." [『대종경』 불지품 8장]

희·로·애·락에 끌리면 심인心印을 놓친 상태이고, 희·로·애·락에 초월하여 잘 부려 쓰면 심인을 챙긴 상태이다.

즉, 중생은 희·로·애·락에 끌리어 심인을 놓친 상태로 마음을 쓰므로 자타간 해가 있고, 보살은 희·로·애·락에 초월하여 심인을 밝힌 상태로 마음을 쓰므로 자타간 해를 보지 않으며, 부처는 희·로·애·락을 잘 부리어 심인을 능숙하게 드러내므로 자타 모두에게 이익이 된다.

이처럼 부처와 보살의 마음은 제불제성의 심인에 즉해 있다.

제불제성의 심인인 하나로 두렷한 일원一圓의 자리는
석가모니를 비롯한 제불조사를 관통한 통불교의 자리이며,
공자, 예수를 비롯한 모든 성자의 가르침도 하나로 융통하는 통종교의 자리이며,
사상과 철학까지 정통하며 궁극적으로는 종교의 형태와 제도마저도 벗어나 삶으로 회통하는 탈종교의 자리이다.

## 일체중생의 본성이며

〈일원상의 진리〉절의 '일원은 일체중생의 본성本性이며'에 관하여 살펴보자.

일체중생一切衆生의 중생은 첫째, 뭇 생명으로 마음 가진 일체 유정有情을 말한다.
둘째, 깨치지 못한 존재이다. 그러므로 중생은 제도의 대상이다.
본성은 '근본 본本' '성품 성性'으로 모든 생령의 본래 마음이다.
본래 마음인 성품의 '성性'은 마음[忄]이 나오는[生] 자리라면 성품의 '품稟'은 곳간, 바탕을 뜻한다. 그러므로 성품은 온갖 마음이 나오는 바탕이요 출처이다.
성性은 땅[土]에서 풀[艹]이 나오듯이 마음[忄]이 일어나는 자리다.
즉 모든 감각과 감정과 생각이 나오는 희로애락과 색수상행식의 바탕이다.

일체중생의 가지가지 마음도 본성인 일원一圓을 떠나지 않는다.
다만 중생은 이 본성이 가려있을 뿐 그 바탕은 일원一圓의 자리다. 이러한 본성은 '바탕 없는 바탕'으로 무어라 할 것도 없고 헤아릴 수도 없는 바탕이다. 이 본성은 우주만유의 본원 자리와 같고 제불제성의 심인 자리와 본래 하나이다.

제불제성은 이 일원의 자리를 그대로 나투어 쓰는 사람이라면,
중생은 이 일원의 자리를 가지고 있으면서도 있는 줄도 모르고 묵혀두고 있는 존재이다. 중생은 본성을 잃어버린 적이 없다. 망각했을 뿐이지 상실한 것은 아니다.
본성은 본래부터 중생을 떠나지 않기에 가장 가까울 수 있으면서도 가장 멀어질 수 있다. 왜냐하면 경계에 끌리어 경계에 함몰되는 그 순간에도 경계를 드러내고 있는 본성을 까마득하게 잊어버리고 망각하여 본성에서 벗어나 있기 때문이다.

본성은 만드는 자리가 아니라 드러내는 자리이다.
왜냐하면 본성은 이미 갖추어져 있기 때문이다.
그러나 아직 발현하지 못하기에 본성이라 한 것이다.
이처럼 중생은 본성을 본래 갖추고 있으나 드러내어 사용하지는 못하는 존재이다.
중생은 금덩어리인 본성을 지고 다니면서도 구걸하고 다니는 꼴이다.[『대종경』 성리품 9장]

『원불교 성가』 113장 〈저마다 값아 있는[영성의 노래]〉에서 "저마다 값아 있는 아름다운 영성靈性이나 검은 구름 샷된 인정에 묻힌지 오래였네"라며 본성을 문학적으로 '아름다운 영성'이라고 표현하면서 가려있는 영성을 "오늘도 내일도 영성 불러일으키어 본래 영성 되기까지 닦고 또 키워보세"라고 노래한다.

이 본성 자리는 깨친 제불제성에게 더 있고 깨치지 못한 일체중생에게 덜한 자리가 아니다. 모든 부처와 더불어 티끌만치도 다름이 없는 자리다.[불조요경본 『수심결』 12장]
그 마음의 바탕은 하나로 두렷한 일원一圓의 자리이다.
이 자리를 아느냐 모르냐? 사용하느냐 사용하지 못하냐? 그 차이만 있을 뿐이다.

비유를 들어보자. 다만, 비유는 비유일 뿐이다.
비유는 상황에 따라 설정된 이야기로 실제를 직면토록 하는 방편이다.
비유를 통해 그 의도를 파악해야 한다.

**거울 비유입니다.**
거울에 때가 끼어 흐리다 할 때 거울 자체가 흐립니까?
아무리 때가 끼어 사물을 제대로 비추지 못한다 해도
거울은 본디 청정하여 사물을 비추는 능력이 달라지지는 않습니다.
때가 끼면 때가 낀 대로 비추고 있는 것입니다.
거울에 먼지가 끼었든지 아니면 부착물이 붙어 있다고 할 때
사물이 앞에 오면 그대로 비추지 못하고 흐릿하거나 가리게 됩니다.

그렇다고 거울 자체의 투명함과 비추는 능력이 상실된 것은 아닙니다. 가려져 있을 뿐입니다. 이렇게 가려져 있는 것을 가려진 대로 비추고 있습니다.

이처럼 본성은 원래 청정한데 중생은 본래 청정한 그 자리를 모를 뿐이다. 경계에 끌리어 매몰되면 본성의 청정함이 망각에 빠지게 된다.

다른 비유입니다.
오뚜기가 있습니다. 이리저리 흔들립니다.
그런데 오뚜기가 흔들리는 것은 중심이 무너진 것일까요?
오뚜기는 본래 중심이 있습니다. 중심이 있기에 흔들릴 수 있는 것입니다.
중심을 잡는 힘이 없으면 흔들리지도 않고 당장 자빠지게 됩니다.
다만 오뚜기의 중심에 의식을 두냐? 아니면 오뚜기의 중심을 모르고 흔들리는 데에 붙들려 있느냐? 그 차이만 있습니다.
중생은 오뚜기의 중심 같은 본성을 모르고 오뚜기의 요동搖動에 이리저리 따라 흔들리고 있는 격입니다.
일체중생은 오뚜기의 중심처럼 본성의 중심을 갖추고 있되 그 중심은 중심이라는 고착된 실체가 없는 '텅 빈 중심'입니다.

소태산은 이러한 본성을 하나이면서 두렷한 일원一圓이라 하였다.
하나로 두렷하다는 것은 다양하게 분별하되 그 분별에 매몰되지 않는 자리이다.
상대적 분별이 다 탈락한 텅 빈 자리이기에 화가 나면 화를 역력히 아는 자리이다.
텅 비어 청정한 자리이기에 생각, 감정, 분별을 두렷이 알아차리고 역력하게 비춘다.
알 수 없는 사태나 우연한 사건들로 인해 발생하는 감정이나 또는 무의식은 무의식대로 수용하고, 의식할 수 있는 감정 등도 파악되는 대로 인식해 가는 것이다.

본성을 모르겠다는 생각과 본성을 아는 것이 너무도 어렵다고 여기는 마음이 중생심이다.

이렇게 모르겠고 어렵다고 여기는 마음은 어디서 나온 것일까?

본성은 이러한 분별심을 떠나 따로 어디에 있는 것이 아니다.

모르는 줄 알고 어려운 줄 아는 그 자리를 자각하면 그 경지가 본성이다.

마치 태양이 있기에 어둠이 있는 것처럼 빛을 가리므로 어둠이 생기는 격이다.

모른다는 생각, 어렵다는 생각에 고착하는 것이 본성을 가리는 중생의 마음이다.

모른다는 생각 자체에 본성이 두렷하고, 어렵다는 생각 자체에 본성이 역력하게 작용한다.

그렇게 집착하는 마음의 가림만 놓아버리면 구름에 가렸던 빛이 환히 비치듯이 본성의 광명이 드러난다.

본성을 아는 것이 어렵다는 그 생각만 내려놓으면 바로 본성이 환히 펼쳐진다.

**자! 확인해 보겠습니다.**
**모른다는 마음을 직시해 보십시오.**
**거울에 때가 끼면 낀 대로 비치듯이 모르는 마음이 선명합니다.**
**비춰주는 거울이 되듯이, 모르는 줄 아는 마음 바탕을 돌이켜 보십시오.**
**모른다는 그 마음 바탕에는 모른다는 분별이 없습니다.**
**모른다는 분별이 본래 있다면 이렇게 모르는 줄 알 수 없습니다.**
**모르는 줄 아는 자리에는 '안다 모른다'는 분별이 붙을 수 없습니다.**
**그러므로 '안다 모른다'는 분별만 집착하지 않고 내려놓으면**
**'모른다 안다'는 분별이 탈락된 명백한 본성이 환히 드러납니다.**
**분별만 내려놓으면, 잡념만 건드리지 않으면 그 자리가 본성입니다.**

그러므로 불조요경본 『수심결』 2장에서 "널리 일체중생을 보니 모두 여래의 지혜와 덕상을 갖추고 있다."라고 하고 "일체중생의 가지가지 환화가 다 여래의 원각묘심에서 생한다."라고 한다. 소태산 대종사는 '열반 전후에 후생 길 인도하는 법설'에서 "성품 자리도 또한 부처님이나 너나 일체중생이나 다 같은 본연 청정한 성품이며 원만구족한 성품"이라고 일러주었다.

이처럼 본연 청정하고 원만구족한 일원의 본성 자리에 들면 분별에 물들지 않기에, 또한 분별을 그대로 드러내는 것이다. 본성을 감지하게 된다.

삼산 김기천은 『원불교 성가』 107장 〈저 허공에 밝은 달은〉[심월송]에서 이 일체중생의 본성을 심월이라 하며 이를 구경하라고 노래한다.

1. 저 허공에 밝은 달은 다만 한낱 원체[圓體]로되
   일천 강에 당하오면 일천 낱이 나타나고
   나의 성품 밝은 맘도 또한 한낱 원체로되
   일만 경계 당하오면 일만 낱이 나타나네.

2. 달 사랑하는 벗님네야 강 밑에 잠긴 달은
   참 달이 아니오니 허공달을 사랑하고
   마음 찾는 주인공아 경계에 착된 마음
   참마음이 아니오니 본성마음 찾아보소.

3. 고요한밤 홀로앉아 이 마음을 관하올제
   분별주착 딸치 않고 무심적적 들어가니
   적적요요 본연한데 일각심월 원명[圓明]하다
   여보소 벗님네야 이 심월[心月]을 구경하소.

나의 성품, 본성마음, 허공달, 일각심월 등으로 일체중생의 본성을 표현하고 있다. 특히 2절의 "마음 찾는 주인공아 경계에 착된 마음 참마음이 아니오니 본성 마음 찾아보소"에서 경계에 붙잡히는 착심만 여의면 '본성'을 찾을 수 있다고 강조한다.

## 대소유무에 분별이 없는 자리며

〈일원상의 진리〉 중 '일원은 대소유무에 분별이 없는 자리'에 대해 살펴보자.

일원은 대소유무에 분별이 없는 자리라는 것이다.
먼저 대소유무大小有無라는 용어가 등장한다.
대소유무는 '크다 작다 있다 없다'라는 상대적인 개념일 뿐만 아니라, 대大·소小·유무有無로 소태산 대종사의 전문용어이다. 이처럼 대소유무는 대소·유무로 구분할 수도 있고, 대·소·유무로 구분할 수 있다.

대·소·유무의 구분은 『정전』 삼학 장의 '사리연구' 절에 제시하였다.
"대大라 함은 우주만유의 본체를 이름이요, 소小라 함은 만상이 형형색색으로 구별되어 있음을 이름이요, 유무有無라 함은 천지의 춘·하·추·동 사시 순환과, 풍·운·우·로·상·설風雲雨露霜雪과 만물의 생·로·병·사와, 흥·망·성·쇠의 변태를 이름이며"라고 정의한다.
대大는 본체, 소小는 형형색색의 현상, 유무有無는 사시순환과 변태의 변화로 대별한다.

이에 비해 『대종경』 성리품 27장에서는 대와 소를 성리의 체로, 유와 무를 성리의 용으로 크게 구별하여 나눈다.
"대大를 나누어 삼라만상 형형색색의 소小로 만들 줄도 알고, 형형색색으로 벌여 있는 소小를 한 덩어리로 뭉쳐서 대大로 만들 줄도 아는 것이 성리의 체體를 완전히 아는 것"이라면,
"유를 무로 만들 줄도 알고 무도 유로 만들 줄도 알아서 천하의 모든 이치가 변하

여도 변하지 않고 변하지 않는 중에 변하는 진리를 아는 것이 성리의 용用을 완전히 아는 것"이라고 하였다.

　대소유무의 이치를 성리性理라 하며, 한 덩어리의 대大를 형형색색의 소小로 만들 수도 있고, 형형색색의 소小를 한 덩어리의 대大로 만들 수 있는 것이 성리의 체體라면, 변하여도 변하지 않고 변하지 않는 중에 변하는 즉 변하는 유有를 불변하는 무無로, 불변하는 무를 변하는 유로 만들 수 있는 것을 성리의 용用이라고 한다.

　그런데 〈일원상의 진리〉 절에서 일원一圓은 이러한 대소유무에 분별이 없는 자리라고 말한다.

　『정전』 '사리연구의 요지'에서 "이理라 함은 천조天造의 대소유무를 이름한다."라고 하므로, 대소유무는 이理이며 진리의 조화인 천조로, 천조는 이치이다.

　그렇다면 일원은 천조인 대소유무의 이치에 분별이 없는 자리이다. 본체인 대大라 할 것도 없고, 현상인 소小라 할 것도 없고, 변화인 유무有無라 할 것도 없는 자리이며, 변하는 유有라 할 것도 없고, 불변의 무無라 할 것도 없는 자리이다.

　자! 직시해 보겠습니다.
대大라는 분별이 드러나는 이 자리에 대大라는 분별상이 있습니까?
무엇이라 할 것이 없습니다.
소小라는 분별이 나타나는 이 자리에 소小라는 분별상이 있습니까?
무엇이라 할 것이 없습니다.
유무有無라는 분별이 역력한 이 자리에 유무有無라는 분별상이 있습니까?
뭐라 할 것이 없지요.
변變인 줄 아는 이 자리에 변화變化라는 분별상이 있습니까?
없지요.
불변不變인 줄 아는 이 자리에 불변不變이라는 분별상이 있습니까?
없습니다.

이 자리는 일체의 분별을 붙일 수 없다.

무어라고 규정하는 순간 벌써 저만치 달아나서 사라지는 자리이다.

잡으려면 물러나 있어 붙잡을 수 없는 자리이다. 무엇이라 하면 그건 벌써 아니기 때문이다.

대大니 소小니 유무有無니 그리고 변變이니 불변不變이니, 라고 알아차리고 그러는 가운데 모르면 모르는 그대로 알면 아는 그대로 환희 드러나지만, 곧바로 그것이 아닌, 그것에 포획되지 않는 자리로 물러나 버린다.

이처럼 무엇이라 규정하는 분별에 한정되지 않는 텅 비어 걸림이 없는 자리이다.

이와 같이 분별이 붙을 수 없는 텅 빈 한자리를 일원一圓이라 한다.

**확인해 보겠습니다.**
제가 주먹을 들겠습니다. 주먹이 보이지요.
어떻게 보입니까?
보는 내가 있고 보이는 주먹이라는 대상이 있겠지요.
이렇게 주객으로 나누는 마음 상태를 직시하겠습니다.
주객의 분별이 생기는 그 마음 당체를 직시하면 그 자리는 주객의 분별이 탈락한 경지입니다.
이처럼 주객미분의 한 주먹[大]으로 드러납니다.
어떠한 분별도 붙지 않는, 분별이랄 게 본디 붙지 않는 한 자리입니다.

이제 이 주먹을 다른 시각으로 보도록 하겠습니다.
색깔로도 보고 크기로도 보고 분위기로도 보겠습니다.
우중충한가요?
크기는 조막만 하고요, 어딘지 샌님 같나요?
이렇게 여러 현상[小]으로 나타나는 그 마음을 보십시오.
또 주먹을 폈다 오므렸다, 또는 올렸다 내렸다 합니다.
주먹을 움직이고 이리저리 작용[有無]하는 그 마음을 바라보세요.

제1절 일원상의 진리 · 59

그 마음 당처에 분별이 있습니까?
한 분별도 없습니다. 한 분별도 없기에 이런저런 주먹의 모습[小]으로 나타나고,
한 분별도 없기에 오므렸다 폈다 하는 주먹의 작용[有無]이 확연합니다.
이리저리 작용하되 작용하는 그 자리에 일체의 흔적이 없습니다.
이처럼 마음 당처에는 대大다 소小다 유무有無다 할 분별이 없습니다.
대大인 줄 알고 소小인 줄 알고 유무有無인 줄 아는 이 자리에는
대라는 규정도 소라는 규정도 유무라는 규정도 붙을 수 없는 자리입니다.
대소유무에 일체의 분별사량이 탈락된 무분별의 자리입니다.

마치 모든 잎사귀를 다 떨구고 그 골격만 드러내고 있는 겨울나무와 같다.
그래서 그 자리는 분별의 잎이 떨어진 체로금풍體露金風[『벽암록』 27칙]의 경지다.
일체의 분별이 탈락하여 텅 비어 역력한 자리다.
지금 들려오는 노래를 듣고 있는 그 듣는 당처에 본래 분별이 없다는 것을 알아차리면 대소유무에 분별이 없는 자리는 확인된 것이다.

소태산 대종사는 "내가 영산에서 윤선輪船으로 이곳 봉래정사에 올 때에 바닷물을 보니 깊고 넓은지라 그 물을 낱낱이 되어 보았으며 고기 수도 낱낱이 헤아려 보았다."[『대종경』 성리품 12장]라고 일러주었다.
바다라는 본체의 대大도 고기 수라는 현상의 소小에도 한정되지 않는 분별이 없는 자리를 보여준 것이다.

## 생멸거래에 변함이 없는 자리며

〈일원상의 진리〉 중 '일원은 생멸거래에 변함이 없는 자리'에 관해 살펴보자.

일원은 생멸거래生滅去來에 변함이 없는 경지이다.
생멸거래에 변함이 없는 자리는
생할 것도 없고 멸할 것도 없는 생멸 이전의 불생불멸의 자리이며,
가고 오는 것도 없고 즉고 나는 것도 없는 자리이다.[『대종경』 천도품 5장]

팔타원 황정신행이 돈암동 회관에서 소태산 대종사를 처음 뵐 때의 문답이다.
당시 30대 초반의 신여성이었던 황정신행은 시골 촌 양반 모습의 소태산 대종사에게 여쭌다.

"어떻게 부처 되는 공부를 합니까?"
"내가 가르쳐 주지요."
하시며 벽에 걸린 시계를 가리키며
"이 시계가 어디로 돕니까?"
"오른쪽으로 돌지요."
"몇 번 돌면 하루가 됩니까?"
"스물네 번입니다."
"며칠 동안 돌아야 한 달이지요?"
"30일 돌면 한 달입니다."
"몇 달 돌면 일 년이지요?"
"열두 달이 되면 일 년입니다."

이처럼 어린아이도 알 수 있는 것을 물으신 후 다시 묻기를
"사람이 얼마를 살아야 많이 사는 것입니까?"
"일흔 살을 살면 많이 살지요."
"그렇지요. 부처 되는 것은 내가 가르쳐 줄 것이니 이완철 교무 만나보면 알게 될 것입니다."[『구도역정기』 팔타원 황정신행 법사편]

"사람이 얼마를 살아야 많이 사는 것입니까?"라는 질문은 오래고 짧고의 분별이 없는 생멸 없는 자리를 물은 것이다.

결국 이 대화는 시계를 인용하여 변화하는 시간 속에서 시간에 묶이지 않는 불생불멸의 자리를 물은 문답이다. 시간에 한정되지 않고 생멸거래에 변함이 없는 자리를 질문한 것이다.

자! 이제 생멸거래에 변함이 없는 자리를 확인해 보자.

한 생각이 일어나는 것이 생生이라면 한 생각이 사라지면 멸滅이다.

이처럼 생각은 계속 생멸한다.

이 생각을 했다 저 생각을 했다, 생각은 생했다 멸했다를 이어간다.

이렇게 생각은 생겼다 멸했다 하는데 변하지 않는 자리가 있을까?

마치 하늘에 구름이 끼었다 사라졌다 할 때 그 구름은 생했다 멸했다 해도 그 배경의 하늘은 늘 여여하여 변함이 없는 격이다.

생각이 생겼다 사라져도 변함이 없는 생각의 무대가 펼쳐있는 것이다. 이 무대는 무대라 할 실체가 없는 텅 빈 자리이다.

생할 것도 멸할 것도 없는 텅 빈 본래 마음으로, 경계가 있어도 그 자리이고 경계가 없어도 그 자리이다. 생멸거래 중에서 변함이 없는 그 자리에 머무르라는 것이다.

**용담 선사와 덕산 선사 사이의 일화**[『무문관』 제28칙 구향용담]를 살펴보겠습니다.

덕산은 남방에서 선禪의 가르침을 펴고 있는 용담 선사의 소식을 듣고 찾아갑니다. 대화는 깊어지고 시간은 흘러 어느덧 밤이 찾아와 잠을 청하려고 방을 나서려

는데 밖은 칠흑같이 어두워졌습니다.

　덕산은 용담에게 밤길을 밝혀줄 등불을 요청하니 용담은 덕산에게 불을 붙여 건네줍니다. 이때 덕산이 점등된 등을 받으려고 하자 용담은 등불을 꺼버립니다.

　그 순간 덕산은 홀연히 깨닫게 됩니다.

　방문했을 때는 낮이라 밖이 환한 상황이었다가 밤이 되어 캄캄해졌고, 다시 등불을 켜서 환해졌으나 다시 등불을 꺼버리니 어두워진다.

　눈앞의 형상이 밝았다 어두워졌다, 불빛이 생했다 멸했다를 반복한다.

　밝음에서 어둠으로 다시 밝았다가 또다시 어둠으로 변했다.

　덕산은 용담 선사가 등불을 불어 꺼버리는 순간 눈앞의 모습에 물들지 않는 텅 빈 바탕을 직시했다.

　낮이 그대로 드러난 마음, 다시 캄캄함이 드러난 마음,

　등불에 환해짐을 아는 마음, 다시 등불을 꺼서 어두워짐을 아는 그 마음.

　생하고 멸하는 현상에 변함이 없이 여여한 배경의 마음은 눈앞의 형상이 변할지라도 그 변화에 걸림이 없는 텅 비었으되 두렷한 자리이다.

　한번 시험해 봅시다.

　전기스탠드를 앞에 놓고 불을 켜 보세요. 환한 줄 알고 있습니까?

　이제는 불을 꺼 보세요?

　캄캄한 줄 알고 있습니까?

　텅 비어 조용한 자리가 알아차리고 있지요.

　밝아지고 어두워져도 그 생멸의 변화에 물들지 않는 배경이 있습니다.

　어둡고 밝아지는 형상의 변화에 끌리지 말고 그런 줄 아는 그 자리를 감지하길 바랍니다. 어둡고 밝아지는 경계를 놓아버리면 역력고명歷歷孤明한 자리가 환히 드러납니다.

　방안의 스위치를 켰다 껐다 하겠습니다.

스위치를 켜면 밝아지고 스위치를 끄면 어두워집니다. 어둠과 밝음의 생멸이 발생합니다.

이러한 어둡고 밝아지는 현상의 변동을 알아차리는 자리에 변화가 있습니까?

알아차리는 자리에 요동이 있습니까?

밝았다 어두워졌다 하는 생멸 현상에 오염되지 않는 자리입니다.

이러한 생멸거래의 현상을 초월해서 본래 역력한 '만세멸도상독로萬世滅度常獨露'의 성주聖呪 자리입니다.

어둠과 밝음으로 상대 짓지 않는 자리이며, 어둠과 밝음의 생멸 변화에 묶이지 않는 두렷한 자리입니다.

예를 들어보겠습니다.

여기 컵이 있습니다. 이제 컵을 치웠습니다. 무엇이 있습니까?

컵이 있다가 없어졌습니다. 컵이 생멸거래를 했습니다.

컵이 있다가 없어졌다고 텅 빈 일원의 자리가 없어졌습니까?

컵이 없다가 생겼다고 텅 빈 일원의 자리가 생긴 것입니까?

컵의 유무에 끌려가면 생멸거래에 변함이 없는 일원의 자리가 어두워집니다.

컵이 생기면 있는 줄 알아차리고 사라지면 없는 줄 알아차리는 이 자리는 여여합니다. 그렇게 아는 그 자리는 생긴 적도 없어진 적도 없습니다. 변함없이 여여합니다.

저쪽으로 끌려가지 말고 이쪽으로 고개를 돌리십시오. 마음의 방향만 바꿔주면 됩니다.

저기서 개가 짖으면 개소리에 끌려가고

또 저기서 고양이가 울면 고양이 소리에 끌려갑니다.

개가 울던 고양이가 울던 그 소리에 끌려가지 말라는 것입니다.

그렇게 듣고 있는 텅 빈 자리를 직시하여 그 자리에서 두렷이 들으라는 것입니다.

개 소리를 듣는 자리와 고양이 소리를 듣는 자리는 텅 빈 한자리입니다.

개소리를 듣다가 고양이 소리를 듣는다고 달라지는 자리가 아닙니다.

**생멸거래에 변함이 없는 텅 빈 한자리가 듣고 있습니다.**

눈앞의 형상形相은 생멸하고 오갈 뿐이다.
생각은 일어났다가 사라지는 것이다. 생멸거래한다.
생각이 일어나기 전에도 눈앞에 역력하고
생각이 일어나도 눈앞에 역력하고
생각이 사라진 뒤에도 눈앞에 역력한 변함없는 자리이다.

행주좌우어묵동정 간에 변함없이 항상 여여한 자리이다.
생멸거래와 관계없이 늘 빛나고,
생로병사에 변함이 없는 청정한 자리이다.
아파도 건강해도 본질은 청정한 하나 자리로,
건강하다가 설사 아파서 병색이 짙어도 이 자리는 병고에 굴들지 않는 자리이다.

소태산 대종사는 팔산 김광선의 열반에 생사거래와 업보멸도에 관한 법을 설하였다. "생사거래와 고락이 구공俱空한 자리를 알아서 마음이 그 자리에 그치게 하라. 거기에는 생사도 없고 업보도 없나니, 이 지경에 이르면 생사 업보가 완전히 멸도되었다 하리라."[『대종경』 천도품 28장]
생사거래와 고락이 구공한 자리가 바로 생멸거래에 변함이 없는 자리이다.

우주만유는 생멸거래한다. 이렇게 생멸거래하는 줄 아는 마음 당체는 생멸거래하는 중에 생멸거래에 변함이 없는 자리이다. 이 자리가 일원이요 이 모습이 일원상이다.

# 선악업보가 끊어진 자리며

〈일원상의 진리〉 중 '일원은 선악업보가 끊어진 자리'에 관해 살펴보자.

선악업보善惡業報가 끊어진 일원一圓의 자리는 선악 이전의 선악을 초월한 경지이다.
선악업보는 선업善業과 악업惡業에 따라 그에 상응하는 과보를 받는 것이다. 즉 선한 행위에 따라 좋은 결과[선인선과善因善果·선인낙과善因樂果]를 얻고, 악한 행위에 따라 나쁜 결과[악인악과惡因惡果·악인고과惡因苦果]를 받는다는 뜻이다.

그런데 일원의 경지는 선악업보가 끊어진 자리로 선악의 행위로 규정될 수 없는 경지이다.
'사람의 성품이 정한 즉 선도 없고 악도 없는 무선무악無善無惡의 자리'[『대종경』 성리품 2장]다. 선으로 한정될 수도 없고 악으로 규정될 수도 없는 자리이다.
아무리 선한 행위를 많이 했다고 해도 좋아질 것이 없고,
아무리 악한 행위를 많이 했다고 해서 나빠질 것이 없는 자리이다.
선악에 따라 물들고 규정되는 업보가 끊어진 자리이다.
'부처와 중생도 없는'[『대종경』 천도품 5장], 즉 부처랄 것도 없고 중생이랄 것도 없는 자리이다. 잘났다는 우월도 못났다는 비하도 없는 자리이다.

선악업보가 끊어진 자리와 관련된 '불사선악不思善惡'[『무문관』 제23칙] 이야기이다.
선종禪宗의 6조 혜능이 5조 홍인에게 법을 받고서 이를 질투하는 무리를 피해 남방으로 피신한다. 이때 군인 출신의 혜명이 끝까지 추적한다. 결국 혜능은 혜명에게 따라 잡히고 만다. 이때 혜능은 법의 증표인 의발을 바위에 올려놓고서 가져가라 한다. 그런데 혜명이 이를 가져가려 하나 꿈적도 하지 않는다.

순간 혜명은 두려운 마음이 들어 혜능에게 말한다.

"본래 법을 찾아온 것이지 의발 때문에 온 것이 아니니, 원컨대 깨달음을 열어 주소서."

사실 혜명은 전법의 증표인 의발의 무게를 감당할 수 없었다.

어찌 깨닫지 못하고서 의발만으로 법을 주재하는 조사를 감당할 수 있겠는가?

혜명은 상황 파악이 된 것이다. 그래서 깨달음을 개시해 달라고 청한다.

그러자 혜능은 "선도 생각하지 말고, 악도 생각하지 말라."라고 하면서 "어떠한 것이 그대의 본래 면목인가?"라고 질문한다. 이에 혜명은 그 자리에서 깨달음에 이른다.

'불사선不思善 불사악不思惡', 선도 생각하지 말고, 악도 생각하지 말라.

선업이라는 생각도 악업이라는 분별도 붙잡지 말라.

번뇌 망상을 버리려고도 말고 깨달음을 얻으려고도 말라.

선악으로 한정하고 그에 파생되는 일체의 업보를 내려놓으라.

그렇게 내려놓은 순간 선악 업보가 끊어진 자리가 여여하다.

그 자리에는 선악이 없다. 선악에 물들 수 없다. 선으로도 규정되지 않고 악으로도 물들일 수 없는 항상 그렇게 텅 비어 청정한 경지이라.

이러한 청정한 자리에 선善의 흔적이 있을까?

이 자리는 선에 물들지 않는다. 선으로 한정되지 않는다.

만일 이 자리에 선善이 본래부터 있다면 선에 가려 선이 이처럼 환히 드러날 수도 없다.

만일 이 자리에 악惡이 본래 있었다면 악에서 벗어날 수 없다.

이 자리는 본래 악에 물들지 않는 자리이기에 『정전』 참회문의 이참理懺이 가능하다.

이 자리는 원래 죄의 본성이 텅 빈 공空한 자리이기 때문이다.

자성의 혜광이 발하면 내외 중간에 털끝만 한 죄상도 찾아볼 수 없는 자리로,

고도 고가 아니요, 죄도 죄가 아닌 선악업보가 끊어진 자리이다.

제1절 일원상의 진리

선인 줄 알아차리고 악인 줄 알아차리는 이 각성의 자리에는 선악이 본래 없다.
과보를 일으키는 원인인 선악 분별이 없으므로 받을 업보도 없는 것이다.
사랑할 것도 미워할 것도 없는 선악 증애가 텅 빈 자리이다.
이렇게 텅 빈 자리이기에 또한 선악이 선명한 것이다.
선하면 선한 그대로 능히 드러나고 악하면 악한 그대로 능히 나타나는 자리이다.
사람의 성품이 동한 즉 능히 선하고 능히 악한 것이다.[『대종경』 성리품 2장]

하나로 두렷한 일원一圓의 경지는 선악업보가 끊어진 무선무악無善無惡하기 때문에 선악업보가 역력하게 능선능악能善能惡한다.

선악의 경계에 끌리지 말고, 선악의 분별을 내려놓으면 선악업보가 끊어진 텅 빈 자리가 환해진다. 선악업보에 물들지 않는 청정한 자리가 눈앞에 역력하다.

선악 경계에 물드는 것은 마치 돼지엄마가 소풍 가서 가족 수를 세는데 숫자가 안 맞는 격이다. 왜냐하면 자신은 빼놓고 세기 때문이다. 세고 있는 깨어있는 자리를 감지해야 선악업보가 끊어진다.

자! 마음을 직시하여 선악업보를 끊어봅시다.
지금 화가 났습니다.
화난 순간 화에 화를 돋우지 말고, 화를 느끼는 마음을 직관합니다.
그 자리에 화가 있습니까?
만일 마음에 화가 본래부터 있다면 화에 가리어 화가 드러나는 자리를 감지할 수 없습니다.
원래 마음은 텅 비어 청정하기에 화가 나면 화가 드러나고 화인 줄 알아차릴 수 있습니다.
지금 칭찬을 들었습니다.
기분이 좋은 순간 그 기분에만 빠지지 말고 그 상태를 알아차리고 있는 마음을 직관합니다.
이 자리는 좋은 기분에 한정될 것이 없습니다.

이 자리에는 선도 악도 업보도 없습니다. 좋다 나쁘다 할 선악업보가 본래 없습니다.

업보가 툭 끊어진 자리입니다. 항상 선악 간에 선악업보가 끊어진 자리가 흐르도록 하십시오.

그러면 청정하여 부처도 마구니[魔軍]도 없습니다.

잘났건 못났건 그러한 분별이 텅 빈 자리로서 선악업보가 끊어진 자리입니다.

이처럼 선악업보가 끊어진 이 자리가 일원이요 이 모습이 일원상이다.

# 언어명상이 돈공한 자리로서

〈일원상의 진리〉 중 '일원은 언어명상이 돈공한 자리'에 관해 살펴보자.

일원은 일체의 언어명상이 돈공한 자리이다.
언어명상의 '언어言語'는 규정하는 말과 글이라면 '명상名相'은 이름과 형상이다.
말이 음성이라면 글은 문자이며, 이름은 지칭·호명이요 형상은 이미지이다.
돈공頓空은 '몰록·문득·갑자기·별안간 돈頓'과 '빌 공空'으로, 돈공한 자리는 단박에 일체를 초월한 텅 빈 경지로 한 이름도 없고 한 형상도 없는 자리이다.
언어로 규정할 수 없고 명상으로 개념화하거나 이미지화할 수 없는 자리이다.
언어의 사슬에 묶이지 않고 명상의 딱지가 붙지 않는 자리이다.
언어명상에 물들지 않는 텅 빈 자리이다.

돈공頓空하다고 해서 '있음'의 반대인 '없음'을 말하는 것은 아니다.
있음과 없음의 상대적 개념이 다 탈락해 있음과 없음이 다 붙을 수 없어 공空한 자리이다.
언어명상의 투망에 걸리지 않기에 텅 빈 공空이라 표현한 것이다. 만일 공空이라는 표현에 집착한다면 도리어 돈공한 자리는 영영 감지할 수 없게 된다.

자! 이 자리를 확인해 봅시다.
지금 강의를 듣고 있다고 합시다.
지금 바로 강의를 듣고 있는 마음의 당처를 직시해 보시기 바랍니다.
듣는 자리를 돌이켜 보십시오. 듣는 자리에 어떠한 한정이나 규정이 있습니까?
'잘났다, 못났다' '여자다, 남자다' '귀하다, 천하다' 등의 규정이 있습니까?

'교무다, 교도다'라는 딱지가 붙어 있습니까? 꼬리표가 붙어 있습니까?

'나는 못났다, 나는 잘났다'라는 언어명상에 따라가는 마음을 멈추고 그 마음의 당체를 직면해 보십시오.

강의를 듣는 바탕은 텅 비어 고요합니다. 분별하고 규정하는 언어명상에 오염되지 않는 자리입니다.

만일 듣는 자리에 언어명상의 딱지나 꼬리표가 본래 붙어 있다면 강의를 이렇게 들을 수도 없습니다. 듣는 자리가 텅 비어 있기에 이렇게 선명합니다.

강의 소리에 따라 무수한 생각과 분별이 끊이지 않을 것입니다.

이때 강의 소리가 드러나는 당처를 돌이켜 보십시오.

들려오는 소리에 물들지 않는 '그 자리'를 주목하는 순간 언어명상의 표 딱지 너머의 돈공한 자리가 펼쳐집니다.

듣고 있는 마음 당처는 무어라 규정하고 재잘거리는 언어명상이 텅 빈 침묵의 자리입니다. 언어명상이 어찌할 수 없는 돈공한 자리가 나타납니다.

강의를 듣고 있는 자리는 이름이 붙지 않습니다.

그러므로 '잘났다 못났다'라고 이름 붙이는 집착만 놓아버리면 본래 텅 비어 두렷한 자리가 밝아집니다. 항상 그렇게 공空한 자리인데 언어명상에 가려져 있을 뿐입니다.

'좋고, 싫음'이라는 이미지가 눈앞에서 난무하지만, 이미지의 바탕은 텅 비어 고요합니다.

마음에 떠오르는 모습에 집착만 하지 않으면 그 모습을 알아차리는 바탕이 드러납니다.

분별하는 이미지에 끌려만 가지 않고 당장 멈추면 명백한 자리입니다.

분별하는 모습에 취하지만 않으면 생생하게 깨어있는 자리가 피어납니다.

그 자리는 언어명상에 물들지 않는 자리이며 언어명상이 어찌할 수 없는 자리입니다.

마치 거울에 영상이 비치어도 거울은 텅 비어 청정하듯이 알아차리는 본래 마음은 언어명상에 오염될 수 없는 자리입니다.

TV나 핸드폰을 보면서도 화려한 영상에 물들지 않는 텅 빈 배경을 만날 수 있습니다.
그 자리는 공空합니다. 텅 비어 고요한 침묵의 자리입니다. 입 다문 자리입니다.
시끄럽다 조용하다는 짝이 있는 침묵이 아니라 상대가 끊어진 절대의 침묵입니다.
만법으로 더불어 짝하지 않는 불여만법위려자不與萬法爲侶者[『정전』 의두요목 6조]의 자리입니다.
그 자리는 형상도 없고 이름도 없고 언어에 한정되지도 않습니다.
안다는 것도 없고 모른다는 것도 없습니다. 안다 모른다는 것도 언어명상입니다.
안다면 안다는 분별에 떨어져 산란해질 것이며, 모른다면 모른다는 분별에 빠져 흐리멍덩한 무기無記에 떨어집니다.

결국 언어명상에 동일시만 하지 않으면 됩니다.
일원의 자리는 언어의 딱지도 명상의 꼬리표도 붙지 않습니다.
내가 슬프다고 하여 '나는 슬픈 사람이다'는 언어의 딱지를 붙여 슬픔과 동일시합니다.
또는 '나는 우울한 사람이다'라고 이름을 붙여 우울한 이미지로 형상화합니다.
일어나는 감정이나 생각에 따라 온갖 언어명상의 딱지와 꼬리표를 붙입니다.
그러나 본래 슬프고 우울한 존재가 아닙니다.
슬프면 슬픈 줄 알고 우울하면 우울한 줄 알아차리는 본래부터 깨어있는 텅 빈 존재입니다.
그러므로 규정하고 이름 붙이는 언어명상과 동일시하지만 않으면 됩니다. 언어명상만 깔끔히 내려놓으면 됩니다.
이 자리가 바로 언어명상이 돈공한 일원의 자리입니다.

일원은 언어명상이 돈공한 청정원淸淨園이다.

더럽고 깨끗하다 할 언어명상이 붙지 않는 불구부정不垢不淨의 자리이다.

창밖의 풍경을 보는 본래처도 식탁 위의 음식을 맛보는 당처도 언어명상이 돈공한 자리이다. 마치 연잎에 비 내려도 물방울만 궁글을 뿐 연잎은 젖지 않는 격이다.[『원불교 성가』 110장 〈연 잎에 비 내리니[연화대]〉]

일원은 한 생각이 일어나기 전 생생하게 존재하는 일념미생전一念未生前 자리이다.

이 자리를 생각으로 찾으려 하면 찾으려는 생각이 또 하나의 생각이 되어 더욱 생각에 매이게 된다. 언어명상으로 찾을 수 없는 것이다.

『정전』 의두요목 1조 "세존世尊이 도솔천을 떠나지 아니하시고 이미 왕궁가에 내리시며, 모태 중에서 중생 제도하기를 마치셨다 하니 그것이 무슨 뜻인가?"를 통해 언어명상이 돈공한 자리를 직시해 본다.

여기서 '세존'이니 '도솔천'이니 '왕궁가'니 하는 개념도 '모태 중에서 중생제도를 마쳤다'는 논리도 다 마음의 모양[心相]이다. 만일 이러한 개념과 논리의 언어명상에 붙잡혀 있으면 그 배경에서 이를 알아차리고 있는 텅 비어 고요한 자리는 가리게 된다. 그러니 도솔천이니 왕궁가니 하는 언어와 명상에 붙잡히지 말고 이를 훤히 알아차리고 있는 텅 빈 바탕에 머물면 그만이다.

이처럼 도솔천이니 왕궁가는 우주만유의 하나로 언어명상으로 나타난다. 그러므로 '우주만유의 본원'은 결국 '언어명상이 돈공한 자리'이다.

끝으로 〈일원상의 진리〉 절에서 분별이 없는 자리, 변함이 없는 자리, 끊어진 자리, 돈공한 자리의 '자리'는 자리라는 실체가 없는, 자리랄 것이 없는 자리이다. 그러므로 시공의 분별과 생사와 선악과 언어에 물들지 않는 자리이다.

# 공적영지의 광명을 따라

〈일원상의 진리〉절에서 '공적영지의 광명을 따라'를 살펴보자.

공적영지의 광명은 '빌 공空' '고요할 적寂' '신령할 령靈' '알 지知'로 텅 비어 고요하면서 신령하게 아는 마음의 광명을 말한다.

공적영지의 '공적空寂'은 〈일원상의 진리〉중 '대소유무에 분별이 없는 자리, 생멸거래에 변함이 없는 자리, 선악업보가 끊어진 자리, 언어명상이 돈공한 자리'라면, '영지靈知'는 공적에 바탕한 지혜 작용을 말한다.

이러한 공적영지를 거울에 비유하곤 한다.
왜냐하면 거울은 텅 비어 맑고 밝아 그대로 비추기 때문이다.
그런데 만일 거울에 때가 끼면 대상을 제대로 비출 수 없다. 그래서 거울의 때를 닦아낸다. 그러나 사실은 거울에 때가 끼어도 거울의 비춤 자체는 오염되지 않는다.
더럽고 깨끗한 것은 물건에 달린 것이지 거울의 비춤에는 아무런 문제가 없는 것이다. 물건이 더러우면 더러운 대로 깨끗하면 깨끗한 대로 비출 뿐이다. 거울의 비춤에는 때가 낄 수도 없고 가림도 없는 것이다.
또한 거울은 그 앞에 사물이 놓임으로써 비로소 비추는 것이 아니라, 사물이 그 앞에 없어도 이미 스스로 비추고 있다. 이처럼 마음도 대상을 대하여 드러나는 작용만이 아니라, 대상이 없어도 스스로 비추고 있다.
마음은 경계를 따라 보는 대로 나타내지만, 그 아는 당처는 이에 물들지 않는다. 원래 마음은 무엇에도 물들지 않고 고착되지 않는 텅 빈 자리이면서 일체를 포용하되 그것에 포섭되지 않는 작용이다.

거울에 때가 끼어도 거울의 비춤에는 오염이 없듯이, 신령하게 아는 마음 자체는 번뇌에 오염되지 않는 자리이다.

이처럼 마음 당처는 마치 거울이 먼지를, 먼지 그대로 비추듯이 먼지 낀 마음 즉 번뇌를, 번뇌 그대로 알아차리고 있다. 이렇게 번뇌를 번뇌 그대로 드러내는 것은 텅 빈 마음이 앞서 존재하는 것이다.

즉 번뇌 망상이 치성해도 번뇌 망상인 줄 아는 원래 마음은 번뇌 망상의 때가 낄 수 없는 텅 빈 광명 자체이다. 텅 빈 광명은 어둡고 밝다는 분별을 여읜 광명이다.

이처럼 마음 자체는 원래 번뇌 망상이 낄 수 없는 공적영지空寂靈知이며, 공적영지가 있으므로 비로소 마음이 오염되어 있다는 것도 간파할 수 있으며 번뇌 망상을 닦는 것도 가능한 것이다.

이를 〈일원상의 진리〉에서 '공적영지의 광명'이라 한다.

대소유무에 분별이 없는 자리, 생멸거래에 변함이 없는 자리, 선악업보가 끊어진 자리, 언어명상이 돈공한 일원의 자리로서 텅 비어 고요하면서 신령하게 알아차리므로 공적영지라는 것이다. 즉 공적영지의 광명은 일원의 광명이다.

이 자리는 청정한 알아차림으로 텅 비어 고요하면서 두렷하게 드러내는 지혜 광명이다. 한정되고 규정되지 않는 텅 빈 고요이면서 신령하게 깨어있는 자리이다.

이처럼 생각이 일어나는 자리가 본래 고요하고, 보고 듣는 자리가 고요한데 어찌 다시 생각을 없애서 고요를 찾겠는가. 또한 없다면 아무것도 몰라야 하는데 환히 알며, 신령하게 아는 데 텅 비어 고요한 자리이다.

『원불교 성가』 114장 〈하늘이 주신 보배[마음거울]〉에서 "하늘이 주신 보배 일편영대 거울이라 번듯이 한번 들면 온천하가 빛이로다 둥글고 밝은 빛 무엇이 막으랴. 일월日月이 밝다하나 농籠 중에 노는 새라 무형한 그곳까지 어찌 능히 비쳐주랴 아마도 큰 광명 이 거울뿐인가"라고 '공적영지의 광명'을 노래한다. 공적영지한 일원의 광명은 유형한 것뿐만 아니라 무형한 그곳까지 다 비춰주는 광명인 것이다.

확인하겠습니다.

지금 창밖 건너 공사장 소리가 들린다고 가정합시다. 책을 읽고 싶은데 그 소리 때문에 집중이 안 되는 상황입니다.

공사장의 시끄러운 소리에 집중이 안 됩니다. 창문을 닫아도 소음 소리가 더 깊숙이 마음에 파고듭니다. 집중을 방해합니다.

이 소리에 집중이 안 되는 마음을 공부심으로 돌려 보십시오.

소리도 경계입니다. 이 소리를 소음이라고 집착하면 할수록 온갖 생각으로 전개됩니다. 잡념이 확산합니다. 소음을 다만 소음인 줄만 알아두고 소음을 성가시게 여기지도 말고 소음에 낙망하지도 않는 것입니다.[『정전』 좌선의 방법]

이때 이러한 시끄러운 소리에 끌려 집중이 안 되는 마음을 돌이켜 직면하는 것입니다.

공사장 소리를 소음으로 듣고 있는 마음자리를 관하는 것입니다. 이 자리에는 원래 한 소리도 없습니다. 만일 이 자리에 무언가가 고착되어 있다면 이렇게 들리는 대로 들을 수 없습니다.

또한 이 듣는 마음의 당처가 텅 비어 적막하다면 아무 소리도 들리지 않아야 하는데 소음이 역력합니다. 비었으면 없어야 하는데 역력합니다. 환히 알아차립니다. 다만 소리라는 경계에 끌리어서 듣는지 안 끌리면서 듣는지만 있을 뿐입니다.

이것이 원래 텅 비었으되 허공 같지 않고 밝고 밝아 어둡지 않은 공적영지의 증거입니다.

그러므로 이 자리를 공적하면서 신령하게 알아차리는 공적영지의 광명이라고 합니다.

공사장의 소리를 들을 때도 이 자리는 광명하고 소리가 안 들릴 때도 이 자리는 광명합니다.

이처럼 공적영지의 광명은 꺼진 적이 없습니다. 등화관제燈火管制한 적이 없는 자리입니다.

"나에게 한 권의 경전이 있으니 지묵으로 된 것이 아니라, 한 글자도 없으나 항상 광명을 나툰다."[『정전』 의두요목 20조]처럼 상광대광명常光大光明한 자리이다.

공적영지의 광명은 잠을 잔 적이 없는 자리이다. 분별하는 마음이 자고 깰 뿐이다. 꿈도 없을 때조차도 그 아는 영지는 잠들지 않는다.[『정전』 의두요목 10조]

이번에는 꿈도 없이 잠잘 때를 돌이켜 보겠습니다.

이런저런 생각도 희로애락의 감정도 단절된 잠에 들었다 합시다.

"사람이 깊이 잠들어 꿈도 없는 때에는 그 아는 영지가 어느 곳에 있는가?"[『정전』 의두요목 10조]처럼 감수 작용과 사고 작용이 끊어진 상태[滅受想定]에 들어도 그 아는 영지는 묘하게 있습니다.

이제 꿈에서 깨어나 생각과 감정이 일어나고 이런저런 행동을 합니다. 이러한 행위도 다 영지의 나타남입니다.

꿈도 끊어진 깊은 잠이 들거나 또는 잠에서 깨어나 활동하는 중에도 그 아는 영지는 변함없이 여여如如합니다. 시간이 변해도 이렇듯 여여한 자리를 공적영지의 광명이라고 합니다.

이처럼 공적영지는 일이 있는 동할 때도 일이 한가한 정할 때도 항상 그러하며, 자나 깨나 꿈꾸는 중에도 그 광명은 여여합니다.

공적영지空寂靈知는 진공한 가운데 영지가 불매不昧한 자리이다.[『정산종사법어』 원리편 2장] 공적한 가운데 영지가 어둡지 아니하여, 성품이 스스로 신령하게 아는 자리[性自神解]이며 맑고 밝은 깨어있는 청정한 본래 자리이다.

『대종경』 성리품 15장 말씀이다.

소태산 대종사 봉래정사에 계실 때 선승禪僧 한 사람이 금강산으로부터 와서 뵈옵는지라,

소태산: "그대가 수고를 생각하지 아니하고 멀리 찾아왔으니 무슨 구하는 바가 있는가."

**선승:** "도를 듣고자 하나이다. 도의 있는 데를 일러 주옵소서."
**소태산:** "도가 그대의 묻는 데에 있나니라."
**선승이 예배하고 물러 가느니라.**

소태산 대종사는 도道가 있는 자리를 확인시키고 있다. 질문하는 그 자리를 돌이켜 보라는 것이다. 묻는 데를 직시하면 도 있는 자리인 성품을 알 수 있는 것이다.

지금 책을 읽고 있는 본원처가 텅 비었는데 신령하게 알아차리는 도가 있는 자리이다. 지금 알 듯 모를 듯한 이 마음을 돌이켜 직면하는 반조처가 청정하되 두렷하게 알아차리는 성품의 도가 있는 자리이다.

이 성품의 도를 만나고 또 만나면 공적영지의 광명이 역력해지는 것이다.

소태산 대종사는 봉래정사에서 제자들에게 공적영지의 광명인 일원상 자리를 보여주었다.

**"옛날 어느 학인學人이 그 스승에게 도를 물었더니 스승이 말하되 '너에게 가르쳐 주어도 도에는 어긋나고 가르쳐 주지 아니하여도 도에는 어긋나나니, 그 어찌하여야 좋을꼬' 하였다 하니, 그대들은 그 뜻을 알겠는가."** [『대종경』 성리품 13장]

도는 '알고 모르고'에 있는 것이 아니다.

안다, 모른다는 경계에 붙잡혀 있으면 공적영지의 일원상 자리는 매昧하게 된다.

안다고 하면 안다는 분별에 떨어지고, 모른다고 하면 모른다는 분별에 빠지게 된다.

안다, 모른다는 분별을 다 내려놓으면 원래 탁 트여 있는 걸림 없는 자리가 드러난다.

안다, 모른다는 한 생각이 일어날 때 그 생각에 끌려가지 말고, 그 생각이 일어나는 생각 이전의 자리에 곧장 머무르라. 그러면 우리의 본래 모습인 공적영지가 눈앞이다.

**"좌중이 묵묵하여 답이 없거늘 때마침 겨울이라 흰 눈이 뜰에 가득한데 대종사 나가시사 친히 도량道場의 눈을 치시니 한 제자 급히 나가 눈가래를 잡으며 대종사께 방으로 들어가시기를 청하매,"** 대종사 말씀하시기를 "나의 지금 눈을 치는 것은 눈만

치기 위함이 아니라 그대들에게 현묘한 자리를 가르침이었노라."[『대종경』 성리품 13장]

소태산은 제자들에게 눈을 직접 치워 현묘한 자리를 보여주었다.
안다, 모른다는 분별 주착의 눈을 치워 분별 이전의 자리인 공적영지의 자리를 드러내 주었다. 소태산 대종사가 친히 보여준 이 자리를 각자의 마음에서 확인하면 된다.

자! 자신의 마음을 직시하십시오.
소리를 듣는 데 그 듣는 주체를 찾아볼 수 없는 텅 빈 자리에서 밝게 듣고 있습니다.
일을 하는 데 일하는 무엇이 없는 고요한 자리에서 역력히 일하고 있습니다.
노래하는 데 노래 부르는 무엇이 없는 청정한 자리에서 두렷하게 노래합니다.
춤을 추는 데 춤추는 무엇이 없는 부동한 자리에서 분명하게 춤을 춥니다.
음식을 먹는 데 맛보는 무엇이 없는 평등일미의 자리에서 확연하게 맛을 봅니다.
이처럼 텅 비어 고요하되 신령하게 알아차리는 자리에 들면,
이 자리가 바로 공적영지의 광명인 일원상 자리입니다.

끝으로 대산 종사의 작시作詩인 『원불교 성가』 140장 〈고요한 밤 홀로 앉아〉를 부르며 그 뜻을 음미합니다.

고요한 밤 홀로 앉아 마음고향 찾아가니
뜬구름도 자취 없고 바람조차 흔적 없네
맑고 밝은 강물 속에 둥근달로 벗을 삼아
걸림 없는 일여선에 이내 한 몸 넌짓 싣고
오고 감도 한가로이 두리둥실 가오리다.

일원一圓의 마음자리는 '뜬구름도 자취 없고 바람조차 흔적 없는' 텅 비어 고요한 공적의 자리로서 '맑고 밝은 강물 속의 둥근달' 같은 신령하게 아는 영지의 광명을 벗 삼아 노니는 경지이다.

## 🔍 더보기

## 공적영지의 광명과 정신개벽

〈일원상의 진리〉는 텅 비어 고요하면서 신령하게 알아차리는 공적영지空寂靈知의 광명으로, 마치 거울이 비치는 영상에 물들지 않으면서 일체를 두렷이 드러내듯이, 본래 무어라 규정할 것이 없는 자리이면서 또한 모든 것이 청정하게 드러난다.

즉 대소유무에 분별이 없는 자리에서 대소유무에 분별이 나타나며, 생멸거래에 변함이 없는 자리에서 생멸거래가 분명하며, 선악업보가 끊어진 자리에서 선악업보에 차별이 생겨나며, 언어명상이 돈공한 자리에서 언어명상이 완연한 것이다. 그러기에 일례로 언어명상이 돈공한 자리가 따로 있고 언어명상이 완연한 것이 따로 있는 게 아니라, 공적영지의 광명=언어명상이 돈공한 자리=언어명상이 완연한 것이다.

『정산종사법어』원리편 11장에서 "본래 선악 염정染淨이 없는 우리 본성에서 범성凡聖과 선악의 분별이 나타나는 것은 우리 본성에 소소영령한 영지가 있기 때문"이라며 선악 범성의 출처를 소소영령한 공적영지의 광명이라고 명시한다.

소소영령한 영지가 있기에 분별 망상이 생길 수도, 간파할 수도 있는 것이다. 마치 태양이 있기에 밝을 수도 있고 가리어 그림자가 질 수도 있는 격이다. 분별 망상은 소소영령한 영지와 근원은 같으나 이의 결여태이다.

이어서 "중생은 그 영지가 경계를 대하매 습관과 업력에 끌리어 종종의 망상이 나고, 부처는 영지로 경계를 비추되 항상 자성을 회광 반조하는지라 그 영지가 외경에 쏠리지 아니하고 오직 청정한 혜광이 앞에 나타난다."라고 밝히고 있다. 경계를 대할 때 모든 현상의 배경 자리를 반조하여 청정한 혜광을 나타내느냐 아니면 경계에 매몰되어 공적영지를 망각하느냐는 차이만 있는 것이다.

분별이 없는 자리이기에 분별이 역력하게 드러나고, 분별이 역력하게 드러나는 상태가 곧 분별이 없는 자리로, 이를 텅 비어 고요하면서 신령하게 깨어있는 공적영지의 광명이라 한다.

시끄럽다 조용하다 할 것이 없기에 시끄러운 줄 알고 조용한 줄 아는 격이다. 즉 본체의 대大다 현상의 소小다 변화의 유무有無다 할 분별이 없는 자리이기에 본체인 대, 현상인 소, 변화인 유무의 분별이 역력하며, 선악업보에 차별이 역력하게 생겨나는 상황이 선악업보가 끊어진 자리이며, 생멸거래의 변화가 분명한 상태가 생멸거래에 변함이 없는 자리이며. 또한 언어명상이 완연한 상태가 언어명상이 돈공한 자리로, 이와 같이 공적하면서 신령하게 깨어있는 광명을 따라 시방삼계가 장중의 한 구슬같이 드러난다.

즉 공적영지의 광명을 따라 욕계·색계·무색계인 삼계가 두렷이 드러나는 것으로, 욕심이 눈앞에서 벗어나지 못하는 상태를 알며, 명예나 가치라는 색깔에 붙잡혀 있는 줄 알아차리며, 그러한 색깔마저도 초월했다는 법상法相이 남아있는 마음도 훤히 드러나는 것이다.[『정산종사법어』 경의편 51장]

공적영지의 광명은 모르는 것이 없는 상태를 말하는 게 아니다. 안다 모른다고 할 분별이 없는 원래 마음을 바탕으로 삼아서 안다는 것에 붙잡히지도 않고 모르는 한계에도 함몰되지 않는 것이다. 즉 앞선 지식에 집착하지 않는 동시에 이전의 앎에 기초하여 더 깊이 알아가는 선순환의 과정이다. 이미 전제하고 있는 앎에 따라 더 깊은 앎으로 나아가고 그 앎을 통해 한층 더 깊은 앎으로 나아가는 것이다.

또한 공적영지의 광명은 안과 밖으로 분별하기 이전 안과 밖이 훤히 트여 있고, 주체와 객체로 나뉘기 이전에 주체와 객체를 포괄하는 광명이다. 이같이 내외에 걸림이 없이 온통 주체로 비추고 있는 동시에 온통 객체로 드러나는 길튼 경지이다.

이처럼 공적영지의 광명은 '주체다 객체다' 할 자타의 국한 및 상대심의 국집이 원래부터 트여 있는 열림이다. 이렇게 열려있는 광명은 선악 염정 고락이 환히 드러나 있는 밝은 자체이다.

결국 법마상전法魔相戰하되 삼계의 마魔가 숨지 못하며, 나아가 공적영지의 광명으로 법을 항상 앞세워 삼계의 마구니를 항마降魔하는 것이다. 공적영지의 광명은 경계에 물들지 않는 청정부동하면서 영명한 일원상 광명으로, 이 광명을 놓치고는 정식법 마상전급에 도달할 수 없으며, 이 공적영지의 광명을 체현해야 법강항마위 이상으로 나아갈 수 있는 것이다.

소태산은 마음공부에 큰 마장이 있다고 주의를 준다.
"큰 공부를 방해하는 두 마장魔障이 있나니, 하나는 제 근기를 스스로 무시하고 자포자기하여 향상을 끊음이요, 둘은 작은 지견에 스스로 만족하고 자존자대하여 향상을 끊음이니, 이 두 마장을 벗어나지 못하고는 큰 공부를 이루지 못하나니라."[『대종경』 요훈품 11장]

부처는 뭐가 좀 된다고 해서 제멋대로 하지도 않지만 또한 뭐가 좀 안 된다고 해서 자포자기하지 않는 반면, 중생은 조금 좋으면 자기마음대로 하려고 하고, 뭔가 잘 안 되면 자포자기하는 데에 큰 차이가 있다. 마음공부는 주어진 여건 속에서 해보고 잘 안 되면 또 살펴서 해 보는 것이다. 되고 안 되는 것에 매몰되지 않고 하고 또 하는 힘이다.

공적영지의 광명은 정신개벽의 '정신'이다. 정신은 '맑은 정精' '신령할 신神'으로 청정하고 깨어있는 마음의 경지이다.[『정전』 '정신수양의 요지' 참조] 공적영지의 광명인 '공적空寂'의 경지가 맑고 청정한 정신으로 발현하고 '영지靈知의 광명'이 신령하게 깨어있는 정신으로 발현하는 것이다. 그러므로 정신개벽은 공적영지의 광명인 일원상의 진리에 근원하여 전개하는 마음공부이다.

# 대소유무에 분별이 나타나서

〈일원상의 진리〉 중 '대소유무에 분별이 나타나서' 대목을 살펴보자.

대소유무大小有無에 분별이 나타나는 것은 '공적영지의 광명'을 따라 전개된다.
그러므로 부연하여 설명하면 '공적영지인 일원의 광명을 따라 대소유무에 분별이 나타난다.'고 풀어 볼 수 있다.

공적영지의 광명은 일원의 작용으로,
텅 비어 고요한 가운데 신령하게 알아차리고 있는 지혜 광명이다.
일원一圓이 드러난 실상이 일원상一圓相이고 일원상의 내역內譯이 일원이다.
일원은 없는 자리에서 보면 일체의 흔적이 없고 없다는 것도 없다.
"한 이름도 없고, 한 형상도 없고, 가고 오는 것도 없고, 죽고 나는 것도 없고, 부처와 중생도 없고, 허무와 적멸도 없고, 없다 하는 말도 또한 없는"[열반 전후에 후생 길 인도하는 법설] 자리이다. 그런데 이렇게 텅 비어 고요한 공적의 자리에서 신령하게 알아차리는 영지의 광명이 솟아난다.
일원은 무엇이라 할 흔적이 없는 자리이면서 동시에 두렷이 알아차리는 자리이다.
화랄 것도 없고 슬플 것도 없는 텅 빈 자리에서 화나면 화난 줄 알고 슬프면 슬픈 줄 아는, 텅 빈 가운데 신령하게 알아차리고 있는 자리이다.

그러므로 일원은 대소유무에 분별이 없는 공적한 자리이면서 영지의 광명을 따라 대소유무에 분별이 나타난다. 즉 대소유무에 분별이 없는 자리에서 대소유무에 분별이 나타나는 것이다.
나타난다는 것은 없던 것을 만드는 것이 아니라 드러내는 것이다. 마치 빛이 비치면 어둠에서 사물이 드러나는 격이다. 거울을 텅 빈 면으로 보면 아무것도 없으나 비추는 면으로 보면 무어라 할 것이 없으나 온갖 것을 훤히 드러내고 나타낸다.

이처럼 대소유무에 분별이 나타나는 분별은 무분별無分別의 분별지分別智이다.
대소유무에 분별이 없는 무분별의 공적한 자리에서 영지의 광명을 따라 대소유무에 분별이 나타나기 때문이다. 대소유무에 분별이 나타나는 분별은 공적영지의 일원상 광명이다. 사실 분별 망상 자체는 이러한 분별 망상의 집착마저도 역력하게 드러내는 무분별의 분별이다.

결국 대소유무에 분별이 없는 자리가 공적영지이며, 이 공적영지의 광명을 따라 대소유무에 분별이 나타나는 것이다. 이는 대소유무에 분별이 없는 자리이면서 대소유무에 분별이 나타나는 것이 바로 공적영지의 광명이다.
이처럼 분별이 없는 자리와 분별이 나타나는 것은 한자리이다. 공적영지의 광명인 일원상 한자리이다.

**자! 확인해 봅니다. 제가 손을 들었습니다.**
**이 손이 어디에 나타납니까?**
마음에 나타나지요.
손이 드러나는 마음을 놓치고, 손이 마음밖에 따로 있다고 여기면 사실에서 멀어집니다. 주객으로 분리된 대상으로서 손에 집착하여 주객 미분의 마음을 놓치면 안 됩니다.
이처럼 손의 모습에만 집착하여 그 형상에 끌려가지 말고 손이 드러난 마음을 돌이켜 봐야 합니다. 손이 역력한 그 마음 당처를 직시하십시오.
보고 있는 이 자리에 무언가가 있습니까?
규정하고 개념 짓고 무어라고 이미지화할 수 있나요?
돌이켜 보십시오.
무어라고 한정하고 규정할 것이 없는 텅 빈 자리이면서 알아차리고 있지요.

손이 이렇게 그 나름으로 드러나는 바탕 자리는 텅 비어 고요하면서 신령하게 알아차리고 있는 공적영지의 일원상 자리라고 합니다.

다시 손을 보겠습니다.
일체의 분별을 내려놓고 손을 보십시오.
눈앞의 손이라는 형상만 당장 내려놓으면 됩니다.
손이라는 형상에 따라 일어나는 생각을 따라가지 말고 그렇게 역력하게 알아차리고 있는 눈앞의 그 당처에 직면합니다.
이를 생각 이전의 자리라고 합니다.
이 생각 이전은 텅 비어 고요합니다.
이 생각 이전이 신령하게 알아차리고 있습니다.
생각 이전에 그치십시오.
이 자리는 생각 감정에 한정될 수 없는 자리입니다.
이 자리는 손이라는 이미지에 담길 수 없는 자리입니다.
한 생각 이전인 일념미생전一念未生前 자리입니다.
분별이 붙을 수 없는 분별 이전의 자리입니다.
만일 손이라는 경계를 따라 일어나는 분별에 붙들리면 이 자리와는 영이별입니다.

이때 공적한 가운데 영지의 광명을 따라 분별이 나타나는 것이다. 자기가 자기를 밝히는 격이다. 깨어 있는 자리에 바탕한 분별이다. 텅 빈 공성空性에 바탕한 분별이다.
이때 텅 비었으되 신령하게 알아차리는 마음 바탕, 이 자리를 성품의 본체인 대大라 한다.
이러한 본체인 대大는 본체랄 것이 없으므로 본체라 하는 것이다.
본체 자리도 본체라고 대상화하거나 실체화하면 분별에 떨어지고 만다.
본체인 대大는 대大라는 분별로 규정된 대大가 아니라 대大라는 분별이 없는 대大이다.

그러면서 이렇게 무어라 규정할 것이 없는 마음 바탕에서 손의 모습이 현상된다.

이렇게 드러난 손은 손이라는 형상에 집착된 손이 아니라 손인 줄 알아차리고 있는 공적영지의 광명에 따라 드러난 손이다.

『금강경』식으로 손은 손이 아닐새 손이라 한다.

이때의 손은 대상화된 손이라는 분별이 탈락한 텅 빈 자리에서 드러난 손이다.

이 손은 성품의 드러남으로 일원의 나툼이다. 이러한 현상을 소小라 한다.

소小의 현상이 드러난다는 것은 현상에 집착하여 현상에 매몰되는 것이 아니라 현상을 드러내는 자리이다.

거울로 비유하자면 맑은 거울 자체는 성품의 본체인 대大자리라 한다면,

그 청정한 거울에 영상이 그대로 비치는 것은 성품의 드러남인 소小자리이며,

풍경에 따라 이리 비추고 저리 비추는 것은 성품의 작용인 유무有無자리이다.

일원상 성품 자리는 있다가 없어지고, 없다가 있어지는 유무 변화에 매몰되는 자리가 아니라, 그 변화를 알아차리고 있는 자리이다.

낮이 밤이 되고 밤이 낮이 되는 유무의 변태에 분별이 선명한 자리이다.

『금강경』식으로 유무 변화는 유무의 변화가 아닐새 유무 변화라 한다.

유무 자리는 유무에 한정되지 않는 공적한 자리에서 유무 변화가 선명한 것이다.

유무의 변화가 드러난다는 것은 유무 변화에 집착하여 유무에 매몰되는 것이 아니라, 유무 변화에 끌리지 않는 공적한 자리에서 신령하게 아는 영지에 따라 드러나는 변화이다.

유무 변태는 모습이 변화하는 것이다. 생겼으면 멸하고 멸했으면 생기는 것이다.

생각과 감정도 생로병사의 흐름이 있으며, 업up 되었다가 다운down되는 흥망성쇠를 한다.

이러한 유무 변태의 변화가 공적영지의 일원상 성품 자리에서 확연히 나타난다.

이처럼 대大는 성품의 본체라면 소小는 성품의 드러남이요 유무有無는 성품의 작용이다. 대·소·유무는 한자리로, 일원상 자리이다.

일원상 자리는 직관해야 한다. 생각을 따라가면 실타래 꼬이듯이 엉키고 만다.

마음 당체를 돌이켜 보면서 한자리로 감을 잡아야 선명해진다.

차원을 이동하며 관하듯이 일원상 한자리를 대소유무에 분별이 없는 자리로 감지하는 동시에 대소유무에 분별이 나타나는 상태로도 감지해야 한다.

대大다 소小다 유무有無다 할 일체의 분별이 없는 공적空寂한 자리에 그치면서,

이렇게 대소유무에 분별이 없는 텅 비어 고요하면서 신령하게 아는 영지의 광명을 따라 대소유무에 분별이 나타나는 것이다. 일원상 한자리를 직시하여 없는 자리오- 나타나는 면을 동시에 감잡아야 한다.

## 🔍 더보기

## 생멸거래에 변화가 역력하고

『정전』〈일원상의 진리〉의 구성을 살펴보면 없는 자리와 생기는 모습이 '공적영지의 광명'을 따라 대칭적으로 연결되어 있다.

즉 "일원은 대소유무에 분별이 없는 자리며, 생멸거래에 변함이 없는 자리며, 선악업보가 끊어진 자리며, 언어명상이 돈공한 자리로서 공적영지의 광명을 따라 대소유무에 분별이 나타나서 선악업보에 차별이 생겨나며, 언어명상이 완연하여 시방삼계가 장중의 한 구슬같이 드러나고"라고 밝히고 있다.

그런데 〈일원상의 진리〉의 없는 자리와 있는 모습의 대칭 구성에서 '생멸거래의 변함이 없는 자리'의 대칭인 '생멸거래의 변화'는 보이지 않는다.

문장을 상세하게 열거한다면 "일원은 대소유무에 분별이 없는 자리며 생멸거래에 변함이 없는 자리며 선악업보가 끊어진 자리로서 공적영지의 광명을 따라 대소유무에 분별이 나타나서 '생멸거래에 변화가 역력'하고 선악업보에 차별이 생겨나며"라고 해야 할 것이다. 그런데 '생멸거래에 변화가 역력'하다는 내용이 생략되었다.

〈일원상의 진리〉의 구성으로 보면 공적영지의 광명을 따라 '대소유무에 분별'이 나타나기 때문에 대소유무의 '유무' 변화의 원리에 따라 생멸거래의 변화와 선악업보의 차별이 생겨나는 것이다. 그런데 문장을 대칭적으로 표현하기 위해서인지 생멸거래는 생략된다. 소태산은 생멸거래의 변화를 선악업보의 차별에 포함해 축약한 듯하다.

그 일단의 예를 범산 이공전 수필受筆의 정산 종사 법설 '일원상의 진리와 그 운용법'에서 찾아볼 수 있다. 이 법설은 원기39년(1954) 10월 1일 발행한 《원광》 제8호에 등장하며, 윤문하여 『정산종사법어』 원리편 2장·3장·4장에 실린다.

정산 종사는 『정전』 〈일원상의 진리〉의 초안자로 전해지고 있다. 아마도 '일원상의 진리와 그 운용법'이 〈일원상의 진리〉의 초안에 가깝다고 볼 수 있다.

한때에 법사님[정산 종사]께서 '일원상一圓相의 진리와 그 운용방법運用方法'에 관하여 말씀하여 가라사대 "일원상의 원래元來는 모든 상대相對가 끊어져서 생멸거래生滅去來가 돈연頓然히 공空하고 대소유무大小有無가 또한 없으며 부처와 중생의 차별이 끊어지고 선善과 악惡의 업業이 멸하여 말로써 가히 이르지 못하며 사량思量으로써 가히 계교하지 못하며 명상名相으로써 가히 형용하지 못하나니 이는 곧 일원의 진공체眞空體이요, 그 진공한 중에 또한 영지불매靈知不昧하여 광명이 시방十方을 프함하고 조화가 만상을 통해서 무시광겁無始曠劫에 요요하게 항상 주住하고 천만 사물에 은현隱顯함이 자재自在하나니 이는 곧 일원의 묘유妙有이요, 진공과 묘유 그 가운데 또한 만법이 운행하여 생멸거래가 윤회輪廻하고 대소유무가 역력歷歷하여 부처와 중생의 차별이 생기고 선과 악의 과보가 달라져서 드디어 육도六途 사생四生으로 승급昇級 강급降級이 생기나니 이는 곧 일원의 인과因果인바, 진공과 묘유와 인과가 서로 떠나지 못해서 한가지 일원의 진리가 되는 것이다."[《원광》 제8호]

『정전』 〈일원상의 진리〉에서는 진공과 묘유로 더별하였으나 정산 종사의 '일원상의 진리와 그 운용법' 법설에서는 진공·묘유·인과로 나누고 있다. 그러므로 『정전』 〈일원상의 진리〉의 묘유는 인과를 포함한 묘유이다.

『정전』 〈일원상의 진리〉의 "공적영지의 광명을 따라 대소유무에 분별이 나타나서 선악업보에 차별이 생겨나며"는 정산 종사 법설의 '진공과 묘유 그 가운데 또한 단법이 운행하여 생멸거래가 윤회輪廻하고 대소유무가 역력歷歷하여 부처와 중생의 차별이 생기고 선과 악의 과보가 달라져서 드디어 육도六途 사생四生으로 승급昇級 강급降級이 생기나니"를 포괄하는 내용이다. 생멸거래가 윤회하고 선악의 과보가 달라져서 육도와 사생으로 승강급한다.

그렇다면 『정전』 〈일원상의 진리〉에서 묘유는 생멸거래의 윤회와 육도사생으로 승강급하는 선악업보를 포함하는 것이다. 생멸거래의 윤회는 육도사생으로 승강급하는 선악업보의 다른 모습인 것이다. 그러므로 생멸거래의 변화를 선악업보의 차별에 포함할 수 있다.

또한 『정전』 〈일원상의 진리〉의 "진공묘유의 조화는 우주만유를 통하여 무시광겁에 은현자재하는 것"에서 진공묘유의 조화에 생멸거래의 변화가 포함되며 은현자재의 현顯은 우주만유의 현상과 변화를 포괄하므로 생멸거래의 변태와 선악업보의 차별이 내포된다.

은현자재의 은현隱顯은 없는 자리와 있는 면을 포괄하는 내용이다. 즉 "대소유무에 분별이 없는 자리며, 생멸 거래에 변함이 없는 자리며, 선악 업보가 끊어진 자리며, 언어명상이 돈공한 자리로서"는 은隱이라면, "공적영지의 광명을 따라 대소유무에 분별이 나타나서 선악업보에 차별이 생겨나며, 언어명상이 완연하여 시방삼계가 장중에 한 구슬같이 드러나고"는 현顯이다. 이러한 없는 자리인 은隱과 나타나는 현顯이 무위이화 자동적으로 그렇게 자재自在한다.

『정전』 〈일원상의 진리〉에서 대칭의 문장 구성에 따라 '생멸거래에 변함이 없는 자리'에 대칭되는 '생멸거래에 변함이 역력한 모습'을 선악업보에 차별이 생겨나는 내용에 내포된 것으로 여겨진다. 생멸거래와 선악업보는 대소유무의 '유무' 원리에 따라 나타나는 현상이요 변화 작용으로 한자리의 두 모습이다.

『정전』 편수 당시 정산 종사가 초안한 일원상의 문건을 소태산 대종사가 감수하여 수정했다고 전해 온다. 그 당시 교정한 문건을 받아 전하는 심부름을 했던 제자들[민산 이중정 등]에 따르면 소태산 대종사가 정산 송규의 초안을 몇 차례 수정했다고 한다.

## 선악업보에 차별이 생겨나며

〈일원상의 진리〉 중에서 공적영지의 광명을 따라 대소유무에 분별이 나타나서 '선악업보에 차별이 생겨나며' 대목을 살펴보자.

'선악업보善惡業報에 차별'이 생기는 것은 선악업보가 끊어진 공적한 가운데 신령하게 아는 영지의 광명을 따라 대소유무에 분별이 나타나서 선악업보에 차별이 발생하는 것이다.

무분별의 대大를 여의지 않고 흥망성쇠의 온갖 현상[小]과 변동[有無]의 대소유무에 분별이 나타나서 선악업보에 차별이 분명하고 선명하게 나타난다. 선악업보의 차별은 천차만별의 차별이다.

선악업보는 선업善業과 악업惡業의 결과이다.
즉 선한 행위에 따라 좋은 결과[선인선과善因善果]가 있고, 악한 행위에 따라 낮은 결과[악인악과惡因惡果]가 생기는 것이며, 선한 원인은 즐거운 결과[선인낙과善因樂果]를 낳고 불선不善한 원인은 괴로운 결과[악인고과惡因苦果]를 낳는다는 뜻이다.
이처럼 선악업보는 길흉 및 죄복의 경계요 고락 및 선악의 경계이다. 선과 악은 천사와 악마[angel and devil]로 고착된 경계가 아니라 좋고 싫고 좋고 나쁜 상태[wholesome and unwholesome]를 말한다.

선악업보가 끊어진 자리에서 선악업보에 차별이 생겨나는 것은 마치 텅 빈 거울이 맑으면 맑은 대로 때가 끼면 때가 낀 대로 비추는 격이다.
선악 간에 있어 '원인-결과'가 끊어지어 '원인-결과'에 물들지 않으면서 '원인과 결과'가 결부되는 상태대로 펼쳐진다.

모든 선악 고락의 상황은 인연의 결부에 따라 형성되는 것으로, 어떠한 마음을 갖고 있냐는 원인에 따라 경계를 대하는 상태와 결과가 달라진다.

이처럼 선악 고락은 인연으로 결부되어 잠정적으로 있는 상태이지 고정적으로 고착된 게 아니다. 모든 고락 및 선악의 업보는 인과 연이 만나서 임시로 있는 인연가합因緣假合의 상태이다.

선악업보는 '좋다' '싫다'는 분별 집착에 따라 발생하는 고락 경계요, '좋은 사람이다' '나쁜 사람이다'라는 규정에 따라 발생하는 선악 경계이다. 이러한 선악 고락의 업보는 마음을 떠나서 따로 있는 세계가 아니라, 마음과 연동해 있는 인연의 세계이다.

**자! 선악업보에 차별이 생겨나는 상태를 알아봅시다.**

**먼저 일이 뜻대로 되지 않아 기분이 좋지 않은 상태를 살펴봅니다.**

**짜증 내는 마음에 따라 편치 않고 괴로운 상황이 발생하는 것을 직시하십시오.**

**싫어하고 마음에 들지 않는 분별 주착심이 원인이 되어 대하는 경계 따라 편치 않고 괴로운 상황이 펼쳐집니다.**

**짜증에 물들지 않는 선악업보가 끊어진 공적한 자리에서 영지의 광명을 따라 짜증 나서 괴로운 선악업보의 인연과因緣果 현상이 환히 드러납니다.**

**이처럼 짜증이라는 선악업보가 끊어진 자리에서 짜증 나서 괴로운 선악업보의 차별이 생기는 것으로,『금강경』식으로 말하면 짜증은 짜증이 아닐새 짜증이라 합니다.**

**또한, 일이 뜻대로 되어 기분이 좋은 상태를 살펴봅니다.**

**내 뜻에 맞아 마음에 들면 기분 좋은 즐거운 선악업보의 상태가 됩니다.**

**기분이 좋고 나쁜 고락이 실체적으로 고착된 게 아니라 인연으로 결부된 것입니다.**

**선악업보는 선악으로 분별 주착하는 마음과 대하는 경계가 인연으로 결부되어 발생하는 결과입니다.**

**내 뜻에 맞은 인연에 따라 기분 좋은 선악업보가 두렷이 드러나는 상태입니다.**

**선악업보가 끊어진 자리에서 기분 좋은 선악업보가 확연히 전개되고 있습니다.**

**공적영지의 광명을 따라 선善에 물들지 않으면서 선인낙과善因樂果 현상을 환히 자각하고 있는 경지입니다.**

악인 줄 아는 자리에 악이 없으며, 선인 줄 아는 자리에 선이 없는 것이다.
이처럼 선악업보가 끊어진 공空한 자리어서 인연에 따라 선악업보에 차별이 두렷하게 전개된다.
『금강경』 식으로 선악업보는 선악업보가 아닐새 선악업보라 한다.
선이다 악이다 할 업보가 끊어졌기에 선한 마음에 인연한 업보와 악한 마음에 따른 업보에 차별이 선명하게 펼쳐진다.

소태산 대종사는 "사람의 성품이 정한 즉 선도 없고 악도 없으며, 동한즉 능히 선하고 능히 악하나니라."[『대종경』 성리품 2장]라고 일러주었다.
선악업보가 끊어진 무선무악無善無惡의 공적한 자리에서 영지의 광명을 따라 선악업보에 차별이 두렷한 능선능악能善能惡한 현상이 생겨난다.
정산 종사는 "우리의 성품은 원래 청정하나, 경계를 따라 그 성품에서 순하게 발하면 선이 되고 거슬려 발하면 악이 되나니 이것이 선악의 분기점이요"[『정산종사법어』 원리편 10장]라고 밝혔다. 선악이 본래 없는 무선무악無善無惡한 자리에서 선악이 엄정하게 나타나는 능선능악能善能惡한 현상이 펼쳐진다.
또한, 선악업보에 차별이 생겨나는 것은 선악에 빠지지 않으면서 선악을 분명하게 가르는 것이다. 그러므로 스스로 잘못한 일이 있으면 부끄러워하고, 좋은 일을 보면 따라서 같이 기뻐하며, 부당한 일에는 진심으로 안타까워하는 것이다.

소태산 대종사는 선악업보가 끊어진 자리에서 공적영지의 광명을 따라 선악업브에 차별이 생겨나는 세상을 요훈要訓으로 말씀하였다.
"선한 사람은 선으로 세상을 가르치고, 악한 사람은 악으로 세상을 깨우쳐서, 세상을 가르치고 깨우치는 데어는 그 공이 서로 같으나, 선한 사람은 자신이 복을 얻으면서 세상일을 하게 되고, 악한 사람은 자신이 죄를 지으면서 세상일을 하게 되므로, 악

한 사람을 미워하지 말고 불쌍히 여겨야 하나니라."[『대종경』 요훈품 34장]

선한 사람은 복을 얻으면서 세상일을 하고 악한 사람은 죄를 지으면서 세상일을 한다는 것이 선악업보에 차별이 생겨나는 현상이다. 선악의 분별에 고착하지 않는 공부심으로 보면 선악이 다 세상을 깨우치고 가르쳐 주는 모습으로 화하게 된다.

끝으로 소태산 대종사는 "사람으로서 육도와 사생의 세계를 널리 알지 못하면 이는 한편 세상만 아는 사람이요, 육도와 사생의 승강 되는 이치를 두루 알지 못하면 이는 또한 눈앞의 일밖에 모르는 사람이니라."[『대종경』 요훈품 44장]라고 각성시킨다.

선악업보가 끊어진 경지에 들어 육도와 사생으로 전개되는 선악업보의 차별 현상에까지 지혜를 밝혀야 한다.

## 🔍 더보기

### 선악업보의 차별 세계와 은혜

『정전』〈일원상의 진리〉에서 "일원은 대소유무에 분별이 없는 자리이며 선악업보가 끊어진 자리로서 공적영지의 광명을 따라 대소유무에 분별이 나타나서 선악업보에 차별이 생겨나며"라고 명시한다.

일원상의 경지는 선악善惡의 입장에서 보면 원래 선악이 공空한 자리이며, 선악이 공한 자리이기에 선악이 완연하여 정당한 고락과 부정당한 고락이 분명하게 드러나는 것이다. 마치 거울이 청정하기에 풍광을 분명하게 드러내는 격이다. 선악의 분별 주착이 탈락한 공空의 경지에 들었기에 선악이 가르침으로 드러나는 은혜가 전거되는 것이다.

〈일원상의 진리〉의 '공적영지의 광명'은 선악의 분별 주착에 매몰되지 않는 공부심으로 선악을 대하는 지혜이다. 즉 선善은 '정면교사正面敎師'로 드러나고 악惡은 '반면교사反面敎師'로 밝아지는 경지이다. 소태산은 이를 '은혜'라고 제시한다.

이처럼 일원은 선악업보가 끊어진 자리로서 공적영지의 광명을 따라 선악업보에 차별이 생겨나는 사례를 『대종경』을 통해 살펴보면.

1. "선한 사람은 선으로 세상을 가르치고 악한 사람은 악으로 세상을 깨우쳐서 세상을 가르치고 깨우치는 데에는 그 공이 서로 같으나, 선한 사람은 자신이 복을 얻으면서 세상일을 하게 되고, 악한 사람은 자신이 죄를 지으면서 세상일을 하게 되므로, 악한 사람을 미워하지 말고 불쌍히 여겨야 하나니라."[『대종경』 요훈품 34장]

공적영지의 지혜 광명으로 보면 선한 사람은 선으로 세상을 가르치고 악한 사람은 악으로 세상을 깨우치므로 선인과 악인의 선악업보가 다 깨우침과 가르침을 주는 역할로 화化하여 다 은혜로 드러나는 것이다. 선악업보의 차별이 생기는 현상이 은혜가 되는 것이다. 즉 공부심으로 보면 선악이 사은四恩의 동포은이며 법률은으로 화하는 것이다.

2. 김기천이 여쭙기를 "근래에 여러 사람이 각기 파당을 지어 서로 옳다 하며 사방에서 제 스스로 선생이라 일컬으나 그 내용을 보면 무엇으로 가히 선생이라 할 가치가 없사오니, 그들을 참 선생이라 할 수 있사오리까." 대종사 말씀하시기를 "참 선생이니라." 기천이 여쭙기를 "어찌하여 참 선생이라 하시나이까." 대종사 말씀하시기를 "그대가 그 사람들로 인하여 사람의 허虛와 실實을 알았다 하니 그것만 하여도 참 선생이 아닌가." 기천이 다시 여쭙기를 "그것은 그러하오나 그들도 어느 때가 되면 자신이 바로 참 선생의 자격을 갖추게 되오리까." 대종사 말씀하시기를 "허를 지내면 실이 돌아오고 거짓을 깨치면 참이 나타나나니, 허실과 진위眞僞를 단련하고 또 단련하며 지내고 또 지내보면 그중에서 자연히 거짓 선생이 참 선생으로 전환될 수 있나니라."[『대종경』 전망품 8장]

가히 선생이라 할 가치가 없는 사람들로 인하여 사람의 허와 실을 알았다면 그 사람의 역할은 참 선생을 알려주는 은혜이다. 허위와 진실의 선악업보를 밝혀 준 것이다. 이는 참[眞]은 행하고 거짓은 행하지 말라는 가르침과 깨우침을 주는 은혜이다. 소태산은 선인과 악인의 선악업보가 사은四恩으로 개시開示되는 실지를 보여준 것이다. 이처럼 선악의 지혜가 완연하게 드러나면 눈앞에 선악의 분별이 원래 없는 지반이 자리 잡고 있다.

3. 원기 9년에 익산 총부를 처음 건설한 후 가난한 교단생활의 첫 생계로 한동안 엿[飴] 만드는 업을 경영한 바 있었더니, 대종사 항상 여러 제자에게 이르시기를 "지금 세상은 인심이 고르지 못하니 대문 단속과 물품 간수를 철저히 하여 도난을 당하는 일이 없도록 하라. 만일 도난을 당하게 된다면 우리의 물품을 손실할 뿐만 아니라 또한 남에게 죄를 짓게 해 줌이 되나니 주의할 바이니라." 하시고, 친히 자물

쇠까지 챙겨 주시었으나 제자들은 아직 경험이 부족한 관계로 미처 모든 단속을 철저히 하지 못하다가, 어느 날 밤에 엿과 엿목판을 다 잃어버린지라, 제자들이 황공하고 근심됨을 이기지 못하매, 대종사 말씀하시기를 "근심하지 말라. 어젯밤에 다녀간 사람이 그대들에게는 큰 선생이니, 그대들이 나를 제일 존중한 스승으로 믿고 있으나, 일전에 내가 말한 것만으로는 정신을 차리지 못하다가 이제부터는 내가 말하지 아니하여도 크게 주의를 할 것이니, 어젯밤 약간의 물품 손실은 그 선생을 대접한 학비로 알라."[『대종경』 실시품 4장]

원기9년(1924) 말에 익산총부를 건설한 후 원기10년(1925) 초에 황등역 이리역 김제 부용역 등지에서 엿 행상 나갔던 회원들은 저녁 늦게 돌아오면 피곤하여 엿목판을 엿 방에 들여놓지 않고 마루에 두고 잠자리에 들곤 한다. 소태산은 분실 위험이 있으니 엿 방에 두고 문단속하도록 주의를 주었으나 결국 엿목판을 잃어버리게 된다. 이에 소태산은 그 도둑은 큰 선생이요 이 사건은 학비로 여기라고 경책한다.

일원은 선악업보가 끊어진 자리로서 공적영지의 광명을 따라 선악업보에 차별이 생겨나므로 선악업보는 일원상 진리의 드러남이다. 결국 일원상의 공부심으로 보면 선과 악이 다 스승으로 드러나는 사은이다.

즉 소태산이 말씀하신 '큰 선생'은 일원상의 안목에 따라 전개되는 사은(四恩)으로, 도둑은 선악업보가 끊어진 자리에서 선악업보에 차별이 생겨나는 사은의 도둑이다. 즉 도둑을 통해서 문단속에 소홀하면 그에 따른 피해를 보게 된다는 사실이다. 이에 관리를 잘 해야 하는 경각심을 주어 앞으로 더 큰 과실을 미연에 방지토록 각성을 주는 은혜인 것이다.

4. 대종사 서울에 가시사 하루는 남산공원에 소요하시더니, 청년 몇 사람이 … 인사하며 각각 명함을 올리는지라 대종사 또한 명함을 주었더니, 청년들이 그 당시 사회에 큰 물의를 일으키고 있던 모 신흥 종교에 대한 신문의 비평을 소개하면서, 말하기를 "이 교(敎)가 좋지 못한 행동이 많으므로 우리 청년 단체가 그 비행을 성토하며 현지에 내려가서 그 존재를 박멸하려 하나이다." 대종사 말씀하시기를 "그 불

미한 행동이란 과연 무엇인가." 한 청년이 사뢰기를 "그들이 미신의 말로써 인심을 유혹하여 불쌍한 농민들의 재산을 빼앗으니, 이것을 길게 두면 세상에 나쁜 영향이 크게 미칠 것이기에 그것을 박멸하려 하는 것이옵니다. … "[『대종경』 전망품 10장]

그 청년이 다시 여쭙기를 " … 그 교는 좋지 못한 행동으로 백성을 도탄塗炭 가운데 넣사오니 세상에 없어야 할 존재가 아니오리까." 대종사 말씀하시기를 "그 교도 세계 사업을 하고 있으며 그대들도 곧 세계 사업을 하고 있나니라." 청년이 또 여쭙기를 "어찌하여 그 교가 세계 사업을 한다 하시나이까." 대종사 말씀하시기를 "그 교는 비하건대 사냥의 몰이꾼과 같나니 몰이꾼들의 몰이가 아니면 포수들이 어찌 그 구하는 바를 얻으리요. 지금은 묵은 세상을 새 세상으로 건설해야 할 시기인 바 세상 사람들이 그 형편을 깨닫지 못하고 발원 없이 깊이 잠들었는데, 그러한 각색 교회가 사방에서 일어나 모든 사람의 잠을 깨우며 마음을 일으키니, 그제야 모든 인재들이 세상에 나서서 실다운 일도 지내보고 헛된 일도 지내보며, 남을 둘러도 보고 남에게 둘리기도 하여 세상 모든 일의 허실과 시비를 알게 되매 결국 정당한 교회와 정당한 사람을 만나 정당한 사업을 이룰 것이니, 이는 곧 그러한 각색 교회가 몰이를 해 준 공덕이라, 그들이 어찌 세계 사업자가 아니라 하리요." 청년이 또 여쭙기를 "그것은 그러하오나 저희들은 또한 어찌하여 세계 사업자가 된다고 하시나이까." 대종사 말씀하시기를 "그대들은 모든 교회의 행동을 보아, 잘하는 것이 있으면 세상에 드러내고 잘못하는 것이 있으면 또한 비평을 주장하므로, 누구를 물론하고 비난을 당할 때에는 분한 마음이 있을 것이요, 분한 마음이 있을 때에는 새로 정신을 차려 비난을 면하려고 노력할 것이니, 그대들은 곧 세계 사업자인 모든 교회에 힘을 도와주고 반성을 재촉하는 사업자라, 만일 그대들이 없으면 모든 교회가 그 전진력을 얻지 못할 것이므로 그대들의 공덕도 또한 크다 하노라."[『대종경』 전망품 11장]

일원상의 공부심으로 보면 세상의 몰이꾼 역할과 반성을 재촉하는 역할을 세계 사업자로 다 선생으로 받아들이는 안목이다. 이는 선악업보가 끊어진 자리에서 선악업보에 차별이 생겨나는 공적영지의 지혜요 은혜인 것이다. 악한 사람은 세상의 몰이꾼 역할로 세상을 깨우치고 선한 사람은 반성을 재촉하는 역할로 세상을 가르치는 선악업보의 차별이다. 이는 정당한 일은 하고 부정당한 일은 하지 말라는 선악업보의 가르침이요 깨우침으로 사은의 법률 보은이며, 삼동윤리의 동척사업同拓事業이다.

5. 대종사 말씀하시기를 "선을 행하고도 남이 돌라주는 것을 원망하면 선 가운데 악의 움이 자라나고, 악을 범하고도 참회를 하면 악 가운데 선의 움이 자라나나니, 그러므로 한때의 선으로 자만자족하여 향상을 막지도 말며, 한때의 악으로 자포자기하여 타락하지도 말 것이니라."[『대종경』 요훈품 26장]

소태산 대종사는 선악업보가 끊어진 자리에 들기만 하면 모든 것이 자동으로 해결되는 게 아니라고 밝혀주었다. 선악업보가 끊어진 자리에 들었다는 것은 선악업보의 이치가 완연한 상황을 직시하라는 것이다. 즉 선한 중에 악이 자라날 수 있고 악을 반성하면 선이 움트는 이치를 밝혀 선은 행하고 악은 제거하는 노력을 요청하고 있다.

선악업보가 공空한 자리를 각성하여 선에 자만자족하여 향상을 막지 말고, 악에 자포자기하여 타락하지 말라는 것이다. 선악은 원래 고착된 실체가 없기에 악도 자랄 수 있고 선도 키울 수 있는 것이다. 그러기에 악 중에 선을 키우고 선 중에 악이 자라지 않도록 해야 하는 것이다. 악의 싹을 제거하고 선의 싹을 키우는 노력이 있어야 한다는 것이다. 개인의 수신뿐만 아니라 사회의 선악의 대립에서 선을 나투는 공심公心이 있어야 한다는 깨우침이다.

# 언어명상이 완연하여

〈일원상의 진리〉 중 '언어명상이 완연하여' 대목을 살펴보자.

언어명상言語名相은 말과 글 그리고 이름과 형상이다.
형상은 모양으로 심상心相의 이미지이다.
생각과 감정은 언어로 즉 말과 글 또는 이름이나 이미지로 표현한다.
생각 감정뿐만 아니라 논리적이든 비논리적이든 사유가 다 언어명상으로 나타난다.
완연宛然은 선명하고 두렷하다는 뜻으로,
결국, 언어명상이 완연하다는 것은 언어명상으로 분명하게 드러난다는 뜻이다.
언어명상이 돈공한 공적한 자리에서 영지의 광명을 따라 언어명상이 확연하게 나타나는 것이 '일원상의 진리'다.

자! 평소 보던 인터넷 영상을 열어보겠습니다.
화자話者의 생김새며 말투며 나름의 개성이 있으며, 또한 이러쿵저러쿵 말을 합니다.
화면에 화자의 말도 나오고 자막도 있고 이름도 있고 모습도 있습니다.
이러한 말과 글, 그리고 이름과 형상이 다 어디에 있습니까?
영상을 보고 듣고 하는 마음에 나타납니다. 그 마음은 어떻게 생겼나요?
보이는 영상과 보는 마음이 둘이 아닌 주객으로 분리되지 않는 자리에서 나타납니다.
이 주객 미분의 자리는 말과 글과 이름과 형상이 붙을 수 없는 언어명상이 돈공한 자리입니다.
이렇게 언어명상이 텅 빈 청정한 자리에서 언어명상이 선명하게 드러납니다.

**눈앞에 펼쳐지는 형상에 집착하지 말고 그렇게 드러나는 당처에 즉각 직입하면 그만입니다.**

**이 자리에 예쁘다 못생겼다는 이미지가 있습니까?**

**예쁘고 밉다는 고착된 모습이 없는 자리입니다. 이렇게 텅 빈 공空한 자리이기에 좋으면 좋은 대로 낮으면 낮은 대로 나열됩니다.**

교당에는 교무님, 교도님 등의 호칭이 있다.

학교에 가면 교수님, 선생님이라는 호칭이 있다.

회사에 가면 사장님, 팀장님 등의 호칭도 있다.

이러한 호칭과 호명에는 힘이 있다. 호칭의 힘에 포획되어 끌려다닐 수 있다.

"교도회장이라면 당연히 이러해야 해", "법사라면 자고로 이 정도는 돼야지."

이런 규정에 집착하지 말고, 당장 내려놓아라.

규정해 놓은 집착을 내려놓고 그 내려놓은 당처를 직시하라.

마치 자신이 들고 있는 랜턴을 끄면 밤하늘의 달빛과 별빛이 드러나는 격이다.

책상 위의 물건들에 집착하면 책상의 바탕을 못 보듯이, 우리는 이름과 호칭, 모습에 집착하면 눈앞에 두렷이 있는 텅 빈 자리를 가리게 된다.

평판이나 권위나 규정된 이름을 내려놓고 언어명상이 텅 빈 자리로 존재하기를 바란다.

이렇게 언어명상이 돈공하여 고요하고 청정한 자리에서 화자의 말이 선명하게 들릴 것이고, 그 모습도 분명하게 드러날 것이며, 이러쿵저러쿵하는 말과 자막도 또렷하게 나타나며, 강의를 나름 이해하는 것도 드러난다.

언어명상이 돈공하다는 것은 언어명상의 필터링을 완연하게 인식하는 자리이다.

사실 언어명상이 완연하다는 것은 자신의 사고 방식과 습관을 자각하는 것이다.

듣고 싶은 대로 듣고, 보고 싶은 대로 보는 그 패턴을 아는 상태이다.

내가 왜 저런 말을 좋아하고, 내가 왜 저런 말에 예민하고,

어떤 호칭에 들뜨고, 어떤 모습에 끌리고 흥분하는지,

마치 거리를 두고 사물을 바라보듯이 통찰의 거리를 확보하는 상태이다.

공적영지의 광명을 따라 언어명상이 완연하게 드러내는 통찰의 거리를 확보하는 것이다. 언어명상이 완연한 것은 이미 어떠한 해석의 틀이 자리 잡고 있는 상태를 감지하는 것이다. 각자의 해석에 따라 프리즘 되는 것을 자각하는 것이 언어명상이 완연한 것이다.

언어명상이 돈공한 자리에서 언어명상이 완연하게 드러나는 것을 『금강경』에서는 'A는 비非A이니 시명是名 A'라고 한다.

'비非A'는 언어명상이 돈공한 자리라면, '시명是名 A'는 공적영지의 광명을 따라 언어명상이 완연한 것이다.

예를 들면 '장엄불토자莊嚴佛土者 즉비장엄卽非莊嚴 시명장엄是名莊嚴'의 시명是名은 간접적인 표현이 아니라 전면적인 표현이다.

보통 '시명是名 A'를 '강연이 이름한다'고 해석하여 달을 가리키는 손가락이나 강 너머로 건네주는 뗏목같이 실상을 지칭하는 수단으로 해석한다. 그러나 시명是名은 목적에 이르도록 하는 수단만이 아니라 실상을 직접적으로 나타낸다.

불토를 장엄하는 것은 장엄이라 할 것이 없으므로 이를 장엄이라 한다.

결국 『금강경』도 〈일원상의 진리〉로 읽어야 한다. 언어명상이 돈공한 자리로서 공적영지의 광명을 따라 언어명상이 완연하다고 읽어서 뜻을 이해해야 한다.

소태산의 대각인 '일원상'으로 읽어야 확연해 진다.

언어명상은 공적영지의 발현이요 작용이다. 그러므로 언어명상은 공적영지의 광명이다.

소태산 대종사는 언어명상이 돈공한 자리와 언어명상이 완연한 현상을 한자리로 통찰해야 한다고 말씀하였다.

"근래에 왕왕이 성리를 다루는 사람들이 말 없는 것으로만 해결을 지으려고 하는 수가 많으나 그것이 큰 병이라, 참으로 아는 사람은 그 자리가 원래 두미頭尾가 없는 자리지마는 두미를 분명하게 갈라낼 줄도 알고, 언어도言語道가 끊어진 자리지

마는 능히 언어로 형언할 줄도 아나니, 참으로 아는 사람은 아무렇게 하더라도 아는 것이 나오고, 모르는 사람은 아무렇게 하여도 모르는 것이 나오나니라."[『대종경』 성리품 25장]

"만일, 마음은 형체가 없으므로 형상을 가히 볼 수 없다고 하며 성품은 언어가 끊어졌으므로 말로 가히 할 수 없다고만 한다면 이는 참으로 성품을 본 사람이 아니니, 이에 마음의 형상과 성품의 체가 완연히 눈앞에 있어서 눈을 궁굴리지 아니하고도 능히 보며 입만 열면 바로 말할 수 있어야 가히 밝게 불성을 본 사람이라"[『대종경』 성리품 6장]

언어명상이 텅 빈 자리에서 언어명상으로 나타나고, 반대로 언어명상이 완연한 것은 언어명상의 길이 단절된 자리에 바탕을 둔 상태이다.
또한 언어명상이 돈공한 성품의 체와 언어명상이 완연한 마음의 형상을 통째로 봐서, 성품의 체와 마음의 형상을 하나로 통찰하는 경지를 확보하라는 것이다.

향산 안이정은 『원불교교전해의』에서 회고하기를,
소태산 재세 시 훈련 해제 마지막 3일간 밤에 성리 문답 시간을 진행했는데, 첫날 밤은 여래선 도리로 문답을 진행하였고, 다음날 밤은 조사선 도리로 문답이 진행되었으며, 마지막날 밤에는 의리선 도리로 문답을 마무리하였다고 한다.
거수하여 발언권을 얻어 소태산 대종사와 '만법귀일 일귀하처'로 문답하게 되는데 여래선과 조사선은 격외의 도리라 어물어둘 넘어갈 수 있었으나, 셋째 관문인 의리선 관문은 설명이 적중치 못하면 법상의 벨을 눌러 말을 중지시켰다. 벨이 울리면 탈락이다.
아마 여래선이 텅 비어 알아차리고 있는 진공의 소식이라면 조사선은 이러한 진공 자리에서 만법이 선명히 드러나는 경지를 밝히는 것이라 볼 수 있다.
이에 비해 의리선은 이러한 진공묘유의 자리를 자신의 육근을 통해 어떻게 나투고, 자신의 언어명상으로 어떻게 설명해야 다른 사람에게까지 깨달음을 줄지에 즈점이 있었을 것이다.

공적영지의 광명을 따라 언어명상이 완연하다.
공적영지의 광명은 눈앞의 언어명상에 물들지 않으면서 언어명상을 두렷이 드러내는 마음이다.
언어명상에 끌리면 언어명상은 일원상의 가림막이 되나,
언어명상에 끌리지 않으면 언어명상은 일원상의 나툼이 된다.
언어명상이 바로 서야 세계가 완연하게 펼쳐진다.
즉 언어명상은 진리의 장벽이 되기도 하지만 또한 진리의 발현이다.
진리는 언어명상으로 드러난다. 언어명상을 통해 진리가 구현되고 정립되는 것이다.

언어명상이 돈공하기에 언어명상에 착著이 없이 그 상황에 따라 말을 하고 적중한 글을 쓰고 상황에 맞는 표정이나 몸짓을 행할 수 있다.
언어명상이 공空하면 말도 때에 맞게 하고 용기가 필요할 때면 그에 따라 용기 있게 말하고 공감할 자리에 공감하는 표정과 심정을 표할 수 있다. 언어명상에 착이 없으니 언어명상이 분명한 것이다.

**언어명상이 완연한 도리를 소태산 대종사께 문답해 봅시다.**
**소태산의 미소가 번지도록, 법상의 벨이 울리지 않도록 언어명상으로 풀어봅시다.**

# 🔍 더보기

## 언어명상의 산책

언어에 대한 몇몇 관점이다.

첫째, 공자의 정명正名 사상으로, 곧 군군君君, 신신臣臣, 부부父父, 자자子子처럼 이름을 바르는 것이 천의를 바르게 드러낸다는 것이다.

둘째, 동중서[중국 전한의 유학자. B.C.176?~B.C.104]의 관점으로, 언어를 천의天意의 표현으로써 천의를 담고 있는 영물적인 신성한 존재로 보는 관점이다.

셋째, 언어를 도구적 수단으로 보는 관점이다. 무엇인가를 지시하기 위한 수단으로 보는 도구적 언어관이다. 그물은 고기를 잡기 위해 필요하듯이 언어는 뜻을 얻는 데 필요한 수단이라는 것이다. 장자의 '통발' 비유처럼 고기를 잡았으면 그물을 치워야 하듯이 뜻을 얻었다면 더 이상 언어는 필요 없게 된다는 것이다.[得意而忘言]

넷째, 소쉬르[Saussure, Ferdinand de. 스위스의 언어학자. 1857~1913]의 언어관이다. 기표[시니피앙]와 기의[시니피에]에 있어 기의記意는 기표記標의 차이에 의해 자리 잡는다는 것이다. 어떤 단어가 무엇인가를 지시할 수 있는 것은 다른 단어와의 '차이' 때문이라고 보는 구조주의적 언어관이다. 동의어 유사어 반대말의 차이 관계 속에서 있게 된다는 것이다. 언어와 그 지시 대상 사이에는 어떤 필연적인 관계도 없다는 주장으로, 기표와 기의의 관계는 자의적이라는 것이다.

다섯째, 용례use적 언어관이다. 이는 비트겐슈타인[Wittgenstein, Ludwig Josef Johann. 오스트리아 태생의 영국 철학자. 1889~1951]의 주장으로, 언어란 그 언어가 사용되는 상황과 방식에 의해 규정되는 게임이라는 것이다. 언어 쓰임은 외적이고 공적인 규칙에 따르는, 그 단어의 사용 방식이 곧 그 단어의 의미가 되므로, 그 삶의 문맥에 따라 공적인 규칙[용례]을 맹목적으로 배움으로써 '쓰임use'이 있는 것이지, 그 단어에 상응하는 자신만이 알 수 있는 내적 경험을 표현하는 사적 언어는 없다는 뜻이다.

이처럼 용례use에 의한 공적 언어를 떠나 자신만이 내적으로 경험되는 사적 언어로 파악될 수 있다는 생각은 일종의 환상이고 기만이라는 것이다. 언어의 의미는 내적이고 사적인 경험으로부터가 아니라 공적인 언어 쓰임으로부터 얻어진다는 것이다.

여섯째, 하이데거[Heidegger, Martin. 독일의 철학자. 1889~1976]의 언어관이다. '언어는 존재의 집'으로, 존재가 다가와 머무는 집이다. 이 존재의 집인 언어 안에서 인간은 사유하므로 인간은 언어라는 거처 안에 거주하는 자이다. 존재가 사유를 통해 자기 자신을 사유할 때 쓰는 것이 언어이다. 언어는 '존재의 언어'로서 인간은 이 언어 안에서 사유한다. 그러므로 존재의 언어가 먼저 있고 인간 사유의 언어는 이 존재의 언어를 뒤따른다고 해야 할 것이다. 인간이 존재 차원의 언어를 알지 못한 채 언어를 의사소통의 단순한 도구로 여길 때 언어는 황폐해진다. 그리하여 존재는 언어를 떠났고 인간도 거처를 잃게 된다.

언어를 어떻게 사용하느냐, 언어에 어떤 의미를 담느냐, 언어를 통해 세계를 어떻게 보느냐에 따라서 세상은 전혀 다른 모습이 될 수 있다. 언어가 망가지면 세계가 망가지게 된다.

언어는 항상 특정 언어로 언어권마다 다르게 형성된다. 민족마다 고유한 언어가 있고 고유한 역사가 있으며 고유한 과제가 있으므로 존재는 그 언어와 역사와 과제에 따라 각각 다른 방식으로 드러난다는 것이다.

일곱째, 가명假名의 언어관이다. 이는 연기緣起적 언어관으로, 언어는 임시적인 존재라는 뜻이다.

언어에 상응하는 실재를 전제하여 그 언어 너머의 실재를 실체적으로 지칭하는 것을 실명實名의 언어라 한다면, 가명假名의 언어관은 언어의 지시물이라 여겨지는 실재는 개념적 분별에 따라 구성된 연기적 현상으로, 언어 밖의 실재라고 생각하는 그것

역시 또 하나의 언어일 뿐이다.

즉 언어 너머에 실재가 따로 있는 것이 아니라 언어로써 실재를 세운다는 것이다. 언어의 그물이 엮어 내는 가명의 세계, 그것은 바로 각자의 마음이 임시로 구성해 내는 가유假有의 세계라는 것이다. 언어를 객관적인 실유實有가 아닌 임시적인 가유假有로, 실명實名이 아닌 임시적 가명假名으로 여기는 것이다.

끝으로, 소태산의 언어관이다.
소태산 대종사의 언어관은 언어명상을 공적영지의 발현으로 본다.
언어명상이 돈공한 자리에서 공적영지의 광명에 따라 언어명상을 발현시키는 것이다.

『정전』〈일원상의 진리〉절에 등장하는 '언어명상言語名相'은 말과 글, 이름과 호칭 그리고 이미지로, 언어명상의 상相은 마음 밖의 객관적인 대상을 말하는 게 아니라 마음 작용의 심상心相이다. 이런저런 생각도 언어이고 희로애락의 감정도 행위도 언어다.

언어는 이중적 성격을 지닌다. 한편으로는 실제를 가로막는가 하면 다른 한편으로는 실제를 자각하는 실제를 드러남이다.

소태산은 언어명상을 한편으론 초월해야 하고 또 다른 한편으로는 언어명상을 잘 사용할 수 있다고 강조한다. 언어명상은 돈공한 자리에서 언어명상을 완연하게 사용하라는 것이다.

언어명상에 매이지 않는 길은 언어명상으로 파악된 것 역시 또 하나의 언어명상에 지나지 않는다는 것을 자각하는 것이다. 언어명상으로 물든 허망 분별을 허망 분별로 자각한 그 마음은 이미 언어명상에 매인 마음이 아니기 때문이다. 언어를 언어로 자각하는 순간, 이미 그 언어명상의 업에서 벗어나서 언어명상이 돈공한 경지에 든 것이다.

소태산의 언어관은 언어명상을 초월하여 언어명상을 공空의 발현으로 본다. 언어명상이 돈공한 자리이면서 동시에 '공적영지의 광명'을 따라 언어명상이 완연하다는 것이다.

 이처럼 언어명상이 돈공한 것은 언어가 절멸되었다는 게 아니라, 언어에 매이지 않은 채 언어를 완연하게 사용하라는 뜻이다. 즉 언어명상이 돈공한 자리에 거주하면서 언어명상이 선명한 자리로 출근하라는 당부요 촉구이다.

 버려야 할 것은 언어명상이 아니라 언어명상에 대한 분별 집착이다. 언어명상을 버리는 것이 진정한 공부가 아니라, 언어명상에 대한 고착된 태도를 놓아버리는 것이 진정한 공부이다. 소태산은 공적영지의 광명으로 언어명상을 잘 쓰라는 것이다.

# 시방삼계가 장중의 한 구슬같이 드러나고

〈일원상의 진리〉 중 '시방삼계가 장중의 한 구슬같이 드러나고' 대목을 살펴보자.

시방삼계가 장중의 한 구슬같이 드러난다는 것은 공적영지의 광명을 따라 언어명상이 완연하여 시방삼계가 손바닥 위의 한 구슬같이 훤히 펼쳐진다는 뜻이다.

공적영지인 일원의 광명을 따라 언어명상이 분명하게 펼쳐지기에, 이에 따라 시방삼계가 확연하게 드러난다는 뜻이다.

시방十方은 사방과 간방을 합한 팔방 그리고 상하를 더한 공간을 뜻하며,
삼계三界는 욕계慾界 색계色界 무색계無色界로 끌려다니는 중생의 마음 세계이다.
결국 시방삼계는 시공간에 펼쳐진 모든 중생의 마음 세계이다.
시방삼계의 시방은 세계이다. 물리적 세계에 인간의 마음이 얽혀 있는 세계이다. 감정과 기분이 결부된 세계다. 예를 들면 기쁘거나 슬픈 기분에 따라 다르게 나타나는 세계이며, 불안한 기분이 덮칠 때 전개되는 세계이며, 공포의 기분에 사로잡힐 때 맞닿는 세계이며, 우울함이나 권태의 기분이 밀려올 때 펼쳐지는 세계이며, 무기無記의 상태일 때도 마찬가지다. 그때마다 세계는 다른 양상으로 드러나며 다른 빛깔로 전개된다.

또한 각자의 생각과 가치 추구와 관심에 따라 세상의 모든 일에 질서를 세우고 의미를 부여하는 시방세계이다.

정산 종사는 시방삼계의 삼계에 대한 학인의 질문에 자세하게 설명하였다.

"삼계로 벌여 있는 중생의 세계는 중생의 끌리는 마음 세계에 벌여 있나니, 욕계는 식 색 재 등 물욕에 끌려서 오직 자기 구복 하나를 위해 예의염치도 모르고 종종

의 악업을 지으며 정신없이 허덕이는 중생의 마음 세계요, 색계는 명상에 끌려서 모든 선행을 하고 사업을 하되 자신의 명예욕에 끌려 하므로 자칫하면 승기자를 시기하고 저만 못한 자를 무시하며 그에 따라 사량과 계교가 많은 중생의 마음 세계요, 무색계는 명상에 끌리는 바도 없고 사량과 계교도 없다는 생각 곧 법상에 끌려서 명리에 끌리는 사람이나 사량과 계교에 끌리는 사람을 싫어하는 중생의 마음 세계니, 이 마음마저 멸도 되어야 삼계를 초월하나니라."[『정산종사법어』 경의편 51장]

삼계는 중생의 마음 세계로, 욕계는 물욕에 끌리는 마음 세계라면, 색계는 자기를 드높이려는 명상의 색깔을 추구하는 가치에 매달리는 마음 세계요, 무색계는 무언가 이룬 색깔을 내려놓았다는 법상法相에 붙잡힌 마음 세계이다.

불조요경본 『금강경』 18장에 "저 국토 가운데에 있는 중생의 여러 가지 마음을 여래가 다 아나니 어찌한 연고인고? 여래의 말한 모든 마음이 다 마음이 아닐새 이것을 마음이라 이름한다."[爾所國土中所有衆生 若干種心 如來─悉知 何以故오 如來說諸心 皆爲非心 是名爲心]라는 구절이 등장한다.

저 국토 가운데 있는 중생의 여러 마음은 바로 시방삼계의 중생심을 말한다.

공적영지의 광명을 따라 시방삼계의 중생심이 손바닥 위의 한 구슬같이 훤히 드러나는 것이다.

공적영지인 일원의 광명은 삼계를 뛰어넘은 초삼계超三界 자리이다.

이 공적한 가운데 영지한 일원의 광명을 따라 시방삼계의 온갖 중생심이 드러난다.

삼계三界를 초월한 자리에서 삼계가 전개된다.

대소유무에 분별이 없고, 생멸거래에 변함이 없고, 선악업보가 끊어지고, 언어명상이 돈공한 초삼계超三界 자리에서 시방삼계가 손바닥 안의 한 구슬같이 드러난다.

그러므로 텅 비어 고요하면서 신령하게 알아차리는 자리에 근원하면 할수록 중생의 마음 세계가 있는 그대로 나타나는 것이다.

텅 비어 고요하면서 신령한 자리에 근원할수록 욕계가 선명해진다.

텅 비어 고요하면서 신령한 자리에 바탕으로 할수록 자기 존재감을 드높이려는 색계가 눈앞에 완연해진다.
　　텅 비어 고요하면서 신령한 자리에 기반을 둘수록 자기 존재감의 색깔마저도 놓았다는 무색계가 분명해진다.

　　욕계는 식욕 색욕 재물욕 등 물욕이라면,
　　색계는 자기의 가치를 빛내려는 명예욕이며,
　　무색계는 자기의 색깔도 놓았다는 법상法相이다.
　　공적영지의 일원상 광명을 비추면 이러한 삼계가 두렷이 드러난다.
　　텅 비어 청정하기에 좌절의 심정도 알게 되고 자신의 허접한 지점을 지각知覺한다. 한계가 없는 자리에서 한계가 드러난다. 무한에서 유한을 감지하는 것이다.

　　그러므로 『금강경』식으로 시방삼계는 시방삼계가 아닐새 시방삼계라 한다.
　　시방삼계에 물들지 않는 자리에서 시방삼계가 드러나는 것이다.
　　텅 비어 공적한 자리에서 신령하게 아는 영지의 광명을 따라 삼계의 감정도 생각도 명료하게 전개된다. 이처럼 삼계의 온갖 분별은 분별에 물들지 않는 공적영지의 광명에서 드러나는 분별이다.

　　시방삼계가 확연하게 드러나는 상태가 공적영지의 광명이며, 시방삼계인 줄 알아차리는 마음이 공적영지의 광명이다. 즉 공적영지의 광명 따라 드러나는 시방삼계는 시방삼계를 떠나지 않으면서 시방삼계에 물들지 않는 경지이다.
　　삼계중생에 물들지 않으면서 삼계의 중생 속에서 삼계중생을 구제하는 자리이다.
　　공적영지인 일원의 광명을 따르면 중생의 온갖 다음인 욕계, 색계, 무색계도 눈앞에서 확연히 드러난다.
　　'저 사람은 욕계구나' '저 사람은 색계구나' '저 사람은 무색계구나'라고 환히 드러난다. 그러므로 중생제도의 지혜와 힘이 생기는 것이다.

일체의 분별 형상을 내려놓고 형상이 나타나기 이전에 머물러 그치는 것이다.
그러면 텅 비었으되 신령하게 알아차리는 공적영지의 일원상 광명이 빛난다.
이처럼 공적영지의 광명을 따라 드러나는 경지는
대소유무에 분별이 없는 자리이면서 대소유무에 분별이 나타나는 경지이며,
선악업보에 차별이 끊어진 자리이면서 선악업보에 차별이 생겨나는 경지이며,
언어명상이 돈공한 자리이면서 언어명상이 완연하게 드러나는 경지로,
언어명상이 완연하여 시방삼계가 두렷이 드러나는 경지이다.

이 경지는 소태산 대종사가 대각 후 '청풍월상시淸風月上時에 만상자연명萬像自然明'[『대종경』 성리품 1장]이라고 읊은 심경에 잘 드러나 있다.
시방삼계가 손바닥 위의 맑고 밝은 구슬같이 드러나는 상태는 마치 시원한 바람이 부는 밤하늘에 밝은 달이 떠올라 산하대지가 홀연히 드러나는 격이다.

## 진공묘유의 조화는 우주만유를 통하여

〈일원상의 진리〉 중에서 '진공묘유의 조화'와 '우리만유를 통하여'를 살펴보자.

진공은 '참 진眞' '빌 공空'으로 참으로 비었다는 뜻이라면,
묘유는 '묘할 모妙' '있을 유有'로 묘하게 존재하는 것이다.
조화는 '지을 조造' '될 화化'로 지어 이루는 작용이다.
결국 진공묘유의 조화는 텅 빈 진공이 묘하게 있으면서 작용하는 것이다.
마치 거울이 텅 비어 청정하나 두렷이 비추는 능력이 있는 것과 같다.
소태산 대종사는 '열반 전후에 후생 길 인도하는 법설'에서 "유도 아니요 무도 아닌 그것이나, 그중에서 그 있는 것이 무위이화 자동적으로 생겨나는 것"을 진공묘유의 조화라고 달리 표현하고 있다.
'유도 아니요 무도 아닌 그것이나'는 진공 자리라면, '그중에서 그 있는 것'은 묘유 자리이며, '무위이화 자동적으로 생겨나는 것'은 진공에 따른 묘유의 조화이다.
다만 진공 따로, 묘유 따로, 조화 따로가 아니라 진공묘유 한 덩어리를 진공으로 보면 그렇고, 묘유로 보면 이렇고, 그러한 조화가 이러저러하다는 것이다. 진공은 묘유를 떠나지 않는 진공이고, 묘유는 진공을 품고 있는 묘유인 것이다.

**정산 종사에게 한 제자가 여쭙기를**
**"진공묘유와 공적영지는 무엇이 다릅니까?"**
**"서로 같은 말이다. 그러나 진공묘유는 진리를 두고 말하며, 공적영지는 사람을 두고 말하는 것이 좋은 표현이다."**

진공묘유와 공적영지는 같은 자리이다. 다만 설경의 뉘앙스에 차이가 있을 뿐이

다. 같은 자리이나 공적영지는 인식론적 설명이라면 진공묘유는 존재론적 설명이라 할 수 있다. 텅 비어 고요하면서 신령하게 알아차리는 공적영지의 광명과 텅 빈 진공 자리가 묘하게 있으면서 작용하는 진공묘유의 조화는 한 자리이다. 한 자리인 일원상이다.

자! 그렇다면 진공묘유의 조화를 확인해 봅니다.
지금 강의 영상을 보고 계십니다. 강의를 듣고 있습니다.
이렇게 보고 있고 듣고 있는 이 마음이 어떻게 생겼나요?
강의를 따라가는 대상 의식에만 한정하지 말고, 보고 듣는 의식 자체에 그쳐 봅니다.
대상으로 향하는 마음을 멈추고 의식 자체로 방향을 돌이켜 봅니다.
마치 비추는 랜턴의 방향을 돌려 자신을 비추는 격입니다.
제가 '여러분'하고 부르겠습니다. 그러면 '예'라고 대답하십시오.
지금 제가 부르면 대답하는 그 마음 당체를 반조하여 직시하십시오.
이번에는 앞에 싱싱한 배가 있습니다. 이 배를 깎아서 한 입 먹어봅니다.
시원한 배 맛이 느껴질 것입니다. 입안이 깔끔해 집니다.
배 한 조각을 입에 머물고 천천히 음미하십시오.
이렇게 배 맛을 느끼는 자리를 돌이켜 봅니다.

만일 보고 듣고 부르면 대답하는 마음 당처에 무엇인가 걸림이 있다면 이렇게 역력히 보고 듣고 대답할 수 없습니다.
배 맛을 아는 마음자리에 어떠한 규정이 있다면 배 맛을 이렇게 알아차릴 수 없습니다.
이 마음은 무어라 할 것이 없는 일체가 끊어진 자리입니다.
무어라 할 것이 없이 텅 비었기에 이렇게 나름대로 보고 들을 수 있으며 부르면 상황대로 대답할 수 있는 것입니다. 텅 빈 그 자리가 이 맛도 알고 저 맛도 봅니다. 마치 거울에 때가 끼었으면 낀 대로 비추는 것과 같습니다.

화가 났을 때 화가 드러난 마음자리에 만일 화가 본래부터 있다면 화가 난 줄 이렇게 선명하게 알 수가 없다. 화난 줄 알아차린 당처는 화에 물들지 않는 경지이다.

화에 물들지 않기에 화난 상태를 이렇게 분명하게 알 수 있는 것이다. 이처럼 텅 빈 진공 자리가 묘하게 있으면서 보고 듣고 알아차리는 것이다.

텅 비면 아무것도 없어야 하는 데 묘하게 있으면서 보고 듣고 대답하는 작용을 한다. 텅 비었는데 묘하게 보고 묘하게 듣고 묘하게 대답하는 작용이 진공묘유의 조화이다.

텅 빈 자리가 묘하게 있으면서 강의를 보는 작용을 한다.
텅 빈 자리가 묘하게 있으면서 강의를 듣는 작용을 한다.
텅 빈 자리가 묘하게 있으면서 부르면 대답하는 작용을 한다.
텅 빈 자리가 묘하게 있으면서 이 맛도 알고 저 맛도 아는 작용을 한다.

**이러한 진공묘유의 조화는 무엇을 통해서 조화를 부릴까요?**
**우주만유를 통하여 조화를 부립니다.**
**우주만유는 마음과 둘이 아닌 우주만유입니다.**
**마음 밖의 독립된 존재가 아니라 마음에 드러나는 우주만유입니다.**
**그렇다고 객관적인 우주만유가 없다는 것은 아닙니다.**
**마치 마음이라는 장갑을 끼고 사물을 만지는 격입니다.**
**마음에 드러나는 우주만유라야 의미 있다는 것입니다.**
**객관 없는 마음은 공허하고 마음 없는 객관은 맹목적입니다.**
**후설[Husserl, Edmund]의 용어를 빌리자면 사유 대상인 노에마noema를 지향한다는 것은 사유 작용인 노에시스noesis를 포괄하는 것입니다.**

소태산 대종사는 대각 과정에서 대각을 확인하는 기연을 만난다.
병진년(1916년) 음력 3월 26일 조반을 지나 얼마 후 유학자 두 사람이 지나다가 뜰 앞에 잠깐 쉬어 가는 중 『주역』의 '대인 여천지합기덕 여일월합기명 여사시합기서 여귀신합기길흉[大人與天地合其德與日月合其明與四時合其序與鬼神合其吉凶]'이라는 구절을 가지고 서로 언론 함을 듣고 그 뜻이 환히 해석되는 사건에 직면한다.[『원불교교사』]

일체의 분별이 탈락한 '쇄락灑落한 정신'에서 천지조화가 두렷이 드러나는 것을 확인한 것이다.

이 자리는 마음이라는 국한도 천지라는 대상의 분별도 다 떨어진 마음과 천지가 둘이 아닌 '한자리'이다. 마음은 '무엇에 대한 지향'인 대상 의식에 한정되기 십상인데, 무엇에 대한 지향 이전에 깨어 있는 경지이다. 통째로 열어 한자리로 밝힌 상태이다.

진공묘유의 조화는 우주만유를 통해서 전개된다. 우주만유는 천지 만물이요 천지·부모·동포·법률의 사은이다. 진공묘유의 조화가 천지·부모·동포·법률을 통해서 펼쳐진다. 우주만유의 본원은 진공묘유의 조화인 일원상이며, 우주만유는 일원상의 드러남이다. 소태산에게 일원상은 우주만유가 펼쳐진 자리요 또한 우주만유를 함장한 자리이다.

우주만유에서 천지의 주야 변천을 예로 들겠습니다.
이 천지의 주야 변천은 마음에 들어온 천지 변화입니다.
진공묘유의 조화는 천지 변화 이전 자리로 천지 변화의 형상에 끌려 포획되는 것이 아닙니다.
천지 변화 이전의 진공 자리에서 두렷하게 천지 변화를 드러내는 것입니다.
진공한 자리가 묘하게 있으면서 천지 변화의 조화를 나타냅니다.

이처럼 진공묘유의 조화는 우주만유를 통해서 조화를 부리는 것입니다.
텅 빈 자리에서 해와 달이 왕래하여 낮과 밤의 변화가 나타납니다.
텅 빈 자리에서 춘하추동과 생로병사의 변화가 벌어집니다.
텅 빈 자리가 그렇게 있으면서 걷기도 하고 일도 합니다.
텅 비었으되 묘하게 있는 자리에서 희로애락과 흥망성쇠가 펼쳐집니다.
진공한 가운데 묘하게 있는 자리가 조화를 펼치는 것입니다.

진공묘유의 조화는 함이 없으되 그 있는 것이 무위이화無爲而化 자동적으로 변화하는 자리이다.

초기교서인 『수양연구요론』의 정정요론 하편에 '허변무위虛變無爲'가 나온다.

'빌 허虛' '변화 변變' '없을 무無' '할 위爲'의 허변무위는 텅 빈 자리에서 변화 작용하되 함이 없다는 것이다. 이러한 작용이 진공묘유의 조화이다.

소태산 대종사는 진공묘유의 조화가 우주만유를 통해서 전개되는 것을 '열반 전후에 후생 길 인도하는 법설'에서 자상하게 부연한다.

"이 우주와 만물도 또한 그 근본은 본연 청정한 성품 자리로 한 이름도 없고, 한 형상도 없고, 가고 오는 것도 없고, 죽고 나는 것도 없고, 부처와 중생도 없고, 허무와 적멸도 없고, 없다 하는 말도 또한 없는 것이며"[『대종경』 천도품 5장]

이름도 형상도 없고, 가고 오는 거래도 죽고 사는 생사도 없고, 부처와 중생도 허무와 적멸도 없고, 없다 하는 말도 없는 자리가 진공이다.

"유도 아니요 무도 아닌 그것이나, 그 중에서 그 있는 것이 무위이화無爲而化 자동적으로 생겨나, 우주는 성·주·괴·공으로 변화하고, 만물은 생·로·병·사를 따라 육도와 사생으로 변화하고, 일월은 왕래하여 주야를 변화시키는 것이니라."[『대종경』 천도품 5장]

유라고 할 것도 없고 무라고 할 것도 없는 진공한 가운데 그 있는 것이 묘하게 작용하여 함이 없이 스스로 그렇게 변화하는 것이 진공묘유의 조화이다.

## 🔍 더보기

## 진공묘유의 조화와 정신개벽

〈일원상의 진리〉에서 "진공묘유眞空妙有의 조화造化는 우주만유를 통하여 무시광겁에 은현자재隱顯自在하는 것"이라고 마무리 짓고 있다. '진공묘유의 조화'는 '공적영지의 광명'과 같은 뜻이면서 뉘앙스가 다른 '일원상 진리'의 핵심 표현이다.

정산 종사는 《원광》 제8호의 〈일원상의 진리와 그 운용법〉에서 "일원상의 원래는 모든 상대가 끊어져서 생멸거래가 돈연히 공하고 대소유무가 또한 없으며, 부처와 중생의 차별이 끊어지고 선과 악의 업이 멸하여 말로써 가히 이르지 못하며, 사량으로써 가히 계교하지 못하며, 명상으로써 가히 형용하지 못하나니 이는 곧 일원의 진공체眞空體이요, 그 진공한 중에 또한 영지불매靈知不昧하여 광명이 시방을 포함하고 조화가 만상을 통하여 무시광겁에 요요하게 항상 주하고 천만사물에 은현隱顯함이 자재하나니 이는 곧 일원의 묘유妙有"로, "진공과 묘유 그 가운데 만법이 운행하는 것을 일원의 인과"라고 한다. 즉 묘유의 바탕이 진공이라면 묘유의 발현이 인과로, 일원은 진공한 중에 영지불매하고 조화자재한 것이다.

| 체용 | | 일원상의 원리 | 거울 비유 |
|---|---|---|---|
| 체體 | 본체 | 일원의 진공체 | 거울의 텅 빈 자체 |
| | 본용 | 일원의 묘유 | 거울의 맑고 밝은 공덕 |
| 용用 | | 일원의 인과 | 거울의 비추는 작용 |

이처럼 영지불매하고 조화자재한 '일원의 묘유'는 한편으로는 '일원의 진공체'를 본체로 삼으면서 다른 한편으로 인연에 따라 '일원의 인과'로 나투는 자리다. 즉 '묘유'의 본체가 진공체라면 인과는 '묘유'의 작용이다. 묘유는 진공과 인과를 관통하는 자리로, '진공묘유'라 할 때에도 인과가 내포된 작용이다.

| 일원의 묘유 | ↗ 일원의 진공체 | = | 묘유의 본체 |
|---|---|---|---|
| | ↘ 일원의 인과 | = | 묘유의 작용 |

 일원은 어떠한 자취도 모양도 없는 진공 자리로써 분별하는 순간 삼천리로 갈리며 잡념에 빠지는 순간 망각되어 버린다. 또한 이렇게 텅 빈 진공체가 묘하게 있으면서 작용하는 본용本用을 묘유라 하고, 이 묘유가 시절 인연 따라 작용하는 것을 인과라 한다.
 특히, 일원의 인과는 일원상의 진리가 역사적 차원에서 개방되고 열리는 과정이요 흐름이다. 역사적 시운時運 및 시절 인연 따라 일원상의 진리가 시대정신으로 전개되는 것이다. 일원상의 진리가 시대에 따라 역사 속에서 펼쳐가는 것이다. 인간이 역사의 시운에 따라 시대정신을 펼칠 수도 있고 거부하거나 좌절되어 막힐 수도 있다.

 진공묘유의 조화는 거울이 텅 비어 청정하되 대상이 있든 없든 그 비춤 작용은 본래 두렷하여 만상을 대하는 대로 비추듯이 화가 나면 화난 그대로, 짜증이 나면 짜증난 그대로, 기쁘면 기쁨이, 슬프면 슬픔이 고스란히 드러나는 작용이다. 즉 거울처럼 텅 빈 자체이면서 또한 맑고 밝은 비추는 공덕이 갖추어져 있어, 이 공덕이 만상의 인연에 따라 이리저리 비추는 작용과 같다 할 것이다.
 저 산천을 바라볼 때 마음이다, 산천이다 할 분별이 없는 그 배경은 진공이라면, 그렇게 텅 빈 배경에서 천지 작용이 두렷하게 드러나는 것은 묘유의 발현으로, 텅 비어 청정한 진공 자리이면서 공空으로 묘하게 있는 것이 무위이화無爲而化로 작용하여 밤낮으로, 춘하추동으로, 생로병사로, 흥망성쇠로 변화를 드러낸다.
 즉 우주만유의 바탕은 구분별의 '숨겨진 은隱'이라면 이 자리에서 우주만유가 전체이면서 온갖 모습과 변화로 나타나는 것은 '드러날 현顯'으로, 은이 현으로 발현되고 현이 은에 바탕을 두기에 '은·현'은 원융圓融한 한자리이다. 결국 진공묘유의 조화는 우주만유를 통해서 은현자재하는 것이다. 조화는 산출하고 형성하고 창조하는 모든 활동이다.

소태산은 "마음은 무형無形 무성無聲 무후無嗅 무상無相이라, 마음의 체성은 허공 같아서 언제나 공허空虛한 고로 그 속에는 산하대지·일월성신·삼라만상·우주만유를 포함함과 같이 우리의 마음도 근본적으로 공허한 고로 모든 이치, 모든 사물, 모든 지혜가 잠재하여 천종 만별의 변화 작용을 자유자행自由自行하게 된다."[이공주 수필 법문]라고 진공묘유의 조화를 부연하였다.

텅 빈 자리에는 우주만유의 온갖 형상이 상황 따라 드러나고 또한 춘하추동과 흥망성쇠로 변화하는 작용이 때에 따라 나타난다. 이같이 공허한 진공으로 바탕 삼고 그 가운데 갖추어진 묘유로써 그 마음을 작용하라는 것이다. 다만 진공묘유에 계합하여 조화를 부리느냐, 아니면 우주만유의 변화 작용에 끌려다니느냐의 차이만 있는 것이다.

이 진공묘유의 조화가 '정신개벽'의 근원 동력이다. 맑고 신령한 정신精神은 텅 비었으되 그 텅 빈 자리가 묘하게 있으면서 작용하는 경지이다. 이처럼 정신개벽의 정신은 진공묘유의 조화인 일원상의 경지이다. 이 진공묘유의 조화에 근원하여 정신의 경지를 열고 또 열어 개벽해 가는 것이다.

## 우주만유를 통하여 무시광겁에 은현자재 하는 것

〈일원상의 진리〉절의 마지막 구절인 '우주만유를 통하여 무시광겁에 은현자재하는 것이 곧 일원상의 진리니라'를 살펴보자.

일원은 우주만유의 본원으로 우주만유의 귀일처이며, 또한 이 자리에서 우주만유가 전개된다.

무시광겁無始曠劫은 태초를 알 수 없는 무시無始이면서 끝없이 펼쳐지는 광겁曠劫의 무한한 시간을 말하며, 은현자재隱顯自在는 '숨겨져 있고 드러나는' 작용이 스스로 존재(自在)하는 것이다. 자재自在는 무위이화 자동적으로 자유자재하는 것이다.

은현자재의 은隱은 숨겨져 있는 배경이요 배광이요 바탕이며, 현顯은 현현顯現으로 환히 나타나고 드러나는 것이다. 다만 은隱과 현顯은 한 자리의 두 양태로 은隱이면서 현顯하고 현顯하면서 은隱인 것이다. 이처럼 진공묘유의 조화는 우주만유와 무시광겁의 시공간에서 은현隱顯으로 자유자재한다.

그렇다면 진공묘유의 조화가 어떻게 우주만유를 통해서 무시광겁에 은현자재하는지 살펴보자.

검지를 들어 보겠습니다.
손가락도 우주만유 중 하나입니다.
결국 진공묘유의 조화가 손가락을 통해서 은현자재隱顯自在하는 것입니다.
손가락이 어떻게 생겼나요. 길쭉하나요? 짧나요? 뾰족한다고 느껴지시나요?
자! 이제 엄지를 세워 보겠습니다.
방금 전의 검지와 지금의 엄지는 같은가요? 다른가요?

의식적으로 손가락이라는 형상이나 의미에 관심을 두지 말고 손가락인 줄 알아차리고 있는 마음 당처를 돌이켜 보십시오.

'검지다 엄지다'라는 손가락에 대한 평판도, 또는 손가락에 관한 관념이나 관습에 머물지 말고 존재하세요.

이제 손가락을 펴서 손을 보십시오. 손을 돌려가며 보십시오.
손에 대한 이러저러한 생각을 내려놓고 존재해 보세요.
손이 작다, 예쁘다, 거칠다 등의 판단을 내려놓고 지켜보기만 합니다.
각자의 손을 무엇과도 비교하지 마세요.
일체의 생각과 관념에 사로잡히지 말고 관하고 있는 지점에만 머물러 보세요.
손에 대한 언어명상을 내려놓고 관하는 감으로만 존재하십시오.
눈앞의 형상에 관심을 주지 마십시오. 끌려가지 마십시오.
다만, 생각을 돌이켜 손을 관하고 있는 마음 당처에 머무르십시오.
손을 알아차리고 있는 자리는 손의 형상에 물들지 않습니다.
어떠한 규정도 명명도 이미지도 없습니다.
알아차리는 그 당처는 텅 비어 고요하게 여여합니다.
손이란 형상의 배경으로 숨겨져 있는 진공 자리입니다.

이제는 탁 트인 전망대에서 바라보듯이 일체가 텅 빈 배경에서 손을 보겠습니다.
손이 우뚝 솟아 있습니다.
등급의 차등이 없는 무등산처럼 무차별하게 우뚝 솟아 있습니다.
일체의 분별이 떨어진 평등한 한 자리로 나타나 있습니다.
과거나 지금이나 미래에나 손이 드러나는 자리는 여여如如합니다.
손은 진공한 중에 묘하게 있는 그것이 드러나는 작용입니다.

의자에 편히 앉습니다.
심호흡을 합니다. 아랫배까지 숨이 들고 나가게만 합니다.

들숨 날숨을 존절히 하는 가운데 그렇게 숨이 들고 나가는 자리를 느껴봅니다.
숨이 들고 나가는 배경은 무어라 할 것이 없는 텅 빈 중심입니다.
그러면서도 그 진공한 가운데 묘하게 있는 자리에서 숨이 들고 나갑니다.
숨을 깊이 들이쉬고 내쉬는 심호흡도 우주만유의 작용 중 하나입니다.
이처럼 심호흡을 통해서 진공묘유의 조화가 은현자재隱顯自在하는 것을 체득할 수 있습니다.

이제 창밖의 하늘을 보십시오.
아침에 해가 떠오릅니다. 저녁에 해가 서쪽으로 집니다.
어느 때는 맑은 하늘이더니 구름이 두둥실 떠가기도 하고 어느 때는 비바람이 치기도 합니다.
하늘을 계절 따라 보십시오.
봄 여름 가을 겨울에 따라 하늘은 온갖 모습을 나툽니다.
하늘이라 마음이라 할 것이 없는 무분별의 '텅 빈 자리'가 묘하게 있으면서 이런 저런 하늘의 변화를 역력히 드러냅니다.
이 자리가 무엇이라 할 것이 없는 '숨어있는 은隱'이면서 그 모습 그 변화 그대로 훤히 트여있고 개방되어 있고 열려있는 '나타날 현顯'입니다.

소태산 대종사는 "진공묘유의 조화가 우주만유를 통해서 무시광겁에 은현자재하는 것"을 '열반 전후에 후생 길 인도하는 법설'[『대종경』 천도품 5장]에서 자세히 가르쳐주었다. "한 이름도 없고, 한 형상도 없고, 가고 오는 것도 없고, 죽고 나는 것도 없고, 부처와 중생도 없고, 허무와 적멸도 없고, 없다 하는 말도 또한 없는 것"이 진공 자리라면, "유도 아니요 무도 아닌 그것이나, 그중에서 그 있는 것이 무위이화無爲而化 자동적으로 생겨나, 우주는 성주괴공으로 변화하고, 만물은 생로병사를 따라 육도와 사생으로 변화하고, 일월은 왕래하여 주야를 변화시키는 것"은 진공에 바탕한 묘유의 조화이다.
즉 '유도 아니요 무도 아닌 그것이나'가 진공이라면, '그중에서 그 있는 것'은 묘유이며 '무위이화 자동적으로 생겨나 변화하는 것'은 진공에 따른 묘유의 조화이다.

조화는 '지을 造조' '될 化화'로 짓는 작용이다.

그러므로 진공묘유의 조화는 텅 비었으되 묘하게 있으면서 작용하는 것이다. 이러한 진공묘유의 조화는 우주만유의 배경으로 숨겨져 있는 진공이면서 우주만유의 변화를 역력히 드러내는 묘유의 작용이다. 유도 아니요 무도 아닌 진공이면서 그중에서 그 있는 묘유가 무위이화 자동적으로 생겨나 우주는 성주괴공으로, 만물은 생로병사를 따라 육도와 사생으로, 해와 달은 왕래하여 밤낮으로 변화 작용하는 것이 진공묘유의 조화이다.

정산 종사 작시作詩인 『원불교 성가』 4장 〈둥그신 그 체성이여[법신불찬송가]〉에서 "공유空有로 은현하시와 고금을 통리하시고"라고 진공묘유의 조화를 노래 부른다.

은현자재의 은현은 진공묘유의 다른 표현이다. 진공이 숨겨져 있는 은隱이라면 묘유는 환희 열린 현顯이며 조화는 자유자재自由自在하는 작용이다. 이는 진공묘유한 일원상의 작용이 온전히 은隱하고 또한 온전히 현顯하다는 말이며, 자재自在는 은현 작용이 절로 그렇다는 것이다. 진공묘유의 조화가 바로 은현자재하는 작용이다.

은현자재의 현顯은 우주만유의 전체와 현상과 변화를 포괄한다. 현상이 달라지면 변화요 변화의 단면이 현상이다. 은현자재의 은현隱顯은 〈일원상의 진리〉의 없는 자리와 생기는 면을 포괄한다. 즉 "대소유무에 분별이 없는 자리며, 생멸 거래에 변함이 없는 자리며, 선악 업보가 끊어진 자리며, 언어명상이 돈공한 자리로서"는 은隱이라면, "공적영지의 광명을 따라 대소유무에 분별이 나타나서 선악업보에 차별이 생겨나며, 언어명상이 완연하여 시방삼계가 장중에 한 구슬같이 드러나고"는 현顯이라고 할 수 있다. 이러한 없는 자리인 은隱과 나타나는 현顯이 저절로 그렇게 무위이화 자동적으로 작용하는 것이 은현자재이다.

## 🔍 더보기

### 진공묘유의 조화와 은현자재

소태산 대종사는 "진공묘유眞空妙有의 조화造化는 우주만유를 통해서 무시광겁에 은현자재隱顯自在하는 것"이 '일원상의 진리'라고 명시한다.

즉 진공묘유의 조화는 우주만유가 하나이면서 천차만별로 현상現像되고 변화하면서도 그렇게 드러났다 할 그 무엇도 찾을 길이 없는 '드러나 있지 않을 은隱'의 경지이다. 그러므로 진공묘유의 조화는 숨겨져 있는 가운데 드러나는 은현隱顯으로 자유자재하는 작용이다.

이 은현자재의 은隱과 현顯은 바다와 파도의 관계로 비유할 수 있다.

바다는 '숨겨져 있는 은隱'이라면 파도는 '나타날 현顯'으로, 풍랑이 일면 바다가 파도로 출현하고 바다는 파도의 모습으로 파도에 숨어 있는 격이다.

한정할 수 없는 바다의 은隱에서 온갖 파도의 현顯이 나타나며, 파도인 현顯은 무한정의 은隱에 머물러 있는 것이다. 파도의 현顯은 바다의 은隱이 펼쳐진 장이며, 이 열린 장에 한정되지 않는 바다의 은隱이 머물러 있다. 은隱은 무어라 할 규정도 없고 볼 수도 잡을 수도 없는 베일 너머의 무無로서, 이 무無의 은隱에서 시대와 역사를 따라 다양한 유有가 현顯으로 펼쳐진다. 그러므로 은隱은 풍요롭고 충만한 무無이다.

또한 은현자재는 빛과 그림자의 관계이다.

빛에 의해 그림자가 드러날 때 이렇게 나타난 그림자 현顯에 내포된 빛을 숨어 있는 은隱이라 한다. 빛과 그림자는 동근원적이라 빛의 결여태가 그림자이다. 그렇다고 드러나는 것이 전부 진리의 화현은 아니다. 정화신正化身이 있다면 편화신偏化身도 있는 것이다.[『정산종사법어』 원리편 5장] 그러므로 나타나 있는 그림자의 현顯에 숨어 있는 빛의 은隱을 발견해야 한다. 이는 그림자의 중생심이 갈무리되어 있는 불성의 은隱을 발견하여 나투라는 것이다.

진공眞空은 아무것도 없는 허무의 공空도 아니요, 묘유妙有는 어떠한 실체가 있는 유有도 아니다. 즉 진공의 무無는 무가치의 무가 아니며, 묘유의 유有는 있고 없다는 상대적인 유가 아니다. 결국 진공묘유는 유와 무를 초월한 도이다.

정산 종사 작시인 『원불교 성가』 4장 〈둥그신 그 체성이여[법신불찬송가]〉의 "공유空有로 은현하시어 고금을 통리하시고" "유무를 초월하시어 여여히 독존하시네"처럼 공유인 진공묘유는 은현자재하며 여여하게 독존하는 유무초월의 경지이다. 공空과 유有, 유有와 무無, 은隱과 현顯은 의미 상통하는 '한 경지'이다.

진공묘유의 조화는 〈일원상의 진리〉로 보면 대소유무에 분별이 없는 진공 자리가 묘하게 있으면서 대소유무에 분별이 역력하게 나타나며, 선악업보가 끊어진 진공 자리가 묘하게 있으면서 선악업보에 차별이 생겨나며, 언어명상이 돈공한 진공 자리인데 그중에 그 있는 것이 묘하게 있으면서 언어명상이 완연하여 시방삼계가 드러난다. 즉 진공의 은隱 중에 묘유의 조화로 현顯하는 것이다.

예를 들면 빨래하는데 빨래하는 주인공이 없는 것이다. 빨래하는 그 어떤 실체도 없는데 그 있는 것이 빨래하고 있다. 우주만유가 성주괴공 하는 가운데 성주괴공 하는 실체가 없으며, 생로병사 하는 중에 생로병사 하는 주인공이 없으며, 주야 변천하는데 주야 변천하는 주체가 없다.

즉 우주만유 이면裏面인 진공한 자리가 배경으로 은隱해 있으면서 그 가운데 묘하게 있는 작용이 우주만유의 온갖 모습과 천만 변화로 현顯하는 것이다.

초기교서인 『수양연구요론』의 「정정요론」 하편에 '선천이생先天而生 생이무형生而無形 후천이존後天而存 존이무체存而無體[『대통경』]라는 대목이 있다. '하늘보다 먼저 생겼으되 생겼다고 할 형체가 없고 하늘보다 뒤에 있되 있다는 실체가 없다.'라는 뜻이다.

이 진공묘유의 조화는 우주만유의 배경으로 생하되 생한다고 할 것이 없이 숨겨져 있는 은隱이고, 우주만유로 전개하되 그렇게 있는 고착된 실체가 없이 드러나는 현顯

이다. 이 자리가 진공묘유의 조화인 은현자재이다.

　결국 공유空有, 유무有無, 은현隱顯은 '한 경지'로서 진공묘유의 조화는 은현자재하며 유무를 초월한 도이다.

　일원상의 진리는 밝게 드러나면서도 그 바탕은 감춰 있는 은현자재한 존재이다.
　사람이 이러한 은현자재하는 일원상의 진리를 체받아서 각자의 삶과 시대에 따라 나름대로 건설해 갈지라도 진리의 입장에서는 전모가 드러났다고 할 수 없다. 또한 일원상 공부인은 설사 진리를 실현해 갈지라도 그렇게 했다 할 상相이 없으며 진리 자체는 잡히는 존재가 아니기에 그럴 수도 없는 것이다.
　참고로 〈일원상의 진리〉의 은현자재와 관련된 하이데거[Martin Heidegger, 1889.9.26.~1976.5.26. 독일 철학자]의 사유를 소개한다.

　"하이데거가 말하는 진리는 알-레테이아 곧 비-은폐성이다. 다시 말해 '은닉[레테]을 내장한 비은폐성'이다. 진리는 아무것도 감추지 않고 백일하에 모든 것이 드러난 상태를 뜻하는 것이 아니라 '무언가를 깊이 간직한 채로 드러나 있음'을 뜻한다. … 알레테이아로서 진리는 존재 자체다. 존재는 존재자 전체가 드러날 수 있는 훤히 열린 터, '훤히 열려 있음'을 뜻한다. 그러므로 존재는 진리와 다르지 않다."
　"진리는 자기 안에 거대한 어둠을 내장한다. 대양의 파도치는 표면이 '드러난 진리'라면 대양의 어두운 심연은 '감추어진 진리'다. 존재가 어둠을 간직한 채로 드러나듯이, 진리도 어둠을 간직한 채로 드러난다. 존재는 비밀을 품고 있고 진리도 마찬가지로 심연을 품고 있다. 이런 하이데거의 사유에는 우리 인간이 '드러난 진리', '드러난 존재'만 보고 모든 것을 알았다고 거들먹거려서는 안 된다는 경고가 담겨 있다. … 다시 말해 '밝힐 수 없는 존재의 비밀'과 '가 닿을 수 없는 진리의 심연'을 숙고하는 것이 우리 시대에 주어진 사유의 과제라고 하이데거는 생각했다."[고명섭, 『하이데거 극장』 1권에서 발췌 인용]

## '일원상의 진리' 총괄

〈일원상의 진리〉 절을 구조적으로 총괄하여 살펴보자.

| | 일원 一圓 | |
|---|---|---|
| | ‖ | |
| | 우주만유의 본원,<br>제불제성의 심인,<br>일체중생의 본성 | |
| | ‖ | |
| 대소유무에 분별이 없는 자리며, 생멸거래에 변함이 없는 자리며, 선악업보가 끊어진 자리며, 언어명상이 돈공한 자리 = | 공적영지의 광명 | = 대소유무에 분별이 나타나서 선악업보에 차별이 생겨나며, 언어명상이 완연하여 시방삼계가 장중에 한 구슬같이 드러나고 |
| | ‖ | |
| | 진공묘유의 조화 | |
| | ‖ | |
| | 우주만유를 통하여<br>무시광겁에<br>은현자재하는 것 | |
| | ‖ | |
| | 일원상의 진리 | |

첫째, 일원一圓은 '일원상一圓相의 진리'이다.

『정전』 교의편 「일원상」 장의 〈일원상의 진리〉 절은 '일원'으로 시작하여 '일원상의 진리'로 마무리한다. 결국 일원은 일원상의 진리로 일원상이다.

'일원=일원상의 진리'요 '일원의 실상=일원상'이다.

결국 일원이라 하든, 일원상의 진리라 하든 일원상이라 하든 '한자리'이다.

대각 일성의 '한 두렷한 기틀'인 '한 체성'이요 '한 근원'을 달리 말한 것이다.

둘째, 본원本源, 심인心印, 본성本性은 '일원상의 진리'의 머리말이요 전제前提이다.

일원은 우주만유의 본원이며, 제불제성의 심인이며, 일체중생의 본성으로, 일원상의 진리를 전체적으로 제시한 전제이다.

우주만유의 본원과 제불제성의 심인과 일체중생의 본성은 한자리로, 우주만유의 본원이 제불제성의 심인이며 일체중생의 본성이다.

우주만유의 본원이 '일원상의 진리' 전체를 통괄하며, 제불제성의 심인과 일체중생의 본성도 마찬가지이다. 즉 우주만유의 본원이 공적영지의 광명이며 진공묘유의 조화이며, 제불제성의 심인과 일체중생의 본성도 마찬가지이다.

셋째, 일원은 공적영지空寂靈知의 광명光明이며 진공묘유眞空妙有의 조화造化이다.

하나로 두렷한 일원은 공적영지의 광명이며 진공묘유의 조화이다.

텅 비어 고요하되 신령하게 알아차리는 공적영지의 광명이 바로 일원의 나툼[일원상]이며, 텅 비었으되 묘하게 있는 진공묘유의 조화가 바로 일원의 발현[일원상]이다.

공적영지의 광경에 따라 우주만유의 본원이요 제불제성의 심인이요 일체중성의 본성이 전개되고, 진공묘유의 조화가 우주만유의 본원이요 제불제성의 심인이요 일체중생의 본성으로 발현한다.

넷째, 일원은 공적영지의 광명을 따라 드러나는 자리이다.

대소유무에 분별이 없는 자리이면서 공적영지의 광명을 따라 대소유무에 분별이 나타나는 것이며, 선악업보에 차별이 끊어진 자리이면서 공적영지의 광명을 따라 선악업보에 차별이 생겨나는 것이며, 언어명상이 돈공한 자리이면서 공적영지의 광명을 따라 언어명상이 완연하게 드러나는 것이며, 언어명상이 완연하여 시방삼계가 두렷이 드러나는 것이다.

　나타나고 생겨나고 드러나는 것은 고정된 속성의 상태가 아니라 어떤 일어남이다.

　공적空寂하기에 선악이 뒤섞여 있고 고락이 파도치는 현실이 드러나고 압박해 들어오는 것이며, 선악 고락이 혼란스럽고 막막한 그 분명한 상황을 신령하게 아는 광명이다.

　다섯째, 일원은 진공묘유의 조화로 우주만유를 통하여 무시광겁에 은현자재隱顯自在하는 것이다.

　진공묘유의 조화는 텅 빈 진공이기에 우주만유의 바탕으로 숨어 있으면서 동시에 우주만유를 두렷이 드러내는 묘유의 작용이다. 즉 우주만유의 이면[裏面, 배경]이면서 우주만유를 드러내고 나타내는 작용으로, 우주만유를 통해서 진공묘유의 조화가 은현자재하는 것이다. '감춤'을 내장內藏 및 동반하는 '드러나 있음'이다.

　'숨겨져 있고 숨어 있을 은隱'과 '나타나고 드러날 현顯'이 한자리로 자유자재하는 작용이 바로 일원상의 진리이다.

　묘유는 진공을 품고 있는 묘유이고 진공은 묘유를 떠나지 않는 진공이다.

　이처럼 무어라 규정하고 단정할 수 없는 진공眞空이므로 깊이를 알 수 없고 한정할 수 없는 영역이 담겨 있으면서, 그렇게 한정되고 규정될 수 없는 진공 자리에서 그 있는 것이 신묘하게 나타나 저 너머 방죽에 연꽃이 피고 하늘에는 철새가 날고 잉어가 냇물을 치고 오르며 공원에는 사람들이 소요하는 모습이 현출現出하고 있다.

　규정할 수 없는 영역을 품고 있는 진공眞空이 숨겨져 있으면서 그 가운데에서 또한 인연 따라 시절 따라 묘하게 있는 것이 드러내고 나타낸다. 나타남은 숨겨져 있는 가운데 있고 숨겨져 있음은 나타냄을 충동하고 있다. 드러나 있으면서 그 바탕은 숨겨져 있고 숨겨져 있는 자리에서 드러나는 은현자재한 운명이다.

　결국 공적영지의 광명이 곧 진공묘유의 조화로써,
　공적영지의 일원상 광명이 바로 하나로 두렷한 일원이요 '일원상의 진리'이며,
　진공묘유의 일원상 조화가 바로 하나로 두렷한 일원이요 '일원상의 진리'이다.

'일원상의 진리'를 단순화한 도식이다.

| ○ | ↗ | 우주만유의 본원 | 공적영지의 광명 | 無대소유무 ↔ 有대소유무 | 진공묘유의 조화 | 은현자재 |
|---|---|---|---|---|---|---|
| | → | 제불제성의 심인 | | 無생멸거래<br>無선악업보 ↔ 有선악업보 | | |
| | ↘ | 일체중생의 본성 | | 無언어명상 ↔ 有언어명상<br>有시방삼계 | | |

총괄하면 결국 일원상의 진리는 한 대목만 알아도 전체를 꿰뚫게 되는 구조이다.

> **일원**一圓은 우주만유의 본원이며, **일원**은 제불제성의 심인이며, **일원**은 일체중생의 본성이며, **일원**은 대소유무大小有無에 분별이 없는 자리며, **일원**은 생멸거래에 변함이 없는 자리며, **일원**은 선악업보가 끊어진 자리며, **일원**은 언어명상言語名相이 돈공頓空한 자리로서 **일원**인 공적영지空寂靈知의 광명을 따라 대소유무에 분별이 나타나서 선악업보에 차별이 생겨나며, **일원**인 공적영지의 광명을 따라 언어명상이 완연하여 시방삼계十方三界가 장중掌中에 한 구슬같이 드러나고, **일원**인 진공묘유眞空妙有의 조화는 우주만유를 통하여 무시광겁無始曠劫에 은현자재隱顯自在하는 것이 곧 **일원상의 진리**니라.

일원 = 우주만유의 본원이며, 제불제성의 심인이며, 일체중생의 본성 = 대소유무大小有無에 분별이 없는 자리며, 생멸거래에 변함이 없는 자리며, 선악업보가 끊어진 자리며, 언어명상言語名相이 돈공頓空한 자리 = 공적영지空寂靈知의 광명 = 대소유무에 분별이 나타나서 선악업보에 차별이 생겨나며 = 언어명상이 완연하여 시방삼계十方三界가 장중掌中에 한 구슬같이 드러나고 = 진공묘유眞空妙有의 조화 = 우주만유를 통하여 무시광겁無始曠劫에 은현 자재隱顯自在하는 것 = **일원상의 진리**니라.

# 제1장

# 일원상

## 제2절 일원상의 신앙

## 〈일원상의 신앙〉 독송하기

『정전』
제2 교의편
제1장 일원상

제2절 일원상의 신앙 —圓相—信仰

　일원상의 진리를 우주만유의 본원으로 믿으며, 제불제성의 심인으로 믿으며, 일체중생의 본성으로 믿으며, 대소유무에 분별이 없는 자리로 믿으며, 생멸거래에 변함이 없는 자리로 믿으며, 선악업보가 끊어진 자리로 믿으며, 언어명상이 돈공한 자리로 믿으며, 그 없는 자리에서 공적영지의 광명을 따라 대소유무에 분별이 나타나는 것을 믿으며, 선악업보에 차별이 생겨나는 것을 믿으며, 언어명상이 완연하여 시방삼계가 장중에 한 구슬같이 드러나는 것을 믿으며, 진공묘유의 조화는 우주만유를 통하여 무시광겁에 은현자재하는 것을 믿는 것이 곧 일원상의 신앙이니라.

# 일원상의 신앙과 그 필요성

〈일원상의 신앙〉과 그 필요성에 대해 살펴보자.

신앙은 '믿을 신信' '우러를 앙仰'으로,
〈일원상의 신앙〉은 일원상의 진리를 믿고 따르고 우러러 받드는 것이다.
일원상은 하나로[一] 두렷한[圓] 실상[相]이다.
'두렷하다'는 것은 맑은 바람이 부는 밤하늘에 둥근달이 휘영청 비추고 있는 모습과 같다.
'하나'는 안도 없고 밖도 없는 하나로 안팎으로 분별 집착하는 마음이 탈락한 '한 자리'이다. 하나는 자타의 국한이 탁 트인 경지이다.
'상相'은 하나로 두렷한 실제로, 무언가에 고착된 실체가 아니라 무집착의 실상이다.
이러한 일원상 자리가 귀의처인 신앙의 대상이다.

『원불교 성가』 4장 〈둥그신 그 체성이시여[법신불찬송가]〉에서 "아~ 법신불 일원상 만유의 어머니시니 믿음도 임 밖에 없고"라고 노래한다.
이 같은 일원상 자리가 귀의처인 신앙의 대상이다.

이 일원상을 진리의 입장에서 보면 부여하고 선사하는 자리라면, 인간의 입장에서는 이 진리를 받아서 복무해야 하는 것이다.
그러므로 〈일원상의 신앙〉은 일원상의 진리를 받들어 전적으로 따르는 것이다.
자신을 내려놓고 청정한 마음과 경건한 태도로 일원상의 진리가 하감下鑑하고 응감應鑑하는 도道를 받들어 모실 때 일원상의 진리가 마음에 자리 잡게 된다.
『원불교 성가』 132장 〈항상 밝은 빛〉에서 "항상 밝은 빛 주시는 사은님 내 영성을 이 공도에 바치옵니다." "항상 평화를 주시는 사은님 내 영생을 이 회상에 바치옵니다."와 같이 "기쁘게 정성 모아 바치렵니다."와 같은 마음이다.

소태산 대종사는 일원상의 신앙은, "일원상을 신앙의 대상으로 하고 그 진리를 믿어 복락을 구하는 것"[『대종경』 교의품 4장]이라고 제시한다.

일원상의 진리를 믿어 복락을 구하는 것은 일원상의 진리를 우주만유의 본원으로, 제불제성의 심인으로, 일체중생의 본성으로 믿고 따르는 것이며,

일원상의 진리를 대소유무에 분별이 없는 자리로, 생멸거래에 변함이 없는 자리로, 선악업보가 끊어진 자리로, 언어명상이 돈공한 자리로 믿고 따르는 것이며,

또한 그 없는 자리에서 공적영지의 광명을 따라 대소유무에 분별이 나타나는 것을 믿고 받드는 것이며, 선악업보에 차별이 생겨나는 것을 믿고 받드는 것이며, 언어명상이 완연하여 시방삼계가 장중에 한 구슬같이 드러나는 것을 믿고 받드는 것이며, 진공묘유의 조화는 우주만유를 통하여 무시광겁에 은현 자재하는 것을 믿고 받드는 것이다.

이렇게 일원상의 진리를 믿어 복락을 구하는 것이 일원상의 신앙이다.

일원상의 신앙은 일원상의 진리를 굳게 확신하여 믿어 의심치 않는 것이다.

일원상의 진리에 귀의하여 그 진리를 믿고 따르고 받드는 것이다.

일원상의 진리를 확고하게 신뢰하여 불신에 빠지지 말고 내맡기는 것이다.

일원상의 진리를 온전히 받아들이는 것이다.

하감下鑑하고 응감應鑑하는 일원상의 위력을 온통 받아들이는 것이다.

신용이 탄탄한 은행에 자산을 맡기듯이 일원상에 귀의하여 안정을 얻는 것이다.

하나인 두렷한 일원상 자리에 내맡기는 것이다. 믿고 맡기어 이 자리에 귀의하는 것이다.

근심 걱정을 다 맡겨버리고 안주하여 안심입명安心立命하는 것이다.

신앙은 믿음이요 귀의요 확신이요 신뢰요 받아들임이요 따름이다.

소태산 대종사는 일원상의 신앙에 대한 물음에 그 대상과 방법을 자상하게 밝혔다.

"일원상의 신앙은 어떻게 하나이까?"

"일원상을 신앙의 대상으로 하고 그 진리를 믿어 복락을 구하나니, 일원상의 내역을 말하자면 곧 사은이요, 사은의 내역을 말하자면 곧 우주만유로서 천지 만물 허공 법계가 다 부처 아님이 없나니, 우리는 어느 때 어느 곳이든지 항상 경외심을 놓지 말고, 존엄하신 부처님을 대하는 청정한 마음과 경건한 태도로 천만 사물에 응할 것이며, 천만 사물의 당처에 직접 불공하기를 힘써서 현실적으로 복락을 장만할지니, 이를 몰아 말하자면 편협한 신앙을 돌려 원만한 신앙을 만들며, 미신적 신앙을 돌려 사실적 신앙을 하게 한 것이니라."[『대종경』 교의품 4장]

소태산 대종사는 일원상의 신앙은 원만한 신앙이며 사실적 신앙이라고 천명하였다.

일원상의 신앙은 편협한 신앙을 원만한 신앙으로, 미신적 신앙을 사실적 신앙으로 돌리는 신앙이다.

일원상의 신앙은 천지만물 허공법계가 모두가 부처 아님이 없는 원만한 신앙이며, 청정한 마음과 경건한 태도로 천만 사물에 직접 불공하기를 힘써서 현실적으로 복락을 장만하는 사실적 신앙이다.

만일, 천지만물 허공법계 모두 부처가 아니라 어떤 특정 대상만 신앙의 대상으로 삼으면 이는 편협한 신앙이며, 천만 사물에 직접 불공하여 현실적으로 복락을 장만할 줄 모르고 어떤 특정 신앙처에서만 복락을 구한다면 이는 미신적 신앙이다.

주산 송도성은 원기22년(1937) 《회보》 제34호에 '신앙과 수양'이라는 논설을 통해 '일원상의 신앙'을 명료하게 밝히고 있다.

주산 종사는 이 논설에서 신앙의 필요성을 역설한다.

"신앙이라 하는 것은 즉 믿는다는 말이니 사람이란 반드시 믿는 곳이 있어야 할 것입니다. … 신앙심이 철저 독실한 곳에는 항상 경건하여 사념이 없으며 든든하여 두려움이 없으며 평화하여 근심 고통이 없는 것입니다. … 믿음이 없이는 만사에 드저히 성공하지 못할 것입니다."

'신앙심이 철저 독실한 곳에는 항상 경건하여 사념이 없으며'란 표현은 『대종경』 교의품 4장의 '청정한 마음과 경건한 태도'와 의미가 통한다. 청정한 마음은 사념이 없는 마음이다.

이어서 주산 종사는 신앙의 대상으로 일원상을 제시한다.

"나는 여기서 우리의 신앙 표준인 심불 일원상心佛一圓相에 관하여 잠깐 몇 말씀 하고자 합니다. 심불 일원이란 글자 그대로 즉 마음 부처님이니 재래 사찰에서 모셔 오던 등상불은 부처님의 육체를 대표한 실례적 부처님이라 할 것 같으면 이 심불 일원은 즉 부처님의 마음을 대표한 진리적 부처님이라 할 것입니다. 두렷하고 텅 비인 이 일원의 속에는 천지만물 허공법계가 어느 것 하나 포함되지 않음이 없나니, 그야말로 속으로 들어와도 안이 없고 겉으로 나가도 밖이 없는 우리의 자성이며 우주의 본체입니다."

일원의 실상, 일원의 발현이 일원상으로 심불心佛 일원一圓은 마음 부처이다. 이처럼 두렷하고 텅 빈 일원 속에 천지만물 허공법계가 모두 포함되어 있어 속으로 들어와도 안이 없고 겉으로 나가도 밖이 없는 우리의 자성이면서 우주의 본체라는 것이다. 이는 우주만유의 본원이요, 제불제성의 심인이요, 일체중생의 본성인 '일원상의 진리'를 뜻한다.

또 이어서 일원상의 내역을 설명한다.

"심불 일원상을 번역해 말하자면 곧 사은四恩이라 할 것이며 다시 더 세밀히 분석해 말하자면 삼라만상 그대로가 곧 실재의 부처님이 될 것이니 합하면 일원이요, 나누면 삼라만상이라 이러한 진리로써 볼진대 한 개의 돌과 한 줌의 흙인들 어찌 부처 아님이 있으며 날아가는 새와 달려가는 짐승인들 무엇 하나 이에 벗어남이 있으리까."

'합하면 일원이요, 나누면 삼라만상'은 『대종경』 교의품 4장의 "일원상의 내역을 말하자면 곧 사은이요, 사은의 내역을 말하자면 곧 우주만유로서 천지만물 허공법계가 다 부처 아님이 없나니"의 풀이라 할 것이다.

일원상의 진리를 믿으면 '일원 즉 사은'으로 드러나며, 천지만물 허공법계가 은혜로 나타나고, 삼라만상이 부처로 전개되는 신앙을 하게 된다. 은혜는 해독이냐 은혜냐는 상대적 분별이 아니라 일원상의 안목에 따라 선도 악도 다 은혜로 드러나는 지혜의 은혜이다. 이러한 일원상을 신앙하여 사은이 전개되며 삼라만상이 죄복의 권능자인 부처로 피어난다.

그러면서 주산 종사는 심고와 기도하는 진리불공의 원리를 제시한다.

**"일원의 진리를 알고 보면 천지 만물 허공 법계가 모두 한 덩어리로 합한 참되고 떳떳한 본래 면목을 발견하게 될 것이니, 이곳에 한 번 예배하면 곧 천지 만물 허공 법계의 전체에 예배함이 될 것이며 이곳에 한 번 기도하면 곧 천지만물 허공법계의 전체에 기도함이 될 것이다."**

일원상 마음이 되면 천지만물 허공법계가 한자리로 화하게 되므로, 일원상에 심고와 기도를 올리는 진리불공을 하면 천지만물 허공법계 전체를 통하게 되는 원리를 설파한다. 즉 일원상은 우주만유가 갈무리된 자리라면 우주만유는 펼쳐진 일원상으로, 우주만유 전체가 다 일원의 나툼으로 일원상 아님이 없는 것이다. 그러므로 일원상 전에 예배하면 우주만유 전체인 사은四恩 전에 예배하는 것이 된다.

이러한 일원상의 신앙은 천지만물 허공법계가 부처 아님이 없으며 불공의 대상 아님이 없게 된다. 그러므로 일원상은 원만하고 사실적인 신앙처이다.

이처럼 일원상의 진리를 믿고 따르고 받들어 이에 귀의하는 것이 일원상의 신앙이다. 『원불교 성가』 4장 〈둥그신 그 체성이여[법신불찬송가]〉 노랫말처럼 일원상은 "만유의 어머니시니 믿음도 임밖에 없다."

# 일원상의 신앙과 '믿으며'

〈일원상의 신앙〉 절에서 '믿으며'에 대해 살펴보자.

〈일원상의 신앙〉 절에는 '믿으며'가 11번 나온다. '일원상의 진리'를 11부분으로 나누어 '믿으며'로 귀결 짓고 있다.

믿는다는 것은 신뢰하는 것이다. 믿어 의심치 않는 것이다. 확신하여 믿고 따르는 것이다. 그러므로 〈일원상의 신앙〉은 일원상의 진리가 우리에게 하감하고 응감하는 것을 온전히 받아들이는 것이다.

소태산은 초기교서인 『수양연구요론』의 「정정요론」에서 "믿음이 전부이면 의문도 전부이고 의문이 전부이면 깨달음도 전부 얻는다.[信有十分 疑有十分 疑得十分 悟得十分]"라고 믿음과 의문의 관계를 밝히고 있다.

소태산에게 믿음은 의문과 반대가 아니라 의문을 거쳐 확신에 이르도록 하는 과정이다. 믿음에는 의문이 연동된 것이다. 믿음이 확고하면 의문을 통한 확인을 거쳐 확신에 이르는 것이다.

믿는다는 것은, 어떤 대상을 확고하게 믿는 행위와 그 믿는 행위를 통해서 믿는 마음 자체에 직면하는 관점이 있다. 즉 신앙을 통해 구원을 추구하는 방면과 믿는 마음 그 자체를 직시하여 깨달음을 추구하는 방향이 있다.

『원불교 성가』 133장 〈믿음은 우리의 집〉에서 '믿음의 길'을 노래한다.
1. 믿음은 우리의 집 우리의 살 곳 믿음 앞에는 어려움 없네
  믿음은 힘을 주는 용기의 근원 믿음 앞에는 괴로움 없네
  이 세상 모든 고통 공부 삼으니 일마다 곳마다 기쁨이로세

　　　　아 아 이 믿음 세상의 광명 성불의 어머니 영생의 보배
　2. 믿음은 우리의 집 우리의 살 곳 믿음 앞에는 희망이 있네
　　　　진리의 굳은 믿음 부처되었고 아홉분 굳은 믿음 바다 막았네
　　　　진리의 빛이고자 세우신 서원 믿음으로 일관하여 거울 되셨네
　　　　아 아 이 믿음 세상의 광명 성불의 어머니 영생의 보배

　믿음은 용기의 근원이며, 믿음이 굳건하면 괴로움을 극복할 수 있으며, 해보려는 할 수 있다는 신념과 확신에서 희망이 일어나고, 진리에 대한 굳건한 믿음과 서원으로 부처가 되고 진리의 빛이 될 수 있으며, 그러기에 믿음은 세상의 광명이며 성불의 기반이며 보배라는 것이다.

　〈일원상의 신앙〉 절의 '믿으며'는 안심입명과 함께 깨달음과 통하는 경지이다.
　수행뿐만 아니라 믿음을 통해서도 깨닫는 것이다.
　이처럼 신앙과 수행은 일원상을 증득하는 하나의 두 계열이다.
　〈일원상의 신앙〉 절의 '믿으며'는 믿음-일념이다
　의심에 오롯이 몰두하여 의심하는 마음을 직시하는 의심-일념처럼,
　믿음-일념도 의심-일념과 똑같은 경지가 된다.
　믿는 마음에 몰입하면, 이 믿는 마음에는 일체의 흔적과 규정이 원래 없으면서[眞空] 믿음의 행위가 그대로 드러나는[妙有] 진공묘유의 마음 자체에 들게 된다.
　귀의-일념, 발원-일념, 서원-일념, 기도-일념도 마찬가지이다.

　소태산 대종사는 시봉하는 신성信誠을 통해서 스스로 법을 깬 구정 선사의 이야기를 제시하였다.

　**"옛날에 구정九鼎 선사는 처음 출가하여 몹시 추운 날 솥을 걸라는 스승의 명을 받고 밤새도록 아홉 번이나 솥을 고쳐 걸고도 마음에 추호의 불평이 없으므로 드디어 구정이라는 호를 받고 중이 되었는데, 그 후 별다른 법문을 듣는 일도 없이 여러**

십 년 동안 시봉만 하되 스승을 믿고 의지하는 정성이 조금도 쉬지 아니하였고, 마침내 스승의 병이 중하매 더욱 정성을 다하여 간병에 전력하다가 홀연히 마음이 열려 자기가 스스로 깨치는 것이 곧 법을 받는 것임을 알았다 하니, 법을 구하는 사람이 이만한 신성이 있어야 그 법을 오롯이 받게 되나니라."[『대종경』 신성품 10장]

구정 선사는 몹시 추운 날 부뚜막을 새로 만들어 솥을 걸라는 스승의 명에 따라 스승이 이제 됐다고 할 때까지 밤새도록 아홉 번이나 고쳐 걸어도 불평이 없으므로 구정이란 이름을 받고 제자로 입문하였다. 그 후 별다른 법문을 듣는 일도 없이 오랫동안 시봉만 하다가 스승의 병이 깊어지니 이에 더욱 정성 다해 간병하는 중 홀연히 마음이 열렸다. 이때 '자기가 스스로 깨치는 것'이 곧 '법을 받는 것'임을 알게 되었다.

시봉-일념에 직입直入하여 마음 자체를 깨닫게 된 것이다.

구정 선사는 스승을 신봉하는 마음에 의지하여 일체의 사량 분별이 떨구어진 자리에 든다. 즉 구도에 대한 열정과 서원으로 스승을 모시는 신성信誠의 마음 자체에 든 것이 바로 화두-일념과 똑같은 경지가 되었다.

구정 선사에게는 '스승에 대해 오롯이 믿고 모시는 신성'이 바로 화두의 역할이 되었다. 이 믿고 받드는 신성이 오롯하여 신성 밖도 없고 안도 없는 신성-일념이 된 것이다. 이러한 신성-일념에 일체의 사념이 다 떨어졌고, 이렇게 믿는 그 마음 자체가 눈앞에 역력하게 드러난 것이다.

이 받드는 신봉信奉의 마음 자체에 안주하여 그 마음에 귀의하였다. 그 자리는 텅 비어 공적하면서도 두렷한 영지가 구족한 경지다.

이처럼 스스로 자기가 깨닫는 것이 법을 받는 것이라는 자각이 확고하면, 이것이 진정한 신뢰요 확신이요 믿음이다. 모시고 헌신하는 그 마음에 귀의하면 그 자리가 바로 텅 비고 광명한 공적영지의 자리이며, 진공묘유의 자리이다.

그러므로 믿음-일념의 신信은 법을 담는 그릇이 되며 의두를 해결하는 원동력이요 계율을 지키는 근본이 된다.[『대종경』 신성품 7장 참고]

기도-일념이나 독경-일념에도 일원의 성품 자리가 두렷이 드러난다. 믿음-일념에 귀의하는 자리에는 일체의 사념이 녹아난다. 눈앞에서 분별 주착의 형상形相이 다 떨어지어, 그렇게 기도하고 독경하는 청정한 모습만 확연히 드러나는 것이다.

기도로 일원의 성품이 드러나야 한다. 다 맡기는 기도는 분별이 떨어진다. 온통 믿는 일심이 되면 걱정이 떨어진다. 결국 믿음-일념이 되면 일원상이 면전面前이다.

독경-일념이 되어도 일원상이 드러나고 기도-일념이 되어도 일원상이 현전現前한다.

이처럼 믿음-일념이 되면 마음과 천지에 계한이 없게 되어, 천지가 그대로 마음이 되고 마음이 천지가 된다. 그러므로 믿음-일념이 되면 하나로 두렷한 일원상이 된다. 천지와 마음의 간격이 탁 트인 일원상 자리에 들게 된다.

믿음에 진입하여 믿음-일념이 되면 '우주다, 마음이다'라는 분별이 녹아난, 하나로 환희 열린 두렷한 경지에 든다. 이러한 청정한 믿음을 일원상의 신앙이라 한다.

〈일원상의 신앙〉 절에 'A를 믿으며'라는 형식의 문장이 열한 번 등장한다.

이러한 각 단락의 A를 믿는 그 마음 자체에 귀의하면 그 믿는 마음에 A의 내용이 자리하게 된다. '믿으며'에 11단락의 내용이 통해 있다.

예를 들면 일원상의 진리를 우주만유의 본원으로 믿고 이에 귀의하면 이 믿음-일념에 우주만유의 본원 자리가 확연하게 솟아난다.

온전하게 믿는 마음자리는 깨달음의 경지와 통하고 깨달음의 자리는 확연한 믿음과 한자리이다.

그러므로 믿음의 대상은 믿음 밖에 독립적으로 존재하는 타자가 아니라, 믿는 마음 자체에서 체험되는 타자요 타력이다.

만일 마음 밖에 따로 절대적 타자가 있다고 하면 자타의 국한이 없는 자타가 둘이 아닌 일원상 자리는 아니다.

## 본원으로, 심인으로, 본성으로 믿으며

〈일원상의 신앙〉 절에서 "일원상의 진리를 우주만유의 본원으로 믿으며, 제불제성의 심인으로 믿으며, 일체중생의 본성으로 믿으며" 대목을 살펴보자.

일원상의 진리는 우주만유의 본원이며 제불제성의 심인이며 일체중생의 본성을 전제前提한다.
일원상의 신앙은 이 일원상의 진리를 믿는 것이다.
우주만유의 실상인 우주만유의 본원에 귀의하는 것이며,
모든 부처와 성자들이 깨달은 자리인 제불제성의 심인에 의지하는 것이며,
모든 생령의 본래 마음인 일체중생의 본성을 따르는 것이다.
일원상의 신앙은 우주만유의 본원 자리에 귀의하며, 제불제성의 심인에 들며, 일체중생의 본성에 안착하는 것이다.
일원상의 신앙은 믿고 귀의해야 할 일원상의 진리를 확인하여 확신하는 것이다.

먼저, 일원상의 진리를 '우주만유의 본원'으로 믿는 것이다.
주산 송도성은 원기22년(1937) 《회보》 34호 '신앙과 수양'에서 "두렷하고 텅 빈 이 일원의 속에는 천지만물 허공법계가 어느 것 하나 포함되지 않음이 없나니, 그야말로 속으로 들어와도 안이 없고 겉으로 나가도 밖이 없는 우리의 자성이며 우주의 본체입니다."라고 일갈한다.
주산 종사의 일갈처럼 두렷하고 텅 빈 일원의 자리가 우리의 자성이며 우주의 본체이다. 우주의 본체가 곧 우주만유의 본원이다.
두렷하고 텅 비어서 마음과 우주의 간격이 본래 없는 원융한 자리는 '만유의 어머니'이다. 우주만유가 다 이 자리에서 나타난다.

눈앞의 모든 우주만유의 현상이 다 텅 비어 고요한 이 자리에 근원해 있다. 만유와 만법은 텅 비어 고요하면서 신령하게 아는 이 자리에서 드러나는 존재이다.

이처럼 두렷하고 텅 빈 일원의 자리[일원상]에서 우주만유가 청명淸明하게 펼쳐진다. 일원의 자리는 만유와 만법의 뿌리이며, 시공간의 우주만유는 다 일원의 나툼이다.

소태산 대종사는 대각 일성으로 '우주만유의 본원'인 이 자리를 "만유가 한 체성이며 만법이 한 근원"[『대종경』 서품 1장]이라고 외친다.

만유와 만법의 우주만유는 한 체성이요 한 근원인 일원상 자리에서 나온다.

일원상은 천지·부모·동포·법률인 우주만유의 본원이다. 그러므로 일원상에 귀의해야 천지·부모·동포·법률인 사은의 본령에 제대로 들게 된다.

만유가 한 체성이고 만법이 한 근원인 일원상 자리를 확인하여 이 자리에 귀의하는 것이 바로 일원상의 신앙이다.

둘째, 일원상의 진리를 '제불제성의 심인'으로 믿는 것이다.

모든 부처와 성현들이 두렷하고 텅 빈 일원의 자리[일원상]에 바탕을 두는 것이다.

부처와 예수의 마음자리에 귀의하는 것이다. 이 자리가 일원상이다.

부처와 예수의 마음이 발현되는 이 자리를 확인하여 믿고 따르는 것이다.

부처의 자비가 나온 자리, 예수의 사랑이 나온 자리를 확인하여 확신하는 것이다.

이렇게 확인하면 굳건하고 분명한 신뢰가 서게 된다. 이 확신의 자리는 의심도 없고 간택 분별도 없고 의혹도 없다. 제불제성의 본심과 하나가 된다.

제불제성이 다 두렷하고 텅 빈 일원의 자리[일원상]에 바탕을 두어 마음을 나툰다.

제불제성의 마음인 심인心印을 받들어 제불제성의 본의를 믿고 따르는 것이다.

더 나아가 이웃 종교를, 근본 되는 원리가 본래 하나인 동원도리同源道理의 이치로 받들어 모시는 것이다.

셋째, 일원상의 진리를 '일체중생의 본성'으로 믿는 것이다.

일원상의 신앙은 일체중생의 본성에 귀의하여 중생의 본래 모습으로 믿는 것이다.

얼굴이 잘생겼는지 못생겼는지, 재산이 많은지 없는지, 학력이 높은지 낮은지로 보지 않고, 일체의 분별 망상을 내려놓고 중생의 본성으로 받들어 추앙하는 것이다.

본래 마음을 믿지 못하고 망념과 동일시하여 그 망념에 끌려다니는 중생이라 하여도, 마음 바탕인 본성은 원래 망념으로 오염되지 않는 자리임을 확인하여 본성을 믿는 것이다. 중생의 본성으로 믿는 마음에는 '중생이다 부처다'라고 할 분별이 다 떨어진 상태이다.

『정전』의두요목 1조처럼 "모태 중에서 중생 제도를 마친" 본성 자리로 믿는 것이다. 중생은 본성인 고향을 떠난 적이 없다. 다만 고향을 잠시 잊었을 뿐이다.

일체중생에는 자신도 포함된다. 그러므로 중생을 본성으로 믿고 받들 때 자신뿐만 아니라 모두를 본성으로 제도할 수 있는 것이다.

이같이 중생의 본성에 귀의하여 그 자리를 믿고 따르는 것이 일원상의 신앙이다.

일원상의 신앙은 우주만유의 본원이요 제불제성의 심인이요 일체중생의 본성을 일원상의 진리로 확신하여 믿고 받드는 것이다. 본원, 심인, 본성은 하나로 원융한 일원상 한자리이다.

유의할 사항이 있다.

일반적으로 '우주만유의 본원으로 믿는 것'을 타력신앙이라 하고 '제불제성의 심인으로 믿는 것'과 '일체중생의 본성으로 믿는 것'을 자력신앙이라고 한다.

우주만유의 본원은 내 마음 밖에 외재하는 타력의 존재이고, 제불제성과 일체중생은 내재하는 자력의 존재라는 것이다. 그러나 모든 부처와 성자인 제불제성도 타력의 면이 있다. 제불제성은 스승이 되기 때문에 타력으로 볼 수 있는 것이다.

일원상의 신앙에서 타력도 마음 밖의 타력으로 간주해서는 안 된다. 마음에 드러난 타력이다. 타력이라 해도 마음 선상에 드러난 타력이며 그 드러내는 마음은 자력이다.

자력과 타력은 한자리이다. 하나의 자리를 타력으로 보기도 하고 자력으로 보기도 하는 것이다. 한자리의 다른 양태이다. 한자리의 복수적 양태이다.

즉 자타가 본래 없는 하나 자리에서 한편으론 타력으로 드러나고 또 한편으론 자력으로 드러나는 것이다. 일원상 신앙은 자타가 둘이 아닌 자타력병진 신앙이다.

## 없는 자리로 믿으며

〈일원상의 신앙〉 절에서 "대소유무에 분별이 없는 자리로 믿으며, 생멸거래에 변함이 없는 자리로 믿으며. 선악업보가 끊어진 자리로 믿으며, 언어명상이 돈공한 자리로 믿으며"의 대목을 살펴보자.

일원상, 이 자리는 찾으려고 한 생각을 일으키는 순간 어긋나기 쉽다.
다만 온전히 믿으면 된다. 일원상, 이 자리를 믿고 또 믿어야 한다.
이 믿는 마음 외에 다른 생각이 붙지 않도록 이 믿음에 몰두해야 한다.
오직 믿을 뿐이다. 믿음만 있다.
이 믿음에 '한 생각'이라도 보태지 말라. 보태는 순간 빗나간다.
믿음 한 마음에 귀의하면 믿는 마음이 역력한 자리가 두렷하여 일체의 분별과 생멸과 선악과 언어명상이 겨울철 나뭇잎처럼 우수수 떨어지는 고요한 풍경을 직시할 것이다.

**지금 믿고 있는 이 자리는 분별이 텅 비어 고요합니다.**
**지금 믿고 있는 이 자리는 생멸이 텅 비어 고요합니다.**
**지금 믿고 있는 이 자리는 선악이 텅 비어 고요합니다.**
**지금 믿고 있는 이 자리는 언어가 텅 비어 고요합니다.**

이 자리를 확인하여 분명해지면 의심할 수 없는 믿음의 길에 들어서는 것이다.
믿는 이 마음에 귀의하여 의심하지 않는 것이다.
의심이 생기면 다시 이 자리에 귀의하여 확고한 믿음을 세우는 것이다.
일원상의 진리를 믿는 이 마음에 흔들림이 없도록 신뢰를 굳히는 것이다.

분명하여 흔들리지 않는 확신이 서지도록 하는 것이다.

일원상을 신앙하는 것은 대소유무에 분별이 없는 텅 빈 자리에 귀의한 것이다.
일원상을 신앙하는 것은 생멸거래에 변함이 없는 부동한 자리에 귀의한 것이다.
일원상을 신앙하는 것은 선악업보가 끊어진 청정한 자리에 귀의한 것이다.
일원상을 신앙하는 것은 언어명상이 돈공한 조용한 자리에 귀의한 것이다.
눈앞에서 지금 바로 확인하여 확신하면 이것이 바로 일원상을 신앙하는 것이다.

첫째, 일원상의 진리를 대소유무에 분별이 없는 자리로 믿고 따르는 것이다.

마음 자체는 대大라는 본체에도, 소小라는 현상에도, 유무有無라는 변화에도 규정되지 않는 경지이다. 대라는 본체의 권위에도 함몰되지 않고, 소라는 현상의 다양함에도 끌리어 얽매이지 않고, 유무라는 변화에도 흔들리지 않는 자리이다. 일원상의 진리는 '깊다 얕다'라는 대소유무의 분별로 가름할 수 없는 바다와 같고, '좁다 넓다'라는 대소유무의 분별로 헤아릴 수 없는 허공과 같은 경지이다. 이러한 대소유무에 분별이 없는 공空한 자리에 귀의하여 이를 믿고 따르는 것이 일원상의 신앙이다.

둘째, 일원상의 진리를 생멸거래에 변함이 없는 자리로 믿고, 선악업보가 끊어진 자리로 믿고 따르는 것이다.

마음 자체는 생멸도 업보도 붙을 수 없는 공空한 자리이다. 소태산 대종사는 "생사가 원래 둘이 아니요 생멸이 원래 없는지라, 깨친 사람은 이를 변화로 알고 깨치지 못한 사람은 이를 생사라 하나니라."[『대종경』 천도품 8장]라고 말씀하였다. 생사라는 것도 생과 사의 실체가 있는 게 아니라 인연이 있어 생하고 인연이 다하면 멸하는 인연소기因緣所起의 현상이요 변화이다. 이처럼 생사는 실체가 없는 공空한 상태이며 업보도 마찬가지다.

소태산 대종사는 팔산 김광선의 열반에 눈물을 흘리시며 업보를 멸도시키는 방법을 일러주었다.

"생사 거래와 고락이 구공한 자리를 알아서 마음이 그 자리에 그치게 하라. 거기에는 생사도 없고 업보도 없나니, 이 지경에 이르면 생사 업보가 완전히 멸도되었다 하리라."[『대종경』 천도품 8장]

생사든 거래든 고락이든 실체가 없는 공空한 상태이다. 원래 마음은 생할 것도 없고 멸할 것도 없고, 갔다 할 것도 왔다 할 것도 없으며, 고도 아니요 낙도 아닌 무어라 할 것이 없는 텅 비어 고요한 자리이다. 또한 지을 것도 받을 업보도 없는 공空한 자리이다.

그러므로 생사도 업보도 구공俱空한 자리를 확인하여 이 자리에 들어 안심하라는 것이다. 생사거래와 고락이 공空한 자리에 귀의하는 것이다. 생사거래도 선악업보도 공空한 자리에 그치면 생사도 업보도 건너버린 경지이다. 또한 선업의 업보는 고정된 실체가 있는 게 아니라 선악에 따라 있게 된다. 업보도 인연가합因緣假合으로 고착된 실체가 아니라 임시로 화합되는 가유假有 상태이다. 그러므로 업보도 공空한 것이다.

이처럼 생멸거래에 변함이 없고 선악업보도 끊어진 자리를 확인하여 이에 굳건히 의지하는 것이 일원상의 신앙이다.

끝으로, 일원상의 진리를 언어명상이 돈공頓空한 자리로 믿고 따르는 것이다.

마음 자체는 한 생각도 붙을 수 없고 언어명상이 어찌할 수 없는 자리이다. 이 자리에 귀의하는 것이 일원상의 신앙이다. 언어명상은 계급장이 다 떨어지고 '잘생겼느니 못생겼느니' 등으로 분별하고 규정하는 언어명상의 상표가 탈락한 공空한 자리에 들어 의지처로 삼는 것이다. 언어명상을 내려놓으면 공적空寂한 자리가 드러난다. 이처럼 언어명상이 돈공한 자리를 확인하여 이 자리에 귀의하여 안심을 얻는 것이 곧 일원상의 신앙이다.

# 그 없는 자리에서 공적영지의 광명을 따라

〈일원상의 신앙〉 절에서 "그 없는 자리에서 공적영지空寂靈知의 광명光明을 따라" 대목을 살펴보자.

'그 없는 자리'는 대소유무에 분별이 없는 자리이며, 생멸거래에 변함이 없는 자리이며, 선악업보가 끊어진 자리이며, 언어명상이 돈공한 자리이다. 그 없는 자리에서 공적영지의 광명이 발하는 것이다.

텅 비어 고요한 가운데 신령하게 아는 공적영지의 광명을 확인하여 이에 귀의하는 것이 일원상의 신앙이다. 그 없는 공적한 자리에서 신령하게 아는 영지의 광명을 체득하여 확신하는 것이 일원상의 신앙이다.

정산 종사는 분별 망상의 출처를 공적영지에 근거한다.

"본래 선악善惡 염정染淨이 없는 우리 본성에서 범성凡聖과 선악의 분별이 나타나는 것은 우리 본성에 소소영령昭昭靈靈한 영지가 있기 때문이니, 중생은 그 영지가 경계를 대하매 습관과 업력에 끌리어 종종의 망상이 나고, 부처는 영지로 경계를 비추되 항상 자성을 회광반조廻光返照하는지라 그 영지가 외경에 쏠리지 아니하고 오직 청정한 혜광慧光이 앞에 나타나나니, 이것이 부처와 중생의 다른 점이니라."[『정산종사법어』 원리편 11장]

'공적영지의 광명'은 두 방향으로 살펴볼 수 있다.

하나는 영지로 경계를 비추되 자성을 회광반조하는 것이라면, 다른 하나는 영지가 경계를 대하되 습관과 업력에 끌려다니는 것이다. 이것이 부처와 중생의 분기점이다.

결국, 중생의 망상도 공적영지가 있으므로 생기는 것이다. 그림자도 태양이 있기에 생기는 격이다. 태양이 있기에 가리면[가로막히면] 그림자가 생기는 것이다.

이에 비해 태양의 차원에서 보면 모든 것은 빛날 뿐이다. 그러므로 부처는 자성을 돌이켜보아 공적영지로 경계를 비추는 것이다.

사실 그림자는 태양이 가리니 생긴다. 그러므로 그림자가 있다는 것은 태양이 있다는 반증이다. 이러한 태양과 그림자의 관계처럼 성품의 태양이 가리면 무명의 어둠과 분별 망상의 그림자가 생기는 것이다. 이처럼 성품이 있기에 무명이 있을 수 있으며 성품이 어두워진 무명에서 분별 망상이 발생한다.

분별 망상은 두명이 있어 발생하며 무명은 성품에 근원한다. 다만, 태양의 자리에 있으면 그림자는 없다. 그런데 구름에 머물면 태양은 가려지게 된다. 무명은 성품 차원에서는 분명히 없으나 마음 차원에서는 경계를 따라 발생한다. 이처럼 무명은 본래 없는데 또한 있는 것이다.

그러므로 텅 비어 고요하고 신령하게 아는 공적영지의 광명에 귀의하면 무명은 반드시 멸한다. 어떠한 경계를 대할지라도 공적영지의 광명에 귀의하는 것이 바로 '일원상의 신앙'이다.

**공적영지의 광명을 확인하여 그 자리에 귀의하자.**
**경계를 따라 요란해질 때 그 요란한 마음을 돌이켜 보자.**
**경계를 따라 요란해질 때 요란한 줄 아는 마음에 귀의하자.**
**요란한 생각의 방향을 돌이켜서[歸] 요란한 줄 아는 그 마음에 의지[依]하자.**
**요란한 줄 아는 자리에 요란함이 있는가?**
**돌이키어 그 자리에 머무르자. 의지하자.**
**경계를 따라 요란해질 때 요란한 줄 아는 당처에는 요란하다 할 것이 원래 없다.**
**만일 요란함이 본래 있다면 이처럼 요란한 줄 알 수 없다. 원래 공적영지하기에 요란을 요란으로 아는 것이다.**

**이번에는 경계를 따라 어리석어질 때 어리석은 줄 아는 자리를 돌이켜 보자.**
**또한 경계를 따라 글러질 때 글러지는 줄 아는 자리를 돌이켜 그 자리에 귀의하자.**

어리석고 그른 줄 아는 마음 당처는 어리석고 그르다 할 흔적을 찾아볼 수 없는 자리이다.

이 자리는 요란함도 어리석음도 그름도 공적한 자리이면서 요란한 줄 알고 어리석고 그른 줄 아는 영지의 광명이 나타난다. 이 자리에 귀의하자. 믿고 의지하자.

공적하기에 영지하고, 신령하게 아는 영지이므로 공적하다. 이러한 공적영지에 귀의하여 경계를 비추는 것이다.

정산 종사는 회광반조하여 드러나는 성품은 주인공이요 보배라면, 대상인 물物에 따라 옮겨 다니는 것[逐物移]은 객客이요 먼지[塵]다.[『정산종사법어』 응기편 7장]

그러므로 본래 성품 자리에 귀의할지언정 경계라는 객진성客塵性을 숭배하지 말라는 것이다.

비유하면 햇살이 비치는 문틈 사이의 먼지는 어지럽게 흩날리나, 허공은 원래 맑고 고요하듯이 객진 번뇌에 오염되지 않는 맑고 고요한 공적영지의 마음은 천년의 보배요 경계에 요동하는 망념은 하루아침의 티끌이다.

공적영지의 광명인 일원상에 귀의하여, 이 자리를 믿고 의지하라. 이 자리에 귀의하여 의심 없이 신뢰하는 것이 바로 일원상을 신앙하는 것이다. 텅 비어 고요하면서 신령하게 알아차리는 이 자리에 귀의하여 신앙처로 삼는 것이 일원상의 신앙이다.

공적영지의 광명인 일원상에 귀의하고 또 귀의하면 힘이 솟아난다. 결국 일원상을 신앙하는 것은 공적영지의 광명에 귀의하여 이를 믿고 따르는 것이다. 어떠한 경계를 대한다고 할지라도 공적영지한 일원의 광명에 귀의하여 신앙처로 삼는 것이다.

공적영지의 광명에 귀의하여 안심입명하는 것이 바로 일원상의 신앙이다.

공적영지의 광명에 귀의하여 복락을 구하는 것이 바로 일원상의 신앙이다.

## 대소유무에 분별이 나타나는 것을 믿으며

〈일원상의 신앙〉절에서 '공적영지의 광명을 따라 대소유무에 분별이 나타나는 것을 믿으며'에 대해서 살펴보자.

〈일원상의 신앙〉은 대소유무에 분별이 없는 자리에서 공적영지의 광명을 따라 대소유무에 분별이 나타나는 것을 믿고 따르는 것이다. 대소유무에 분별이 나타나는 분별은 공적영지의 광명으로 중생심의 분별 망상이 아니다.
이렇게 대소유무에 분별이 없는 공적한 자리에서 신령한 영지의 광명을 따라 드러나는 우주만유의 전체[大]와 분별 현상[小]과 변화[有無]를 진리의 화현으로 받아들이는 것이 '일원상의 신앙'이다.

텅 비어 고요한 자리에서 보면 대大라 할 본체도 없고, 소小라 할 현상도 없고, 유무有無라 할 변화도 없는 자리이다. 이렇게 대소유무에 분별이 없는 공적한 자리에 신령하게 알아차리는 영지가 갈무리[藏]되어 있다. 이처럼 공적한 가운데 영지靈知한 광명을 따라 대소유무에 분별이 나타나는 것을 믿고 따르는 것이다.
공적영지의 광경을 따라 본체인 대大가 분명하고, 현상인 소小가 완연하며, 변화인 유무有無가 확연한 것을 확인하여, 우주만유가 둘이 아닌 본체[大]를 바탕으로 하여, 천지 만물이 각양각색으로 또는 인간 세상이 선악귀천 남녀노소 등으로 분별[小]되며, 천지가 춘하추동으로 변화하고 인생이 고에서 낙으로 낙에서 고로 변화[有無]하는 작용이 나타나는 것을 진리의 나툼으로 믿고 따르는 것이다. 대소유무의 분별은 공적영지의 나타남으로 서로 원융하게 녹아있는 진리의 화현이다.
또한, 대소유무에 분별이 없는 자리는 〈일원상 서원문〉의 "유상으로 보면 상주불멸로 여여자연하여 무량세계를 전개하는" 것과 상통하며, 대소유무에 분별이 나타나는 것은 〈일원상 서원문〉의 "무상으로 보면 우주의 성·주·괴·공과 만물의 생·로·병·사와 사생의 심신 작용을 따라 육도로 변화를 시켜 혹은 진급으로 혹은 강급으로 혹은 은생어해로 혹은 해생어은으로 이와 같이 무량 세계를 전개하였나니"와 상통한다.

결국 '일원상의 신앙'은 대소유무에 분별이 없는 자리에서 대소유무에 분별이 나타나는 것을 믿고 받드는 것으로, 유상한 무량세계에 바탕을 두고 무상한 무량세계를 전개하는 것이다.

그리고 자성의 분별 없는 줄만 알고 분별 있는 줄을 모르면 유무초월의 참 도를 알았다 할 수 없듯이[『정전』 참회문], 대소유무에 분별이 없는 자리에 바탕 하여 대소유무에 분별이 나타나는 이치를 믿고 따라야 할 것이다. 이러한 믿음이 '일원상의 신앙'이다.

공적영지의 광명을 따라 대소유무에 분별이 나타나는 것을 믿는 '일원상의 신앙'을 마음 현상을 통해 살펴보자. 한 마음 일어나는 현상에서 일원상을 신앙처로 발견하여 이 자리에 귀의하자는 것이다.

분별은 경계를 따라 일어나는 갖가지 생각과 감정이다.

좋다 나쁘다, 마음에 든다 안 든다는 이런저런 생각과 감정들이 출몰한다.

생각과 감정에 따라 다양한 현상[小]이 펼쳐진다.

또한 이러한 생각과 감정이 이리저리 변한다.[有無] 좋았다가 싫어지고 싫었다가 좋아진다. 마음에 들었다가 마음에 안 들고, 반대로 마음에 안 맞았다가 이제는 마음에 든다. 이렇게 생각과 감정의 모습이 수시로 변한다.

그런데 이러한 생각과 감정이 어디에서 일어나는가?

생각과 감정은 대소유무에 분별이 없는 공적한 자리에서 나타나는 영지의 광명이다. 생각과 감정이 공적영지에서 드러나기에 생각과 감정은 공적영지의 나타남이다. 공적영지의 광명으로 보면 분별은 없애야 하는 대상이 아니라 일원상의 작용이다. 생각과 감정으로 작용하는 온갖 분별이 본래 공적영지의 일원상 광명임을 통찰하여 공적영지의 광명을 믿고 따르는 것이다.

  우리는 생각이나 감정으로 분별한다. 이러한 생각과 감정을 제거해야 할, 싸워 없애야 할, 내쫓아야 할 잡념으로 볼 것인지, 아니면 본래 공적영지의 분신으로 볼 것인지 살펴야 한다. 대소유무에 분별이 역력한 세계가 바로 대소유무에 분별이 없는 공적한 자리에서 드러나는 영지의 작용이다. 분별이 없는 공적한 자리에서 분별이 역력하게 발생하는 것이다. 거울이 본래 청정하기에 비치는 영상이 두렷한 격이다.

  **확인해 봅니다. 지금 생각이 일어나지요.**
  **고민이 있지요? 스트레스가 있지요?**
  **고민이나 스트레스가 분명하고 선명하지요. 확연합니다.**
  **고민이 분명한 자리를 직시하여 그 자리에 귀의합니다.**
  **우회하지 마십시오. 외면하지 마십시오. 확인하고 확인하십시오.**
  **고민이 역력한 그 당처에 귀의하면 그 자리는 청정합니다.**
  **스트레스가 분명한 그 다음 바탕은 청정합니다.**
  **이렇게 고민이 분명하고 스트레스가 분명한 줄 아는 마음 당처는 청명**淸明**합니다.**
  **고민하는 그 본처는 고요합니다.**
  **스트레스받는 마음을 지켜보는 당처는 텅 빈 고요입니다.**
  **이처럼 본래 고요하고 두렷한 이 자리가 공적영지의 광명처입니다.**
  **이 자리에 들면 고민에 매몰되어 고민을 가속하지 않습니다.**
  **고민의 본바탕인 청정한 자리**[大]**에서 고민이 역력**[小]**하고 이런저런 고민으로 변태하는 작용**[有無]**이 드러납니다. 고민이나 근심도 공적영지의 광명을 따라 대소유무에 분별이 나타나는 작용으로 받아들입니다. 분별이 없는 자리에서 분별을 그 모습 그대로 받아들이는 것입니다.**

  대소유무에 분별이 나타나는 것을 공적영지의 광명을 따라 있는 실상으로 믿는 것이다. 분별을 물리치고 없애야 할 도둑이나 적으로만 보면 해결되지 않는다. 생각과 잡념을 없애야만 된다고 여기면 생각과 잡념은 절대 없어지지 않고 이에 더욱 고전하게 된다.

　잡념과 싸우지 말고, 잡념도 본래 공적영지한 자리에서 발생하는 진리의 분신임을 자각하여 받아들이는 것이다. 대소유무에 분별이 나타나는 것을 진리의 소식으로 수용하는 것이다. 대소유무에 분별이 나타나는 그곳에서 진리가 전해주는 소식을 발견하여 따르는 것이다. 분별에 빠지면 분별이 본래 없는 자리를 놓쳤다는 소식으로 자각하고, 감정이 치성하면 그러한 감정에 그럴만한 이유가 있는 것을 발견해 가는 것이다. 대소유무로 전개되는 이치를 살펴서 그 속에 깃들어 있는 진리를 발견하여 이를 받아들이고 따르는 것이다.

　만일 시기심이 일어나면 향상하고 싶은 마음이 충족되지 못해 과하게 작용한 줄 알아차리어 그 시기심을 통해 앞으로 나아가고 싶어 하는 마음의 소리를 발견하여 이를 소중히 받들어 따르는 것이다.


　공적영지의 광명을 따라 대大라는 분별도 소小라는 분별도 유무有無라는 분별도 일원상의 나타나는 것을 믿는 것이다. 이 자리를 확인하여 믿고 따르는 것이다. 이것이 곧 '일원상의 신앙'이다.

## 선악업보에 차별이 생겨나는 것을 믿으며

〈일원상의 신앙〉절에서 "공적영지의 광명을 따라 선악업보에 차별이 생겨나는 것을 믿으며"에 대해 살펴보자.

〈일원상의 신앙〉은 선악업보가 끊어진 공적한 자리에서 영지의 광명을 따라 선악업보에 차별이 생겨나는 것을 믿는 것이다. 선악업보가 끊어진 자리에서 선악업보에 차별이 생겨나는 차별은 공적영지의 광명에 따른 차이요 구별이지 중생심의 분별 망상은 아니다. 선악업보의 차별은 '공적영지의 광명'이다.

정산 종사는 "일원상을 신앙하자는 것은 인과의 묘리가 지극히 공변되고 지극히 밝아서 가히 속이지 못하며 가히 어기지 못할 것을 신앙하자는 것"[『정산종사법어』원리편 3장]이라고 명시한다.
이처럼 '일원상의 신앙'은 공적영지의 광명을 따라 선악업보에 차별이 생겨나는 인과의 묘리를 믿는 것이다. 인과의 묘리는 공적영지의 광명을 따라 대소유무에 분별이 나타나서 선악업보에 차별이 생겨나는 것이다.
우주만유의 본체인 대大에 기반하여 형형색색의 소小로 나타나며 흥망성쇠로 변태하는 유무有無로 드러나는 작용에 따라 선악업보에 차별이 생겨나는 것이다. 즉 선악업보가 끊어진 공적한 자리에서 영지의 광명을 따라 선악업보에 차별이 생겨난다 분별 주착으로 덧씌워진 선악업보의 죄복보응이 아니라 공적한 자리에서 드러나는 선악업보의 인과 묘리가 확연하게 드러나는 것이다. 이 진리를 믿고 의지하는 것이 '일원상의 신앙'이다.

'선한 사람이다, 악한 사람이다.'라는 선인善人·악인惡人이라는 분별 주착이 끊어진 공적한 자리에서 잘해 줄 수도 있고 못 해줄 수도 있는 선악업보의 권능이 나타난다.

『대종경』 교의품 15장의 며느리 불공 예화처럼 며느리는 노부부에게 효도하고 불효할 직접 권능을 가진 산부처이다. 며느리가 효·불효할 수 있는 선악업보가 역력한 것이다.

텅 비어 고요한 공적한 자리에서 신령하게 아는 영지의 광명으로 보면 모든 인연이 선악업보의 권능을 가진 존재로서 죄복을 줄 수 있는 산부처인 처처불상이다. 공적영지의 일원상 광명을 따라 선악 죄복 고락의 실상이 그대로 드러나는 것이다. 공적영지의 일원상 광명을 따라 선악업보가 처처불상의 산부처로 드러난다.

소태산 대종사는 "선한 사람은 선으로 세상을 가르치고, 악한 사람은 악으로 세상을 깨우쳐서, 세상을 가르치고 깨우치는 데에는 그 공이 서로 같다."하시면서 "선한 사람은 자신이 복을 얻으면서 세상일을 하게 되고, 악한 사람은 자신이 죄를 지으면서 세상일을 하게 되므로, 악한 사람을 미워하지 말고 불쌍히 여겨야 하나니라."[『대종경』 요훈품 34장]라고 밝히고 있다.

이처럼 선인은 선한 행위를 하면서 대중의 환영을 받고 악인은 악한 행위로 대중을 경각시키면서 대중의 배척을 받는 흥망성쇠의 선악업보의 현상을 두렷하게 보여준다.

어느 날 응산 이완철이 "선악이 다 스승이라 하나 어찌 석가 회상의 조달이와 공자 세상의 도척이가 선생입니까?"라고 소태산 대종사에게 질문하니 "선善과 악惡이 세상을 같이 제도하나니라"라는 법문을 하였다.

조달이는 '데바닷다'로 '쪼다'라는 욕설의 어원이다. 석가모니의 사촌 동생이고 제자인 동시에 승단을 분열시키고 석가모니를 해치려 하는 등 극악한 행동으로 불교교단사에서 가장 지탄받는 인물이다.

도척盜拓은 중국 춘추시대 노魯나라 사람으로 공자와 거의 같은 시대에 살았다고 하는 도둑의 두목으로 무리 9천여 명을 거느리고 전국을 휩쓸었으며, 때로는 공자를 위선자라고 비판했다고 한다. 공자와 같은 성인과 대조되는 악한 사람을 비유하는 대명사이다.

이완철이 묻기를 "옛 말씀에 선악이 다 나의 스승이라 하였으니, 어찌하여 그러하옵니까? 소자는 간절히 의심하옵나이다. 선한 일을 본받는다고 함은 가하거니와 악한 일을 어찌 선생 삼겠습니까? 그러면 석가의 회상에 조달이도 선생이겠습니까? 공자의 세상에 도척이도 선생이겠습니까?"

소태산 대답하시기를 "다 선생이니라. 어찌 다 선생이냐 하면 석가와 공자는 천하에 대大성인이시라. 그 착한 행동으로써 한 회상의 사업을 드러내며 일세一世를 명동鳴動하시었음에 오늘날까지 일체 사람의 흠모함이 어떠하느냐. 그 흠모하는 마음으로 상당相當한 발원이 일어나며 상당한 사업에 진행하여 나도 저러한 성인이 되어 보리라 하는 희망이 모든 사람의 뇌 속에 있게 되니, 이는 천만세千萬歲에 선善으로써 일체중생을 제도함이요, 조달이와 도척이는 천하에 악인이라 그 악한 행동으로써 한 세상 사업을 지으며 이름을 드러내었음에 오늘날까지 일체 사람의 증오憎惡함이 어떠하느냐. 그 증오하는 마음으로써 두려워하고 감계鑑戒하여 나도 잘못하면 조달이와 도척이가 되겠다고 하는 염려로 선심을 더욱 분발하나니, 이는 천만세에 악으로써 일체중생을 제도함이니라.

그러면 석가와 공자는 극락에 계시사 극락문을 열고 일체중생을 극락으로 환영하심이요, 조달이와 도척이는 지옥에 있으면서 지옥문을 닫고 일체중생을 지옥에 오지 못하도록 막는 바이니, 그런고로 중생에게는 제도가 같이 되나니라.

그러나 석가와 공자는 다 당신네의 사업을 이루시고 세상의 제도가 되었으므로 성인이라 하고, 조달이와 도척이는 제 사업이 낭패 되고 세상만 제도하였으므로 악인이라 하나니, 이 세상을 보면 악으로써 선생 되는 자는 많으나 선으로써 선생 되는 자는 드무나니라." 하시더라.[주산 송도성 종사 법문집 「마음은 스승님께 몸은 세상에」]

소태산 대종사는 이와 상통하는 법문을 원기13년(1928) 음력 6월 6일(7월 22일) 아침, 경성출장소 창신동 회관에서 이공주 등에게 설하였다.

"부처님은 선악 간에 버리는 것이 없이 다 이용할 줄 알지마는, 중생들은 사람을 쓸 줄 모르므로 장점은 발견하지 못하고 단점만 드러내는 것이다."

옛날에 석가세존께서는 조달이와 같은 사람도 크게 써 주었으나 조달이는 부처님의 흉을 8만4천 가지로 보며 온갖 험담을 다 하였다고 한다. 그러나 부처님은 "조달이는 나와 조금도 다름없는 자비로운 부처다. 아니 나보다도 더 많은 일을 하는 부처라 할 것이다. 나는 극락에 편안히 앉아서 중생들에게 고해를 버리고 극락으로 오라고 지도하지마는 조달이는 지옥에 들어가 온갖 고초를 직접 받으며 모든 중생에게 자기처럼 죄를 지어 지옥에 떨어지지 말라고 가르치고 있다. 모든 중생은 조달이의 지옥고를 보고 겁을 내어 죄를 적게 지으니 나 이상으로 중생제도를 더 많이 한다."라고 하였다.

"만일 부처님 보고 조달이가 하는 일을 하라고 한다면 잘못할 것이다. 이와 같이 부처님은 조달이를 버리지 않고 잘 이용하였지마는 조달이는 부처님을 끝끝내 배척하였으므로 길이 지옥고를 면치 못하였으니 제군은 어서 부지런히 공부하여 성불하기 바라노라."[청하문집 1. 「금강산의 주인」]

결국 선한 사람은 자신이 복을 얻으면서 세상일을 하게 되고, 악한 사람은 자신이 죄를 지으면서 세상일을 하게 되는 선악업보 현상을 조달이와 도척의 예화로 제시해 주었다. 이는 선악을 통해 참 선생의 역할을 보여주는 선악 인과의 예증이다.

선악업보에 차별이 생겨나는 실제는 『정전』「사은」장의 '보은의 결과'와 '배은의 결과'이다. 사은에 보은하고 배은하는 결과가 바로 공적영지의 광명을 따라 선악업보에 차별이 생겨나는 증명이다. 사은에 보은하고 배은하는 선악의 행위가 죄해罪害와 복락福樂의 선악업보의 차별로 드러나며, 죄 주고 복 주는 증거가 완연한 실제이다.

이처럼 '일원상의 신앙'은 선악업보가 끊어진 자리에서 공적영지의 광명을 따라 선악업보에 차별이 생겨나는 것을 믿는 신앙이다.

# 언어명상이 완연하여
# 시방삼계가 장중에 한 구슬같이 드러나는 것을 믿으며

〈일원상의 신앙〉 절에서 "그 없는 자리에서 공적영지의 광명을 따라 언어명상이 완연하여 시방삼계가 장중에 한 구슬같이 드러나는 것을 믿으며" 대목을 살펴보자.

일원상의 진리는 언어명상이 돈공한 자리에 바탕 하여 언어명상이 완연한 것이다. 이렇게 드러난 언어명상은 공적영지의 일원상 광명에 따라 드러나는 언어명상이다. 언어명상으로 인해 공적영지의 광명이 가로막힐 수도 있고, 공적영지의 광명을 따라 두렷이 드러나기도 한다. 이때의 언어명상은 일원의 나툼으로 일원상이다.

모든 존재는 언어명상으로 현상된다.
그러므로 우주만유도 언어명상이요 만유와 만법도 언어명상이다.
이렇게 언어명상으로 드러나는 만유와 만법은 본래 청정하다.
언어명상이 돈공한 자리에서 만유와 만법이 언어명상으로 완연하게 드러난다. 청정한 자리에서 선악과 죄복과 고락이 그대로 드러나는 것이다.

공적영지의 광명을 따라 언어명상이 완연하게 드러나는 세계가 바로 선악 죄복 고락으로 전개되는 시방삼계이다. 공적영지의 광명을 따라 언어명상이 완연하여 시방삼계가 손바닥 안의 한 구슬같이 드러난다. 시방삼계는 뭇 생령들의 가지가지 마음세계이다. 욕계 색계 무색계의 고락 경계요 선악 죄복의 현상세계이다. 이러한 욕계·색계·무색계의 삼계도 모두 언어명상으로 펼쳐진다.

**이러한 시방삼계가 어떻게 드러납니까?**
**시방삼계는 공적영지의 광명을 따라 드러납니다. 공적영지의 나툼입니다.**

텅 비어 고요한 이 자리에서 희로애락의 감정도 확연히 드러나고,
텅 비어 고요한 이 자리에서 탐진치도 신령하게 드러나고,
텅 비어 고요한 이 자리에서 식욕 재욕 색욕 명예욕 안일욕의 오욕도 완연하고,
텅 비어 고요한 이 자리에서 선악 죄복의 현상도 두렷하게 드러나고,
텅 비어 고요한 이 자리에서 남녀 노소 선악 귀천의 분별도 선명하게 드러납니다.

삼계의 모든 마음이 다 공적영지의 광명이다.
공적영지의 광명을 따라 삼계의 모든 마음과 세계가 피어난다.
이를 확인하여 이에 귀의하여 믿고 따르는 것이다.

확인합니다.
여름에는 에어컨 없이는 못 견딜 정도로 날씨가 덥지요. 더워죽겠지요.
겨울에는 두꺼운 패딩을 입어야 될 정도로 춥지요. 추워죽겠지요.
무엇이 드러났습니까?
여름에는 더위가 드러났다면 겨울에는 추위가 드러났지요.
더워죽겠다는 언어명상도 또는 추워죽겠다는 언어명상도 만법입니다.
더위와 추위에 따라 만법의 언어명상이 발생할 때 공적영지도 드러내야 합니다.
만법의 언어명상에 붙들리지 않으면서 만법을 드러내는 공적영지를 감지하는 것입니다.
텅 비어 고요한 자리에서 더워죽겠다, 또는 추워죽겠다고 하는 언어명상이 분명합니다.
더워서 짜증 나는 생각도 언어명상이요 추워서 괴로워하는 감정도 언어명상입니다.
이러한 언어명상을 신령하게 알아차리고 있는 마음의 본원이 공적하기에 더우면 더워하고 추우면 추워하는 언어명상이 완연하게 전개됩니다.

공적영지의 일원상 광명에 귀의해야 추위와 더위에 따른 삼계의 마음에 끌리지 않

고, 추위와 더위에 붙잡히지 않는 마음에 들 수 있다. 이 자리에 귀의해야 더위와 추위뿐만 아니라 온갖 고락에 사로잡히지 않는 텅 빈 자리에서 고락을 자유롭게 운영할 수 있는 것이다.

추위와 더위를 정의와 불의로 확대해 가면 '정의다. 불의다' 할 것이 없는 자리에서 공적영지의 지혜를 따라 정의를 세우고 불의를 제거하는 의지를 발하는 것이다. 이 자리를 확인하여 이에 굳은 믿음과 신의信義를 갖는 것이다.

『대종경』 전망품 8장 법문이다.

김기천이 여쭙기를 "근래에 여러 사람이 각기 파당을 지어 서로 옳다 하며 사방에서 제 스스로 선생이라 일컬으오나 그 내용을 보면 무엇으로 가히 선생이라 할 가치가 없사오니, 그들을 참 선생이라 할 수 있사오리까." 대종사 말씀하시기를 "참 선생이니라." 기천이 여쭙기를 "어찌하여 참 선생이라 하시나이까." 대종사 말씀하시기를 "그대가 그 사람들로 인하여 사람의 허虛와 실實을 알았다 하니 그것만 하여도 참 선생이 아닌가."

선악업보가 끊어진 공空한 자리에 귀의하여 깨어 있는 신령한 마음을 세워 이를 굳게 믿으면 선악이 다 참 선생으로 드러나는 것이다. 선악은 선의 방향으로 가고 악의 방향으로 가지 말라고 가르쳐 주는 선생이다.

이러한 선악도 언어명상으로 표상된다. 선악의 언어명상도 공적영지의 광명이다. 공적영지의 나타남이다. 공적영지의 광명을 따라 선善도 악惡도 진리를 가리키는 언어명상으로 표현된다.

**또 확인합니다.**
**일체의 언어명상을 내려놓고 존재하십시오.**
**그러면 공적영지의 광명을 따라 언어명상이 집착 없이 드러납니다.**
**산과 하천 그리고 허공과 대지가 홀연히 언어명상으로 나타납니다.**
**또한 선악 고락 죄복의 시방삼계도 있는 그대로 환히 펼쳐집니다.**

언어명상이 돈공한 그 없는 자리에서 공적영지의 광명을 따라 언어명상이 두렷하게 드러나는 것을 확인하여 믿으십시오.

이러한 공적영지의 광명을 따라 언어명상이 완연하여 시방삼계가 장중의 한 구슬같이 드러나는 일원상의 진리에 귀의하십시오.

이 진리를 신앙처로 복락처로 행복처로 삼으십시오.

이처럼 공적영지의 광명인 일원상에 귀의하면 언어명상과 시방삼계가 다 죄복을 알려주는 은혜로 피어납니다.

공적영지의 광명에 귀의하면 시방삼계가 염정染淨의 실제 그대로 드러납니다.

고락과 선악과 죄복의 실상대로 드러나는 진리입니다.

이 진리를 믿고 복락처로 삼으십시오.

## 진공묘유의 조화는 우주만유를 통하여 은현자재하는 것을 믿는 것

〈일원상의 신앙〉 절에서 "진공묘유의 조화는 우주만유를 통하여 무시광겁에 은현자재하는 것을 믿는 것이 곧 일원상의 신앙이니라."에 대해 살펴보자.

진공묘유의 조화인 일원상의 진리는 우주만유를 통해서 '숨을 은隱' '나타날 현顯', 은현으로 자재한다. 마치 가전제품을 콘센트에 접속하면 작동하듯이, 우주만유는 진공묘유의 일원상에 접속하여 은현자재로 조화를 부리는 것이다.

이같이 우주만유를 통허서 은현자재하는 진공묘유의 조화는 시작이 없는 광겁을 관통한다.

『대종경』 교의품 4장에서 우주만유는 천지만물과 허공법계로 대별한다.
천지만물의 배경인 허공법계는 눈앞의 만유와 단법의 형상에만 끌려가지 않으면 현전現前하는 자리이다.
눈앞의 형상에 끌려서 사로잡히지만 않으면 분별 형상에 물들지 없는 텅 비어 고요한 자리가 현전한다. 이러한 허공법계에 천지만물이 두렷이 드러난다.

그러기에 소태산 대종사는 "삼세 모든 불보살들은 형상도 없고 보이지도 않는 허공법계를 자기 소유로 이전移轉 내는 데에 공을 들여 형상 있는 천지만물도 자기 소유로 수용하게 된다."[『대종경』 성리품 26장]라고 설하였다.
허공법계를 자기 소유로 이전 등기하면 천지만물도 소유할 수 있다.

그렇다면 어떻게 허공 법계를 이전등기 낼 수 있을까요?
지금 각양각색의 천지만물은 눈앞에 펼쳐져 있습니다. 그런데 눈앞의 저쪽에만 끌리어 집착하면 어긋납니다. 천지만물의 형상에 끌려가는 그 지향을 멈추고서 멈춘 그 당처에 그쳐 그 자리에 귀의하십시오. 눈앞의 당처는 텅 비어 고요한 허공법계로서 만유와 만법을 두렷이 드러내는 자리입니다.

**이처럼 허공법계에 들면 천지만물의 모든 형상에 끌려가는 분별이 탈락하는 동시에 이렇게 텅 빈 허공법계에서 천지만물이 두렷이 나타납니다.**

결국 진공묘유의 조화는 천지만물의 이면[裏面, 배경]인 허공법계에서 천지만물을 훤히 드러내는 작용이다. 허공법계로 은隱하는 동시에 천지만물로 현顯한다. 은현隱顯이 한 자리에서 자재한다. 이처럼 은隱이면서 현顯하고 현顯하면서 은隱하는 은현자재하는 작용이 곧 진공묘유의 조화이다.

그리고 만일 허공법계에 집착하면 공空에 집착하는 격이 되고, 천지만물에 집착하면 유有에 집착하는 격이 된다.

이러한 진공묘유의 조화를 주산 송도성은 '진경眞境'이라는 시詩[《회보》 제24호]에서 "찼다면 다북 차고 비었다면 텅 비어서 두렷한 거울 속에 파도 없는 잔물결이 고요히 움직이나니 진경인가 하노라"[『원불교 성가』 109장 〈찼다면 다북 차고[진경]〉]라고 노래하였다.

진공묘유의 조화는 찼다면 다북 찬 '묘유 자리'이면서 비었다면 텅 빈 '진공 자리'로, 두렷한 성품의 거울에 파도 없는 진공 자리가 묘하게 잔물결 치는, 즉 고요한 진공자리에서 신령하게 작용하는 묘유의 조화를 나투는 참다운 진경眞境이라고 한다.

숭산 박광전은 소태산 대종사에게 "일원상의 신앙을 어떻게 하나이까?"라고 질문한다. 박광전은 소태산 대종사의 맏아들이요 제자이다.

**소태산은 "일원상을 신앙의 대상으로 하고 그 진리를 믿어 복락을 구하라"고 전제하고서 "일원상의 내역을 말하자면 곧 사은이요 사은의 내역을 말하자면 곧 우주만유로서 천지만물 허공법계가 다 부처 아님이 없다."[『대종경』 교의품 4장]라고 신앙의 대상인 일원상을 구체적으로 일러준다.**

먼저, 일원상을 신앙의 대상으로 모시어 그 진리를 믿어 복락을 구하라는 것이다. 왜냐하면 일원상의 진리가 복락의 근원처이기 때문이다.

일원상 이 자리는 죄복에 물들지 않는 자리이다. 이 자리는 복을 지었다고 복어 한정되지 않고 죄를 지었다고 죄로 규정되지 않는 자리이다. 복을 구하고 죄를 면하기 위해서는 죄복의 실체가 없는 일원상을 모시어 그 진리를 받들고 따르라는 것이다.

죄복에 물들지 않는 일원상 자리를 확인하여 확신할 때 죄에도 매몰되지 않고 복에도 넘치지 않게 되어 선악 고락간에 복락을 짓게 된다.

이처럼 일원상은 복락의 뿌리이기에 그 진리를 받들어 모실 때 모든 복락이 창조된다.

또한, 이러한 복락의 뿌리인 일원상 내역은 사은(四恩)이라고 소태산은 천명한다. 내역(內譯)은 내용으로, 일원상의 내용이 천지·부모·동포·법률의 사은이다.

이와 같이 일원상의 안목으로 볼 때 일원의 발현이 사은으로 우주만유는 은혜로 드러나는 것이다. 일원 즉 사은이요 사은 즉 우주만유로, 사은은 일원의 드러남으로 일원상이다.

이렇게 일원상을 모실 때 천지만물 허공법계는 부처 아님이 없는 처처불상으로 드러난다.

일원 즉 사은이요 사은 즉 우주만유인 천지만물 허공법계는 부처 아님이 없는 것이다. 사은은 일원의 나타남으로 처처불상이다. 즉 진공묘유의 조화인 일원상의 진리가 우주만유를 통해서 은현자재로 전개되는 것이 사은이다.

그러므로 사은은 한편으론 텅 빈 허공법계이면서, 또 한편으론 허공법계에서 두렷하게 드러나는 천지만물로서 은현자재한다.

정산 종사는 "일원상을 신앙하자는 것은 죄복 인과를 실지 주재하는 사은의 내역을 알아 각각 그 당처를 따라 실제적 신앙을 세우고 일을 진행하자는 것"[『정산종사법어』 원리편 3장]이라고 일러주었다.

일원의 발현인 사은에 보은하면 은혜가 펼쳐지고 배은하면 은혜가 가리고 막히게 된다. 일원상의 진리를 모시면 복락이 있고 등지면 죄해가 따르게 된다.

이처럼 일원상의 진리는 죄복 인과의 근원이므로 일원상의 진리를 모시고 받들 때 복락을 구할 수 있는 것이다.

〈일원상의 신앙〉 절은 '일원상의 진리'로 시작하여 '일원상의 신앙이니라.'로 마친다. 한마디로 '일원상의 신앙'은 '일원상의 진리'를 믿고 따르는 것이다.

## 🔍 더보기

### 일원상을 신앙의 대상으로 모시는 공부

소태산 대종사는 "일원상의 신앙은, 일원상을 신앙의 대상으로 하고 그 진리를 믿어 복락을 구하는 것"[『대종경』 교의품 4장]이라 명시한다. 즉 '일원상의 신앙'은 일원상의 진리에 귀의하여 일원상으로 복락을 구하는 것이다.

주산 송도성은 '신앙과 수양'이란 논설에서 "두렷하고 텅 빈 이 일원—圓의 속에는 천지만물 허공법계가 어느 것 하나 포함되지 않음이 없나니, 그야말로 속으로 들어와도 안이 없고 겉으로 나가도 밖이 없는 우리의 자성이며 우주의 본체입니다."[《회보》 제34호]라고 일갈한다.

이처럼 일원상의 진리는 두렷하고 텅 빈 자리로써, 안팎의 분별과 마음과 우주의 분별이 없는 원융한 자리로, 천지가 드러나고 일월이 출몰하고 사시가 순환하고 만물의 생로병사와 흥망성쇠의 변태가 두렷하면서 텅 빈 자리이다. 지금 잡념이 일어날 때 일어나는 잡념이 두렷하게 드러나고 그렇게 드러난 당처는 본래 텅 빈 자리임을 확인하여 두렷하고 텅 빈 이 일원상 자리에 귀의歸依하는 것이다.

즉 대소유무에 분별이 없는 텅 빈 자리에서 대소유무에 분별이 나타나는 공적영지의 광명에 귀의하는 것이며, 생멸거래에 변함이 없는 부동한 자리에서 생사 변화하고 흥망성쇠로 변태하는 공적영지의 광명에 귀의하는 것이며, 선악업보가 끊어진 청정한 자리에서 선악업보에 차별이 생겨나는 공적영지의 광명에 귀의하는 것이며, 언어명상이 돈공한 고요한 자리에서 언어명상이 완연한 공적영지의 광명에 귀의하는 것이며, 이러한 공적영지의 광명을 따라 시방삼계가 장중의 한 구슬같이 드러나는 자리에 귀의하는 것이다. 또한 그 없는 진공 자리에서 그 있는 것이 묘하게 작용하는 진공묘유의 조화에 귀의하는 것이다. 이와 같이 공적영지의 광명과 진공묘유의 조화에 귀의하는 것이 곧 일원상을 믿는 '일원상의 신앙'이다.

소태산은 "일원一圓을 해석하면 곧 사은四恩이요, 사은을 또 분석하면 곧 삼연한 우주의 실재로써 천지만물 허공법계가 불성佛性 아님이 없다"[《회보》 제46호]라고 하였다. 『대종경』 교의품 4장의 '천지만물 허공법계가 다 부처 아님이 없나니'의 '부처'는 깨어있는 마음자리인 불성에서 드러나는 천지만물 허공법계로, 분별된 외재의 대상이 아니라 깨어있는 성품 자리인 불성에서 현현하는 존재이다. 즉 삼라만상이 다 깨어있는 마음자리인 일원상에서 드러나는 부처이다. '천지만물 허공법계가 불성 아님이 없다'='천지만물 허공법계가 부처 아님이 없다'이다.

그러므로 공적영지의 광명을 따라 천지만물 허공법계가 부처 아님이 없으며, 진공묘유의 조화가 우주만유를 통해서 죄복의 근본처로 드러나는 것이다. 이렇게 드러나는 우주만유는 경외의 존재이므로 천만 사물에 응할 때 청정한 마음과 경건한 태도로 대하며, 천만 사물의 당처에 직접 불공하기를 힘써서 현실적으로 복락을 장만하는 것이다.[『대종경』 교의품 4장]

텅 비어 고요한 자리에서 곳곳이 경외의 부처로 드러나고, 신령하게 아는 자리에서 곳곳이 죄도 주고 복도 주는 사실적인 부처로 나타난다.

이와 같이 공적영지의 광명이요 진공묘유의 조화인 청정 일원상에 귀의하여 사실적으로 죄주고 복주는 우주만유 전체에서 복락을 구하는 것이 '일원상의 신앙'이다.

참고로, '일원=사은=우주의 실재=천지만물 허공법계=불성=부처'는 즉, 깨어있는 마음[불성]에 천지만물 허공법계가 관통되어 우주의 실재로 드러나고, 이 우주의 실재가 곧 부처인 것이다. 결국 '마음=우주의 실재'로서 일원一圓 즉 사은이다.

# 제1장 일원상

## 제3절 일원상의 수행

## 〈일원상의 수행〉 독송하기

『정전』
제2 교의편
제1장 일원상

### 제3절 일원상의 수행 —圓相—修行

　일원상의 진리를 신앙하는 동시에 수행의 표본을 삼아서 일원상과 같이 원만구족圓滿具足하고 지공무사至公無私한 각자의 마음을 알자는 것이며, 또는 일원상과 같이 원만구족하고 지공무사한 각자의 마음을 양성하자는 것이며, 또는 일원상과 같이 원만구족하고 지공무사한 각자의 마음을 사용하자는 것이 곧 일원상의 수행이니라.

# 일원상의 진리를 신앙하는 동시에
# 수행의 표본으로 삼아서

〈일원상의 수행〉 절의 첫대목인 '일원상의 진리를 신앙하는 동시에 수행의 표본으로 삼아서'를 살펴보자.

〈일원상의 수행〉 절은 '일원상의 진리'로 시작한다. 결국 '일원상의 진리'가 핵심이다. '일원상의 진리'는 '일원'이요 '일원상'이라고 달리 표현한다. 일원상은 일원의 상징이면서 또한 일원의 실상을 뜻한다. 그러므로 '일원상'은 일원상의 진리를 통째로 지칭한다면 '일원상의 진리'는 일원상의 내용이다. 한 자리의 복수複數 표현이다.

〈일원상의 수행〉 절에서 '일원상의 진리를 신앙하는 동시에 수행의 표본으로 삼아서'라는 뜻은 『정전』 총서편 「교법의 총설」의 '법신불 일원상을 신앙의 대상과 수행의 표본으로 모시라'는 말씀과 같다. '일원상의 진리'='법신불 일원상'이다.

즉 일원상의 진리를 신앙하라는 뜻은 법신불 일원상을 신앙의 대상으로 모시라는 것이며, 일원상의 진리를 수행하라는 뜻은 법신불 일원상을 수행의 표본으로 삼으라는 것이다.

소태산 대종사는 '일원상의 신앙'은 "일원상을 신앙의 대상으로 하고 그 진리를 믿어 복락을 구하는 것"[『대종경』 교의품 4장]이라 하였고,

'일원상의 수행'은 "일원상을 수행의 표본으로 하고 그 진리를 체받아서 자기의 인격을 양성하라는 것"[『대종경』 교의품 5장]이라고 정의하였다.

신앙은 믿고 받드는 것이라면 수행은 본받아 닦아가는 것이다.

일원상의 신앙은 일원상의 진리를 믿어 복락을 구하는 것이라면,

일원상의 수행은 일원상의 진리를 체받아서 인격을 양성하는 것이다.

믿고 맡겨야 할 상황이 있고 닦아가야 할 상황이 있다.

또 모시어 신앙해야 할 상황이 있고, 본받아 수행해야 할 상황이 있다.

이처럼 기도나 불공할 때는 신앙의 대상이 되고, 본받아 닦아가야 할 때는 수행의 표본이다. 그러기에 소태산 대종사는 일원상의 진리를 신앙하는 동시에 수행의 표본으로 삼으라고 한다.

'동시에'의 동同은 '한 가지 동'으로, 신앙과 수행의 관계는 신앙에 수행이 바탕 되어 있고, 수행에 신앙이 기반 되어 있는 하나의 자리이다.

상황 상황에 따라 어떠할 때는 신앙이 중심이 되고 어떠할 때는 수행이 중심이 되지만, 신앙과 수행은 서로 바탕하고 있고 상호 침투된 한자리이다.

'동시에'는 신앙과 수행을 함께 겸하라는 병행의 뜻이 담겨 있다.

신앙이 되었든 수행이 되었든 '일원상의 진리'를 놓치면 안 된다. '일원상의 수행'은 일원상의 진리를 수행의 표본으로 삼는 것이 핵심이다. 일원상의 진리를 표본 하지 않는 수행은 소태산의 수행이라 할 수 없다. 일원상의 진리가 제시되지 않는 수행은 표본 없는 방황으로, 자기 마음대로일 뿐이다.

신앙의 대상과 수행의 표본인 '일원상의 진리'는 모국어가 되어야 한다. 모국어처럼 즉각적으로 이해되고 사용해야 한다는 뜻이다. 이는 일원상의 진리가 수행의 표본으로 드러나야 한다. 동정 간에도 공부와 사업 간에도 교법과 생활 간에도 하나로 트인 일원상 자리를 수행의 표본으로 삼아서 닦아가는 것이다. 일원상의 수행은 일원상의 진리를 수행의 표본으로 하는 마음공부이다.

# 수행의 표본, 일원상

〈일원상의 수행〉절의 '수행의 표본'으로써 일원상을 살펴보자.

'일원상의 수행'은 일원상의 진리를 수행의 표본으로 삼는 것이다.
〈일원상의 수행〉절에서는 일원상의 진리를 '일원상과 같이 원만구족하고 지공무사한 각자의 마음'이라고 달리 말한다. 즉 일원상의 진리는 원만구족하고 지공무사한 일원상 마음이다.

수행은 안·이·비·설·신의 육근인 심신의 차원에서 가능하다. 심신을 작용할 때 일원상 마음은 수행의 표본이다. 심신의 차원에서 일원상 마음은 고락과 선악 등에 물들고 매몰되는 자리가 아니다. 그러기에 일원상을 표본으로 삼으라, 성품 자리를 보라고 하는 것이다.

심신 차원은 마치 구름이 일어났다 사라지는 격이라면, 일원상 차원은 구름에 물들지 않는 청정한 허공 격이다. 심신 차원에서는 분별 주착의 구름이 없을 수 없다. 구름은 일어나고 또 일어난다.
그러므로 분별 주착의 구름 없기를 바랄 것이 아니라 청정한 허공 차원에서 구름을 바라보는 일원상의 시각이 요청된다. 허공 차원에서 보면 허공은 구름에 물들지 않으면서 구름도 허공의 다른 모습으로 드러난다. 구름에 매몰되어 있는 것이 문제이지, 구름도 허공에 바탕을 두고 있는 줄 알면 문제없다. 구름이 청정한 하늘과 빛나는 태양을 가린다고[가로막는다고] 절망할 수 있으나, 차원을 달리 보면 아름다운 노을로 느낄 수 있다. 노을은 청정한 하늘과 찬란한 태양의 다른 모습이기 때문이다.
이원성二元性의 심신心身 차원이 문제가 아니라, 심신 차원에만 매몰되어 이원성을 초월해 있는 일원상의 차원에 근거하지 못하는 것이 문제이다.

결국, 수행의 표본인 일원상 자리로 심신을 사용하는 것이다.

일원상 자리와 육근인 심신은 서로 관통해 있다.
이원성으로 오염되지 않는 일원상 자리와 이원성 속의 심신은 둘이 아니다.
일원상은 심신의 차원으로 발현되고 심신의 차원은 일원상을 떠나지 않는다.
다만, 육근인 심신이 일원상 자리에 근원해 있으면 문제가 없지만, 시공간인 심신의 차원에만 매몰되면 일원상의 자리가 가리어 이원성에 떨어지게 된다.

지금 강의를 듣고 있다고 하자.
이렇게 듣고 있는 이 순간에도 두 차원이 펼쳐진다.
하나는 강의를 들으며 분별하고 있는 심신의 차원이 있는 동시에 다른 하나는 강의를 신령하게 알아차리고 있는 청정한 자리가 있다.
본래 알아차리고 있는 청정한 일원상 차원으로 육근인 심신을 사용하면 심신 차원에서 나타날 문제들이 중화되고 정화된다.
걸림이 없는 텅 빈 일원상 차원으로 심신을 작용하면 분별하되 분별하는 이원성에 끌려가지 않게 되나, 반대로 분별하는 심신 차원에만 매몰되면 일원상 차원이 가리게 된다.
심신 차원에서 문제가 생길 때 즉시 이원성을 초월하여 이원성에 물들지 않는 일원상 차원을 챙겨서 심신을 환히 비추어서 굴려야 한다.
텅 빈 자리이면서 두렷이 비추고 있는 일원상 차원을 수행의 표본으로 삼아서 일원상으로 답을 찾고 힘을 얻을 때 문제가 해결되는 것이다.

중요한 점은 걸림이 없는 가운데 깨어있는 일원상 차원을 놓치지 않고 일원상으로 심신을 작용하는 것이다.
수행의 관점으로 보면, 괴롭고 슬픈 중에도 괴로움과 슬픔에 물들지 않는 근원적인 일원상 차원을 자각할 때 슬픔과 괴로움에 매몰되지 않고 희로애락을 상황에 맞게 사용할 수 있다.

지금 이야기를 듣고 이러저리 궁리하는 심신 차원과 대상을 초월해 걸리고 막힘이 없는 일원상 차원을 왔다 갔다 하면서 같이 굴러가는 것이다.

무게 중심을, 강의를 듣고 있는 심신 차원과 본래 깨어있는 일원상 차원을 통찰하면서, 일원상으로 육근인 심신이 굴러가는 감을 잡는 것이다.

심신 차원에서는 만족하지 않는다. 심신 차원은 밑 빠진 독처럼 채워도 끝없는 욕망의 존재이다. 그러므로 육근인 심신에만 인생을 맡겨놓으면 곤란하다.

심신만으로는 오염된 수행이 되기 쉽다. 청정 일원상 차원으로 심신을 작용할 때 청정한 수행이 된다. 심신을 떠나서도 안 되지만 그렇다고 심신의 뜻만 따라서도 안 된다. 심신에 전권을 위임하면 문제가 풀리기는커녕 더욱 꼬여갈 것이다.

심신의 차원에서 일하되 일원상 차원에 본거지를 두어야 한다.

분별 주착이 원래 없는 일원상 차원에서 상담을 거친 뒤 심신 작용을 해야 한다.

일원상을 수행의 표본으로 삼을 때 육근인 심신을 잘 운영할 수 있다.

이것이 바로 일원상을 수행의 표본으로 삼는 이유요 목적이다.

일원상을 심신 차원에서 드러내기 위해서는 단련이 필요하다. 적용하는 공들임이 있어야 한다. 심신 차원은 공들이지 않고 그냥 되는 자리가 아니기 때문이다.

일원상 차원에서 보면 본래 청정하나 심신의 차원에서는 본래 청정한 일원상 자리를 적용하여 단련해야 한다.

그것도 한 번 했다고 끝나는 것이 아니라 만나는 인연에 따라, 또는 경계가 달라지면 그에 따라 다시 적용해야 한다. 완료가 없는 영원한 진행형이다.

상대심이 끊어진 일원상 차원은 확인하면 끝이지만 심신의 차원인 현상계는 그 상황 상황에서 일원상에 따라 행하고 또 행해야 한다. 이것이 바로 일원상 수행의 총괄이다.

이러한 일원상 차원은 더 이상 수행이 필요하지 않은, 더 이상 닦을 것이 없는 경지이나, 다시 이 일원상을 육근에 발현하기 위해서는 일원상을 수행의 표본으로 삼아 육근 차원에서 하고 또 하고 나투고 또 나투는 '부지런 딴딴'이 필요할 뿐이다.

　이처럼 '일원상의 수행'은 일원상 차원을 심신 간에 끊임없이 나투는 것으로, 본래 닦을 것이 없는 경지로 닦고 닦는 수행이다.

　진정한 수행자는 일원상 차원을 육근에 나투기 위해 끊임없이 노력하고 노력하는 것이다.

# 일원상과 같이 원만구족한 각자의 마음

먼저 〈일원상의 수행〉 절의 '일원상과 같이 원만구족한 각자의 마음'에 대해 살펴보자.

〈일원상의 수행〉 절에는 '일원상과 같이 원만구족圓滿具足하고 지공무사至公無私한 각자의 마음'이란 대목이 등장한다.

수행의 표본은 '일원상의 진리'이며 이를 통괄하여 '일원상'이라 한다.

그러므로 수행의 표본인 일원상과 같이 '원만구족하고 지공무사한 각자의 마음'을 파악하는 것은 원불교 수행의 기반이요 급선무이다.

일원상과 같이 원만구족하고 지공무사한 각자의 마음은 우리의 자성自性으로, 『불교정전』에서는 반야지般若智라고 부연한다. 반야지는 일원상을 꾸미는 말로써, 무분별의 분별지이다.

**여기 두 개의 병이 있다.**
**한 병은 빈 병이고 다른 한 병은 속이 꽉 찬 병이다.**
**이 두 병을 물속에 넣었을 때 속이 빈 병은 물이 밀려들어 갈 것이고,**
**속이 꽉 찬 병은 물이 더는 침범하지 못할 것이다.**
**빈 병과 속이 꽉 찬 병은 원만구족을 상징한 것이라면, 물은 경계를 상징한다.**
**이처럼 일원상은 꽉 찬 병처럼 원만구족하다.**

원만구족은 '두렷할 원圓' '찰 만滿', '갖출 구具' '족할 족足'으로, 이 두렷한 자리가 빠진 데 없이 다 갖추고 있다는 것이다.

꽉 찬 상태의 병에는 밖의 물이 밀고 들어올 수 없듯이
일체의 다른 것이 침입할 수 없으며 가감되지 않는 경지이다.

즉 모나거나 결함이 없는 온전한 자리로 다른 것에 물들지 않는 자리이다.
원만구족하기에 일체의 사념과 잡념이 침범하고 방해할 수 없는 것이다.
'텅 빈 무無'가 충만해 있고 '텅 빈 자리'가 구족한 것이다.

**정산 종사**는 "원만圓滿은 두렷하여 결격缺格이 없는 것이니, 두렷하기로 하면 모든 분별이 끊어져 없어야 참 그 자리가 두렷할 것이니라."라고 명시한다.
또한 "구족具足은 일호의 부족함이 없이 다북 차 있는 것이라 분별이 없는 그 자리에 빠짐없이 우주의 삼라만상과 염정染淨이 다 구비하여 있나니라."라고 밝혀주시며, "이러한 까닭에 분별없는 것이 참 분별이요 분별이 없기에 이것이 원만구족이니라."[『정산종사법설』]라고 밝혀주신다.
이처럼 분별이 끊어져야 두렷하고 분별없는 것이 참 분별이요 분별이 없기에 더럽고 깨끗한 염정을 다 드러내는 원만구족한 자리이다.

**먼저, 원만한 자리를 확인해 봅시다.**
한 생각이 일어날 때 생각이 기어 나온 본래처를 돌이켜 보십시오.
이 자리는 온전합니다. 경계에 흩어지고 조각나는 자리가 아닙니다.
만일 경계에 끌리어 생각에 빠지면 걱정 근심으로 이어집니다.
이때 일어나는 생각을 멈추어 동일시하지 말고 거리를 두고서 그 생각이 나온 자리를 돌이켜 보면 원래 두렷한 자리를 직면할 수 있습니다.
이 자리는 텅 비었으되 신령한 알아차림으로 원만합니다.
일체의 분별을 드러내면서도 일체의 분별에 오염되지 않는 자리로,
원만하다는 것은 두렷한 이 자리[圓]가 빠진 데가 없다는 것[滿]입니다.
볼 때도 두렷하고 들을 때도 두렷하고 냄새 맡고 맛보고 감촉하고 생각할 때도 빠진 데 없이 두렷합니다.

원만을 담연원만湛然圓滿이라 한다. 맑고 맑아 청정하다는 뜻의 담연湛然을 원만의 수식어로 사용한 것이다. 담연원만은 텅 비어 맑고 고요한 자리가 빠진 데 없이 두렷

하다는 뜻이다.

『정전』「사대강령」 중 정각정행에 '불편불의不偏不倚하고 과불급過不及이 없는 원만행'이라는 대목이 나온다. 이처럼 원만한 자리는 지나치거나 미치지 못하는 양변兩邊에 떨어지지 않는 자리이다.

**둘째, 구족한 자리를 확인해 봅시다.**
**화가 났습니다. 화가 치밀어 오릅니다. 이때 치밀어 오르는 화를 지켜보십시오.**
**화 기운에 끌려가는 그 화가 드러나는 자리를 직시해 보십시오.**
**화가 났는데 화에 물들지 않으면서 화를 훤히 알아차리는 자리가 있습니다.**
**이처럼 구족하다는 것은 화나면 화난 그대로 환히 자각하는 마음 당체입니다.**

구족한 일원상 자리는 부족하거나 결함이 없고 더 바랄 것이 없는 충족의 자리이다. 공적한 가운데 영지의 광명이, 진공한 가운데 묘유의 조화가 갖추어져 있는 자리이다. 일체가 텅 비어 고요한 무심無心이면서 신령하게 알아차리는 영지靈知가 갖추어진 마음 당체이다. 무언가를 모른다고 할 때 그 모르는 마음 자체에는 오직 모르는 것을 아는 영지가 여여할 뿐이다.

'모른다, 안다'는 분별이 없는 가운데 오직 모르는 줄 환히 아는 자리이다.

생각이 일어나고 감정이 치밀어 오를 때 이러한 생각 감정을 알아차리어 드러내는 지혜 광명과 조화가 구족해 있는 자리이다. 텅 비었으되 일체를 다 알아차리는 신령한 영지가 깔린 바탕이며, 진공이면서 묘유의 조화를 갖추고 있는 씨알이다. 씨알처럼 갈무리하고 있는 자리로 일원상의 씨알에서 일체 광명과 조화가 펼쳐진다.

구족한 자리에는 얼굴 가난, 학식 가난, 부귀 가난 등 일체의 가난을 찾아볼 수 없다. 이 구족한 자리에 들면 어떠한 가난이나 부족에도 물들지 않는, 더 바랄 게 없는 자리이다. 결핍감이 일어나면 결핍감에 깨어있는 온전한 자리이다. 이처럼 손댈 데가 없는 온전한 자리요 가감할 것이 없는 부증불감不增不減 자리이다.

주산 송도성은 『원불교 성가』 109장 〈찾다면 다북 차고[진경]〉에서 원만구족의 마음을 "닦자니 본래 맑고 기르자니 근본 커서 조촐한 둥근 옥을 아로새김 병통이라"라고 노래한다.

우리의 급선무는 일원상과 같이 원만구족한 각자의 마음으로 수행하는 것이다. 일원상과 같이 원만구족한 마음을 수행의 표본으로 삼을 때 마음공부가 일원상의 차원으로 전개된다. 수행의 중추가 세워지는 것이다.

일원상과 같이 원만구족한 마음은 원만한 자리가 따로 있고 구족한 자리가 따로 있는 것이 아니라, 원만한 자리가 구족하고 구족한 자리가 원만한 것이다. 결국, 일원상과 같이 원만하고 구족한 각자의 마음을 확인하여 이 마음으로 수행하는 것이다.

## 일원상과 같이 지공무사한 각자의 마음

이번에는 〈일원상의 수행〉 절의 '일원상과 같이 원만구족하고 지공무사한 각자의 마음'에 대해서 살펴보자.

〈일원상의 수행〉은 일원상의 진리를 수행의 표본으로 삼는 공부로, 일원상은 원만구족하고 지공무사한 각자의 마음이다.

분별 집착하는 오염된 마음을 돌이켜보면 오염되지 않는 원래 자리에 그치게 된다. 마치 뫼비우스의 띠가 안이면서 바깥이고 바깥이면서 안이듯이 오염될 수 있는 마음과 오염을 초월한 자리가 두 얼굴이면서 원래 하나인 일원상이다.

『불교정전』에서는 일원상과 같이 원만구족하고 지공무사한 각자의 마음을 '반야지般若智'라고 부연하고 있다. 즉 분별하는 이 마음은 본래 분별이 없는 자리에서 분별이 역력하게 드러나는 공적영지의 광명으로, 원만구족하고 지공무사한 각자의 마음 즉 자성自性이다.

지공무사는 '지극할 지至' '공변될 공公' '없을 무無' '사사로울 사私'로 지극히 공변되어 사사로움이 없는 자리이다.

사사로울 '사私'는 벼[禾]를 움켜쥐는[厶] 뜻으로, 벼[禾]를 자기 손[사사, 나 厶]에 넣는 소유심이다. 내 것이라 한정하는 마음이다.

사厶 자는 팔을 안으로 굽힌 모습으로 '사사롭다'라는 뜻이며, 공公 자는 치우침 없이 공정하게 나눈다는 뜻이다.

공변될 '공公'은 치우침 없이 공정하게 나눈다는 뜻과 우물 정井 자로 9등분한 토지의 중앙을 8명[八]의 개인[厶]들이 공동으로 경작하는 공적인 영역을 의미한다. 향후 공공성公共性을 뜻하게 된다.

일원상은 본래 사私가 없는 지공무사한 자리이다.

사실 내 것이라고 한정하는 사심私心 자리에는 본래 사私가 없다.

사私인 줄 아는 자리에는 사私가 없기 때문이다. 만일 사인 줄 아는 자리에 사가 본래부터 있다면 사가 그렇게 드러날 수 없는 것이다. 마치 청정한 거울에 때가 묻으면 묻은 그대로 드러나는 격이다.

이처럼 일원상은 일체의 사私가 텅 비었기에 공변된 자리이다.

화랄 것도 없고 미워할 것도 없는 진공 자리이면서 화가 나면 화난 대로 드러나고 미워하면 미워하는 대로 드러나는 공변된 자리이다.

본래 텅 비어 고요하기에 또한 지극히 공변되어 사사로움이 없는 것이다.

텅 빈 공심空心 자리가 곧 공변된 공심公心 자리이다. 대공심大空心 대공심大公心이다.[『대산종사법어』 적공편 52장]

지공무사한 마음은 자타가 공空하기에 자타의 국한이 없는 경지이다. 고립된 마음이 아니다. 그러므로 타자 및 세상에 애초부터 열려있고 함께 하며 또한 곁에 같이 있는 것이다. 공空이기에 공共하고 공公하다.

마음은 본래 매 순간 오롯하게 다하는 자리이다.

마음 당체는 이 마음이다가 저 마음에 오롯이 다하는[專務] 자리이다.

만일 마음 자체가 본래 사사로우면 이 마음에서 저 마음으로 오롯이 할 수 없다.

밥 먹다가 숭늉 마실 수 없는 것이다. 이 마음에 오롯하다가도 저 마음에 오롯한 것이다.

그러니 마음은 본래 그 일 그 일에 오롯한 전무출신專務出身으로,

마음 당체는 밥 먹을 때 오롯하고 숭늉 마실 때 오롯하다.

일체의 분별 사심 없이 오롯하게 위爲하는 공심公心 자리이다.

**정산 종사는 "일원의 진리가 만약 사정私情이 있다면 잘난 사람에게는 있고 못난 사람에게는 없을 것이며, 죄복을 주는 것도 친소親疏를 떠나 오직 지공무사하기에**

일원의 진리는 없는 곳이 없으며, 일원의 진리 아님이 없나니, 이와 같이 죄복의 보응도 친소와 사정이 없이 오직 지은 바에 따라 죄복을 주는 까닭에 곧 지공무사이니라."[『정산종사법설』]라고 밝혀 주었다.

이처럼 원만구족은 온전성이라면 지공무사는 공정성과 관련된다.

확인합니다.
욕심이 일어났다고 합시다.
욕심은 어디에서 일어났습니까?
이렇게 욕심이 난 줄 아는 깨어있는 자리는 욕심에 물들지 않는 청정한 경지입니다.
만일 욕심이 드러난 자리에 욕심이 본질적으로 자리하고 있다면 욕심인 줄 알아차릴 수 없습니다. 본래 마음에는 욕심이랄 것이 없으므로 욕심 그대로 드러나 있는 것입니다. 본연 청정하기에 욕심으로 흘러가는 마음이 선명합니다.

자! 지공무사한 자리를 확인해 봅시다.
욕심이 일어날 때 욕심인 줄 아는 자리에 욕심이 있습니까?
욕심인 줄 알아차리고 있는 자리는 욕심 경계에 휩쓸리지 않는 자리로, 이 자리는 본래 청정합니다. 욕심을 초월한 자리이기에 욕심이 붙을 수 없습니다.
욕심인 줄 아는 자리는 욕심에 한정되지 않는 텅 빈 자리로서 이 자리에서 욕심이 선명하게 드러납니다. 욕심을 욕심 그대로 드러내 보이는 이 자리는 사사로움이 없는 지극히 공변된 자리입니다.
이 자리를 일원상과 같이 지공무사한 각자의 마음이라 합니다.

이처럼 지공무사한 마음은 오롯이 위寫하는 사사로움이 없는 자리이다. 그러므로 지공무사한 이 자리를 바탕으로 삼으면 나도 좋고 남도 좋은 자리이타自利利他로 드러난다.
지공무사한 마음 당체는 원래 자타의 분별이 없는 자타가 둘이 아닌 자타불이自他不二의 자리이다. 이 자리에 근원하면 나에게도 좋고 남에게도 좋은 일을 좋아하고,

나도 해롭고 남도 해로운 일을 꺼리는 것이다.

　이러한 지공무사한 일원상은 정의 실현의 근원 자리이다. 일원상은 정의의 문이요 샘이다. 지공무사한 이 자리에서 정의도 구현되며 무아봉공도 가능한 것이다.
　그러므로 수행에 있어 우리의 급선무는 일원상을 수행의 표본으로 삼아야 한다.
　지공무사한 일원상을 수행의 표본으로 삼을 때 공변된 공심도 발휘할 수 있으며, 나와 타자를 함께 이롭게 하는 자리이타도 가능하며, 정의도 구현할 수 있으며, 중생 구제도 가능한 것이다.

　**종합하겠습니다.**
　**일원상은 원만구족하고 지공무사한 각자의 원래 마음입니다.**
　**이러한 일원상을 수행의 표본으로 삼아야 합니다.**
　**일원상을 수행의 표본으로 삼을 때 원만구족 지공무사한 마음을 수행할 수 있습니다.**
　**일원상을 수행의 표본으로 삼지 않는 수행은 소태산의 수행이 아닙니다.**
　**원만구족하고 지공무사한 일원상 마음을 수행의 표본으로 삼을 때**
　**'빌 공空'의 공심空心도 가능하고 '공변될 공公'의 공심公心도 가능하게 됩니다.**

　원만구족과 지공무사는 일원상의 양면으로, 원만구족의 나타남이 지공무사이고 지공무사의 바탕이 원만구족이다.
　그러나 이것도 나누어본 견지이지 원래 하나이므로, 일원상을 원만구족한 자리로 확인하고 지공무사한 자리로 확인하여 수행의 표본으로 삼자는 것이다.
　원만구족 지공무사는 소태산의 고유한 표현으로, 일원상에 근원한 수행의 길을 열어준다.

## 알자는 것이며, 또는 양성하자는 것이며, 또는 사용하자는 것

〈일원상의 수행〉 절의 "일원상과 같이 원만구족하고 지공무사한 각자의 마음을 알자는 것이며, 또는 양성하자는 것이며, 또는 사용하자는 것이 곧 일원상의 수행이니라."라는 대목을 살펴보자.

'일원상의 수행'은 일원상을 수행의 표본으로 삼는 수행이다.
일원상은 일원상의 진리를 통칭한 것으로, '일원상의 수행'은 일원상이 축이다.
이 일원상은 마음 밖에서 찾는 것이 아니라 바로 원만구족하고 지공무사한 각자의 마음으로, 이 마음으로 수행하는 일원상의 수행이다.

원만구족하고 지공무사한 각자의 마음을 확인하겠습니다.
제가 지금 여러분에게 영상 강의를 하고 있다고 합시다.
지금 강의를 듣고 있는 당처는 텅 비었으되 충만한 자리입니다.
보는 당처는 본래 두렷한 한자리입니다.
또한 지금 강의를 듣고 있는 이 자리가 구족합니다.
경계에 끌리어 결핍감에 빠지는 자리가 아닙니다.
듣는 당처는 본래 부족한 것이 없습니다.
또한 지금 강의를 보고 듣고 있는 당처가 지극히 공변된 자리입니다.
이 소리 저 소리를 듣는 마음의 작용을 오롯하게 다 하는 원래 마음입니다.
보고 듣는 당처는 본래 사사로움이 없습니다.
이처럼 '일원상의 수행'은 원만구족하고 지공무사한 각자의 일원상 마음을 확인하여 일원상 그대로 수행하는 것입니다.

'일원상의 수행'은 원만구족하고 지공무사한 일원상 마음을 알자는 것이며, 일원상 마음을 양성하자는 것이며, 일원상 마음을 사용하자는 것이다.

소태산 대종사는 『대종경』 교의품 5장에서 '일원상의 수행'을 구체적으로 부연하였다.

'일원상의 진리를 깨달아 천지 만물의 시종 본말과 인간의 생·로·병·사와 인과 보응의 이치를 걸림 없이 알자는 것'은 견성見性이요 연구라면,

'또는 일원과 같이 마음 가운데에 아무 사심私心이 없고 애욕과 탐착에 기울고 굽히는 바가 없이 항상 두렷한 성품 자리를 양성하자는 것'은 양성養性이요 수양이며,

'또는 일원과 같이 모든 경계를 대하여 마음을 쓸 때 희·로·애·락과 원·근·친·소에 끌리지 아니하고 모든 일을 오직 바르고 공변되게 처리하자는 것'은 솔성率性이요 취사라고 밝혔다.

결국, '일원상의 수행'은 일원상과 같이 원만구족하고 지공무사한 각자의 마음인 자성自性의 혜慧를 밝히는 견성으로 연구 공부이며,

일원상과 같이 원만구족하고 지공무사한 각자의 마음인 자성의 정定을 다지는 양성으로 수양 공부이며,

일원상과 같이 원만구족하고 지공무사한 각자의 마음인 자성의 계戒를 세우는 솔성으로 취사 공부이다.

일원상과 같이 원만구족하고 지공무사한 각자의 마음을 잘 지키고 양성하여 동정 간에 자성을 여의지 않는 수양 공부를 하자는 것이며,

일원상과 같이 원만구족하고 지공무사한 각자의 마음을 깨쳐서 사리 간에 자성을 떠나지 않는 연구 공부를 하자는 것이요,

일원상과 같이 원만구족하고 지공무사한 각자의 마음을 단련하여 작업 간에 자성을 이탈하지 않는 취사 공부를 하자는 것이다.

이처럼 '일원상의 수행'은 일원상과 같이 원만구족하고 지공무사한 각자의 마음

을 수행의 표본으로 삼아서 동정 간에 수양하고, 사리 간에 연구하고, 작업 간에 취사하는 공부이다. 일원상과 같이 원만구족하고 지공무사한 각자의 마음은 곧 자성自性이다.

> 『원불교 성가』 32장 〈번뇌에 속타던[결제가]〉[원산 서대원 작사]처럼
> 일원상과 같이 원만구족하고 지공무사한 각자의 마음을 양성하는 것은
> "고요한 자성의 정定 속에 시원한 동산이 솟았네"라면,
> 일원상과 같이 원만구족하고 지공무사한 각자의 마음을 아는 것은
> "영령한 자성의 혜慧 속에 온 가지 사리가 빛나네"이며,
> 일원상과 같이 원만구족하고 지공무사한 각자의 마음을 사용하는 것은
> "청정한 자성의 계戒 속에 순결한 의의 꽃 피었네"이다.

'일원상의 수행'은 일원상의 수양이며, 일원상의 연구이며, 일원상의 취사이다.
일원상의 진리를 수행의 표본으로 모시고 수양·연구·취사로 수행의 강령을 삼는 일원상 공부이다.
결국, 일원상과 같이 원만구족하고 지공무사한 각자의 마음으로 경계 속에서 마음의 자유를 얻는 선禪 공부이며, 곧 '일원상의 수행'이다.

또한, '일원상의 수행'은 원만구족하고 지공무사한 마음을 견성→성불→제중의 단계로 확산해 가는 것이다.
먼저 원만구족하고 지공무사한 각자의 일원상 마음을 알자는 것이다.
이렇게 원만구족하고 지공무사한 일원상 마음을 아는 것은 견성이라면, 이 견성에 기반을 두어 이 일원상 마음을 단련하여 법력을 양성하는 것은 성불이며, 이렇게 양성한 법력으로 만나는 인연마다 이 일원상 마음을 잘 사용하여 제중하는 것은 솔성이다. 양성하는 것이 성불이라면 솔성은 제중이다. 견성하여 성불 제중하라는 것이다.

'또는'은 '~과 또'의 뜻으로, '이것과 그리고 또'의 의미를 지닌 현대어의 '또한'에

가까운 말로, '아울러 행하라'는 병진의 뜻을 포함하고 있다.

즉 일원상과 같이 원만구족하고 지공무사한 각자의 마음을 알고 양성하고 사용하는 공부를 아울러 행하라는 것이다.

총괄하면 '일원상의 수행'은 일원상과 같이 원만구족하고 지공무사한 각자의 마음을 알고 양성하고 사용하는 병진 공부이면서 견성→성불→제중으로 확산해 가는 공부이다.

소태산 대종사는 "일원상의 수행을 지성으로 하면 학식 유무, 총명 유무와 관계없이, 남녀노소를 막론하고 다 성불함을 얻게 된다."[『대종경』 교의품 5장 결론]라고 명시하였다.

원만구족하고 지공무사한 마음은 소태산 대종사의 깨달음이요 고유한 가르침이다. 그러므로 원만구족하고 지공무사한 일원상 이 마음으로 수행해야 일원상의 인격을 조성하여 성불할 수 있는 것이다.

## 🔍 더보기

### 일원상과 같이 원만구족하고 지공무사한 마음과 정신개벽

소태산 대종사는 "일원상의 수행은 일원상을 수행의 표본으로 하고 그 진리를 체 받아서 자기의 인격을 양성하라는 것"[『대종경』 교의품 5장]이라 명시한다. 〈일원상의 수행〉은 일원상의 진리에 근거하여 이를 본받아 일원상과 같은 인격을 양성하는 것이다.

즉 '일원상의 수행'은 일원상의 진리를 수행의 표본으로 삼아서, 일원상과 같이 원만구족圓滿具足하고 지공무사至公無私한 각자의 마음을 알자는 것이요 양성하자는 것이요 사용하자는 것으로[『정전』 일원상의 수행], 이를 다시 말하면 일원의 원리를 깨닫는 것은 견성이요, 일원상의 본형을 지키는 것은 양성이요, 일원과 같이 원만한 행실을 가지는 것은 솔성이다.[《회보》 제46호]

일원상과 같이 원만구족하고 지공무사한 각자의 마음은 우리의 자성自性이요 반야지般若智[『불교정전』]이다.

지금 길거리에서 울리는 차(車) 소리를 듣고 있는 이 마음 당체가 바로 손댈 데가 없고 가감할 것이 없는, 부족할 것도 더 바랄 것도 없는 원만구족한 자리이다. 또한 차 소리를 듣고 있는 이 마음 당체가 지공무사한 자리로, 이 소리도 그대로 드러나고 저 소리도 오롯하게 드러나는 사사로움이 없는 지극히 공변된 자리이다.

소리도 경계이다. 소리에 인연하여 화나거나 짜증이 나거나 기쁘고 슬픈 생각 또는 감정이 일어난다. 이때 이러한 생각과 감정을 알아차리는 자리는 생각과 감정에 물들지 않는 텅 비어 고요한 깨어있는 자리로 원만구족하고 지공무사한 일원상 마음이다.

짜증 날 때 짜증 난 줄 아는 마음 자체는 짜증에 물들고 동일시되는 자리가 아니며, 기뻐하되 기뻐하는 줄 알아차리는 마음 자체는 기쁨에 파묻히는 자리가 아니다. 생각과 감정이 일어나되 생각과 감정이 드러나는 본래 그 마음은 경계에 끌리어 종속되고 경계에 빠져 매몰되는 자리가 아니다. 마음에 상처로 파고드는 소리일지라도 명백하게 드러내면서 그 소리에 물들지 않는 깨어있는 자리다.

이처럼 '일원상의 수행'은 온갖 경계가 환히 드러나는 원만구족하고 지공무사한 일원상 마음을 알자는 것이며 또는 양성하자는 것이며 또는 사용하자는 것이다.

『원불교 성가』 55장 〈둥그러운 한 기운이[일원상가]〉에서 원만구족한 일원의 경지를 노래하고 있다. "시작도 끝도 없고 한 생각 이전 소식 텅 비이신 임이시라 일원으로 둥그시네"라는 시작과 끝이라는 한 생각 이전의 텅 빈 임으로 원만하고, "더하도 덜도 않고 저마다 갖춘 자리 가득하온 임이시라 일원으로 둥그시네"는 더도 덜도 없이 가득한 임으로 구족하다.

**정산 종사는 '일원상에 대하여'에서 일원상을 체받아 수행하는 실경을 제시한다. "혹 어느 기회에 탐심이 동하거든 즉시 발견하여 '아~ 내가 일원상[망상 없는 곳]을 망각하였구나' 하고 급히 그 마음 돌리기에 힘쓰며, 또 어느 기회에 진심이 동하거나 치심이 동하거나 기타 무슨 망상이 동할 때에도 또한 그와 같이 힘써서 동정 간에 오직 자주 생각하고 자주 대조하여 낮과 밤에 그 마음 대중[일원상에 반조하는 대중]**

을 놓지 아니하면, 이것이 이른바 일원상 체받는 법이니라."[《회보》제38호]

〈일원상의 수행〉은 원만구족하고 지공무사한 일원상 마음을 체받는 공부가 핵심이다. 정산 종사는 이 일원상을 '망상 없는 곳'이라 하며 이 망상 없는 일원상에 반조하는 마음 대중을 놓치지 말라는 것이다.

이 일원상 마음을 표본 하지 않는 수행은 소태산의 수행법이라 할 수 없다. 일원상이 드러나지 않는 수행은 표본 없는 자의적 행위이기 때문이다. 결국 소태산 마음공부는 일원상과 같이 원만구족하고 지공무사한 각자의 마음을 알고 양성하고 사용하는 수행이다.

과학의 문명이 발달되어 가는 물질개벽의 시대가 깊어질수록 정신개벽은 더욱 요청된다. 원만구족하고 지공무사한 일원상 마음은 물질을 선용하는 정신개벽의 동력이다. 정신개벽은 일원상 마음에 근원하여 정신의 세력을 확장하는 마음공부이다.

# 일원상의 수행과 삼대력

일원상과 같이 원만구족圓滿具足하고 지공무사公無私한 각자의 마음과 수양력·연구력·취사력의 삼대력三大力 관계에 대해 살펴보자.

'일원상의 수행'은 일원상의 진리를 수행의 표본으로 삼아서 일원상과 같이 원만구족하고 지공무사한 각자의 마음을 알자는 것이며, 또는 양성하자는 것이며, 또는 사용하자는 것이다.

소태산 대종사는 '삼대력 얻는 빠른 길' 법설에서 일원상과 삼대력의 관계를 부연하였다.

"이 일원의 진리를 깨치면 견성을 한 것이며 곧 연구력을 얻었다 할 것이요, 이 일원과 같이 마음을 원만하게 지켜 일호의 사심도 없다면 양성을 한 것이며 곧 수양력을 얻었다 할 것이요, 이 일원을 모방하여 모든 일에 중도를 잃지 않고 원만행을 베푼다면 솔성을 한 것이며 곧 취사력을 얻었다 할 것이다."[《회보》제50호]

즉, 일원상과 같이 원만구족하고 지공무사한 각자의 마음을 아는 것이 연구력이며, 일원상과 같이 원만구족하고 지공무사한 각자의 마음을 양성하는 것이 수양력이며, 일원상과 같이 원만구족하고 지공무사한 각자의 마음을 사용하는 것이 취사력이다.

'일원상의 수행'은 일원상과 같이 원만구족하고 지공무사한 마음으로 수양력·연구력·취사력의 삼대력을 나투는 것이다.
원만구족하고 지공무사한 일원상 마음은 삼대력의 근원이라면 삼대력은 일원상의 발현이다.

즉 원만구족하고 지공무사한 일원상 마음은 수양력·연구력·취사력의 근원이요, 삼대력은 원만구족하고 지공무사한 일원상 마음을 육근으로 발현하는 법력이다.

이처럼 '일원상의 수행'은 원만구족 지공무사한 일원상 마음에 기반하여 삼대력을 나투는 공부이다. 즉 일원상 마음을 회복[復性]해서 발성發性하는 공부이다.

'일원상의 수행'은 원만구족 지공무사한 일원상 마음을 수행의 표본으로 삼아서 깨달을 것도 닦을 것도 없는 무오무수無悟無修의 자리에 정착하는 동시에 현실에서 삼대력으로 발현하는 것이다.

소태산 대종사는 원만구족하고 지공무사한 각자의 일원상 마음으로 수행의 표본을 삼아 삼대력을 나투는 법을 자세히 말씀하였다.

"무릇, 큰 공부는 먼저 자성自性의 원리를 연구하여 원래 착着이 없는 그 자리를 알고 실생활에 나아가서는 착이 없는 행行을 하는 것이니, 이 길을 잡은 사람은 가히 날을 기약하고 큰 실력을 얻으리라. 공부하는 사람이 처지 처지를 따라 이 일을 할 때 저 일에 끌리지 아니하고, 저 일을 할 때 이 일에 끌리지 아니하면 곧 이것이 일심 공부요, 이 일을 할 때 알음알이를 구하여 순서 있게 하고, 저 일을 할 때 알음알이를 구하여 순서 있게 하면 곧 이것이 연구 공부요, 이 일을 할 때 불의에 끌리는 바가 없고, 저 일을 할 때 불의에 끌리는 바가 없게 되면 곧 이것이 취사 공부며, 한가한 때에는 염불과 좌선으로 일심에 전공도 하고 경전 연습으로 연구에 전공도 하여, 일이 있는 때나 일이 없는 때를 오직 간단없이 공부로 계속한다면 저절로 정신에는 수양력이 쌓이고 사리에는 연구력이 얻어지고 작업에는 취사력이 생겨나니라."[『대종경』 수행품 9장]

큰 공부는 먼저 자성自性의 원리를 연구하여 원래 착着이 없는 그 자리를 알고 실생활에 나아가서는 착 없는 행行을 하는 것이다.

'일원상의 수행'은 원래 착이 없는 원만구족하고 지공무사한 일원상 마음을 수행의 표본으로 삼아 일심공부요 연구공부요 실행공부로 삼대력을 나투는 공부이다.

즉, 일원상과 같이 원만구족하고 지공무사한 각자의 마음을 알자는 것은 원만구족 지공무사한 일원상 마음을 수행의 표본으로 삼아서 사리 간에 연구력이 쉬지 않도록 하여 그 일 그 일에 알음알이를 구하는 연구 공부이며,

또는 일원상과 같이 원만구족하고 지공무사한 각자의 마음을 양성하자는 것은 원만구족 지공무사한 일원상 마음을 수행의 표본으로 삼아서 동정 간에 수양력이 쉬지 않도록 하여 이 일을 할 때 저 일에 끌리지 않고 저 일을 할 때 이 일에 끌리지 않는 일심 공부이며,

또는 일원상과 같이 원만구족하고 지공무사한 각자의 마음을 사용하자는 것은 원만구족 지공무사한 일원상 마음을 수행의 표본으로 삼아서 선악 간에 취사력이 쉬지 않도록 하여 이 일을 할 때 불의에 끌리는 바가 없고, 저 일을 할 때 불의에 끌리는 바가 없는 실행 공부이다.

일원상은 문득 깨칠 수 있으나 수행은 상황 상황의 경계를 따라 일원상을 적용하여 삼대력으로 나투어야 한다. 심신 작용으로 나타내지 못하면 효력이 없기 때문이다.

일원상은 본래 청정한 자리이나 동정 간 상황 상황마다 일원상을 적용하여 수양해야 하고, 일원상은 본래 명명明明한 자리이나 사리 간 그 일 그 일에서 일원상을 적용하여 연마하고 궁구해야 하며, 일원상은 선악을 초월한 지선至善한 자리이나 작업마다 일원상을 적용하여 선은 취하고 악은 버리는 실행을 해야 한다.

정산 종사는 '일원상의 수행'에 관해 구체적으로 밝혀주고 있다.

**"일원의 수행은 일원의 진리를 그대로 수행하자는 것이니, 그 방법은 먼저 일과 이치를 아는 공부를 하되 그 지엽에만 그치지 말고 바로 우리 자성의 근본 원리와 일원대도의 전모를 원만히 증명하자는 것이요, 다만 아는 데에만 그칠 것이 아니라 또한 회광반조하여 그 본래 성품을 잘 수호하자는 것이요, 다만 정定에만 그칠 것이 아니라 천만 사물을 접응할 때에 또한 일원의 도를 잘 운용하자는 것이니, 이 세 가지 공부는 곧 일원의 체와 용을 아울러 닦는 법이라 할 것이니라."**[『정산종사법어』 원리편 4장]

'일원상의 수행'은 만일 수양 연구 취사의 구체성에만 갇혀서 근본인 일원상 자리를 드러내지 못한다면 '일원상의 수행'에 미진한 것이다.

일원상과 같이 원만구족하고 지공무사한 각자의 마음은 삼대력의 근본 자리이다. 삼대력의 근본인 일원상을 구체적인 현실에 적용해서 수양력·연구력·취사력의 삼대력을 나투는 것이 '일원상의 수행'이다.

왜냐하면 현실은 어제와 오늘이 다르고 어제 잘했던 일을 오늘 잘할 것이라는 절대적 보장이 없기 때문이다. 잘할 경향성은 있어도 꼭 잘하리라는 확답은 할 수 없는 것이다.

수행할 수 있는 것은 우리의 마음에 원만구족하고 지공무사한 일원상 마음이 본래 갖추어져 있기 때문이며, 수행해야 하는 이유는 원만구족하고 지공무사한 일원상의 힘이 본래 갖추어져 있다고 해도 그 힘을 심신 작용으로 나타내지 못한다면 사장死藏되어 효력이 없기 때문이다.

삼대력은 원만구족하고 지공무사한 일원상 마음을 육근으로 구현하는 공부의 힘이다.

수양력·연구력·취사력의 삼대력은 정신수양·사리연구·작업취사의 삼학의 적공으로 이루어지며, 삼학은 일원상을 수행의 표본으로 삼는 공부이다.

# 일원상의 수행과 공·원·정

〈일원상의 수행〉과 '공·원·정' 그리고 '견성·양성·솔성'의 관계에 대해 살펴보자.

소태산 대종사는 "일원一圓의 진리를 요약하여 말하자면 곧 공空과 원圓과 정正"[『대종경』 교의품 7장]이라고 정의하였다.

다만 '일원의 진리'는 『대종경』 초록인 《회보》 제55호에서는 '일원상의 진리'로 표현한다. '일원의 진리'는 '일원상의 진리'로 같은 뜻이다.

결국 공·원·정은 일원상의 내용으로 일원의 진리이다.

『대종경』 교의품 7장의 '공·원·정'을 〈일원상의 진리〉 절과 연관해서 살펴본다면,

공空은 '대소유무에 분별이 없는 자리이며, 생멸거래에 변함이 없는 자리이며, 선악업보가 끊어진 자리이며, 언어명상이 돈공'한 공적空寂의 자리라면,

원圓은 '공적영지의 광명을 따라 대소유무에 분별이 나타나서 선악업보에 차별이 생겨나며, 언어명상이 완연하여 시방삼계가 장중의 한 구슬같이 드러나는' 두렷하게 드러내는 원명圓明한 자리며,

정正은 '진공묘유의 조화는 우주만유를 통하여 무시광겁에 은현자재하는' 정중正中의 작용이다.

공·원·정은 '일원상'의 3분의 1씩이 아니라 각각이 일원상 통째이다.

일원상의 내용은 공空이요 원圓이요 정正이다. 즉 일원상=공=원=정이다. 일원상을 공空으로 볼 수 있고, 원圓으로 볼 수 있고, 정正으로 볼 수 있다.

〈일원상의 수행〉 절에 '일원상 같이 원만구족하고 지공무사한 각자의 마음'이 등

장한다. 원만구족하고 지공무사한 각자의 마음은 곧 일원상이므로, 일원상의 요약인 '공·원·정=일원상과 같이 원만구족하고 지공무사한 각자의 마음'이다. 그러므로 원만구족 지공무사한 마음은 한편으론 공空이요 또 한편으론 원圓이요 또한 정正이라는 뜻이다.

결국, 일원상과 같이 원만구족하고 지공무사한 각자의 마음을 분개하면 공·원·정이요, 공·원·정을 수렴하던 원만구족하고 지공무사한 각자의 마음이다.

'일원상의 수행'은 일원상의 내용인 공·원·정을 수행의 표본으로 삼아 견성하고 양성하고 솔성하는 것이다. 즉, 공·원·정은 일원상 마음으로 수행의 표본이며 견성·양성·솔성은 수행 방법이다.

소태산 대종사는 《회보》 제46호 '일원상과 인간과의 관계'에서 "일원의 원리를 깨닫는 것은 견성이요, 일원상의 본형本形을 지키는 것은 양성이요 일원과 같이 원만한 행실을 가지는 것은 솔성인 바, 이 세 가지는 천불만성千佛萬聖이 한가지로 수행하는 궤도"라고 말씀하였다.

'일원상의 본형'은 일원상의 본모습으로, 『대종경』 교의품 5장에서는 '일원의 체성'이라 표현하고 있다. 즉 '일원상의 본형=일원상의 본모습=일원의 체성'이다.

『정전』〈일원상의 수행〉절과 『대종경』 교의품 7장은 상통한다. 『대종경』 교의품 7장의 견성·양성·솔성을 『정전』〈일원상의 수행〉절과 연관 지으면,

견성은 일원상과 같이 원만구족하고 지공무사한 각자의 마음을 아는 것이라면,
양성은 일원상과 같이 원만구족하고 지공무사한 각자의 마음을 양성하는 것이며,
솔성은 일원상과 같이 원만구족하고 지공무사한 각자의 마음을 사용하는 것이다.
이처럼 『대종경』 교의품 7장은 〈일원상의 수행〉절의 부연 법문이라 해도 타당하다.

그렇다면 〈일원상의 수행〉절과 『대종경』 교의품 7장을 대조해 보자.
먼저, 〈일원상의 수행〉절에서 일원상의 진리를 신앙하는 동시에 수행의 표본을

삼아서 '일원상과 같이 원만구족하고 지공무사한 각자의 마음을 알자'는 대목은 『대종경』 교의품 7장에서는 공·원·정과 견성으로 부연하고 있다.

**"견성에 있어서는 일원의 진리가 철저하여 언어의 도가 끊어지고 심행처가 없는 자리를 아는 것이 공空이요, 지량知量이 광대하여 막힘이 없는 것이 원圓이요, 아는 것이 적실的實하여 모든 사물을 바르게 보고 바르게 판단하는 것이 정正이다."**[『대종경』 교의품 7장]

즉 견성은 일원상의 진리를 공·원·정으로 분계하여 연구력을 나투는 것이다.

둘째로, 〈일원상의 수행〉 절의 '또는 일원상과 같이 원만구족하고 지공무사한 각자의 마음을 양성하자'는 대목은 『대종경』 교의품 7장에서는 공·원·정과 양성으로 부연하였다.

**"양성에 있어서는 유무 초월한 자리를 관하는 것이 공空이요, 마음의 거래 없는 것이 원圓이요, 마음이 기울어지지 않는 것이 정正이다."**[『대종경』 교의품 7장]

즉 양성은 일원상의 진리를 공·원·정으로 분계하여 수양력을 발현하는 것이다.

셋째로, 〈일원상의 수행〉 절의 '또는 일원상과 같이 원만구족하고 지공무사한 각자의 마음을 사용하자'는 대목은 『대종경』 교의품 7장에서는 공·원·정과 솔성으로 부연하였다.

**"솔성에 있어서는 모든 일(每事)에 무념행無念行을 하는 것이 공空이요, 모든 일에 무착행無着行을 하는 것이 원圓이요, 모든 일에[과불급이 없는] 중도행中道行을 하는 것이 정正이니라."**[『대종경』 교의품 7장]

즉 솔성은 일원상의 진리를 공·원·정으로 분계하여 취사력을 펼치는 것이다.

법설을 도식화하면 아래와 같다.

| 空圓正 | 養性 | 觀有無超越之謂空<br>心無去來之謂圓<br>心不偏依之謂正 | 見性 | 頓悟空寂之謂空<br>知量無邊之謂圓<br>正見事物之謂正 | 率性 | 每事無念行之謂空<br>每事無着行之謂圓<br>每事無過不及之謂正 |

『대종경』 교의품 7장의 '일원의 진리가 철저徹底하여'라는 뜻을 우회해서는 안 된다. 공·원·정의 일원상 진리를 속속들이 꿰뚫어 밑바닥까지 투철해야 한다. 그리하여 일원상의 진리에 철저하게 견성하고 양성하고 솔성하는 것이 '일원상의 수행'이다.

공·원·정의 일원상 진리를 견성하고 양성하고 솔성하라는 것은 원만구족 지공무사한 각자의 마음을 수행하라는 것이다. 그러나 인간은 실수가 없을 수 없는 존재이다. '일원상의 수행'은 온전한 일원상을 수행의 표본으로 삼아서 실수에 무너지기보다 실수를 기회로 온전한 일원상을 드러내고 드러내는 것이다. 실수하면 실수한 줄 알아차리어 일원상으로 중심 잡아 다시 세우는 것이 바로 '일원상의 수행'이다.

# 일원상의 수행과 온전한 생각으로 취사

『정전』 교의편 〈일원상의 수행〉 절과 『정전』 수행편 상시응용주의사항 제1조인 '응용應用하는 데 온전한 생각으로 취사하기를 주의할 것이요'의 관계를 살펴보자.

'온전한 생각으로 취사'하는 공부는 일원상 수행의 또 다른 방법이다.

'일원상의 수행'은 일원상의 진리를 수행의 표본으로 삼는 것이 핵심이다.
일원상과 같이 원만구족하고 지공무사한 각자의 마음을 알고 또는 양성하고 또는 사용하는 것이 바로 '일원상의 수행'이다.
결국 '일원상의 수행'은 일원상을 수행의 표본으로 삼아 그 진리를 체득하여 일원상의 인격을 조성하는 공부이다.[『대종경』 수행품 5장] 그러므로 일원상과 같이 원만구족하고 지공무사한 각자의 마음을 단련하지 못하면 그냥 수행이지 '일원상의 수행'은 아니다.

『정전』 제2 교의편 〈일원상의 수행〉은 제3 수행편 〈상시훈련법〉의 상시응용주의사항 1조 '응용하는데 온전한 생각으로 취사하기를 주의'하는 공부로 변주한 것이다.
온전한 생각으로 취사하기를 주의하는 공부는 평면적으로 독해하면 전관全觀할 수 없다. 입체적이고 연동적으로 이해해야 한다. 즉 '온전→생각→취사'의 흐름을 중첩적으로 연동하여 읽어야 한다.
온전함 자체이면서 온전에 바탕하여 생각하며 온전한 생각에 기반하여 취사하는 것이다.
온전 자체가 온전한 생각이면서 또한 온전한 취사로 상호 스며있다. 온전 자체와 온전에 바탕을 둔 생각의 측면과, 온전한 생각에 기반한 취사의 측면이 한 자리이면서 겹쳐서 연동된 것이다.

마치 전기는 아무런 형체가 없는데 전기 코드에 꽂아 전등을 밝힐 수도 있고 가전제품을 가동할 수 있는 동력과 같이 겹겹으로 연동되는 격이다. 기초는 온전에 접속하는 것이다.

온전한 자리에 접속하는 것을 '정할 정定', 정에 들었다고 한다.
소태산 대종사는 "사람의 마음이 정定한 즉 심행처가 없어지고 정신이 온전하여진다."[《회보》제25호, 삼강령의 필요]라고 말씀하였다.
몰입하는 마음의 당처에 들면 온전한 정신이 드러난다. 집중에 빠진 마음이 아니라 집중에 깨어 있는 마음에 드는 것이다. 집중을 통해서 집중하는 일심 자리에 드는 것이다. 집중하는 마음과 집중하는 대상의 분별이 없는 일심 한자리이다.
이 자리가 온전한 마음이요 순연한 근본정신이요, 원만구족하고 지공무사한 마음이다.

온전은 '평온할 온穩' '온전할 전全'으로 본바탕대로 고스란히 있는 경지이다.
'온전'은 〈일원상의 수행〉 절의 '원만구족하고 지공무사한 각자의 마음'과 상통한다. 즉 '일원상의 수행'은 이 일원상 마음에 접속하는 것이 우선이요 급선무이다.
온전한 자리에 그치면 '일원상의 진리'의 "대소유무에 분별이 없는 자리이며 생멸거래에 변함이 없는 자리이며 선악업보가 끊어진 자리이며 언어명상이 돈공한 자리"인 공적영지에 접속하게 된다.
또한 이렇게 온전한 자리에 접속하면 '일원상의 진리'의 "공적영지의 광명을 따라 대소유무에 분별이 나타나서 선악업보에 차별이 생겨나며, 언어명상이 완연하여 시방삼계가 장중의 한 구슬같이 드러나는 것"으로, 온전한 생각이 밝아진다.

온전한 자리에 접속하면 지혜가 생긴다. 자성의 정에 바탕을 둔 자성의 혜를 밝히는 것으로, 선정에 근원한 지혜이다.[『대종경』 요훈품 7장]
이 자리가 바로 '일원상과 같이 원만구족하고 지공무사한 각자의 마음'을 알자는 것이며, 또한 양성하자는 것이다.

일원상을 바탕으로 하는 일심이요 또한 일원상에 바탕을 둔 생각으로, 중생의 분별 망상이 아니라 무분별에 기반을 둔 분별지이다.

온전한 자리에 접속하면 '일원상의 진리'의 "진공묘유의 조화는 우주만유를 통하여 무시광겁에 은현자재 하는 것"으로, 온전한 생각에 따라 취사하게 된다.

온전한 자리에 접속하여 온전한 생각으로 취사하는 것이 바로 진공묘유의 조화요, '일원상과 같이 원만구족 지공무사한 각자의 마음'을 사용하는 것이다. 일원상에 근원한 취사이다.

응용하는 데 경계에 끌려가는 것이 아니라 멈추어 온전한 자리에 그치는 것이다.

이렇게 온전한 자리에 그치어 온전한 자리에서 생각하고 취사하는 것이다.

온전한 자리에 안착해서 생각을 내도 온전한 자리에서 생각하고, 취사를 해도 온전한 자리에서 취사하는 것이다. 온전한 생각으로 취사하는 공부의 '온전'은 일원상 자리이다.

'응용하는 데 온전한 생각으로 취사하기'를 주의하는 것은 일원상과 같이 원만구족하고 지공무사한 각자의 마음을 알고 또는 양성하고 또는 사용하는 '일원상의 수행'과 하나이다.

즉 일원상과 같이 원만구족하고 지공무사한 각자의 마음을 수행하는 것은 온전한 생각으로 취사하는 마음공부이다.

## 🔍 더보기

### 원만과 온전

소태산 대종사는 『정전』에서 원만과 온전을 제시한다.

'원만'은 「교법의 총설」에서 '원만한 대도'와 '광대하고 원만한 종교'로, 〈일원상의 수행〉에서 '원만구족하고 지공무사한 각자의 마음'으로, 〈일원상 서원문〉에서 '심신을 원만하게 수호하는 공부를 하며 또는 사리를 원만하게 아는 공부를 하며 또는 심신을 원만하게 사용하는 공부'로, 〈일원상 법어〉에서 '원만구족한 것이며 지공무사한 것'으로 등장한다. 그리고 '온전'은 〈상시훈련법〉 상시응용주의사항 1조에 '응용하는 데 온전한 생각으로 취사하기를 주의할 것이요'라고 등장한다.

공산 백낙청[1938~ . 서울대명예교수, 현 창비 명예편집인]은 2023년 9월 22일에 「원광대 원불교사상연구원 초청 특별강연 - 20여년 간 원불교 교전 영어 번역에 참여한 소회와 성찰」에서 『원불교교전』 영어 번역 참여자로서 원만을 'consummate'나 'perfet'로 번역한 것은 해당하는 단어가 마땅하지 않아서 방편상 사용하였으나 한계가 있고 미진하다는 아쉬움을 표하였다.

특히 신약성경의 "하늘에 계신 너희 아버지의 온전하심과 같이 너희도 온전하라."[마태 5:48]의 온전은 perfet로 완벽을 뜻하는데, 소태산이 제시하는 원만과 온전은 완벽으로 풀이되고 번역되어서는 그 의도가 제대로 전해지지 않는다는 소회이다.

백낙청 선생은 원만을 "딱히 결함이랄 게 없이 전체적으로 만족스러움"으로 풀이해야 할 것이고 그런 뜻으로 번역되어야 할 것이라고 주장한다.

『정전』 '사대강령'에 "정각정행正覺正行은 … 그[일원] 진리를 체받아서 안·이·비·설·신·의 육근을 작용할 때에 불편불의不偏不倚하고 과불급過不及이 없는 원만행을 하자는 것"이라고 정의한다. 원만은 치우치고 기울어지지 않으며 지나치고 미치지 못하는 것이 없는 알맞은 상태라 할 것이다. 원만하다는 것은 그때 그 상황에 타당하고 적당한 것이다.

또한 『불교정전』 '불공하는 법'에 "십중팔구十中八九는 (반드시) 성공하는 법이 될 것이니라." 하였고, 『대종경』 수행품 9장에서 소태산은 정산 송규에 대해 "작업에 취사력으로도 불의와 정의를 능히 분석하여 정의에 대한 실행이 십중팔구는 될 것이며"라고 평한다. 이는 수학적인 백 퍼센트를 말한 게 아니다. 원만도 온전도 이러한 대중이다.

기독교 문화의 '하나님 같은 온전'은 소태산의 공부법인 "응용하는 데에 온전한 생각으로 취사하기를 주의할 것이요"의 '온전'과 다르다. '온전한 생각'을 'sound thought'로 번역한 것을 봐도 미루어 알 수 있다.

소태산이 제시하는 '원만'은 '온전한 생각'과 상통한다. 소태산의 온전은 신과 같은 천상계의 완벽을 뜻하는 게 아니다. 원만과 온전은 인도상人道上에 필요한 법으로 '일원상의 진리'와 관련된다. 소태산은 '원만이란 것은 곧 일원상을 이름이니라.'[일원상을 모본하라, 《회보》 제40호]라고 정의한다. '원만=일원상'으로, 원만은 일원상을 체받는 공부심과 연관된다.

'원만'은 일원상의 속성이라면 '심신을 원만하게 수호하고 사리를 원만하게 알고 심신을 원만하게 사용하는 공부'는 일원상을 체받아서 그 상황과 처지에 적절하고 타당하게 적용하는 것이다.

소태산은 『정전』〈일원상의 진리〉절에서 "일원은 언어명상이 돈공한 자리로서 공적영지의 광명을 따라 언어명상이 완연하여 시방삼계가 장중의 한 구슬같이 드러나고"라고 설파한다. 이는 분별 경계에 빠져 경계에 도색되는 게 아니라 성찰의 거리를 두고 있는 정신 차린 상태에서 자신의 꼬락서니나 고집 같은 분별 집착에 직면하고 있어야 한다. 자신의 마음 상태에 깨어있는 경지라고 읽을 수 있다.

그러니까 분별이 없는 청정한 자리에 그친다는 것은 분별하는 마음 상태를 자각하고 있는 상태이다. 이러한 경지는 분별은 있으되 분별에 동일시하지 않고 분별에 매몰되지 않는 수양력을 챙기는 상태이면서 그 상황을 통찰하는 연구력을 발하여, 그 경계에 가장 적절하고 적중토록 처사하는 취사력을 갖추는 상태라 할 것이다.

결국 소태산의 원만은 분별에 물들지 않는 경지이면서 동시에 분별에 역력한 마음 상태이다. 그리고 이를 '온전한 경지'라고도 한다. 스태산이 제시하는 원만과 온전은 공부심을 전제하는 경지다. 『정전』〈일원상의 진리〉절의 '선악업보가 끊어진 자리'에 그치기에 '선악업보에 차별이 생겨나는 상태'이다.

원만은 '완벽'이나 '완전'이 아니라 그 상황에 적절한 공부심을 챙기는 상태다.
일원상을 텅 비어 고요한 자리, 두렷하고 신령한 자리라 말할 때, 텅 비어 고요하고 청정한 자리는 분별이 멸절滅絶한 상태가 아니라 분별에 떨어지고 매몰되지 않으면서 분별 상황을 명료하게 밝히어 적절하고 타당하게 행하는 공부이다. 이것이 원만과 온전을 추구하는 뜻이다.

# 제1장 일원상

## 제4절 일원상 서원문

## 〈일원상 서원문〉 독송하기

『정전』
제2 교의편
제1장 일원상

### 제4절 일원상 서원문—圓相誓願文

　일원은 언어도단言語道斷의 입정처入定處이요, 유무초월의 생사문生死門인 바, 천지·부모·동포·법률의 본원이요, 제불·조사·범부·중생의 성품으로 능이성유상能以成有常하고 능이성무상無常하여 유상으로 보면 상주불멸로 여여자연如如自然하여 무량세계를 전개하였고, 무상으로 보면 우주의 성·주·괴·공成住壞空과 만물의 생·로·병·사生老病死와 사생四生의 심신 작용을 따라 육도六途로 변화를 시켜 혹은 진급으로 혹은 강급으로 혹은 은생어해恩生於害로 혹은 해생어은害生於恩으로 이와 같이 무량세계를 전개하였나니, 우리 어리석은 중생은 이 법신불 일원상을 체받아서 심신을 원만하게 수호하는 공부를 하며, 또는 사리를 원만하게 아는 공부를 하며, 또는 심신을 원만하게 사용하는 공부를 지성으로 하여 진급이 되고 은혜는 입을지언정, 강급이 되고 해독은 입지 아니하기로써 일원의 위력을 얻도록까지 서원하고 일원의 체성體性에 합하도록까지 서원함.

## 일원상 서원문의 구조

〈일원상 서원문〉의 구조와 구성에 관해 살펴보자.

『정전』 교의편 「일원상」 장은 먼저 〈일원상의 진리〉가 있고 그다음에 〈일원상의 신앙〉과 〈일원상의 수행〉이 있고, 이어서 〈일원상 서원문〉이 등장한다. 이러한 배치 순서는 〈일원상의 진리〉를 신앙의 대상과 수행의 표본으로 모시어 신앙하고 수행하라는 것이며, 이를 다시 일원상의 서원으로 꽃 피우라는 것이다. 일원상의 서원은 개인을 비롯한 가정. 사회, 국가, 세계에 일원의 위력을 얻고 일원의 체성에 합하도록까지 서원하는 다짐과 의지다.

〈일원상 서원문〉은 소태산 대종사가 독송문의 요청에 따라 직접 지은 경문으로, 306자의 짧은 내용이지만, 일원상의 내역과 이에 근거한 서원문이 담겨 있다. 원기23년(1938) 11월 무인(戊寅) 등선[정기훈련]에서 '심불 일원상 봉안법'을 정식으로 제정하여 선포하고, 소태산의 친제인 '심불일원상내역급서원문'을 《회보》 제49호[시창23년 11월호]에 발표한다.[『원불교사』, 일원상 봉안과 교무의 훈련]

이후 제목을 간결하게 '일원상 서원문'으로 고치며 '진급과 은혜는 얻을지언정 강급과 해독은 얻지 아니하기로써'를 '진급이 되고 은혜는 입을지언정 강급이 되고 해독은 입지 아니하기로써'로, '여일원(與一圓)'은 '일원의 체성'으로, '심불'을 '법신불' 등으로 자구 수정하여 원기28년(1943)에 편수한 『불교정전』에 종합하여 싣는다.

〈일원상 서원문〉의 구조는 '일원상의 내역'과 이에 기반한 '일원상의 서원'으로 대별하여 구성할 수 있다.

즉 "일원은 언어도단의 입정처 ~ 혹은 은생어해로 혹은 해생어은으로 이와 같이

무량세계를 전개하였나니"까지는 '일원상의 내역'이라면,

> 일원은 언어도단言語道斷의 입정처入定處이요, 유무초월의 생사문生死門인 바, 천지·부모·동포·법률의 본원이요, 제불·조사·범부·중생의 성품으로 능이성 유상能以成有常하고 능이성 무상無常하여 유상으로 보면 상주불멸로 여여자연如如自然하여 무량세계를 전개하였고, 무상으로 보면 우주의 성·주·괴·공成住壞空과 만물의 생·로·병·사生老病死와 사생四生의 심신 작용을 따라 육도六途로 변화를 시켜 혹은 진급으로 혹은 강급으로 혹은 은생어해恩生於害로 혹은 해생어은害生於恩으로 이와 같이 무량세계를 전개하였나니,

"우리 어리석은 중생은 ~ 일원의 체성에 합하도록까지 서원함"은 '일원상의 서원'이라 구분할 수 있다.

> 우리 어리석은 중생은 이 법신불 일원상을 체받아서 심신을 원만하게 수호하는 공부를 하며, 또는 사리를 원만하게 아는 공부를 하며, 또는 심신을 원만하게 사용하는 공부를 지성으로 하여 진급이 되고 은혜는 입을지언정, 강급이 되고 해독은 입지 아니하기로써 일원의 위력을 얻도록까지 서원하고 일원의 체성體性에 합하도록까지 서원함.

'일원상의 내역' 부분은 일원상의 진리라면 '일원상의 서원' 부분은 일원상의 내역에 근거한 염원으로, 이는 소태산 대종사의 서원이다.

〈일원상 서원문〉 중에서 '일원상의 내역' 부분은 '일원상의 진리'와 '일원상 게송' 그리고 '일원상 법어'의 큰 원상 단락과 관통되며, '일원상의 서원' 부분은 '일원상의 신앙'과 '일원상의 수행' 그리고 '일원상 법어'의 작은 원상 단락과 서로 통한다.

이처럼 일원상 장은 '일원상 서원문'을 중심으로 해석되어야 한다. 〈일원상 서원문〉의 '일원상의 내역' 단락에 따라 '일원상의 진리'도 '일원상 게송'도 읽어야 하며, 또한 '일원상 법어'의 큰 원상도 '일원상의 내역'과 한자리로 관통해서 읽어야 한다.

그리고 '일원상 서원문'의 서원 단락에 따라 '일원상의 신앙'과 '일원상의 수행'을 읽어내야 하며 '일원상 법어'의 작은 원상의 뜻도 풀어내야 한다.

| | 일원상 서원문 | |
|---|---|---|
| 일원상의 진리<br>일원상 게송 ⇔ | 일원상의 내역 ⇨ | 일원상 법어(큰 원상) |
| 일원상의 신앙<br>일원상의 수행 ⇔ | 일원상의 서원 ⇨ | 일원상 법어(작은 원상) |

〈일원상 서원문〉의 '일원상의 내역' 단락은 깨달아 오득할 수 있으나 '일원상의 서원' 단락은 끊임없이 실천하고 적용해야 하는 진행형의 세계다. 서원의 세계는 능숙할 수는 있어도 저절로 완성되는 경지가 아니다. '지성至誠'으로 정진 적공해야 하는 노력의 세계이며, 부지런히 단련해 가야 하는 '~까지'의 세계이다.

일원상은 불변의 유상 세계와 변하는 무상 세계가 서로 통하는 자리이다. 불변의 유상은 변하는 무상을 떠나 따로 있는 세계가 아니며, 변하는 무상은 불변하는 유상에 바탕을 두고 펼쳐진 세계이다.

일원상의 내역은 변하는 무상 자리이든 불변하는 유상 자리이든 진리의 영역이다. 그런데 일원상의 서원은 인간 세계로서 진리를 실행하는 여부에 따라 달라지는 영역이다. 마치 빛이 있기에 밝음뿐만 아니라 가리면 어둠도 생기듯이, 일원상의 내역은 빛처럼 오염을 초월해 있으나 일원상의 서원은 밝음과 어둠의 차이처럼 시공의 차원에서 막히면 오염될 가능성을 내포하고 있다.

우리의 습관에는 악이 완전히 없어질 수는 없다. 지금 악이 없는 것은 악을 행하고 있지 않는 것이지 악의 가능성이 사라진 것은 아니다. 빛을 가로막으면 어두워지듯 텅 빈 자리를 놓치면 집착의 오염이 발생하는 것이다. 그러므로 어둠과 싸울 것이 아니라 빛을 가로막지 말고 밝게 빛내려 노력해야 한다.

이처럼 '일원상의 서원'은 법신불 일원상을 신앙의 대상과 수행의 표본으로 도시어 현실의 시공과 상황과 기질 속에서 법신불 일원상을 적용 활용하고 처방하려는 염원이다.

인간은 유한한 존재이며 태어날 때부터 운명의 조건을 준다. 즉 주어지는 성별, 부모, 국가 등 삶의 조건은 피할 수 없고 잘 받아들여야 하는 지혜를 요구한다. 인간은 이러한 운명의 조건 속에서 미래를 향해 나아가는 서원의 존재요 에너지이다. 다만 이러한 서원은 유한한 가운데에서 한계를 열어가는 바람이다. 다시 말해 특정한 조건과 제약 아래 놓인 '할 수 있음' '될 수 있음'이다. 인간은 유한한 제약에서 벗어나 자유롭기를 몸부림치는 존재이다. 그러나 인간에게 주어지는 자유는 멋대로 마음대로 할 수 있는 게 아니라 한계가 있는 제약 속에서 이를 넘어서려는 도약의 의지이다. 소태산은 "참 자유는 방종을 절제하는 데에서 오고, 큰 이익은 사욕을 버리는 데에서 오나니"[『대종경』 요훈품 42장]라고 천명한다.

일원상의 서원은 법신불 일원상에 바탕을 둔 바람이다.
그러므로 '일원상 서원문'은 일원상을 체받아서 일원상으로 공부하기를 서원하고, 일원상을 체받는 공부로 진급하고 은혜 입기를 서원하여, 일원상을 체받는 공부로 일원의 위력을 얻고 일원상의 체성과 하나 되려는 원력願力이다.

서원은 '맹세할 서誓' '바랄 원願'으로 맹세하는 원력이라면, 욕심은 '탐낼 욕慾' '마음 심心'으로 지나치게 탐내거나 누리고자 하는 과욕過慾이다.
욕심은 법신불 일원상이 가린 바람이다.
서원과 욕심은 같으면서 다르다.
둘 다 하고자 하는 바람의 에너지는 같으나 그 방향이 다르다.
정산 종사는 "서원은 나를 떠나 공公을 위하여 구하는 마음"이라면, "욕심은 나를 중심으로 사私를 위하여 구하는 마음"[『정산종사법어』 법훈편 23장]이라고 밝혔다.
욕심은 자타가 둘이 아닌 일원상이 결여되어 자신은 좋으나 남은 고려치 않는 나를 중심으로 구하는 마음이라면, 서원은 자타가 둘이 아닌 일원상에 따라 나도 좋고 남도 좋게 하는 공公을 위해 구하는 마음이다. 이러한 일원상의 서원은 결국 파란고해의 일체생령을 광대무량한 낙원으로 인도하는 '개교의 동기'와 통한다.

소태산 대종사는 "세상에 난리가 나서 다 없어진다고 하더라도 '일원상 서원문' 하나만 있으면 다시 법을 펼 수 있다. 앞으로 지혜가 열린 사람이 나와 이 '일원상 서원문'을 보고 탄복하고 감개무량하여 대성통곡할 사람이 많을 것이다."라고 하였다.
　이처럼 〈일원상 서원문〉은 소태산 대종사의 서원이므로, 〈일원상 서원문〉을 득송하면 바로 소태산과 마음과 마음으로 상통하게 된다.

# 언어도단의 입정처이요

〈일원상 서원문〉의 '일원은 언어도단의 입정처이요' 대목을 살펴보자.

일원은 '하나 일一' '두렷한 원圓'으로 하나로 두렷한 자리이다.
하나 둘의 하나가 아니라 '마음이다 우주다'라는 상대가 끊어진 절대의 하나로, 내외가 탁 트인 무내무외無內無外의 한자리이다. 이 자리가 언어도단의 입정처이다.
언어도단의 입정처言語道斷―入定處는 '언어명상이 돈공한 자리'[『정전』 일원상의 진리]로 "한 이름도 없고 한 형상도 없는"[『대종경』 천도품 5장] 자리이다.
정산 종사는 이 자리를 "말로써 가히 이르지 못하며 사량思量으로써 가히 계교하지 못하며 명상名相으로써 가히 형용하지 못하는 일원의 진공체"[일원상의 진리와 그 운용법, 《원광》 제8호]라고 명시한다.

언어는 말과 문자로, 감정이나 생각을 표현하여 의사전달하는 도구이다.
우리는 좋다 싫다, 멋지다 못났다 등 이런저런 생각과 감정을 언어로 표현한다.
생각도 감정도 언어이다.
생각이란 언어의 딱지를 붙이고, 감정이란 언어의 사슬로 꽁꽁 묶는다.
이렇게 분별하고 규정짓는 언어의 루트를 단칼에 베어버리는 것이다.
그러면 언어에 묶이고 가려진 텅 비어 고요한 자리가 드러난다.
언어에 포획되지 말고, 언어의 그물에서 벗어나라.
언어에 도색되지도 말고, 또한 언어의 포장에 덮이지도 말라.
분별하고 규정하고 한정 짓는 언어의 길을 단번에 '끊을 단斷' 하라.

소태산의 '무무역무무無無亦無無 비비역비비非非亦非非'[『대종경』 성리품 11장]는 언어도단의 자리이다. '없고, 없다 하는 것도 또한 없고 없는' 자리이며, '아니고, 아니라 하는 것도 또한 아니고 아닌' 자리이다.[무상대도,《회보》제31호]

'무無'라는 한탕에 언어도단하고 '비非'라는 한 소리로 언어도단하여 입정처入定處에 드는 것이다. 일체의 분별 주착이 붙지 않는 정定한 자리에 드는 것이다.

못났다는 생각도 잘 났다는 생각도 없고 없고 아니고 아닌 자리다.
부처도 스승도 버틸 수 없고 법문도 감당할 수 없는 자리다.
육근문으로 들락거리는 분별사량하는 길이란 길은 다 '끊을 단斷' 해버리라.
그러면 생각의 양변이 툭 끊어진 여여부동한 입정처에 들게 된다.
사전辭典으로 이 자리를 붙잡을 수도 간직할 수도 없으며, 언어로 포획할 수도 없다.
이 자리가 삼세의 모든 성자와 모든 부처가 언제나 머무시고 사시는 곳이다.[대산 종사 작시,『원불교 성가』138장 〈나 없으매〉]

이 입정처에 입주하라. 이 자리를 청약하여 거처하라.

이 입정처는 감정이 치성하고 생각이 번잡해도 본래 텅 비어 고요하며,
아무리 재잘거리는 소란 중에도 본래 조용한 자리이며,
생각과 감정이 치성하여 분별이 요란해도 항상 여여부동如如不動한 자리다.
이렇게 본래 텅 비어 부동한 자리에 드는 경지가 바로 언어도단의 입정처이다.

입정처는 일체의 분별 형상에 물들지 않는 고요한 자리로,
마치 방안의 불을 끄니 밤하늘의 별이 초롱초롱한데 고요한 것과 같다.
분별 규정하고 한정 짓는 언어의 불을 꺼버리니 텅 빈 고요가 펼쳐진다.
입정처는 말 없는 돌덩이나 말라비틀어진 고목이 아니라 생생한 자리다.
일체를 내려놓으니 고요한 중에 생생한 자리가 전개된다.

**자! 언어도단의 입정처를 확인해 보겠습니다.**
**언어는 말하고 표현하고 이름으로 규정하고 이미지로 형상하는 마음입니다.**
**이름도 언어이며 이미지도 언어입니다. 언어는 분별하고 규정하는 작용입니다.**

이러한 언어작용을 내려놓고 말하기 전 그 자리를 반조해 보십시오.

한 생각이 일어날 때, 그 생각에 끌려가지 말고, 그 생각이 드러나는 당처를 돌이켜 직면해 보십시오. 끌려가는 마음과 치달려가는 마음을 멈추고 돌아앉아 보라는 것입니다.

경계에 끌려가는 마음을 당장 멈추십시오.

경계를 따라 흘러가는 흐름을 끊어 그 당처에 그치어 그 현전現前에 머무는 것입니다.

분별 집착하는 언어에 묶이지 말고, 단斷하십시오.

경계에 흘러가는 마음을 멈추고 내려놓고 그치면 텅 비어 부동한 입정처가 자리하고 있습니다.


내려놓는 것은 없앤다는 것이 아니다.

마음은 없애려면 더 기승을 부린다. 없애려고 하면 할수록 더욱 반동한다.

그러므로 내려놓는다는 것은 이런저런 분별이 있든지 없든지 관심을 주지 않는 것이다. '무관사'에 동하지 않는 것이다.[『정전』법위등급 '법마상전급']

끌려가는 경계에 No touch 하는 것이다. 경계에 밥을 주지 말라.

간과看過하라. 가치를 두지 않고 그냥 예사로 보아 넘기라.

그러면 현존하는 텅 비어 고요하고 부동한 입정처가 다가온다.


시현해 봅시다.

손뼉을 치겠습니다. 손뼉을 치면 멈추십시오. 생각이 딱 끊어지면 됩니다.

소리가 나는 자리를 지켜보십시오. 소리가 드러나는 자리에 그치는 겁니다.

소리가 드러나는 자리에 소란이 있습니까?

그 자리에 이리저리 움직이는 요동이 있습니까?

그 자리가 어수선합니까?

그 자리가 어지럽습니까?

이 입정처는 손뼉을 칠 때뿐만이 아니라 치기 전에도 친 후에도 항상 여여부동如

如不動합니다.

> 듣고 있는 이 자리는 분별이 텅 비어 부동합니다.
> 듣고 있는 이 자리는 생멸이 텅 비어 부동합니다.
> 듣고 있는 이 자리는 선악이 텅 비어 고요합니다.
> 듣고 있는 이 자리는 언어가 텅 비어 고요합니다.

시끄럽게 조잘거리는 분별에 끌려다니지만 않으면 그 배경으로 있는 부동한 고요가 드러난다. 시끄럽다고 여기는 그 마음을 내려놓으면 그 자리에는 시끄럽다는 실체가 없다. 무어라 할 것이 없는 텅 빈 자리이기에 시끄러운 소리가 역력한 것이다. 이렇게 듣고 있는 자리는 텅 비었으면서 신령하게 깨어있다. 이 자리는 본래 어디 가지도 무너지지도 않는다. TV를 시청해도 화려한 화면을 보면서도 부동한 고요가 드러나고, 잠을 자도 부동한 고요가 어디 가지 않고, 잠에서 깨어나도 부동한 고요와 함께 기상한다.

분별하고 한정 짓는 언어의 힘에 매몰되지 않고 멈추어 그치면 슬픈 일을 당해도 행위는 슬프지만, 내면에 흔들리지 않는 부동한 고요가 흐른다. 고통스럽고 슬프고 또는 기쁜 상황은 있지만, 부동한 가운데 고요한 입정처가 떠나지 않는다. 분별 주착하는 언어에 묶이지만 않으면 어떠한 경계에도 입정처가 무너지고 사라지지 않는다.

일이 있는 유사할 때나, 일이 한가한 무사할 때나, 순경이나 역경이나 언어의 분별이나 한정에만 묶이지 않으면 입정처가 눈앞에 펼쳐진다. 동정역순動靜逆順에 무비삼매無非三昧의 입정처에 그치게 된다.

소태산 대종사의 발심·구도 과정은 일어나는 의심에 몰두하여 궁구하고 궁구하더니 끝내는 그 의심마저도 탈락한 입정돈망入定頓忘에 든다. 의식뿐만 아니라 무의식까지 다 쉬어버린 상태로, 마치 허공에 구름이 아무리 끼어도 허공 자체에 들면 일어났다 사라지는 구름에 영향을 받지 않는 것과 같다.

소태산의 입정돈망처는 밤낮으로 구도했으나 도를 이루지 못한 회한, 아들의 득도를 지원했던 부친의 기대에 부응하지 못한 불효, 나라 잃은 설움 등이 다 녹아난 자리로, 온갖 한계와 원망과 좌절을 다 내려놓은 해원이요 해탈의 지경에 든 것이다.

이러한 일체를 돈망한 텅 비어 부동한 입정入定에 들어 그 속에서 꿈틀거리는 광명과 조화가 드디어 대각으로 드러난 것이다. 이처럼 언어도단의 입정처는 광명과 조화가 함장되어 있되 무어라 규정할 수 없는 자리로서, 소태산의 구도 체험이요 대각의 경지이다.

일원은 언어도단의 입정처로, '일원상의 진리' 중 '대소유무에 분별이 없는 자리'이며, '생멸거래에 변함이 없는 자리'이며 '선악업보가 끊어진 자리'이며, '언어명상이 돈공한 자리'에 든 경지이다.

## 🔍 더보기

## 언어도단의 입정처와 일심

　언어도단의 입정처言語道斷―入定處는 일원상 자리이다. 입정처는 일원상인 성품에 계합한 자리로 수양의 경지로만 한정해서 사용하면 맥락에 적합하지 않을 수 있다.

　초기교서인 『수양연구요론』의 결론에 초심→발심→입지→수양→연구→취사→세밀→입정入靜의 '공부의 진행 순서'와 각 단계에 대한 '주해'가 붙어 있다. 이 8단계 공부를 『정전』 법위등급의 시원이라 볼 수 있다. 이중 최종 단계인 입정入靜은 **"일 분 일각이라도 마음이 자성自性을 떠나지 아니하며 응용應用하여도 생각이 없는 때이라"**라고 주해하고 있다. 원래 분별주착이 없는 자성을 동정 간에 여의지 않는 경지가 곧 입정入靜으로, 경계에 더하여 육근을 작용하여도 분별사량分別思量하는 '생각'이 끊어진 때다.

　소태산 대종사는 팔산 김광선의 열반에 **"분별을 하고도 끌리지만 않으면 입정入定이니라. 동動하는 가운데 부동不動하는 줄 아는 사람은 울어도 좋고 웃어도 좋지마는, 동하는 부동형을 알지 못한 사람은 울어도 못 쓰고 웃어도 못 쓰나니라."**[김영신 수필, 시창23년 제1회 교무강습회 필기노트]라고 입정과 부동의 뜻을 밝히고 있다.

　또한 소태산은 "내가 회상을 연지 근 30년간에 너무 해석적으로 정법을 설하여 주었으므로 상근기는 염려 없으나 중하근기는 쉽게 알고 구미호가 되어서 참 도를 얻기 어렵게 되니 실로 걱정되는 바이다. … 이후부터는 일반적으로 대략 수행길을 잡은 공부인은 선 떠나 평상시를 막론하고 염불 좌선과 주문 등으로 일심을 통일하는 데 노력하도록 하여야 할 것이다."[『대종경선외록』 원시반본장 3절]라며 '일심통일'을 강조한다.

　『수양연구요론』의 입정入靜이 수양에 한정된 상태가 아니라 불리자성不離自性으로 일원의 체성에 합한 경지이듯, 『대종경선외록』의 일심통일도 일원상에 합일된 경지의 다른 표현이다. 삼학의 방법론에만 빠져 일원상 성품 자리를 망각하지 말고 그 자리에 계합하는 입정과 일심을 체득하라는 것이다.

즉 입정入靜과 일심一心은 언어도단의 입정처로써 응용하여도 분별 집착하는 생각에 물들지 않는 경지이다. 언어도단의 입정처는 설사 경계에 끌려 요란해진다 해도 요란한 줄 아는 그 마음 당처는 본래 여여부동한 자리로, 경계를 따라 분별 집착하는 언어명상만 내려놓으면 눈앞에 현존하는 본래 두렷하고 텅 빈 자리이다.

염불·주송하는 그 일심의 당처, 단전주 하는 그 집중하는 당처는 망념이 어찌할 수도, 잡념이 끼어들 수도 없으며, 번뇌가 치성해도 본래 흔들리지도 무너지지도 물들지도 않는 자리이다. 즉 정定하면 정靜하기에 입정入靜은 입정처入定處이다.

개는 먹이를 던져주면 그 먹이를 향해 달려가나 사자는 먹이를 던지는 그 사람에게 달려든다. 보통은 던져주는 먹이를 쫓아가는 개처럼 경계를 따라 일어나는 그 마음에 사로잡힌다. 이때 경계에 끌려갈 것이 아니라 경계를 따라 있는 그 마음의 바탕을 직시하는 것이다.

마치 먹이를 던지는 사람을 향해 달려드는 사자처럼 지각의 방향을 돌이켜 직입하는 것이다. 그러면 언어명상의 길이 끊어진 입정처에 들게 된다. 언어명상이라는 먹잇감에 홀리어 끌려다닐 것이 아니라 분별사량하는 언어명상의 추구만 곧장 멈추면 항상 현전現前해 있는 요동 없이 여여한 자리에 들게 된다.

소태산의 일심통일의 요구는 언어도단의 입정처인 일원상에 직입하여 동정 간에 이 자리를 놓치지 말라는 당부요 촉구이다.

주산 송도성은 언어도단의 입정처에 든 심정을 노래한다. 송도성 작시의 『원불교성가』 109장 〈찾다면 다북 차고[진경]〉에서 "소리로 못 전하고 동작으로 형용 못 할 참 극락 가는 길을 누구에게 물었기에 남 먼저 찾아온 이들 홀로 즐겨 하노라"라고 노래한다. 소리로도 못 전하고 동작으로도 표현 못 할 언어도단의 경지인 고락 초월의 극락에 들어 무어라 비교하고 짝할 게 없는 입정처에 유유자적한 것이다.

# 유무초월의 생사문인 바

〈일원상 서원문〉의 '일원은 유무초월의 생사문인 바'에 대해 살펴보자.

일원一圓은 언어도단의 입정처이면서 유무초월의 생사문이다.
말로 설명할 수 없고 생각으로 파악할 수 없으며 명상名相으로 형용할 수 없는 언어도단의 입정처이면서 또한 생생약동한 자리이다. 즉 유이면 어느새 무이고 무이면 어느새 유로, 유도 아니고 무도 아니면서, 유 가운데 무를 갖추고 있고 무 가운데 유를 갖추고 있는 '유무초월有無超越의 생사문生死門'이다.

유무초월은 '있다' '없다'라는 분별에 묶이지 않는 경지이다.
있다고 하면 그 있는 분별에 붙잡히고, 없다고 하면 그 없는 분별에 빠지므로 '있다거나 없다'라는 분별만 내려놓으면 된다. 만일 없다는 무無에 빠지면 혼침만 기르게 되고, 있다는 유有에 집착하면 망상만 기르는 꼴이 된다. 경계를 따라 있어지는 유무 분별에 떨어지지 말고, 내려만 놓으면 유무초월의 경지에 들게 된다.
이 자리는 획득하고 상실하는 유무의 대상도 아니고, 주고받는 거래의 대상으로 전락하지 않으며, 얻을 수도 없고 잃어버릴 수도 없는 유무초월의 경지이다. 그러므로 유무의 파도에 멀미하는 자리도, 유무에 흔들려 정신없는 자리도 아니다.

유무의 분별을 내려놓고 끌려가지 말라. 있는 족족 초월하라.
유무의 롤러코스터에 일희일비하지 말라. 간과하라.
있다는 유有에도 집착하지 말고, 없다는 무無에도 집착하지 않으면 바로 유무초월이다.
이 유무초월의 자리에서 만물이 생겼다가 멸하며 생각과 감정이 일어났다 사라지는데, 이를 유무초월의 생사문이라고 한다.

생사문의 문門은 안도 아니고 바깥도 아니면서 안으로도 들어오고 밖으로도 나간다. 이처럼 생사문은 생사의 실체가 없는 가운데 생사가 출몰하는 출처이다. 그러므로 변화는 할지언정 생사에 집착하지 않는다.

이 생사문에서 생각도 나왔다가 사라지며, 만물도 생겼다가 사라진다. 유무를 초월한 자리에서 인연에 응하여 만변萬變을 나툰다.

**예를 들어보겠습니다.**
아침에 해가 떠올랐다가 저녁에 해가 서산 너머로 집니다.
해가 떠올라 낮이 되었다가 해가 져서 밤이 되었습니다. 낮과 밤의 유무 변동이 있는 것입니다.
이때 해가 떠올라 낮이 되고 해가 져서 밤이 드러나는 당처를 직면해 보십시오.
이 자리는 천지와 마음이 둘이 아닌 자리입니다. 마음 밖에 천지가 있지도 않으며 천지 밖에 마음이 있지도 않습니다. 마음에 천지가 드러나고 천지를 떠나서 마음이 있지도 않습니다. 천지와 마음은 한 자리로 트여 있는 경지입니다.
이 마음자리에 낮과 밤으로 변동하는 유무의 실체가 있습니까?
이렇게 낮과 밤으로 변동되는 현상이 드러나는 마음 자체에는 있다는 것도 없다는 것도 없는 텅 빈 자리입니다. 유무로 한정 지을 수 없는 자리입니다. 만일 유무의 분별이 실유實有해 있다면 마음이 느끼는 대로 낮과 밤이 드러날 수 없습니다. 유무의 분별 집착이 없이 유무를 초월해 있기에 생사 변화가 그렇게 드러나는 것입니다.
해가 떠서 낮이 나타나고 해가 져서 밤이 드러나는 자리는 있다가 없어지고 없다가 있는 자리가 아닙니다. 해가 떠올라 낮이 되기 전에도 여여하고, 낮이 밝아져도 여여하고, 해가 져서 밤으로 변해도 여여한 자리입니다.
이러한 유무의 변동에 물들지 않고 여여한 유무초월의 자리에서 해가 떠올라 낮이 역력하게 드러나고 해가 지어 밤으로 두렷하게 변합니다. 생멸의 유무 변동에 걸림이 없는 유무초월의 자리에서 생멸이 역력하게 출몰합니다. 유무초월에서 생사가 드나드는 출처입니다.

짜증이 났습니다.
짜증인 줄 아는 마음 당체에 본래부터 짜증이 있다면 짜증을 알 수 없습니다.
이렇게 짜증이 드러난 마음 자체는 짜증의 유무에 변동되지 않는 여여한 자리입니다.
짜증이 나도 그 자리요 짜증이 사라져도 그 자리인바 짜증의 유무에 사로잡히지 않는 초월의 경지입니다. 짜증이 나면 짜증에 매몰되고 짜증이 사그라지면 같이 몰락하는 그런 자리가 아닙니다. 짜증이 있든 없든 이에 물들지 않고 초월해 있는 유무초월의 자리입니다.
이처럼 짜증이 생겼다 사라지는 유무 변동에 걸림 없는 유무초월의 자리에서 짜증이 발생했다가 사라지는 생사문입니다.
그러므로 희로애락의 유무 변동에 걸림 없는 초월의 경지에서 희로애락을 상황에 따라 나투는 생사문을 놓치지 말라는 것입니다.

이처럼 유무초월의 생사문은
대소유무에 분별이 없는 자리이며, 생멸거래에 변함이 없는 자리이며, 선악업보가 끊어진 자리이며, 언어명상이 돈공한 자리인 '유무초월의 자리'이면서 공적영지의 광명을 따라 대소유무에 분별이 나타나서 선악업보에 차별이 생겨나며, 언어명상이 완연하여 시방 삼계가 장중의 한 구슬처럼 드러나며, 우주만유를 통하여 무시광겁어 은현자재하는 '생사문'이다.

소태산 대종사는 유무초월의 생사문을 '열반 전후에 후생 길 인도하는 법설'에서 "유도 아니요, 무도 아닌 그것이나 그중에서 그 있는 것이 무위이화無爲而化 자동적으로 생겨나, 우주는 성·주·괴·공으로 변화하고, 만물은 생·로·병·사를 따라 육도와 사생으로 변화하고, 일월은 왕래하여 주야를 변화시키는 것이니라." [『대종경』 천도품 5장]

라고 부연 설명하였다.

이처럼 '유도 아니요 무도 아닌 그것이나'는 유무초월의 자리라면 '그중에서 그 있는 것이 무위이화 자동적으로 생겨나 우주와 만물이 변화하는 작용'은 유무초월의 '생사문'이다.

유무초월의 생사문은 유무를 초월한 자리에서 생사를 드러내는 경지이다.

고락의 유무에 물들지 않는 가운데 고락의 현상이 두렷하게 출몰하는 자리이며, 선악의 유무에 집착하지 않는 중에 선악의 차별이 역력한 자리이며, 생사의 유무에 분별이 없는 중에 생사의 변태가 확연하게 나타나는 자리이다.

고락을 초월한 자리에서 고락이 두렷하게 출몰하며, 선악을 초월한 자리에서 선악이 선명하게 생멸하며, 생사를 초월한 자리에서 생사가 확연하게 변태하는 유무초월의 생사문이다.

소태산은 유무초월의 생사문이 사은의 위력이라고 명시한다.

"우리에게 죄복의 근원이요, 유무초월의 생사문인 사은의 위력이 참으로 무섭고 두렵나니라."[김영신 수필, 시창23년 제1회 교무강습회 필기 노트]

유무초월의 생사문이 사은의 위력이다. 이 생사문이 죄복의 출처이니 이를 두렵고 무섭게 여기라는 것이다.

## 🔍 더보기

## 유무초월의 생사문과 일원상 게송

〈일원상 서원문〉에서 일원상의 진리를 한마디로 말하면 언어의 길이 끊어진 입정처요 유무를 초월한 생사문인 것이다. 이 '유무초월의 생사문'의 유무초월은 생사문을 수식하는 설명어로 일원=유무초월=생사문이다.

유무초월有無超越은 변하는 유라 한 즉 어느새 불변하는 무에 바탕하고, 불변하는 무라 한 즉 어느새 변하는 유로 드러나서 유라고 단정할 수 없고 무라고 한정할 수 없는 자리이다. 즉 변하는 유와 불변하는 무가 서로 바탕을 두어 한 두렷한 기틀을 짓고 있는 자리이다.

지금 개가 짖고 있다 할 때 그 듣는 당처는 개소리에 한정될 수 없는 무분별의 자리이면서 또한 개소리가 생멸하는 분별이 역력한 자리이다. 이처럼 분별이 없는 자리에서 한 생각이 출몰하며, 생각이 출몰하되 그 바탕은 일체의 흔적이 없는 텅 빈 자리다. 분별이 없는 자리에서 분별이 드러나고, 분별이 드러나는 작용은 분별이 없는 자리에 바탕을 두고 있다.

생사문生死門은 곧 유무초월한 자리로써, 문門은 안도 아니요, 바깥도 아니면서 안팎을 다 포괄하는 지점이듯이, 생사문은 생도 아니요 사도 아니면서 생이기도 하고 사이기도 하는 자리이다. 즉 생사를 초월한 가운데 생사변화하는 자리로, 생사가 출몰하되 그 출몰하는 낙처落處에는 생사가 없는 것이다. 즉 생사의 분별이 없는 그 초월처에서 생사가 두렷이 드러나며, 생사를 드러내되 생사에 오염되지 않는 무분별의 청정한 자리이다.

이처럼 유무초월의 생사문은 "유는 무로 무는 유로 돌고 돌아 지극하면 유와 무가 구공이나 구공 역시 구족이라."의 〈일원상 게송〉과 한자리이다.

소태산 대종사는 이 자리를 "유도 아니요, 무도 아닌 그것이나, 그중에서 그 있는 것이 무위이화 자동적으로 생겨나, 우주는 성·주·괴·공으로 변화하고, 만물은 생·로·병·사를 따라 육도와 사생으로 변화하고, 일월은 왕래하여 주야를 변화시키는 것"[『대종경』 천도품 5장]이라 하며, 자성의 분별 없는 줄만 알고 분별 있는 줄을 모른다면 유무초월의 참 도는 모르는 것이라 한다.[『정전』 참회문] 분별 변화가 역력한 그 바탕이 분별이 없는 자리이며, 분별이 없는 청정한 자리에서 분별이 두렷하게 나타난다.

그러므로 유무초월의 생사문은 대소유무에 분별이 없는 자리로서 공적영지의 광명을 따라 대소유무에 분별이 나타나며, 또는 선악업보가 끊어진 자리이며 언어명상이 돈공한 자리로써 공적영지의 광명을 따라 선악업보에 차별이 생겨나며 언어명상이 완연하여 시방삼계가 장중의 한 구슬같이 드러나고, 우주만유를 통하여 무시광겁에 은현자재하는 진공묘유의 조화이다.

결국 유무초월의 생사문은 고락을 초월한 자리에서 고락이 분명하며, 선악을 초월한 자리에서 선악이 선명하며, 생사를 초월한 자리에서 생사 변태가 확연하게 나타나는 출처이다. 그러므로 유도 아니요, 무도 아닌 유무초월의 경지에서 생사거래에 자유자재하는 것이다.

끝으로 언어도단의 입정처와 유무초월의 생사문은 하나로 융통되는 동시적 속성이다.

본래 생생약동하는 작용이 배어 있는 부동한 입정처이기에 생사변화를 펼치는 생사문을 관통해 있고, 변화자재하는 생사문은 본래 텅 빈 가운데 생생약동하는 시동始動이 갈무리 되어 있는 입정처와 하나이다.

# 천지·부모·동포·법률의 본원이요

〈일원상 서원문〉의 '일원은 천지·부모·동포·법률의 본원이요' 대목을 살펴보자.

본원은 '근본 본本' '근원 원源'으로 나무의 뿌리나 강의 시원과 같은 뜻이다.

일원一圓은 천지·부모·동포·법률의 본원이라는 것은 일원이 천지·부모·동포·법률의 뿌리요 시원이라는 뜻이다. 일원에서 천지·부모·동포·법률이 전개되므로, 천지·부모·동포·법률의 출처가 일원이라는 말이다.

소태산 대종사는 우주만유를 천지·부모·동포·법률의 사중四重으로 범주하였다. 천지·부모·동포·법률은 우주만유의 다른 표현이다. 그러므로 천지·부모·동포·법률의 본원은 우주만유의 본원이다.

즉 〈일원상 서원문〉의 '천지·부모·동포·법률의 본원'과 〈일원상의 진리〉의 '우주만유의 본원'은 같은 자리이다.

'열반 전후에 후생 길 인도하는 법설'에서 "이 우주와 만물도 또한 그 근본은 본연 청정한 성품 자리"[『대종경』 천도품 5장]라고 정의한다.

그러니까 일원=우주만유의 본원=천지·부모·동포·법률의 본원=우주와 만물의 근본=본연 청정한 성품 자리이다. 결국 천지·부모·동포·법률의 본원은 본연 청정한 성품 자리이다.

소태산 대종사는 원기23년(1938) 4월 26일 제10회 정기총회 다음날에 대각전에서 설법하였다. 이공주 수필受筆로 《회보》 제50호에 실린 법문이다.

이때 친히 칠판에 일원상一圓相 두 개를 그리시니, 그 한 개는 결함이 없는 원만한 일원상이요, 또 그 한 개는 한 귀퉁이 일그러진 결함이 있는 일원상으로, 그중 원만한 일원상을 가리키며 말씀하시기를 "이것은 곧 부처님의 마음이요, 다시 말하면 천지·

부모·동포·법률의 본원이며 제불제성諸佛諸聖과 범부중생의 불성佛性으로 우주만물을 내고 들일 능력과 복 주고 죄 주는 권리가 있음으로써…"라고 설법하였다.

이 원만한 일원상 자리가 천지·부모·동포·법률의 본원이며 제불제성과 범부중생의 불성佛性으로 우주만물을 내고 들일 능력과 복 주고 죄 주는 권리가 있다. 위협의 인연도 되고 호응의 인연도 될 수 있다는 뜻이다.

또한 '천지·부모·동포·법률의 본원'과 '제불제성과 범부중생의 불성'은 둘이 아니다. 깨어있는 불성인 성품이 드러난 자리가 천지·부모·동포·법률인 사은의 본원이며 사은四恩이 드러난 자리가 불성인 성품 자리이다.

이와 같이 사은의 본원과 성품이 둘이 아닌 일원상 자리는 천지·부모·동포·법률인 우주만유의 출처요 이 우주만유가 복 주고 죄 주는 권리가 나타나는 자리이다. 일원상은 일원一圓이 발현한 자리로 일원의 자리가 일원상이다.

이처럼 천지·부모·동포·법률은 소태산 대종사의 대각분상에서 밝혀진 사은이다.

천지·부모·동포·법률의 사은은 현상에 국한된 천지만물이 아니라, 일원의 자리에서 출현하는 우주만유이다. 그러므로 천지·부모·동포·법률의 본원은 하나로 두렷한 일원의 자리이다.

**일원의 현현顯現으로 드러나는 우주만유가 천지·부모·동포·법률의 사중은四重恩**[『불교정전』, 법신불 일원상 조성법]**이요 사중보은四重報恩**[〈경축가〉]**이다.**

**천지·부모·동포·법률의 사은은 서로 겹[重]으로 합해 있는 사중은으로 서로 고유한 특징을 가지고 있으면서 서로서로 품고 있는 관계이다. 하나로 어우러진 넷이요, 넷의 어우러짐이다. 이처럼 사은은 서로서로 포개어 겹쳐 있는 일원상이다.**

「교법의 총설」에서 법신불 일원상을 신앙의 대상으로 모시고, 천지·부모·동포·법률의 사은으로써 신앙의 강령을 정한 지점이 곧 법신불인 사은이다. 법신불 사은은 법신불 일원상인 사은이다.

천지·부모·동포·법률을 신앙의 강령으로 삼아 죄복을 줄 권능이 있는 처처불상으로 전개한 자리이다. 강령은 벼릿줄과 옷깃으로 이를 잡아당기면 우주만유가 천지·

부모·동포·법률의 사은으로 따라오는 격이다.

　천지·부모·동포·법률이 드러난 자리는 언어도단의 입정처이요 유무초월의 생사문이다. 언어도단의 입정처가 천지·부모·동포·법률의 본원이며, 유무초월의 생사문에서 천지·부모·동포·법률이 드러난다.
　이 자리는 공적하면서 영지한 자리이며, 진공이면서 묘유한 자리이다.
　공적영지의 광명을 따라 천지·부모·동포·법률의 시방삼계가 손바닥 위의 구슬같이 드러나며, 진공묘유의 조화가 천지·부모·동포·법률인 우주만유를 통해서 무시광겁에 은현자재한다.
　공적영지하고 진공묘유한 이 자리에서 천지·부모·동포·법률의 사은이 전개된다.
　일원은 천지·부모·동포·법률의 출처이다.

　일원은 텅 비어 고요하면서 신령하게 알아차리는 공적영지의 광명을 따라 대소유무에 분별이 나타나서 선악업보에 차별이 생겨나며, 언어명상이 완연하여 시방삼계가 장중의 한 구슬같이 드러난다.
　그러므로 일원은 선악업보가 끊어진 자리에서 선악업보에 차별이 생겨나는 천지·부모·동포·법률이요, 언어명상이 돈공한 자리에서 언어명상이 완연하여 시방삼계로 드러나는 천지·부모·동포·법률이다. 또한 천지·부모·동포·법률인 우주만유를 통해서 무시광겁에 은현자재하는 진공묘유의 조화이다.

　일원은 우주만유를 통하여 은현자재하는 진공묘유의 조화이다.
　즉 진공묘유한 일원의 조화가 우주만유인 천지·부모·동포·법률로 드러난다. 천지·부모·동포·법률의 본원이면서 천지·부모·동포·법률로 펼쳐진다.

　소태산 대종사는 대각 일성으로 '만유가 한 체성이며 만법이 한 근원'[『대종경』 서품 1장]이라고 외쳤다. 만유와 만법은 한 체성, 한 근원의 나타남이다.
　천지·부모·동포·법률인 만유와 만법이 다 한 체성인 일원의 현현顯現이며, 한 근원인 일원의 발현이다.

천지의 본원은 성주聖呪의 영천영지永天永地로, 천지가 드러나는 자리가 영천영지이다. 영천영지는 천지의 본원 자리로, 천지가 이 본원에서 드러난다. 영천영지의 자리가 우주만유의 본원으로 일원의 성품 자리이다.

일원의 자리에서 드러나는 천지는 천지은으로 일원상의 천지이다.
일원의 자리에서 드러나는 부모는 부모은으로 일원상의 부모이다.
일원의 자리에서 드러나는 동포는 동포은으로 일원상의 동포이다.
일원의 자리에서 드러나는 법률은 법률은으로 일원상의 법률이다.
즉, 법신불 일원상의 시각으로 천지·부모·동포·법률의 사은을 봐야 한다.

## 🔍 더보기

### 광활한 천지와 은혜

소태산 대종사는 목사 한 사람이 찾아와 법훈을 요청하니 광활한 천지를 구경했냐고 묻는다. 광활한 천지는 한 번 마음을 옮기어 널리 살피는 데 있다고 제시한다.

즉 광활한 천지는 '천지의 광대무량한 도'[『정전』 천지 보은의 조목]로서, 편착심이 없는 일원상 자리이다.

목사 한 사람이 와서 뵈옵거늘 대종사 말씀하시기를 "귀하가 여기에 찾아오심은 무슨 뜻인가." 목사 말하기를 "좋은 법훈을 얻어들을까 함이로소이다." 대종사 말씀하시기를 "그러면 귀하가 능히 예수교의 국한을 벗어나서 광활한 천지를 구경하였는가." 목사 여쭙기를 "그 광활한 천지가 어느 곳이오니까." 대종사 말씀하시기를 "한 번 마음을 옮기어 널리 살피는 데에 있나니, 널리 살피지 못하는 사람은 항상 저의 하는 일에만 고집하며 저의 집 풍속에만 성습되어 다른 일은 비방하고 다른 집 풍속은 배척하므로 각각 그 규모와 구습을 벗어나지 못하고 드디어 한편에 떨어져서 그 간격이 은산철벽銀山鐵壁같이 되나니, 나라와 나라 사이나 교회와 교회 사이나 개인과 개인 사이에 서로 반목하고 투쟁하는 것이 다 이에 원인함이라, 어찌 본래의 원만한 큰살림을 편벽되이 가르며, 무량한 큰 법을 조각조각으로 나누리요. 우리는 하루속히 이 간격을 타파하고 모든 살림을 융통하여 원만하고 활발한 새 생활을 전개하여야 할 것이니 그러하다면 이 세상에는 한 가지도 버릴 것이 없나니라."[『대종경』 불지품 21장]

한 번 마음을 옮기어 널리 살피면 광활한 천지가 드러난다. '광활한 천지'는 마음과 둘이 아닌 천지다. 자기의 고집, 사고방식, 각 종교나 집단의 문화적 풍토에 한정되거나 자기 집단의 풍습만 좋다고 편벽되게 조각내어 고집하는 생각들을 타파하여 널리 살피면 광활한 천지에 들게 된다. 이 같은 광활한 천지를 구경하여 원만한 큰살림을 전개하라는 것이다. 이는 천지의 광대무량한 도를 체받아서 매사에 편착심을 없게 하는 천지보은행이다.[『정전』 천지 보은의 조목]

　이처럼 광활한 천지는 천지의 광대무량한 도로서 편착심 없는 일원상의 안목이다.

　**대종사 또 말씀하시기를 "이 세상에 있는 좋은 것은 좋은 대로 낮은 것은 낮은 대로 각각 경우를 따라 그곳에 마땅하게만 이용하면 우주 안의 모든 것이 다 나의 이용물이요, 이 세상 모든 법은 다 나의 옹호 기관이니, 이에 한 예를 들어 말하자면 시장에 진열된 모든 물건 가운데에는 좋은 물건과 낮은 물건이 각양각색으로 있을 것이나 우리들이 그 좋은 것만 취해 쓰고 낮은 것은 다 버리지는 아니하나니, 아무리 좋은 것이라도 쓰지 못할 경우가 있고 비록 낮은 것이라도 마땅히 쓰일 경우가 있어서, 금옥이 비록 중보라 하나 당장의 주림을 위로함에는 한 그릇 밥만 못 할 것이요, 양잿물이 아무리 독한 것이라 하나 세탁을 하는 데에는 필수품이 될 것이니, 이와 같이 물건 물건의 성질과 용처가 각각이거늘, 이것을 이해하지 못하고 그 한 편만을 보아 저의 바라고 구하는 바 외에는 온 시장의 모든 물품이 다 쓸데없는 것이라고 생각한다면 그 얼마나 편협한 소견이며 우치한 마음이리오."**[『대종경』 불지품 21장]

　소태산 대종사는 이 세상에 있는 좋은 것은 좋은 대로 낮은 것은 낮은 대로 잘 사용하라고 당부한다. 나쁘다고 하지 않고 '낮은'이라고 표현한다.

　좋고 낮은 국한을 튼 광대무량한 일원상 마음을 챙기면 우주 안의 모든 것은 경우에 따라서 서로 잘 쓸 수 있는 이용물이다. 여기서 이용의 의미는 이용해 먹었다는 뜻이 아니라 서로가 서로에게 도움이 되고 이득이 되는 관계이다. 그러면 세상에 있는 것이 모두 서로의 옹호 기관이 된다.

　한 번 마음을 옮기어 널리 살피면 광활한 천지가 드러난다. 이 광활한 천지가 일원상의 경지요, 이렇게 광활한 천지가 펼쳐지는 일원상 안목으로 보면 모든 것이 서로 잘 이용할 수 있고, 잘 쓸 수 있는 은혜로 화하여 즉 사은으로 펼쳐진다.

널리 살피는 일원상의 간목으로 보면 좋으면 좋은 대로 낮으면 낮은 대로 이용하는 사은 세상이 펼쳐진다. 소태산 대종사는 광활한 천지, 즉 천지의 광대무량한 도를 제시한다. 편착심이 없는 일원상 마음을 갖추면 광대무량한 천지를 구경하여 국한 없는 일원상의 살림을 할 수 있는 것이다.

또한 광활한 천지를 구경하면 「교법의 총설」의 '광대하고 원만한 종교의 신자'가 된다.

# 제불·조사·범부·중생의 성품으로

〈일원상 서원문〉의 '일원은 제불·조사·범부·중생의 성품으로' 대목을 살펴보자.

제불諸佛은 모든 부처님이라면, 조사祖師는 불교의 한 종파를 열었거나 그 종파의 법맥을 이은 법 높은 고승을 이르는 말이다. 넓게는 모든 종교와 종파의 스승으로 볼 수 있다. 제불은 법륜부전法輪復轉이라면 조사는 법륜상전法輪常轉의 경지라 할 것이다. 또한 범부는 깨닫지 못한 평범한 사람이라면, 중생은 어리석은 뭇 생령으로, 범부중생은 제불조사의 구제 대상이 된다.

중생은 구류九類 중생으로 유색有色 무색無色, 유상有想 무상無想 비유상비무상非有想非無想『금강경』3장)까지 존재 일반을 가리키기도 한다. 무정無情 중생도, 생각도 개념도 중생인 것이다. 제불·조사·범부·중생의 중생은 마음 가진 유정有情 중생으로, 유정 중생이 깨달을 때 무정無情 중생인 우주만물도 깨어있게 된다는 의미로 해석할 수 있다. 유정 중생이 깨달으면 국토도 깨어나고 저 산야의 나무들도 깨어서 드러나는 것이다.

정산 종사는 부처와 중생을 정화신불正化身佛과 편화신불偏化身佛로 설명한다.

"법신불이라 함은 곧 만법의 근원인 진리불을 이름이요, 보신불과 화신불은 그 진리에서 화현한 경로를 이름인 바, 화신불 가운데에는 진리 그대로 화현한 정화신불이 있고 또는 진리 그대로 받지 못한 편화신불이 있으니, 정화신불은 곧 제불제성을 이름이요 편화신불은 곧 일체중생을 이름인 바, 비록 지금은 중생이나 불성만은 다 같이 갚아 있으므로 편화신불이라 하나니라. 그러므로 우리의 마음이 청정하고 바른 때에는 곧 내가 정화신불이요 삿되고 어두울 때에는 편화신불임을 알아야 할 것이니라."[『정산종사법어』 원리편 5장]

불성佛性은 곧 각자의 성품性稟이다. 또한 정화신불은 성품을 깨치어 마음이 청정하고 바르게 나타난 제불제성이요 제불조사라면, 편화신불은 성품을 깨치지 못해 마음이 삿되고 어두운 일체중성이요 범부중생이다.

소태산 대종사는 찌그러지지 않은 원만한 일원상을 가리키며 "제불제성諸佛諸聖과 범부·중생의 불성佛性"[《회보》 제50호)]이라고 밝혔다. 즉 제불·조사·범부·중생의 성품=제불제성과 범부·중생의 불성으로, 불성佛性의 불은 '깨달을 불佛'로 깨어있는 성품 자리를 뜻한다. 깨어있는 자리가 불성이요 성품이다.

소태산은 이 성품 자리를 본연 청정한 성품 자리[『대종경』 천도품 5장]라고 표현한다. 불성=깨어있는 자리=본연 청정한 성품 자리이다. 우리는 본연 청정한 이 성품 자리를 망각한다. 진흙 속에 묻힌 진주처럼 경계의 진흙에 매몰된다. 만일 보고 듣는 행위에 취해서 경계에 매몰되어 있는 한 성품은 가리어 드러나지 않는다.

성품은 사물처럼 눈에 보이거나 귀에 들리거나 손에 잡히지 않는다. 그러면서 성품은 보고 듣고 느끼는 기연에 따라 수없이 다양하게 드러난다. 이처럼 성품은 하나로 꿰뚫어 있으면서 수없이 다른 모습으로 드러나는 다수이다. 성품의 바다에서 온갖 사태가 일어났다 사라지는 파도와 같은 격이다.

**예를 들어 봅니다. 밖에서 차량 소리가 울립니다.**
**이때 들려오는 소리에 따라다니기만 하면 절대로 소리를 알아차리고 있는 자리는 알 길이 없습니다. 소리와 함께 소리를 알아차리고 있는 바탕[배경]도 드러내야 합니다.**
**이 배경의 바탕이 바로 성품으로 본연 청정한 자리입니다.**
**눈앞에 펼쳐져 있는 일체의 우주만유도 이 청정한 성품에 바탕을 두고 드러나 있습니다.**
**이처럼 성품은 우주만유의 바탕이요 배경이면서 우주만유를 드러내는 출처입니다.**

우리의 본연 청정한 성품 자리가 바로 우주만유를 드러내는 본원이요,

우리의 본연 청정한 성품 자리가 바로 불조佛祖의 심체心體요 제불제성의 마음 도장이며, 우리의 본연 청정한 성품 자리가 바로 일체중생의 본바탕이다.

언어도단의 입정처가 제불·조사·범부·중생의 성품 자리이며
유무초월의 생사문이 제불·조사·범부·중생의 성품 자리이다.
이 성품 자리가 일원一圓의 자리로 일원상이다.

성품은 본래 여여如如하나 마음 밖의 대상에 집착하면 어두워지는 자리이다.
마음 바탕으로 돌이켜 직시하면 훤히 드러나는 자리이다. 성품은 감각 및 감정과 생각이 일어나는 본바탕으로 우리의 본래 모습이다. 매 순간 밖으로 향하는 의식을 의식이 발생하는 본바탕으로 돌이키면 감지되는 자리이다.

**확인해 봅시다.**
지금 일원상 공부를 하고 있습니다. 공부하고 있는 마음을 살펴보십시오.
이해가 되는 것 같기도 하고 모르는 것 같기도 한 이런저런 생각이 일어나는 자리를 돌이켜 보십시오. 생각이 머리를 내밀고 나오는 순간 그 생각의 출처를 직시하십시오.
생각이 꼬리를 감추며 사라지는 마지막 순간까지 그 생각을 직면하십시오.
일어나는 생각을 알아차리고 사라지는 생각을 알아차리고 있는 그 자리에 그치십시오.
그 자리는 생각이 일어나도 생각이 사라져도 무어라고 규정할 수 없는 텅 빈 자리입니다. 생각이 출몰해도 생각에 물들지 않는 텅 빈 자리이면서 생각을 그대로 알아차리고 있는 신령한 자리입니다.
이 자리는 생각이 일어난다 해도 생각이 사라진다 해도 달라지지 않습니다.
생각이 있다가 없어지는 형상에 붙잡히고 매몰되는 자리가 아닙니다.
생각의 생멸과 관계없이 사라지고 없어지지 않는 항상 그러한 자리입니다.

소태산 대종사는 원기14년(1929) 경성행을 위해 익산총부에서 이리역으로 가는 도중 남중리 길가에서 일원상을 길바닥에 그리며 이 자리를 '우주의 본가'라 하며 성품 자리를 일러준다. 법설 중 '군君'은 원평 사가로 귀가하기 위해 이리역까지 동행했던 불법연구회 제2대 회장 조송광이다.

"유형물의 일분자로 된 하나의 군이야 사시와 변천을 따라 변함이 있으리라. 그러나 그 속에 잠거潛居한 참말의 군은 억만무량계億萬無量界를 통하여 변하고 다함이 없나니, 이 군을 알지 못하고 한정 있는 군, 존멸 있는 군만 안다면 군은 진정한 군을 잃었다 않을 수 없도다. 물 가운데 비친 달[月]의 그림자를 보고 참 달이라 일컫다가 물이 말라 없어질 때는 영영 달을 잃어버림과 같으리라. 그러나 허공에 뜬 그 달이야 물이 있으나 없으나 여여히 왕래하나니, 유형한 군만 알아 참 군이라 믿을 때는 이에 지나지 않으리라." [《월말통신》 제21호]

한정 있는 군, 존멸 있는 군, 유형한 군인 그림자 달을 참 달로 보지 말고 허공 달인 성품을 보아 참말의 군, 참 군, 진정한 군을 발견하라는 것이다.
또한 '참말의 군'은 '억만무량계億萬無量界를 통하여 변하고 다함이 없다'는 것이다. 생사 변화하는 중에 여여하다는 뜻이다.

성품은 제불·조사·범부·중생에게 원만평등한 자리이다. 그러므로 제불조사나 범부중생의 본래 마음은 한자리이다.
이처럼 성품 자리는 모든 생령의 마음 바탕이기에 제불조사라 하여 더하지도 않고 범부중생이라 하여 덜하지도 않은 원만평등한 자리이다. 더하지도 덜하지도 않은 일원의 자리가 제불·조사·범부·중생의 성품 자리이다.

소태산 대종사는 "수도하는 사람이 견성을 하려는 것은 성품의 본래 자리를 알아, 그와 같이 결함 없게 심신을 사용하여 원만한 부처를 이루는 데에 그 목적이 있다."고 하시며 "만일 견성만 하고 성불하는 데에 공을 들이지 아니한다면 이는 보기 좋은 납도끼와 같아서 별 소용이 없나니라."[『대종경』 성리품 7장]라고 밝혔다.

즉 제불·조사·범부·중생의 성품을 보는 견성을 하자는 것은 이 자리를 보아서 심신을 원만하게 사용하기 위해서이다. 이처럼 일원一圓인 제불·조사·범부·중생의 성품 자리는 견성성불의 표준이요 원만 수행의 표본[『대종경』 교의품 8장]이다.

다만 성품은 희로애락의 인간성과 고락 번뇌의 중생성 밖에 따로 있는 자리가 아니라 이러한 인간성과 중생성을 관통하는 자리이다. 그러므로 인간과 중생의 고통에 공감하는 제생의세의 서원이 가능한 것이다.

끝으로 큰 성품인 대성大性에 대해 살펴보자. 정산 종사는 영·기·질과 큰 성품인 대성大性을 말씀하였다.

"우주만유가 영靈과 기氣와 질質로써 구성되어 있나니, 영은 만유의 본체로서 영원불멸한 성품이며, 기는 만유의 생기로서 그 개체를 생동케 하는 힘이며, 질은 만유의 바탕으로서 그 형체를 이름이니라."[『정산종사법어』 원리편 13장]

"기氣가 영지靈知를 머금고 영지가 기를 머금은지라, 기가 곧 영지요 영지가 곧 기니, 형상 있는 것 형상 없는 것과 동물·식물과 달리는 것 나는 것이 다 기의 부림이요 영의 나타남이라, 대성大性이란 곧 영과 기가 합일하여 둘 아닌 자리니라."[『정산종사법어』 원리편 14장]

대성大性은 영과 기가 합일하여 둘 아닌 자리이므로, 성품 자리에서 보면 영의 나타남도 기의 부림도 성품의 작용으로, 영의 나타남이 바로 기의 부림이요 기의 부림이 영의 나타남이다.

또한 우주만유의 본원인 체體와 그 체 가운데에서 순환하여 천변만화하는 한 기운인 용用과 그 체용을 주재하는 허령불매한 영지가 다 '법신불' 하나이다.[『정산종사법어』 예도편 9장]

『정산종사법어』예도편 9장의 초록에서는 '우주만유의 본원'을 '우주만유의 자연 현상'이라 하였다. 그러므로 우주만유의 본원인 체體는 '형체 체體'로 우주만유의 자연 현상現像인 '바탕 질質'로 읽어야 할 것이다. 결국 영·기·질은 둘이 아닌 법신불의 하나로 큰 성품이다.

**일원의 성품 자리에서 보면, 영靈은 만유의 본체로서 허령불매한 성품의 영지이며, 기氣는 만유를 생동케 하는 힘으로서 성품의 조용이며, 질質은 만유의 바탕으로서 성품의 현상이다.**

큰 성품 자리로 보면 영과 기와 질은 한자리인 일원一圓이다.

## 능이성 유상하고 능이성 무상하여

〈일원상 서원문〉의 '일원은 능이성 유상하고 능이성 무상하여' 대목을 살펴보자.

'하나 일一' '두렷할 원圓'의 일원은 능이성유상能以成有常하고 능이성무상能以成無常한다. 하나인 두렷한 일원一圓은 능히 유상하고 능히 무상한 능동성을 갖추고 있고, 한 자리로 두렷한 일원一圓은 능히 유상하면서 또한 능히 무상한 양면성을 가지고 있다.

소태산 대종사는 대각 일성으로
**"만유가 한 체성이며 만법이 한 근원이로다. 이 가운데 생멸 없는 도와 인과보응 되는 이치가 서로 바탕 하여 한 두렷한 기틀을 지었도다."**[「대종경」 서품 1장]라고 외쳤다.

결국 한 체성과 한 근원은 한 두렷한 기틀로 일원상이다.
한 체성과 한 근원은 생멸 없는 도와 인과보응 되는 이치가 서로 바탕 하여 한 두렷한 기틀을 짓고 있듯이, 하나로 두렷한 일원一圓의 자리는 능히 유상하고 능히 무상하여, 능이성 유상한 생멸 없는 도와 능이성 무상한 인과보응 되는 이치가 서로 바탕 되어 있는 것이다.

일원을 유상으로 보면 불생불멸하고 무상으로 보면 인과보응하여, 불변하는 유상과 변하는 무상은 서로 근거하며 지탱하고 있다.
그러므로 불생불멸한 유상 자리에서 인과보응의 무상 자리가 드러나고, 인과보응의 무상 자리에 불생불멸의 유상 자리가 바탕하고 있다.
항상 그러한 불변의 유상 자리에서 인연과로 변화하는 무상 자리가 드러나며, 인연과로 변화하는 무상 자리에서 늘 그렇게 지속하는 불변의 유상 자리가 바탕 되어 있다.

정산 종사는 유상과 무상을 변·불변으로 밝혔다.
"이 세상은 변하는 이치와 불변하는 이치로 이룩되어 있나니, 우주의 성주괴공과 사시의 순환이며 인간의 생로병사와 길흉화복은 변하는 이치에 속한 것이요, 불변하는 이치는 여여자연하여 시종과 선후가 없는지라 이는 생멸 없는 성품의 본체를 이름이니라."[『정산종사법어』 원리편 34장]

즉 우주의 성주괴공과 천지의 사시순환, 인간의 생로병사와 길흉화복은 변화하는 이치라면 생멸 없는 성품의 본체는 불변하는 이치다. 생멸 없는 도는 불변의 유상 자리라면 인과보응 되는 이치는 변하는 무상 자리다.

이어서 불변하는 유상 자리와 변하는 무상 자리를 활용하는 방법을 제시한다.
"우리는 변하는 이치를 보아서 묵은 습관을 고치고 새로운 마음을 기르며 묵은 제도를 고치고 새로운 제도로 발전시키는 동시에, 그 변화 가운데 불변하는 이치가 바탕해 있음을 깨달아서 한없는 세상에 각자의 본래 면목을 확립하여 천만 변화를 주재하며, 원래에 세운 바 서원을 계속 실천하여 천지로 더불어 그 덕을 합하여야 할 것이니, 이는 곧 천지의 변화하는 이치를 보아서 변할 자리에는 잘 변하며, 천지의 불변하는 이치를 보아서 변치 아니할 자리에는 또한 변치 말자는 것이나 …."[『정산종사법어』 원리편 34장]

즉 변치 말아야 할 상황에서는 불변하는 이치를 보아서 능히 변치 아니하고 변할 상황에서는 변하는 이치를 보아서 능히 잘 변하자는 것이며, 불변하는 유상에 바탕을 두어 능히 변하는 무상을 나투고 변하는 무상 속에서도 능히 불변하는 유상을 세우라는 것이다.

결론으로 불변하는 유상 자리와 변하는 무상 자리가 한자리임을 밝힌다.

"변과 불변은 곧 둘 아닌 진리로서 서로 떠나지 못할 관계를 가지고 있나니, 그대들은 이 변 불변의 둘 아닌 이치를 아울러 깨달아서 각자의 공부길을 개척하라."
[『정산종사법어』 원리편 34장]

유상으로 보면 일원상은 생멸 없는 불변의 자리라면, 무상으로 보면 일원상은 무궁토록 변하는 작용이다.
그러므로 불변하는 유상과 변하는 무상이 둘이 아닌 이치를 깨달아서, 유상에 바탕을 둔 무상을 나투고 무상 속에서 유상을 세우는 공부길을 밟아가라는 것이다.

일원상의 진리는 능能한 자리이다.
능히 유상하여 불변하고, 능히 무상하여 변한다.
불변하는 면으로 보면 유상하고, 변하는 면으로 보면 무상한 것이다.

이 세상은 무상으로 보면 무궁토록 변하는 자리다.
변하는 자리는 뭇 인연이 화합하여 생성하였다가 인연이 다하면 소멸하는 인연과因緣果의 세계다. 그런데 이렇게 변하는 현상은 변하는 줄 아는 텅 빈 자리에서 항상 그렇게 변하는 이치가 상주불멸하게 드러난다.
항상 그렇게 상주불멸하는 유상에 바탕 하여 천만 변화하는 무상이 드러나므로 변하는 무상도 불변하는 유상에 기반한 발현이다. 변화가 완연한 무상은 불변의 유상을 떠나 있지 않으므로 유상과 무상은 둘이 아니다.
즉 무상을 뒤집어 보면 유상으로, 유상도 무상도 다 일원의 한자리이다.

불생불멸의 유상 자리와 인과보응의 무상 자리는 하나이다.
불생불멸의 유상으로 인과보응의 무상을 굴리고
인과보응의 무상에 불생불멸의 유상이 자리 잡고 있다.
유상은 무상으로 나투어야 가치가 있고, 무상은 유상에 근거해야 허무하지 않다.

확인하겠습니다. 창밖을 바라보십시오.

저 멀리 산이 보이고 천川이 흐르고 있는 풍경이 펼쳐집니다.

또한 산 아래에 빌딩들이 펼쳐져 있고 하늘에는 구름이 흘러가고 간혹 새들이 날아다닙니다.

구름에 햇살이 가리다가도 어느새 따스한 햇살이 비치기도 하며 시원한 바람이 불어오다가도 어느새 잠잠해집니다.

하루가 이렇게 펼쳐지는 낮이었다가 해가 지어 밤이 되고 다시 해가 떠올라 낮이 됩니다.

이러한 하루하루가 지나 어느새 봄이더니 여름이 되고 가을을 지나 겨울이 됩니다. 그리고 다시 새순이 피어나는 봄이 됩니다.

천지의 변화가 시절 인연 따라, 만물은 세월 따라 생로병사로 변합니다.

천지 순환과 만물의 변태變態 중에도 항상 여여한 도가 바탕하고 있습니다.

변화가 오르내리는 무상 세계가 펼쳐지는 가운데 항상 그렇게 변함없는 상주불멸한 유상 세계가 자리하고 있습니다.


우주와 만물뿐만 아니라 인간 세계는 능히 유상하고 능히 무상하여,

무상의 차원으로 보면 이렇고 유상의 차원으로 보면 저렇다는 것이다.

한편으론 유상하고 또 한편으론 무상한 풍광이다.

유상은 변함없는 진리 자체라면, 무상은 변화자재한 진리의 작용이다.

소태산은 "천하의 모든 이치가 변하여도 변하지 않고 변하지 않는 중에 변하는 진리를 아는 것이 성리의 용用을 완전히 아는 것이라"[『대종경』 성리품 27장]라고 밝힌다.

이처럼 불변의 유상과 변화의 무상은 둘이 아니요 간격이 없이 서로 바탕하고 있다.

## 유상으로 보면 ~

〈일원상 서원문〉의 '일원은 유상으로 보면 상주불멸로 여여자연하여 무량세계를 전개하였고' 대목을 살펴보자.

일원一圓은 능히 유상有常하고 능히 무상無常하여 유상과 무상이 둘이 아니다. 유상으로 보면 이러한 세계가 전개되고 무상으로 보면 저러한 세계가 전개된다. 유상과 무상이 고정된 덩어리로 분리되어 따로따로 있는 세계가 아니라 관점에 따라 그러한 세계로 드러난다. 한자리의 두 양태다.

'유상으로 보면'에서 '~ 보면'은 어떠한 시각이나 관점으로 본다는 뜻이다.
그러니까 유상은 '항상 상常'이 있는, 즉 지속되고 유지되고 변함이 없는 항상성이 있는 시각으로 보는 것이다. 유상의 관점으로 보면 상주불멸常住不滅로 여여자연如如自然하다는 것이다.
상주불멸은 '항상 상常' '머무를 주住' '아닐 불不' '멸할 멸滅'로 항상 상주하여 없어지거나 사라지지 않는, 즉 생멸 변화하는 가운데 그 변화하는 도 자체는 상주하여 멸함이 없이 여여자연하다는 뜻이다. 여여如如는 상주불멸로 한결같이 같고 같으며, 자연自然은 스스로 그렇게 상주불멸하다는 것이다.

소태산 대종사는 우주 변화의 이치에 대해 통괄하여 밝혀주었다.
"우주의 진리는 원래 생멸이 없이 길이길이 돌고 도는 지라, 가는 것이 곧 오는 것이 되고 오는 것이 곧 가는 것이 되며, 주는 사람이 곧 받는 사람이 되고 받는 사람이 곧 주는 사람이 되나니, 이것이 만고에 **변함없는 상도**常道니라."[『대종경』 인과품 1장]

다함과 멸함이 없이 돌고 도는 변화의 원리 그 자체는 만고에 변함없는 여여한 상도常道이다. 이처럼 도의 작용은 무상無常하다면 도 자체는 유상有常하다.

정산 종사는 〈원각가〉에서 "일관이치一貫理致 알고보니 불변이라 하는 것은 불생불멸 진리로다. 천지만물 돌아보니 여여자연 의구依舊하고, 춘하추동 지내보니 무왕불복無往不復 그뿐이요, 생사거래 생각하니 소소영령昭昭靈靈 하나이요, 화복귀천 생각하니 인과법因果法이 정수定數 있어 호리불차毫釐不差 아닐런가"라고 무상無常한 가운데 유상有常한 불변의 이치를 밝히고 있다.

주야晝夜로 춘하추동으로 생사거래로 화복귀천으로 순환무궁하게 변화하는 도의 작용은 무상하다던, 이렇게 변화하는 도 자체는 불변상주不變常住로 유상하다.
상주불멸하는 불변의 유상 세계는 소태산의 대각 일성인 "생멸 없는 도"[『대종경』 서품 1장]와 상통한다. 이 도 자체는 생멸하지 않는다.

정산 종사는 "불변하는 이치는 여여자연하여 시종과 선후가 없는지라 이는 생멸 없는 성품의 본체를 이름한다."[『정산종사법어』 원리편 34장]라고 명시한다.
'불변의 이치=여여자연=시종과 선후가 없는 자리=생멸 없는 성품의 본체'이다. 불변하는 이치인 변함없는 도가 유상有常한 자리로 곧 생멸 없는 성품의 본체이다. 성품의 본체에서 드러나는 변화의 이치 그 자체는 변화에 부동하다.
생각이나 감정이 생멸하는 변화에 한정되지 않으면서 이를 소소영령하게 드러내는 성품의 본체는 불변상주不變常住하며 언제 어디서나 한결같이 여여如如하다.

일원은 유상으로 보면 상주불멸로 여여자연하여 '무량세계'를 전개한다.
유상의 무량세계는 '없을 무無' '헤아릴 량量'으로 한량없는 불변의 세계다.
생멸거래로 변화하는 도의 작용은 무상無常하다면, 도 자체는 변함없는 유상有常으로서 상주불멸로 여여자연한 무량세계를 전개한다.

확인합니다.

아침에 해가 뜨고 저녁에 해가 집니다.
해가 뜨고 지고 또 뜨고 지고를 지속합니다.
이렇게 천지 변화가 지속되는 것을 지켜보십시오.
해가 뜨면 낮이 밝아지고 해가 지면 밤이 됩니다.
또 해가 밝아오면 낮이 되고 해가 서산에 지면 밤이 찾아옵니다.
천지가 무궁토록 순환하되 다함이 없습니다.
유상으로 보면 항상 그렇게 변화하는 이치가 상주불멸합니다.
계절이 추웠다가 점점 따뜻해지더니 무더위를 지나 다시 추워지는 변화가 반복됩니다.
이렇게 변화하는 이치가 변함없이 여여하여 스스로 그러합니다.
천지 변화 속에서 유상한 무량세계를 감지하십시오.
천지 변화 중에 변함없는 이치가 전개되는 풍광을 직면해 보십시오.
**변화 중에 변하지 않는 상도常道가 두렷합니다.**

천지와 마음이 변화하고 변동하는 중에도 늘 여여한 세계가 펼쳐 있다.
항상 그러한 변함없는 상도常道가 있다.
지금 저 들녘과 하늘의 변화에서 유상을 보라.
무상하게 변하는 생각이나 감정에서 소소영령한 유상을 발견하라.
세상의 번잡한 변화에서 유상으로 보라.
유상으로 보면 변화하는 중에 변함없는 중심이 있다.
변화 중 여여한 정칙定則이 자리 잡고 있으며,
변화하는 가운데 불멸의 상수常數가 있는 것이다.

## 무상으로 보면 ~

〈일원상 서원문〉의 '무상으로 보면 우주의 성·주·괴·공과 만물의 생·로·병·사와 사생의 심신 작용을 따라 육도로 변화를 시켜 혹은 진급으로 혹은 강급으로 혹은 은생어해로 혹은 해생어은으로 이와 같이 무량세계를 전개하였나니'라는 대목을 살펴보자.

'무상으로 보면'에서 '~ 보면'은 무상의 차원으로 본다는 것이다.
무상은 '없을 무無' '항상 상常'으로 항상 함이 없다는 뜻이다.
무상의 관점으로 보면 시공간의 모든 것이 변하는 장관壯觀이다.
무상은 덧없다는 것뿐만 아니라 생생약동하게 변화하는 작용이다.

무상으로 보면
첫째, 우주는 성·주·괴·공成住壞空으로 변화하며,
둘째, 만물은 생·로·병·사生老病死로 변화하며,
셋째, 사생四生은 심신작용을 따라 육도六途로 변화한다.

여기서 한 가지 해석의 큰 제점이 나타난다.
'혹은 진급으로 혹은 강급으로 혹은 은생어해恩生於害로 혹은 해생어은害生於恩으로' 이 문장을 앞 문장과 어떻게 연결하여 읽을 것인가의 문제점이다.
또 이 문장을 우주와 만물 그리고 사생 전체를 받는 문장으로 읽을 것인지,
아니면 사생의 심신작용에 한정된 문장으로 읽을 것인지이다.
만일 사생뿐만 아니라 우주와 만물에까지 연결해서 읽는다면
우주도 진·강급의 변화가 있고 은혜과 해독으로 변화하는 작용이 있게 된다.

소태산 대종사는 천지의 진강급과 조선의 진강급에 관한 질문에 답한다.

**서대원이 여쭙기를 "천지에 진강급進降級이 있다 하오니 조선이 지금 어느 기期에 있나이까." 대종사 말씀하시기를 "진급기에 있나니라." 다시 여쭙기를 "진강급의 기한은 얼마나 되나이까." 대종사 말씀하시기를 "과거 부처님 말씀에 일대겁一大劫으로 천지의 한 진강급기를 잡으셨나니라."**『대종경』변의품 6장]

조선의 진강급기는 조선이라는 기세간에 인연이 된 사람들의 심신작용에 따라 형성된 공업共業으로 발생하는 진강급을 뜻할 것이다. 천지의 진강급을 논할 때의 천지는 인간 세상인 세상천지를 뜻한다고 할 것이다. 또한 일대겁으로 천지가 진강급한다고 할 때의 일대겁은 물리적 시간[시계-시간]이 아니라 심리적·가치적·의미적 시간으로, 깨어있으면 금방이지만 어리석으면 멀고 먼 시간이요 미래이다.

정산 종사는 인력의 진강급과 자연의 진강급으로 대별하였다.

**학인이 묻기를 "진급과 강급은 반드시 수행 여하에만 따라서 되나이까." 답하시기를 "진급과 강급에는 자연히 되는 것과 인력으로 되는 것이 있으니, 자연으로 되는 것은 천지의 운행하는 도수에 따라서 저절로 진급 혹은 강급이 되는 것이요, 인력으로 되는 것은 수도와 행동 여하에 따라서 각자 업인으로 진급 혹은 강급이 되는 것이니라."**[『정산종사법어』원리편 37장]

각자 업인에 따른 인력人力으로 진·강급하는 것과 천지 운행의 도수에 따라 자연히 되는 진·강급이 있다는 것이다.

다만 여기서 말하는 천지 운행의 도수는 시대에 따라 도래하는 시운時運이라 할 것이다. 시대에 따라 부여되는 도로써 천지자연의 변화 원리에 따른 세상천지의 흐름을 뜻한다고 할 것이다. 이 천지자연의 이치에 근거한 시운의 도에 따라 잘 변하면 자연히 진급되고 거슬리면 강급이 된다. 물질개벽 시대의 도래가 대표적으로 세상천지의 시운이라 할 것이다. 물질개벽의 시대 운수에 따라 이에 상응하는 정신개벽을 하면 자연히 진급되는 것이다.

고려해야 할 사항은 우주의 성주괴공이나 춘하추동의 계절 변화를 진·강급으로 평할 수 있냐는 것이다. 한 예로 봄은 진급기인지 또는 겨울은 강급기인지 또는 그 반대인지의 평가이다.

또한 만물의 생주이멸生住異滅이나 생로병사生老病死의 변화에도 진·강급과 은恩·해害의 가치평가를 부여할 수 있냐는 것이다. 만일 늙는 현상이나 죽음을 강급이나 해독이라 한다면 인간의 삶은 강급과 해독으로 방향이 정해진 격이다. 심신 작용은 건강과 노화와 죽음에 일정 영향을 주는 관계다. 즉, 생로병사의 변화가 진·강급이 아니라 생로병사를 대하는 심신 작용에 따라 진·강급이 있어진다고 해야 할 것이다.

결국, '혹은 진급으로 혹은 강급으로 혹은 은생어해로 혹은 해생어은으로'는 '사생의 심신 작용을 따라 육도로 변화를 시켜'에 국한되는 문장으로 육도 변화의 모습이다.

'사생의 심신 작용을 따라'에서
사생四生은 생명의 출생 방식에 따라 태·난·습·화 네 가지로 분류한 카테고리로,
태생胎生은 인간처럼 태[자궁]에서 태어난 것이고,
난생卵生은 새처럼 알에서 태어난 것이며,
습생濕生은 습한 곳에서 태어나는 것으로 벌레나 곤충 등 일부가 이에 속하며,
화생化生은 무엇에 의탁하지 않고 과거 자신의 업력業力에 따라 홀연히 나타나는 도깨비나 신 또는 천상이나 지옥에 태어나는 존재이다.
사생은 모두 깨치지 못한 미혹迷惑 중생으로 육도로 윤회하는 존재이다.

사생은 현대 생물학의 분류와는 차이가 있다.
예를 들면 곤충의 경우 현대 생물학으로 보면 알에서 부화하는 경우가 태반이다. 이를 사생으로 보면 난생이기도 하고 잠자리 유충은 습기에서 부화하니 습생으로 분류할 수 있으며, 나비는 고치를 틀어 탈피한다고 하여 화생으로 분류하기도 한다.

'육도로 변화를 시켜'에서 육도六途는 천도·인도·수라·축생·아귀·지옥으로, 일반적으로 축생·아귀·지옥을 삼악도三惡道라 하며, 천도·인도·수라를 삼선도三善道라 한다. 다만, 소태산 대종사는 "천도·인도는 선도善道요, 지옥·아귀·축생·수라는 악도惡道"[사생과 육도,《월보》제36호]라고 분류한다.

진·강급과 은생어해 해생어은은 육도윤회의 승·강급을 나타낸 말로써,
악도에서 선도로 올라가는 것은 진급이요 은생어해라면
선도에서 악도로 내려가는 것은 강급이요 해생어은이다.
은생어해는 은생어은恩生於恩까지를 포함하며, 해생어은은 해생어해害生於害까지 포함한다.

종합하면,
사생의 육도변화는 심신 작용을 인연하여 인과보응의 이치에 따라 변화되는 것으로, 만물의 생로병사는 음양상승의 도에 따라 변하되, 사생의 짓는 인연에 따라 생사의 차이가 있게 되며, 우주의 성주괴공도 음양상승의 도를 따라 변하되 어떤 부분은 성하고 어떤 부분은 주하고 어떤 부분은 괴하고 또는 멸하는 것이다.

소태산 대종사는 "우주의 성주괴공도 인간의 생·로·병·사와 같아서 인생이 한편에서는 낳고 한편에서는 늙고 한편에서는 병들고 한편에서는 죽는 것이 끊임없이 계속되는 것 같이, 천지에도 성·주·괴·공成住壞空의 이치가 천만 가지 분야로 운행되어 지금 이 시간에도 이루어지는 부분이 있고 그대로 머물러 있는 부분도 있으며, 무너지는 부분도 있고 없어지는 부분도 있어서 늘 소천소지燒天燒地가 되고 있다."[『대종경』 변의품 4장]라고 변의辯義한다.

생생약동하게 변화하는 우주의 성주괴공과 만물의 생로병사와 사생의 육도 변화 작용을 무상이라 한다.

'이와 같이'는 앞 문장 전체 즉 '우주의 성·주·괴·공과 만물의 생·로·병·사와 사생의 심신 작용을 따라 육도로 변화를 시켜 혹은 진급으로 혹은 강급으로 혹은 은생어해로 혹은 해생어은으로'를 총체적으로 받는 말이다.

얼핏 보면 '이와 같이'를 빼도 문장이 된다고 할 수 있으나 우주와 만물의 음양상승하는 변화와 진·강급하고 은생어해 해생어은하는 사생의 인과보응의 영역 각각을 한 덩어리로 묶쳐 '이와 같이'로 수렴한 것이다.

즉, 우주와 만물과 사생의 변화를 구분하여 각각 명시한 후 이를 한데 모아 '이와 같이'로 수렴하여 통합한다.

### 〈일원상 서원문〉 중 '이와 같이'의 도해圖解

우주의 변화와 만물의 변화 그리고 사생의 변화에 있어, 그 각각의 변화 영역과 성향을 구분하여 밝히는 한편, 다시 '이와 같이'로 총괄 수렴하여 '무량세계'로 전개한다.

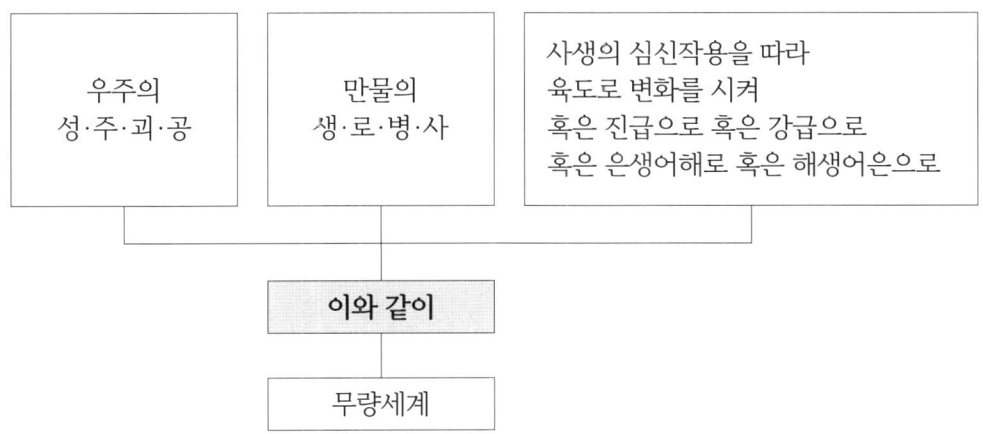

'무량세계로 전개하였나니'의 무량세계는 '없을 무無' '헤아릴 량量'으로, 헤아릴 수 없는 세계이다.

유상으로 보면 전개되는 무량세계는 한량없는 불변의 무량세계라면, 무상으로 보면 전개되는 무량세계는 다함이 없이 순환무궁하는 변화의 무량세계이다.

무상은 순환무궁하게 돌고 돌아 멸함이 없이[不滅] 계속 지속하는[永遠] 생멸의 연속이다.

전개는 '펼 전展' '열 개開'로 펼쳐 열어 벌려놓았다는 것이다. 전시했다는 것이다.
비유하면 유상관에 유상의 무량세계를 전시해 놓았고 무상관에 무상의 무량세계를 전시해 놓았다. 일원은 유상의 무량세계를 전개하였고, 무상의 무량세계를 전개하고 있다. 결국 유상과 무상은 일원으로 한자리이며 무량세계로 한자리이다.

무상으로 보면 펼쳐지는 무량세계를 소태산은 대각 일성에서 "인과보응 되는 이치"[『대종경』 서품 1장] 라고 밝혔다. 생하고 멸하는 실체가 본래 없고 생과 멸이 둘이 아닌 불생불멸한 가운데 사생의 짓는 바에 따라 인과보응이 펼쳐지는 세계이다.

## 🔍 더보기

### 유상·무상과 원각가

〈일원상 서원문〉의 유상·무상과 정산 종사의 〈원각가圓覺歌〉는 하나로 통한다.

〈원각가〉의 중요성은 〈일원상 서원문〉이 발표되기 이전에 유상의 불변 이치와 무상의 변화 이치를 구체적으로 밝히고 있다는 점이다.

정산 종사는 33세인 원기17년(1932), 《월보》 제38호(7월호)에 〈원각가〉를 처음 발표한다. 그후 5년 뒤 원기22년 《회보》 제34호에 일부 자구를 수정하여 다시 발표한다. 《월보》의 도입부 '호호망망 너른 천지'가 《회보》에서는 '망망한 넓은 천지'로 자구 변화를 비롯하여 18구에 자구 수정을 하며 또한 단락 번호를 매긴다.

〈원각가〉는 제목 그대로 일원상의 진리에 대한 깨달음의 노래로 정산 종사의 오도송이다. 변·불변의 키워드에 따라 63마디의 번호를 붙인 감상으로 4·4조의 4음보 율문으로, 126절 252구의 장편 가사다.

《회보》 제34호 원기22년(1937) 4·5월호에 실린 원각가다.

> 1. 망망茫茫한 넓은[너른] 천지 길고긴 저 세월에
>    과거미래 촌탁忖度하니 변불변變不變의 이치로다
> 2. 변화변화 하는 것은 천지순환 아닐런가
>    천지순환 하는 때에 주야사시晝夜四時 변화로다
> 3. 봄이 변해 여름 되니 만화방창萬化方暢 하여있고
>    여름 변해 가을되니 숙살만물肅殺萬物 하여있고
> 4. 가을 변해 겨울 되니 풍설산하風雪山河 하여있고
>    겨울 변해 봄이 되니 만물 다시 화생化生일레
> 5. 천지변화 하 가운데 만물변화 자연이요

> 　　만물변화 하는 때에 인생변화 아닐런가
> 6. 인생변화 하고보니 세계변화 절로 된다
> 　　변화에 싸인 생령들아 이런 이치 알아내어

　　이 단락은 『원불교 성가』 106장 〈망망한 너른 천지[원각가]〉의 가사로, 특히 "망망한 넓은 천지 길고 긴 저 세월에 과거 미래 촌탁하니 변불변이 이치로다" 구절은 〈원각가〉의 대전제로, 변불변의 이치를 강령 삼아 불변에 바탕한 변화의 모습을 열거하고 있다.

　　"천지 변화 이 가운데 만물 변화 자연이요 만물 변화하는 때에 인생 변화 아닐런가" 구절은 〈일원상 서원문〉의 "무상으로 보면 우주의 성주괴공과 만물의 생로병사와 사생의 심신 작용을 따라 육도로 변화를 시켜"와 연관되며, 〈일원상 법어〉의 "인과보응되는 이치가 음양상승과 같이 되는 줄을 알며"와 상통된다.

　　변·불변의 이치는 '일원상 서원문'의 유상·무상 그리고 '일원상 게송'의 변하는 자리인 유와 불변하는 자리인 무와 직결되어 있다.

> 7. 동서남북 통해보고 래두사來頭事를 기약하소
> 　　영허질대盈虛迭代 우주 간에 세상만사 어떻든고
> 8. 흥망성쇠 번복되니 부귀빈천 무상無常이요
> 　　강자약자 전환되니 계급 차별 달라진다
> 9. 생로병사 일체생령 육도윤회 하여있고
> 　　희로애락 인간성人間性은 화복중禍福中에 소장消長일레

　　이 단락은 '일원상 서원문'의 "무상으로 보면 ~ 혹은 진급으로 혹은 강급으로 혹은 은생어해로 혹은 해생어은으로"와 상통하는 내용이며, 특히 '강자·약자 진화상의 요법'이 변화의 이치로 등장한다. 영허질대盈虛迭代는 차고 빔이 번갈아 교체되는 우주의 음양상승하는 모습이다. 여기까지가 기승전결의 기起에 해당한다.

이어서 변화의 이치를 모르고 대책 없이 살아서는 안 된다는 경계警戒이다.

10. 청춘소년 동무[同侔]들아 허송광음虛送光陰 좋아마라
    예산豫算없이 지내 가면 백발 탄식 오나니라
11. 부귀富貴 칠몰 동두들아 양양자득揚揚自得 하지마라
    하염없이 자득自得하면 불의빈천不意貧賤 오나니라
12. 쾌락 찾는 동무들아 일시쾌락 원치마라
    생각없이 방탕하면 영원고통 오나니라
13. 자유 찾는 동무들아 자행자지自行自止 좋아마라
    자력없이 자유하면 다시 속박 오나니라
14. 영리榮利 구한 동무들아 기인취리欺人取利 좋아마라
    작은 리利에 탐착하면 큰 손해가 오나니라
15. 대우待遇 구한 동무들아 외식대우外飾待遇 원치마라
    목적없이 받는 대우 그 대우가 몇 날인가
16. 권리權利 잡은 동무들아 비법권리非法權利 쓰지마라
    강제행위 오래가면 그 권리가 가나니라
17. 지위地位 얻은 동무들아 자존지심自尊之心 경계하라
    무례존심無禮存心 있고보면 그 지위가 가나니라
18. 재능才能 가진 동무들아 경만지심輕慢之心 주의하라
    재능있고 경만하면 낭패사狼狽事가 오나니라
19. 학식學識 가진 동무들아 자족지심自足之心 조심하라
    자족지심 있고 보면 무식퇴화無識退化 되나니라
20. 사업경영 동무들아 요행속성僥倖速成 원치마라
    정리正理없이 속성速成하면 속성속패速成速敗 되나니라
21. 사업성공 동무들아 태만지심怠慢之心 주의하라
    태만지심 나고보면 그 성공이 가나니라

이 단락은 진급에서 강급으로, 은혜에서 해독을 입는 상황을 나열한 것으로, '일원상 서원문'의 "사생의 심신 작용을 따라 육도로 변화를 시켜 혹은 강급으로 혹은 해생어은으로 무량세계를 전개되는 모습"을 12가지로 제시한 것이다.

> 22. 만즉초손겸수익滿則招損謙受益은 고금천하 일반이라
>     빈궁하고 천한 동무 모만侮慢하여 말을마라
> 23. 빈천중貧賤中에 작심作心하면 부귀올날 또 있으며
>     번민고통煩悶苦痛 하는 동무 조롱嘲弄하여 웃지마라
> 24. 고통 중에 발심하면 낙천지樂天地가 다시오네
>     백발성성白髮星星 하는 동무 늙은 한恨이 있지마는
> 25. 사자생근死者生根 되었으니 청춘시절 아니올까
>     어화 우리 동무들아 이런 변화 구경하소

만즉초손겸수익은 『서전書傳』에 나오는 말로 '자만하면 손해를 보고 겸손하면 이익을 본다'는 뜻이다. '일원상 서원문'의 "사생의 심신 작용을 따라 혹은 진급으로 혹은 은생어해로 무량세계를 전개"하는 실례를 보여 준 것이다.

> 26. 천천만만千千万万 변화법을 역력히 말할손가
>     우리인간 당행로當行路로 두어 가지 일렀으니
> 27. 너와 나와 연구하여 본말시종本末始終 알아보세
>     아무리 안다해도 공부없이 뉘 알손가
> 28. 억조창생億兆蒼生 돌아보니 선변악변善變惡變 둘이 있어
>     **선변자善變者는 승급昇級이요 악변자惡變者는 강급降級일레**

선변善變은 '일원상 서원문'의 진급이요 은생어해라면, 악변惡變은 강급이요 해생어은이라 할 것이다.

이어서 선변善變의 실례를 보여 준다.

> 29. 승급강급 아는 사람 선변善變으로 올라오소
>     백발영광白髮榮光 바라거든 청춘시절 조심하고
> 30. 부귀영화 아끼거든 빈천貧賤 이치 알아보고
>     쾌락생활 즐기거든 당연고통當然苦痛 잘 지내고
> 31. 자유생활 발원하거든 자심속박自心束縛 먼저하고
>     큰 이익을 취하려면 대의신용大義信用 잃지말고
> 32. 대우待遇를 구하거든 사실선행事實善行 닦아내고
>     권리를 사랑커든 비법권리非法權利 쓰지말고
> 33. 지위를 바라거든 사양지심辭讓之心 주장하고
>     재능才能을 가질진댄 불능不能과 같이하고
> 34. 학식學識을 키우려면 견문학업見聞學業 잃지말고
>     사업속성事業速成 바라거든 안심안족安心安足 먼저하고
> 35. 사업수성事業守成 바라거든 경외심敬畏心을 잃지마소
>     자고성현自古聖賢 명인明人들은 이런 변화 알아내어
> 36. 도덕강령 세워놓고 주유사시周遊四時 놀아갈제
>     순환불궁循環不窮 예산豫算 있고 불편불의不偏不倚 아닐런가

선변을 12가지로 밝힌 단락으로 '일원상 서원문'의 "진급이 되고 은혜는 입을지언정 강급이 되고 해독은 입지 아니하는" 마땅한 길을 제시해 준다.

다음 단락은 선변 악변되는 이치를 모르고 악변惡變에 빠지는 상황을 안타깝게 여기고 있다.

> 37. 가련可憐하다 가련하다 불신자不信者는 가련하다
>     이런 이치 불신하던 과거미래 어찌알며

38. 과거미래 모를진댄 현재시비現在是非 어찌알꼬

　　삼세이치三世理致 몰랐으니 화복귀천禍福貴賤 어찌알며

39. 화복귀천 몰랐으니 영원발원永遠發願 있을손가

　　영원발원 없었으니 공부이치 어찌알며

40. 공부이치 몰랐으니 사업 길을 어찌알며

　　공부사업 없었으니 인도정의人道正義 어찌알며

41. 인도정의 몰랐으니 금수동귀禽獸同歸 아닐런가

　　금수동귀 되고 보니 고해침몰苦海沈沒 되었더라

42. 고해침몰 하는 사람 어찌 아니 가련인가

　　그러므로 모든 성현 이런 법을 밝혔으니

43. 자세仔細 보아 도통道通하여 전천추前千秋 후천추後千秋에

　　일관一貫으로 알아보세

'일원상 서원문'의 강급이 되고 해독을 입는 상황으로 '인도정의'의 법률은을 모르는 상황을 제시하며, "가련하다 가련하다 불신자는 가련하다"는 구절은 소태산 대종사의 〈경축가〉 한 대목이다. 여기까지가 기승전결의 승承에 해당한다.

　　　일관이치一貫理致 알고보니

44. **불변상주**不變常住 아닐런가 / **불변이라 하는 것은**

　　**불생불멸 진리로다** / **천지만물 돌아보니**

45. **여여자연 의구**依舊**하고** / **춘하추동 지내보니**

　　**무왕불복**無往不復 **그뿐이요** / **생사거래**生死去來 **생각**生覺**하니**

46. **소소영령**昭昭靈靈 **하나이요** / **화복귀천 생각하니**

　　**인과법**因果法**이 정수**定數**있어 호리불차**毫釐不差 **아닐런가**

47. **이 같은 변화법이 정수**定數**로 변화로다**

> 　　　정수로 변화하니 그 금古今이 다를손가
> 48. 이말 저말 분등紛騰해도 본리本理는 상연常然이라

이 단락은 '일원상 서원문'의 "유상으로 보면 상즈불멸로 여여자연하여"의 부연설명이다.

> 　　　변불변變不變이 동드同道하니 / 변화가 불변이요
> 49. 불변이 변화로다 / 변불변의 본래법이
> 　　　공공자연ㅅ公自然 되어지니 / 인력人力으로 만집挽執할까
> 50. 만집은 못할테니 순수順數로 행해가라
> 　　　순수로 행해가서 천지합일天地合一 하여보세

'일원상 서원문'의 유상과 무상이 변·불변으로 하나의 도[同道]이며, 불변의 우상 자리와 변하는 무상 자리가 본래 한자리이다.

그러므로 이러한 변·불변의 본래 법을 인력으로 간집挽執하지 말고 순수로 행하라는 것이다. 만집은 붙들어 못 하게 말리어 만류하는 것이다.

> 51. 천지합일 하려거든 견성 이치見性理致 알아보소
> 　　　견성 이치 알아내어 마음 길을 닦아보소
> 52. 마음 길을 닦아내어 복족혜족福足慧足 알아보소
> 　　　복족혜족 알고보면 자유자재自由自在 아나니라
> 53. 자유자재 알아내어 무궁천지無窮天地 긴 세월에
> 　　　보보행진步步行進 ㅎ여보세 / 천지만물 넓은 세계

54. 아는 자者의 물건이요 / 전만고前萬古 후만고後萬古가

　　아는 자의 세월이요 / 천기만기千機萬機 되는 것이

55. 아는 자의 조화이요 / 법률도덕 벼릿줄이

　　아는 자의 잡는 바라 / 좋을시고 좋을시고

56. 아는 자는 좋을시고 / 알기만 알을진댄

　　무슨 걸림 또 있으랴 / 세계부모 아닐런가

57. 일체생령 제도하여 수명복록壽命福祿 즐겨보세

　　이와 같이 되는 법이 안전眼前에 역력歷歷이라

58. 눈을 들어 보려므나 잠을 깨어 보려므나

　　삼강 팔조 좋은 법은 아는 길을 일렀으니

59. 어서어서 알아보세 / 모든 일을 알아보고

　　아는 일은 행해가서 / 취중醉中생활 하지말고

60. 예산있게 살아보세 / 육근 식심識心 실타해도

　　당연지사當然之事 알았거든 / 천진심天眞心의 명령으로

61. 일령시행一令施行 복종하여 / 솔성수도率性修道 하여보세

　　솔성수도 하고보면 지어지선止於至善 되나니라

62. 지어지선 하고보면 일원대덕一圓大德 결과로다

　　어화 우리 동무들아 일원대덕 지켜내어

63. 불변성심不變誠心 맹서하고 만세동락萬歲同樂 하여보세

　　장하도다 장하도다 춘추법려春秋法呂 되였도다

　이 단락은 '일원상 서원문'의 "우리 어리석은 중생은 이 법신불 일원상을 체받아서 ~ 서원함"까지의 대목과 통한다.

　'아는 자'라는 견성자로, 이치를 견성하여 마음길을 닦아 복혜족족하여 자유자재하라는 것이다. 천지만물이 아는 자의 물건이며, 모든 것이 아는 자의 세월이요 조화

라 하며, 아는 자가 '세계 부모'이며 삼학 팔조가 바로 아는 길을 알려주니 어서어서 아는 일은 행해서 일원대덕一圓大德의 결과로 만세동락하자는 것이다. '삼강 팔조 좋은 법'으로 일원대덕으로 나아가자는 것이다.

일원대덕은 바로 '일원상 서원문'의 "일원의 위력을 얻도록까지 서원하고 일원의 체성에 합하도록까지 서원"하는 것이다.

정산 종사의 〈원각가〉와 〈일원상 서원문〉의 '능이성 유상하고 능이성 무상한 자리'는 한자리이다. 결과적으로 〈원각가〉는 〈일원상 서원문〉의 유상·무상을 상세하게 풀이한 가사이다.

"일체생령 제도하여 수경복록壽命福祿 즐겨보세"까지가 기승전결의 전轉에 해당하며, 이후 마지막까지가 결結에 해당한다고 할 것이다.

# 사생의 심신 작용을 따라 육도로 변화를 시켜

〈일원상 서원문〉의 '사생의 심신 작용을 따라 육도로 변화를 시켜'라는 대목을 살펴보자.

무상으로 보면 사생四生의 심신 작용에 상응하는 육도六途가 펼쳐진다는 것이다. 그렇다면 육도는 우주나 세상 어딘가에 실재하는 세계인지, 또는 마음에 전개되는 심상 세계인지, 또는 삶의 행태에 따라 구분되는 생활 양태인지, 이런 의문이 발생한다.

중요한 점은 사생은 생각이나 감정이 있는 유정有情 중생으로 마음을 가진 존재라는 것이다. 그러므로 육도는 사생의 심신 작용 밖에 따로 있는 독립적이고 객관적인 세계가 아니라는 것이다.

우리가 객관 세계로 인식하는 대상도 우리의 마음이 그린 마음의 경계이다. 형상이 있는 존재이든 형상이 없는 존재이든 모든 존재는 마음에 의거한 마음 작용의 나타남이다. 마치 도화지 위의 그림처럼 마음의 도화지에 그려지는 마음의 그림과 같다.

선한 업을 지으면 천상에 태어나고 악한 업을 지으면 지옥에 태어난다는 말은 심신 작용의 업력에 따라 천상을 그려내거나 또는 지옥을 그려내는 그러한 근根을 가진 중생으로 태어난다는 것을 뜻한다.

육도는 업력에 따라 형성되는 근根에 상응하는 경[境, 마음 상태]으로 존재하기에, 마음이 그리는 세계에서 느껴지는 즐거움이나 고통이 일어나게 된다. 중생의 근根에 따라 그러한 세계가 전개된다.

지옥이라는 독립된 실제는 없지만 지옥고를 느끼는 근根을 가진 지옥 중생은 있는 것이며, 천상이라는 객관적 실제는 없지만 천상락을 즐기는 근根을 가진 천상 존재는 있는 것이다.

　인간계를 포함해서 육도윤회의 세계가 마음 너머 마음 바깥의 객관적 실제가 아니라, 심신 작용을 따라 그러한 감각이나 생각과 감정을 느끼는 그러한 근根을 형성해 가는 상태로 태어나는, 마음이 그리는 세계다. 이 세계는 처음부터 세상 안에 있는 세상과 둘이 아닌 마음이다.

　정산 종사는 육도 사생에 대한 학인의 질문에 자세하게 부연 설명한다.

**"육도 사생으로 건설되는 이 세계는 우리 마음의 차별심으로부터 생겨서 나열된 세계니라. 천도란 모든 경계와 고락을 초월하여 그에 끌리지 아니하며 고 가운데서도 낙을 발견하여 수용하는 세계요, 인도란 능히 선도할 만하고 악도할 만하여 고도 있고 낙도 있으며, 향상과 타락의 기로에 있어 잘하면 얼마든지 좋게 되고 자칫 잘못하면 악도에 떨어지게 되는 세계요, 축생계란 예의염치를 잃어버린 세계요, 수라란 일생 살다 죽어버리면 그만이라고 하여 아무것도 하지 않고 허망하게 살기 때문에 무기공에 떨어진 세계요, 아귀란 복은 짓지 아니하고 복을 바라며, 명예나 재물이나 무엇이나 저만 소유하고자 허덕이는 세계요, 지옥이란 항상 진심을 내어 속이 끓어올라 그 마음이 어두우며 제 주견만 고집하여 의논 상대가 없는 세계니라. 이와 같이 육도 세계가 우리의 마음으로 건설되는 이치를 알아서 능히 천도를 수용하며 더 나아가서는 천도도 초월하여야 육도 세계를 자유자재하나니라."**[『정산종사법어』 경의편 52장]

　정산 종사는 육도 사생의 세계는 우리 마음의 차별심에 따라 나열되는 세계이며, 마음에 펼쳐지는 육도 세계를 구체적으로 부연한다. 그리고 마음으로 건설되는 육도 세계의 이치를 알아서 천도도 초월하여 육도에 자유자재하라고 당부한다.

　또한 육도 사생의 사생을 마음 상태로 분류하여 태생은 습관에 고착된 마음 상태, 난생은 어리석음의 껍질에 갇힌 마음 상태, 습생은 사견邪見에 젖은 마음 상태, 화생은 근거 없이 휘둘리는 변덕스러운 마음 상태[亂雜心]로 볼 수 있다.

소태산 대종사는 오욕락의 인간락과 도로써 즐기는 마음락인 천상락 및 육도를 초월한 극락을 밝혔다.[『대종경』 불지품 15·16장] 인간락은 육도 중 인도人道라면 천상락은 천도天道이다.

'천상락'은 천도에 태어나 안락하게 지내는 상태이다. 다만 지어놓은 업이 다하면 다시 다른 세계로 옮겨 가야 하는 육도윤회가 잠재된 세계이며, 한 번 욕심이 발하면 문득 타락하여 심신의 자유를 잃게 되어 다시 육도윤회를 면하지 못하는 세계이다.

이에 비해 '극락'은 천상락을 오래오래 계속하여 만상의 유무와 육도의 윤회를 초월하여 고계苦界에 다시 날 업인業因을 짓지 아니하여 영세永世를 두고 천상락과 인간락을 아울러 받는다.[천상락과 인간락, 《월보》 제41호]

또한 소태산은 "네 마음이 죄복과 고락을 초월한 자리에 그치면 그 자리가 곧 극락이요, 죄복과 고락에 사로잡혀 있으면 그 자리가 곧 지옥이니라." 하고 "성품의 본래 이치를 오득하여 마음이 항상 자성을 떠나지 아니하면 길이 극락 생활을 하게 되고 지옥에 떨어지지 아니하니라."[『대종경』 변의품 10장] 하며,

"천권을 잡은 도인은 능히 육도를 초월하나니, 행실에 있어 욕심에 안 끌리고, 아는 데에 있어 분별이 있고 없는 자리만 알면 곧 삼계대권을 잡은 사람"[사생과 육도, 《월보》 제36호]이라고 가르쳐 주었다.

결국은 천도를 수용하고 더 나아가 천도도 초월하여 육도 세계를 자유자재하라는 것이다.

특히 사생 중 인간의 역할을 중시한다. 인간은 최령한 존재[『정전』 정신수양의 목적]이기에 하고자 하는 욕심이 치성하기도 하고, 반대로 마음의 자유를 얻어 육도를 초월할 수 있는 존재이다. 그러므로 설사 천도에 태어나 천상락을 누린다 해도 복이 다하면 타락하기에 영원한 낙은 아니다. 천도도 초월하여 육도에 자유하기 위해서는 인간으로 태어나 깨달아야 한다.

그러기에 천도재와 열반기념제에서 "생생에 사람의 몸을 잃지 아니하고 세세에 도덕의 인연을 떠나지 아니하며, 정법 수행을 길이 정진하여 필경은 성불제중의 대과

를 원만 성취하게 하여 주시옵소서"[『예전』 종재 축원문]라고 축원한다.

또한 진급 강급과 은생어해 해생어은은 역사의 흥망성쇠토도 전개된다. 사생 중 인간의 심신 작용은 '역사 속의 육도'로 전개해 진급 세상 혹은 강급 세상이 되고 해독에서 은혜로운 세계로 혹은 은혜에서 해독의 세계로 전환된다.

무상으로 보면 역사의 시운時運에 따라 그 시대의 시절 인연에 타당한 시대정신을 역사에 펼치느냐 여부로 흥망성쇠를 오르내리게 된다.

육도는 사생의 심신 작용에 따라 전개되는 중생의 세계이다. 육도는 중생의 근根에 상응하는 경境으로 욕계·색계·무색계의 삼계에 따른 육도로 펼쳐지는 중생의 마음 세계이다. 이 마음은 주객이 본래 트여 있는 열린 세계이다.

'사생의 심신 작용을 따라'는 유정 중생이 자기의 몸과 마음으로 업을 짓는 작용에 의依한다는 뜻이며, '육도로 변화를 시켜'는 지은 업에 따라 인연과의 법칙에 상응하게 받는 일원상의 진리 작용이다.

소태산 대종사는 당부한다.

"사람으로서 육도와 사생의 세계를 널리 알지 못하면 이는 한편 세상만 아는 사람이요, 육도와 사생의 승강 되는 이치를 두루 알지 못하면 이는 또한 눈앞의 일밖에 모르는 사람이니라."[『대종경』 요훈품 44장]

## 🔍 더보기

## 유상의 무량세계와 무상의 무량세계

〈일원상 서원문〉에서 '유상으로 보면~'과 '무상으로 보면~'의 결어는 '무량세계를 전개하였나니'로 맺고 있다. 유상으로 보아도 무량세계이고 무상으로 보아도 무량세계라는 것이다.

'무량세계'는 '없을 무無', '헤아릴 량量'으로 헤아릴 수 없는 세계이다. 즉 유상으로 보면 전개되는 무량세계는 불변의 무량세계라면, 무상으로 보면 전개되는 무량세계는 변화무궁의 무량세계이다. 또한 전개는 펼쳐 열어 놓았다는 뜻으로, 유상으로 보면 능히 이렇게 전개하고 무상으로 보면 능히 저렇게 전개하는 무량세계로, 일원一圓으로 한자리이면서 두 양태이다.

'유상으로 보면'은 일원상 자리를 유상의 차원으로 전개되는 세계이다. 즉 유상의 상은 '항상 상常'으로, 항상성이 있는 유상의 관점으로 보면 변화의 이치가 항상 그렇게 상주불멸로 여여자연如如自然하다는 것이다. 또한, '무상으로 보면'은 무상의 차원으로 전개되는 세계이다. 즉 무상의 관점으로 보면 항상 함이 없는 것으로 시공간의 모든 것이 변하는 것이다. 이는 덧없다는 것이 아니라 생생약동하게 변화하는 작용을 뜻한다. 무상으로 보면 우주는 성·주·괴·공으로, 만물은 생·로·병·사로, 사생은 심신작용을 따라 육도로 변화하는 것이다.

여기서 주의해야 할 점은 유상과 무상에 위상차를 두는 것이다. 유상은 영원불멸한 본질이라면 무상은 덧없이 변하는 현상이라 하여 유상을 무상보다 더 가치 있게 여기는 시각이다. 불변의 유상을 변화의 무상보다 가치 우위에 두는 시각으로, 유상은 무상을 초월하여 더 높은 경지라는 관점이다. 하지만 유상과 무상은 다 일원으로 한자리이다. 한자리를 유상으로 보고 무상으로 보는 것이다.

그러므로 유상으로 보면 상주불멸하다는 뜻을 변하는 생멸 너머에 영원한 불변의 본질이 따로 있다고 여겨선 안 된다. 유상은 생멸 변화하는 가운데 항상 그러한 상도가 여여자연한 무량세계이다.

여여한 유상에서 변화의 무상이 드러나고, 순간순간 변하는 무상에서 또한 불변의 유상이 자리 잡고 있다. 일원상 자리는 유상으로 보든 무상으로 보든 헤아릴 수 없는 무량세계의 전개로, 불변의 유상과 변화의 무상이 즉화卽化 된 둘이 아닌 자리이다.

소태산 대종사는 대각 일성[『대종경』 서품 1장]에서 "**생멸 없는 도와 인과보응되는 이치가 서로 바탕하여 한 두렷한 기틀을 지었도다.**"라고 천명한다. 생멸 없는 도는 유상한 무량세계라면 인과보응되는 이치는 무상한 구량세계로 서로 둘이 아닌 한 처성이요 한 근원이다.

정산 종사는 "우주의 성주괴공과 사시의 순환이며 인간의 생로병사와 길흉화복은 변하는 이치에 속한 것이요, 불변하는 이치는 여여자연하여 시종과 선후가 없는지라 이는 생멸 없는 성품의 본체를 이름이니라."[『정산종사법어』 원리편 34장]라고 명시한다. 그렇다면 불변不變은 유상이요 변變은 무상으로, 유상한 무량세계에는 생멸 없는 성품의 본체가 자리하고 있으며, 무상한 무량세계는 성품이 나타나는 변화 세계라 할 것이다.

> 정산 종사는 〈원각가〉에서 변·불변의 이치를 밝히고 있다.
> 변·불변은 '일원상 서원문'의 유상·무상의 세계이다.
> "일관이치一貫理致 알고 보니 불변상주不變常住 아닐런가
> 불변이라 하는 것은 불생불멸 진리로다
> 천지만물 돌아보니 여여자연 의구依舊하고
> 춘하추동 지내보니 무왕불복無往不復 그뿐이요
> 생사거래生死去來 생각生覺하니 소소영령昭昭靈靈 하나이요
> 화복귀천 생각하니 인과법因果法이 정수定數있어 호리불차毫釐不差 아닐런가
> 이 같은 변화법이 정수定數로 변화로다 정수로 변화하니 고금古今이 다를 손가

이말 저말 분등紛騰해도 본리本理는 상연常然이라
변불변變不變이 동도同道하니 변화가 불변이요 불변이 변화로다."

변·불변은 대립적이지 않다. 변變의 다른 모습이 불변이다. 변하는 중 불변이 자리 잡고 있다. 변화하면서 변치 않는 것이다. 불변이라는 고정된 실체가 있는 게 아니라 변하되 변치 않는 것이다. 즉 "천하의 모든 이치가 변하여도 변하지 않고 변하지 않는 중에 변하는 진리를 아는 것이 성리의 용用을 완전히 아는 것"[『대종경』 성리품 27장]이다.

유상有常과 무상無常은 연기緣起와 성기性起의 관계로 볼 수 있다.
무상으로 보는 무량세계는 인因과 연緣이 화합된 연기의 세계로 고정된 실체가 없는[無我] 가유假有 상태로서 가변적이고 상대적인 변화의 세계이다.
이에 비해 유상으로 보는 무량세계는 이렇게 변화하는 세계가 확연하게 드러나는 그 마음, 그 당처, 그 도 자체는 여여如如하여 항상적이고 상대를 초월해 있는 절대 불변의 세계이다.
이렇게 연기緣起되는 무상한 무량세계는 성품이 전개되는 유상한 무량세계에 바탕을 두고 있으며, 성품의 드러남인 유상한 무량세계는 연기의 무상한 무량세계에 자리 잡고 있다. 연기와 성기는 서로 관통해 있고 무상과 유상은 하나로 통해 있다. 한자리의 두 속성이요 모습이다.
이처럼 성품의 본체는 도 자체로 유상하다면, 도의 작용은 성품의 발현으로 무상하다.

참고로 〈일원상 서원문〉의 유상·무상으로 니체의 '권력의지'와 '영원회귀'를 연결해서 살펴볼 수 있다.

"권력의지는 존재자 전체가 끊임없이 생성하고 고양하는 것을 의욕 하지만, 바로 그렇게 생성하는 것으로서 존재자 전체의 성격이 '머물러 있는 것'으로 있기를 의욕 한다. 이는 '생성'에 존재의 성격을 각인하는 것이다. 바로 그것이 니체가 '동일한 것의 영원한 회귀'라는 말로 사유했다. 권력의지는 세계 전체의 끊임없는 생성을 의욕 한다. 그러나 그렇게 끊임없이 생성하는 것으로서 영원히 회귀함으로써 일종의 '항존적인 것' '항구적인 것'이 되기를 욕구한다."[고명섭, 『하이데거 극장』 2권]

끊임없이 생성하고 고양하는 의욕이 '권력의지'라면 이렇게 끊임없이 생성 고양하는 권력의지가 항존恒存하는 것이 동일한 것으로 '영원회귀'하는 것이다. 무한히 반복되는 힘들의 바다에서 권력의지가 승강하는 것은 '일원상 서원문'의 무상無常으로 보면 전개되는 무량세계와 관련 있으며, 이러한 권력의지가 상주불멸하여 동일하게 '영원회귀'하는 것은 '일원상 서원문'의 유상有常으로 보면 전개되는 무량세계와 관련 있다고 할 것이다.

이를 소태산의 '대각 일성'[『대종경』 서품 1장]으로 살펴보면 권력의지는 인과보응되는 이치에 따라 펼쳐지는 세계라면 영원회귀는 항상 그렇게 동일한 생멸 없는 도의 세계라 할 것이다. 그러면서 권력의지와 영원회귀가 한 두렷한 기틀을 짓고 있다고 할 것이다.

## 우리 어리석은 중생은

〈일원상 서원문〉의 '우리 어리석은 중생'에 대해 살펴보자.

'우리 어리석은 중생'에서 '우리'는 너와 나 모두를 포함한다.
또한 '중생衆生'은 뭇 생명으로, 중생의 다른 표현이 어리석음이며 어리석기에 중생이다. 우리가 모두 어리석은 중생이라는 것이다.

'일원상 서원문'에 '제불·조사·범부·중생의 성품'이라는 대목이 등장한다.
보통 깨닫지 못한 어리석은 존재를 범부 중생이라 하기에, 범부와 중생은 어리석은 중생이라 할 수 있다. 그렇다면 제불·조사는 '우리 어리석은 중생'의 범주에서 빠지게 된다.
만일 제불·조사가 '우리 어리석은 중생'에 해당하지 않는다면 '일원상 서원문'은 범부·중생에 국한된 서원이 되고 만다. 제불·조사는 일원상 서원과는 무관한 예외의 존재가 된다.

그러나 '우리 어리석은 중생'에는 제불·조사·범부·중생이 다 포함된다.
왜냐하면 첫째, '우리 어리석은 중생'의 중생은 마음을 가진 뭇 생령이기 때문이다. 그러므로 제불·조사·범부·중생이 다 뭇 생령인 중생이다.

둘째, 동체대비同體大悲의 일원상 마음에서 보면 범부·중생의 어리석음은 제불·조사의 마음과 둘이 아니다. 그러므로 범부·중생의 어리석음이 제불·조사의 마음이 된다. 제불·조사는 범부·중생이 잘하면 자신도 따라서 기뻐하고 잘 못하면 자기 일로 여기어 안타까워하는 자비의 존재이다.[『대종경』 불지품 3장] 제불·조사가 중생심을 자신의 마음으로 여기기에 중생이 왜 괴로워하는지 이해할 수 있고 중생을 도와줄 수 있다.

셋째, 법신불 일원상에서 보면 깨달은 제불·조사라 할지라도 완성 자체가 아니다. 제불·조사는 수행이 탁월할지라도 계속 수행해 가는 존재이기 때문이다.

소태산은 "자기가 어리석은 줄을 알면, 어리석은 사람이라도 지혜를 얻을 것이요, 자기가 지혜 있는 줄만 알고 없는 것을 발견하지 못하면, 지혜 있는 사람이라도 점점 어리석은 데로 떨어지나니라."[『대종경』 요훈품 6장]라고 각성토록 한다.

진정한 수행자는 자기의 부족을 깨닫는 존재이므로 항상 어리석다고 여긴다.

대각여래위의 소태산 대종사는 궁극의 경지인 불퇴전의 수행자이지만 서원의 차원에서는 법신불 일원상 자체가 아니라 법신을 구현하는 공부인이다. 진리를 닮아가고 나투는 인격이다.

그러므로 법신불 일원상 전에 서원을 올릴 때는 어리석은 중생이라고 한다. 소태산 당신도 진리를 향해서 어리석은 중생의 심정으로 서원하는 것이다.

'어리석은 중생'과 관련된 일화이다.

소태산 대종사는 원기9년(1924) 3월 30일 첫 상경하여 며칠간 머문 곳이 성성원의 집이다. 성성원의 부군이 진대익으로 그는 경성에서 의사로 개업한 사람이었으며, 소태산 대종사의 법을 좋아하여 부인인 성성원의 교화 사업을 후원하였으며 성성원을 따라 의사로서 바쁜 생활 속에서도 익산총부 정기훈련에 참여하곤 하였다.

그는 자신이 일본 유학을 하고 전문의 자격을 취득하여 경복궁 옆 창성동에서 병원을 운영하고 있기에 자신이 지식이 높다는 상으로 배우지 못한 사람을 무시할 때가 있었다.

이러한 진대익은 〈일원상 서원문〉을 읽으면서도 한 대목이 마음에 걸렸다.

'우리 어리석은 중생은 이 법신불 일원상을'에서 '어리석다'는 것이 자기와 맞지 않다고 여겼다.

"나로 말하면 대학을 나왔고 전문의까지 딴 박사인데, 내가 어리석다면 이 세상에 어리석지 않은 사람이 어디 있는가! 어리석다는 것은 나와는 상관없지 않은가?" 하고 어리석다는 단어를 빼고 독송했다.

어느 날, 소태산 대종사가 진대익을 불러 요즘 공부하는 것이 어떠냐고 묻는다.
이에 진대익은 평소 궁금했던 〈일원상 서원문〉의 '우리 어리석은 중생'에 대해 문답한다.
"그런데 제가 '어리석은 중생'에 대하여 의문이 생깁니다. 제가 왜 어리석습니까?"
소태산 대종사 되묻기를 "30년 전에는 어디서 무엇을 하였지?"
"임실에서 보통학교 다녔습니다."
"그래, 그러면 70년 전에는 어디 있었지?"
"제가 아직 나이가 50도 못 되었는데 70년 전에는 어디 있었겠습니까."

소태산 대종사는 부모출생전父母出生前 자리를 물었다.
부모로부터 태어나 성장해 가는 인생에서 시공의 세계로 분별 되기 이전 자리를 물었다. 시공의 변화에도 여여한 자리를 되물은 것이다. 이 자리가 바로 생멸거래에 변함이 없는 일원상 자리이다.
육신이 출생할 때가 시작이고 죽으면 끝이라고 단정했다가 다생겁래로 거래하는 중에도 시공의 변화에 물들지 않는 본래면목의 자리를 알아야 한다는 가르침을 받은 것이다. 진대익은 이에 자신이 어리석은 중생이라는 것을 깨닫게 되었다. 생멸거래에 변함이 없는 일원상을 체받아서 생사거래에 자유하는 서원을 세우게 된다.

일원상은 불변하는 유상과 변하는 무상이 서로 바탕을 두어 하나로 관통해 있는 자리이다. 그러므로 변하는 무상한 중에 불변하는 유상한 자리를 모르면 지식이 있든 없든 다 어리석은 중생이다.
또한 깨달았다면 더욱 어리석다는 마음으로 끊임없이 일원상을 체받아서 나투는 공부를 서원해 가야 한다.

## 이 법신불 일원상을 체받아서

〈일원상 서원문〉의 '이 법신불 일원상을 체받아서'라는 대목을 살펴보자.

'이 법신불 일원상을 체받아서'에서 '이'는 앞 단락의 '일원상 내역'을 총칭한다. '일원상 내역'에 일원이라는 주어를 문맥마다 넣어 보면 그 뜻이 분명해진다.

> "**일원**은 언어도단의 입정처이요, **일원**은 유무초월의 생사문인 바, **일원**은 천지·부모·동포·법률의 본원이요, **일원**은 제불·조사·범부·중생의 성품으로, **일원**은 능이성 유상하고 능이성 무상하여, **일원**은 유상으로 보면 상주불멸로 여여자연하여 무량세계를 전개하였고, **일원**은 무상으로 보면 우주의 성주괴공과 만물의 생로병사와 사생의 심신 작용을 따라 육도로 변화를 시켜 혹은 진급으로 혹은 강급으로 혹은 은생어해로 혹은 해생어은으로 이와 같이 무량 세계를 전개하였나니"

이처럼 '일원상 내역內譯'의 각각은 다 일원으로 하나이다.

일원상은 '일원'을 가리키는 상징이면서 또한 '일원'의 실상 그대로 나타남이다. 마치 달을 가리키는 손가락처럼 일원상은 손가락이면서 손가락이 가리키는 달[달빛] 자체이다. 그러므로 법신불 일원상은 일원상의 내역인 '일원상의 진리'를 가리키는 도형이면서 또한 '일원상의 진리' 자체이다.

'법신불 일원상'의 법신불法身佛은 일원상의 수식어이다. 마치 '아름다운 그녀'라 할 때 그녀를 형용하는 '아름다운'과 같은 역할이다.

「교리도」에서 '일원은 법신불'이라 정의한다. 그러므로 일원 즉 법신불이다. 또한 일원상을 불가에서 청정 법신불을 나타낸 것[『대종경』 교의품 3장]이라 하므로 법신불은 청정한 자리이다. 이 청정한 자리인 법신불은 일원이요 일원상의 진리이다.

그러므로 법신불 일원상을 체받는 것은 청정 법신불을 나타내는 '도형 일원상'으로 '일원상의 진리'를 체득해 가라는 뜻이며, 더 나아가 청정 법신불인 일원을 곧장 체받으라는 것이다. 일원이 나투어진 실상이 곧 일원상이다.

처음에는 법신불을 가리키는 손가락의 일원상으로 참 달인 일원상의 진리를 체득해 가며, 공부가 깊어지면 표상인 일원상이 곧장 실상인 일원을 가리키는 것임을 깨달아 일원상을 일원의 실상으로 즉각 체받도록 한다.

원기20년(1935) 4월 28일 익산총부 언덕에 대각전을 건축하고 그 정면 불단에 목판 일원상[위패 형식]을 공식적으로 봉안한다. 이때 목판 위패에 일원상을 그리고 그 아래에 '사은지본원四恩之本源 여래지자성如來之自性[이후 여래지불성如來之佛性]'이라 쓴다. 일원은 천지·부모·동포·법률의 본원이요 제불·조사·범부·중생의 성품이라는 뜻이다.

소태산 대종사는 원기20년(1935) 4월 29일 발행한 『조선불교혁신론』에서 '불성佛性 일원상 조성법'을 제시하였으며, '일원상과 인간과의 관계'라는 법설에서는 일원상을 심체心體[『대종경』 교의품 3장]라 했으며, 원기23년(1938)에 〈일원상 서원문〉을 친제하여 《회보》 49호에 발표할 때는 '심불心佛일원상내역급서원문'이라 명명한다.

이를 종합해 보면 일원상의 수식어로 불성, 심체, 심불을 사용하다가 최종적으로 법신불로 확정했다. 그러므로 '법신불=불성=심체=심불'이다.

소태산 대종사는 일원상과 심체心體의 관계에 대해 자세하게 일러준다.

"우리 회상에서 일원상을 모시는 것은 과거 불가에서 불상을 모시는 것과 같으나, 불상은 부처님의 형체形體를 나타낸 것이요, 일원상은 부처님의 심체心體를 나타낸 것이므로, 형체라 하는 것은 한 인형에 불과한 것이요, 심체라 하는 것은 광대 무량하여 능히 유와 무를 총섭하고 삼세를 관통하였나니, 곧 천지만물의 본원이며 언

어도단의 입정처入定處라."[『대종경』 교의품 3장]

일원상은 부처님을 형상形象화한 불상이 아니라 부처님의 심체를 나타낸 것으로, 심체는 천지만물의 본원이며 언어도단의 입정처라는 것이다.

소태산 대종사는 결함 있는 일그러진 일원상과 흘함 없는 원만한 일원상을 칠판에 그리고 그중 원만한 일원상을 가리키며 "이것은 곧 부처님의 마음이요, 다시 말하면 천지·부모·동포·법률의 본원이며 제불제성諸佛諸聖과 범부·중생의 불성佛性으로 우주만물을 내고 들일 능력과 복 주고 죄 주는 권리가 있다."[《회보》 제50호]라고 하였다.

원만한 일원상은 곧 부처님의 마음인 심체요 심불心佛로 우주만물을 내고 들일 능력이 있으며 죄 주고 복 주는 권리가 있는 천지·부모·동포·법률의 본원이며 제불제성과 범부·중생의 불성이다.

'원만한 일원상=부처님 마음=심체心體=심불心佛=우주만유를 내고 들일 능력=죄 주고 복 주는 권리=천지·부모·동포·법률의 본원=제불제성과 범부·중생의 불성佛性'이다.

이어서 말씀하시기를 "원리에 있어서는 모두 같은 바로서 비록 어떠한 방면 어떠한 길을 통한다고 할지라도 최후 구경에 들어가서는 다 이 일원의 진리에 돌아가나니, 만일 종교라 이름하여 이러한 진리에 근원을 세운 바가 없다면 그것은 곧 사도邪道라, 그러므로 우리 회상에서는 이 일원상의 진리로써 우리의 현실 생활과 연락시키는 표준을 삼았으며, 또는 신앙과 수행의 두 문을 밝히었나니라."[『대종경』 교의품 3장]라고 결론짓는다.

구경에 있어서는 일원의 진리에 근원하지 않는다면 삿된 도道이며, 일원회상一圓會上은 일원상의 진리를 현실 생활과 연락시키는 표준으로 삼아 신앙 수행의 두 문을 열었다는 것이다. '법신불 일원상을 신앙의 대상과 수행의 표본'으로 모시는 것이다.

법신불 일원상을 체받는 것은 법신불인 일원상에 접속하여 신앙의 대상과 수행의 표본으로 삼는 것이다. 그리하여 일원상의 진리를 현실 생활에 연락시킨다.

연락은 온몸의 경락經絡을 관통시키듯이 우리의 생활에 일원상을 연결하여 통하도록 하는 것이다. 이는 마치 전기 코드에 가전제품을 꽂아 사용하는 것과 같으며, 인터넷에 접속하여 온갖 사이트를 활용하는 격이다.

법신불 일원상과 인간과의 관계는 공속共屬적이고 상관적이다. 법신불 일원상이 있으므로 인간은 이를 체받아서 신앙·수행할 수 있으며, 또한 인간의 신앙·수행이 있기에 법신불 일원상이 현실 생활에 드러날 수 있는 것이다.[『대종경』 교의품 11장 참조]

그렇다고 법신불 일원상이 인간의 마음에 따라 있어졌다 없어졌다 하는 건 아니다. 인간이 어찌하든 여여如如하게 주어져 있는 주객으로 나뉘기 이전이다. 인간의 입장에서 법신불 일원상을 체받아서 드러내는 유무가 있을 뿐이다.

소태산은 '일원상을 모본하라'는 법설에서 다음과 같이 당부한다.

"오늘부터라도 집에 가거든 그 일원상(圓形)을 조그마하게 하나씩 만들어서 몸에다 지니든지, 벽에다 붙이든지 하고 행주좌와어묵동정行住坐臥語黙動靜 간에 오직 일원一圓의 그 공空한 자리만을 생각하여 사심邪心 잡념을 떼어 버리라. 그런다면 곧 일원상을 체받는 것이 될 것이니, 비컨대 글씨 배우는 아이들이 선생의 쳇줄을 보고 그대로 쓰듯 그 일원의 원만 무애無礙한 모형을 본떠 보라는 말이다."[《회보》제40호]

일원상을 체體받는 것은 일원상의 공空한 자리나 원만무애한 모습을 그대로 따라 행하라는 것이다. 체받는 체는 일원상을 온통 온전히 받들어 온몸으로 체득해 가라는 것이다.

소태산은 "체받는 것은 글씨 배우려는 사람이 좋은 글씨체를 받은 것과 같고, 수繡 배우려는 사람이 좋은 바탕이 되는 수본繡本을 얻은 것과 같다."[『대종경선외록』 일심적공장 6절]라고 비유한다. 즉 법신불 일원상을 체받는 것은 일원상의 진리를 체본과 수본으로 받아서 그대로 체득하여 체현하라는 뜻이다.

소태산 대종사는 일원상을 실생활에 부합되게 하는 방법을 제시하였다.

**"첫째는 일원상을 대할 때마다 견성 성불하는 화두**話頭**를 삼을 것이요, 둘째는 일상생활에 일원상과 같이 원만하게 수행하여 나아가는 표본을 삼을 것이며, 셋째는 이 우주만유 전체가 죄복을 직접 내려주는 사실적 권능이 있는 것을 알아서 진리적으로 믿어 나아가는 대상을 삼으라."**[『대종경』 교의품 8장]

법신불 일원상을 견성성불의 화두로 삼고, 생활 속에서 수행의 표준으로 삼고 우주만유가 죄복을 주는 권능자이요 출처임을 진리적으로 믿어 행하는 것이다.

즉, 법신불 일원상을 체받는 것은 언어도단의 입정처이요 유무초월의 생사문인바, 천지·부모·동포·법률의 본원이요 제불·조사·범부·중생의 성품을 견성성불의 화두로 삼고, 신앙의 대상으로 모시어 귀의처로 삼고, 수행의 표본으로 모시어 마음공부의 표준으로 삼아 행하라는 뜻이다.

또한 능이성 유상하고 능이성 무상하여, 유상으로 보면 불변상주不變常住하고 무상으로 보면 변화자재하여, 능히 유상한 가운데 무상하고 능히 무상한 가운데 유상하는, 즉 불변한 가운데 변화하고[不變中變], 변화하는 가운데 불변[變中不變]하는 법신불 일원상을 일상생활 속에서 신앙하고 수행해 가라는 것이다.

'법신불 일원상'은 '일원상 서원문'의 핵심 축이다.

법신불 일원상이 없는 서원은 그냥 소원이다. 구복에 한정되고 욕심에 갇히게 된다. '일원상 서원문'은 법신불 일원상을 축으로 이 일원상에 기반한 공부를 서원하는 적공이다.

## 🔍 더보기

## 법신불 일원상을 체받는 공부와 정신개벽

〈일원상 서원문〉에 '법신불 일원상을 체받아서'가 등장한다. 이 '체받는다'의 체體는 전체·대체·총체·구체의 용례처럼, 일원상을 전체로 대체로 총체로 체득하여 구체적으로 사용하라는 뜻이 내포되어 있다.

첫째, '법신불 일원상을 체받아서'의 다른 표현으로 「교법의 총설」에서 '법신불 일원상을 신앙의 대상과 수행의 표본으로 모시고'가 등장한다. 대상으로 모시고 표본으로 삼는 것이 곧 체받는 것이다. 체받는 것은 글씨 배우려는 사람이 좋은 글씨체를 받은 것과 같고, 수繡 배우려는 사람이 좋은 수본繡本을 얻은 것[『대종경선외록』 일심적공장 6절]이라고 비유한다.

즉 일원상을 체받는 것은 일원상의 내역을 신앙과 수행의 체본과 수본으로 삼아서 현실 생활에 연락시키는 것과 같다. 온몸의 막힌 경락을 뚫어서 기 순환을 원활하게 하듯이 일원상의 진리를 삶의 곳곳에 연결시키는 것이다. 마치 가전제품을 전기 코드에 꽂아 사용하는 것과 같으며, 인터넷에 접속하여 온갖 사이트를 활용하는 격이다.

둘째, '법신불 일원상을 체받아서'의 체體는 법신불인 일원상을 바탕과 기반으로 삼으라는 뜻이다. 즉 법신불 일원상을 삶의 배경으로 품는 것이다. 이렇게 법신불 일원상을 배광背光과 후광後光으로 모실 때 경계를 일원상으로 비출 수 있다.

마음공부는 마음을 깨달아서 마음을 잘 사용하는 것이나 보통은 경계에 끌려 마음을 까맣게 잊고 찾을 길도 망막하게 된다. 다만 일원상을 바탕[背光] 삼으면 설사 경계에 끌려 일원상을 놓쳤다 해도 일원상을 떠난 건 아니다. 그러므로 일원상을 챙기기만 하면 회복할 수 있다. 땅에서 넘어졌기에 땅으로 일어설 수 있는 격이다.

일원상을 체받는 것은 삶의 배경에 일원상을 기반토록 한다. 우리는 본래 일원상의 품 밖으로 벗어날 수 없기에 일원상만 챙기면 공부심을 다시 세울 수 있다. 설사 공부심을 놓쳤다 해도 일원상 자리에서 넘어졌기에 일원상으로 일어서라는 것이다. 즉 일원상의 품에서 일원상으로 살아가라는 것이다. 일원상의 품은 처음부터 자타의 국한이 트인 자리이다. 그러므로 안도 없고 밖도 없는 내외가 없는 자리이다.

여기서 주의할 것은 표본으로 모신다고 할 때 '표본과 주체'의 이원성이 발생할 수 있다. 일원상을 표본으로 모시는 것은 표본으로 모시는 마음 밖에 따로 주체할 것이 있는 게 아니다. 일원상을 표본으로 삼는 자리가 곧 일원상을 사용하는 주체이다. 표본과 주체가 둘이 아닌 한자리이다.

셋째, '법신불 일원상을 체받아서'는 법신불인 일원상을 온몸[몸 體]으로 온통 받아서 저신저골底身底骨이 되도록 실행해 가라는 것이다. 동아시아권에서는 체體가 몸이라면 용用은 몸짓으로 통용된다. 몸이 있으니 몸짓이 있고 몸짓은 몸의 활동이듯 체와 용은 하나이다. 이처럼 체받는 공부는 관념이 아니라 온몸으로 체득하는 공부라 할 것이다.

**이와 같이 법신불 일원상을 체받아서 마음을 잘 사용하고 작용하는 용심법用心法은 물질개벽의 시대에 정신개벽을 펼치는 동력이요 핵심 공부법이다.**

# 수호하는 공부, 아는 공부, 사용하는 공부를 지성으로 하여

〈일원상 서원문〉의 '이 법신불 일원상을 체받아서 심신을 원만하게 수호하는 공부를 하며, 또는 사리를 원만하게 아는 공부를 하며, 또는 심신을 원만하게 사용하는 공부를 지성으로 하여' 대목을 살펴보자.

이 대목은 '일원상 서원문'의 공부법으로, 법신불 일원상으로 심신心身을 원만圓滿하게 수호守護하는 공부를, 사리事理를 원만하게 아는 공부를, 심신을 원만하게 사용使用하는 공부를 지성至誠으로 하라는 것이다. 법신불 일원상을 체받는 것이 핵심이다.

법신불 일원상을 체體받는 것은 '일원상의 내역'을 신앙의 대상과 수행의 표본으로 삼는 것으로, '체받아서'의 체體는 심신의 차원에서 온통 통째로 전면적으로 일원상을 받아들이라는 것이다.

'일원상 서원'은 첫째, 법신불 일원상을 체받아서 법신불인 일원상으로 심신을 원만하게 수호守護하는 공부를 지성으로 하는 것이다.

흔들리거나 편안할 것이 본래 없는 일원상으로 심신을 수호하는 공부를 닦고 또 닦는 것이며, 흔들려도 흔들릴 것이 없는 자리에 그치고, 편안해도 편안하다는 상에 집착하지 않는 부동한 일원상의 마음으로 동정 간에 수양하는 적공이다.

또한 법신불인 일원상으로 사리를 원만하게 아는 공부를 지성으로 하는 것이다.
알고 모르고의 분별이 원래 없는 일원상으로 사리를 분석하고 판단하는 공부를 밝히고 또 밝히는 것이며, 알았다는 것에도 매이지 않고 모른다는 것에도 묶이지 않는 명명明明한 일원상의 마음으로 사리 간에 연구하는 적공이다.

또한 법신불인 일원상으로 심신을 원만하게 사용하는 공부를 지성으로 하는 것이다. 잘하고 못하고의 분별이 원래 없는 일원상으로 잘한 그것에도 넘치지 않고 못 할지라도 이에 좌절하지 않는 원만한 일원상 마음으로 정의는 취하고 불의는 버리는 작업취사의 실행 공부를 하고 또 하는 적공이다.

소태산 대종사는 '일원상을 모본하라'는 법설에서 "원만이란 것은 곧 일원상을 이름이니라."[《회보》 제40호]라고 하였다.
'원만圓滿하게'는 일원상[圓] 그대로 드러낸다는[滿] 뜻으로, 일원상을 체받아서 심신을 일원상으로 수호하고, 사리를 일원상으로 밝히고, 심신을 일원상으로 사용하는 공부이다. 원만은 완벽이 아니라 그 상황에 알맞은 온전한 경지이다.

결국 법신불 일원상에 따라 심신을 원만하게 수호하는 공부를, 또는 사리를 원만하게 아는 공부를, 또는 심신을 원만하게 사용하는 공부를 지성至誠으로 하는 것이다. 공부는 신앙과 수행을 포괄하는 적공이다.
이는 「교법의 총설」처럼 법신불 일원상을 신앙의 대상과 수행의 표본으로 모시고, 천지·부모·동포·법률의 사은으로써 신앙의 강령을 삼고 수양·연구·취사의 삼학으로써 수행의 강령을 삼는 공부요 적공이다.

소태산은 작업취사의 과목에 '사은의 도'를 포함해[『대종경』 서품 19장] 실행하도록 하였다. 그러므로 심신을 원만하게 수호하고 사리를 원만하게 알고 심신을 원만하게 사용하는 삼학 공부는 사은을 포괄한다. 일원상을 체받는 삼학 공부는 사은 보은을 관통하는 공부이다.
왜냐하면 일원상은 청정 자성이면서 사은의 도이다. 제불·조사·범부·중생의 성품이 밝아지면 천지·부모·동포·법률의 본원이 드러나고, 사은이 드러난 자리가 바로 성품이 두렷하게 나타난 경지이기 때문이다.

'또는'은 '그리고 또'의 뜻이다. 현대의 말뜻으로는 '또한'의 의미로 병행하라는 의

미이다. 수호하고 알고 사용하는 공부를 아울러 행하라는 것이다.

공부는 '공들일 공功' '도울 부扶'가 공부工夫로 통용된 것으로, 공들여 이룬다는 뜻이다. '일원상 서원문'의 '공부'는 일원상으로 단련하는 것으로 본래 원만한 일원상을 심신에 원만하게 나투어 가는 진행형이다.

왜냐하면 본래는 원만한 일원상 자리이지만 현실에서는 원만한 일원상을 상황에 따라 원만하게 적용하고 또 적용해야 하기 때문이다. 공부는 수호하고 알고 사용하는 공부를 상황에 맞고 경우에 타당하게 하고 또 하는 적공이다.

'지성至誠으로'의 지성은 정성이 지극한 상태를 의미한다.

법신불 일원상 자리는 정성스러운 것도 없는 경지로, 만일 하기 싫은 경계에 당면하면 하기 싫은 줄 아는 깨어있는 일원상 마음으로 이에 매몰되지 않고 다시 하고 또 하는 것이다. 이처럼 지성은 정성 그 자체이면서 정성스럽게 행하는 것으로, 닦을 것이 없는 자리로 정성스럽게 닦아가는 공부이다.

법신불 일원상 자리는 잘했다 잘못했다는 자학이나 자만에 오염되고 매몰되는 마음이 아니라 늘 한결같은 여여한 한마음이다. 변하는 중에도 불변한 자리를 놓치지 않고, 불변한 가운데 잘 변해가는 중심 자리로, 이 자리가 바로 능이성 유상하고 능이성 무상한 일원상 자리이다. 이러한 일원상, 이 마음을 놓치지 않고 발현하는 것이 지성至誠 공부이다.

만일, 맑은 경계에 매몰되어 맑은 줄 알아차리고 있는 자리를 놓치면 언어도단의 입정처요 유무초월의 생사문인 일원상 경지가 가로막히게 되며, 흐린 경계에 흐린 줄 알아차리고 있는 청정한 자리를 자각하면 언어도단의 입정처요 유무초월의 생사문인 일원상 자리가 눈앞에 역력하게 된다.

또한 순경이든 역경이든 경계에 깨어있는 일원상 자리를 드러내면 순역에 매몰되지 않으며, 바쁘든 한가하든 또는 힘들든 편안하든 동정 고락간에 일원상을 드러내면 동정에도 고락에드 매몰되지 않는 것이다.

 이와 같은 법신불 일원상을 체받아서 일원상으로 심신을 원만하게 수호하고, 일원상으로 사리를 원만하게 은마하고, 일원상으로 심신을 원만하게 사용하는 공부를 적용하고 또 적용하는 것이 진리에 맞고 사실에 타당한 뛰어난 공부법이다.

# 진급이 되고 은혜는 입을지언정
# 강급이 되고 해독은 입지 아니하기로써

〈일원상 서원문〉의 '진급이 되고 은혜는 입을지언정, 강급이 되고 해독은 입지 아니하기로써'의 대목을 살펴보자.

이 대목은 〈일원상 서원문〉의 내역 중 '혹은 진급으로 혹은 강급으로 혹은 은생어해로 혹은 해생어은으로'와 연관되어 있다. 즉 '진급이 되고'는 '혹은 진급으로'와 '강급이 되고'는 '혹은 강급으로'와 관련되고, '은혜는 입을지언정'은 '혹은 은생어해恩生於害'와 '해독은 입지 아니하기로써'는 '혹은 해생어은害生於恩'과 관련된다.

진급이 된다는 것은 은생어해로 고해苦海의 상황에서 복락의 은혜를 개척하는 상태이며, 강급이 된다는 것은 해생어은으로 복락의 상황에서 죄고의 해독에 떨어지는 상황이다. 진급과 은혜를 입는 것은 선순환되어 육도윤회에서 선도로 향상向上되는 것이며, 강급과 해독을 입는 것은 악순환되어 육도윤회에서 악도로 향하向下되는 것이다. 진급과 강급이 수행과 관련이 깊다면, 은혜는 입고 해독은 입지 않는 것은 사은 보은의 결과요 사은 배은의 결과로써 신앙과 관련된다.

일원상의 내역은 능히 유상하면서 능히 무상한다. 그러므로 진급이 되고 은혜를 입는다는 것은 불변하는 유상에 바탕 하여 변하는 무상을 잘 운영하라는 것이다.

소태산은 인과의 이치에 따른 자연의 변화를 다음과 같이 밝혔다.
"천지의 일기도 어느 때에는 명랑하고 어느 때에는 음울한 것과 같이, 사람의 정신 기운도 어느 때에는 상쾌하고 어느 때에는 침울하며, 주위의 경계도 어느 때에는 순하고 어느 때에는 거슬리나니, 이것도 또한 인과의 이치에 따른 자연의 변화

라."[『대종경』 인과품 6장]

이어서 이러한 이치를 아는 사람과 모르는 사람의 차이를 명시한다.
"이 이치를 아는 사람은 그 변화를 겪을 때에 수양의 마음이 여여하여 천지와 같이 심상하나, 이 이치를 모르는 사람은 그 변화에 마음마저 따라 흔들려서 기쁘고 슬픈 데와 괴롭고 즐거운 데에 매양 중도를 잡지 못하므로 고해가 한이 없나니라."[『대종경』 인과품 6장]

변화를 겪는 중에 마음이 천지같이 대수롭지 않게 심상尋常하다는 것은 불변의 우상에 바탕을 두고 무상한 상황에 끌려가지 않는 것으로, 이는 진급이요 은혜를 입는 것이라면, 변화하는 중에 불변의 유상을 놓쳐 무상한 변화에 이리저리 끌려다니면 고해가 한이 없게 되는 것으로, 이는 강급이요 해독을 입게 된다.
이처럼 무상한 무량세계에서 진급과 은혜를 입고 강급과 해독을 입지 아니하기 위해서는 유상한 무량세계에 기반을 두어야 한다.

유상한 무량세계에는 진·강급이 본래 없다. 이 세계는 진급 강급에 부동한 자리다. 또한 유상한 무량세계에는 은혜와 해독이 본래 없다. 이 세계는 은혜와 해독으로 파도치듯 변동하는 자리가 아니다. 소태산 대종사는 대각 일성으로 '생멸 없는 도'와 '인과보응 되는 이치'가 서로 바탕해 있다고 천명한다. 생멸 없는 도는 유상한 무량세계로 변함이 없는 도이다. 이 도에는 진급도 강급도 없고 은혜도 해독도 없다. 진강급의 승강과 은혜와 해독의 번복에 흔들리지도, 변하지도 않는다. 상주불멸로 여여자연할 뿐이다.
그러므로 진강급과 은혜와 해독으로 널뛰지 않는 유상한 무량세계에 바탕 하여 진·강급과 은혜와 해독으로 변화하는 무상한 무량세계로 나아가는 것이다. 반대로 상주불멸로 여여자연한 유상의 무량세계에 기반하여 변화 자재하는 무량세계로 전개되는 것을 모르면 변화에 이리저리 끌려다니어 강급되고 해독을 입는 퇴굴심과 고해에 빠진다.

'진급이 되고 은혜는 입을지언정 강급이 되고 해독은 입지 아니하기로써'의 '~로써'는 그렇게 되기 위해서는 법신불 일원상을 체받아서 세 과정의 공부[三學]를 갖추어야 되는 자격을 말하고 있다. 법신불 일원상을 체받는 것은 유상한 무량세계와 무상한 무량세계를 서로 바탕으로 하여 전개하는 공부이다. 진·강급이 없는 불변의 유상한 무량세계에 기반 하여 진급해 가는 무상한 무량세계를 운영하는 것이며, 은혜와 해독이 없는 불변의 유상한 무량세계를 떠나지 않고서 은혜를 개척하는 무상한 무량세계를 경영하는 것이다.

그리하여 진·강급이 본래 없는 불변의 유상 자리를 바탕으로 하여 진급하는 것이며, 은혜와 해독이 본래 없는 불변의 유상 자리를 바탕으로 삼아 영원히 은혜를 짓고 받는 것이다. 또는 강급과 해독이 본래 없는 불변의 유상 자리에 토대를 두어 강급 중에도 강급에 매몰되지 않고 해독을 입는다 해도 해독에 포획되지 않는 공부심이다. 결국 영원한 진급의 길에 들어서고 영원하게 은혜 입는 길로 나아가는 공부이다.

이와 같이 능이성 유상하고 능이성 무상한 법신불 일원상을 체받아서 심신을 원만하게 수호하고 사리를 원만하게 알고 심신을 원만하게 사용하는 삼학 공부를 지성으로 하면 진급과 은혜의 길로 나아가고, 반대로 유상한 가운데 무상하고 무상한 가운데 유상한 법신불 일원상을 체받지 못하여 삼학 공부를 이탈하면 강급과 해독의 길에 들어서는 것이다. 다시 말하면 진급과 강급이 본래 없는 유상한 무량세계에 기반을 두고 좌절의 경계에 당면할지라도 다시 일어서고, 향상의 경계에 당면할지라도 이에 집착하지 않아 걸려 넘치지 않는 진급의 길[향상일로向上一路]에 들어서는 것이다. 또한 은혜와 해독이 본래 없는 유상한 무량세계에 바탕을 두고 고의 경계에 당면해도 고에 매몰되지 않고 선의 경계에 임해도 선에 넘치지 않는 공부로 보은은 할지언정 배은은 하지 않는 은혜의 길에 나서는 것이다.

결국, 일원상을 체받아서 드러내면 선순환의 진급이요 일원상을 잃어버렸으면 악순환의 강급이며, 일원상을 체받아서 발현하면 정당한 고락의 은혜요 일원상이 가리고 막히면 부정당한 고락의 해독을 입는다.

법신불 일원상을 체받는 것은 상주불멸한 유상의 무량세계를 떠나지 않는 중에 변화무궁한 무상의 무량세계까지 잘 운용하라는 것이다. 또한 여여자연한 유상의 무량세계를 여의지 않으면서 진급이 되고 은혜 입는 길에 들어서는 것이다.

법위 향상도 법신불 일원상을 체받아서 진급해 가는 공부요 적공이요 서원이다.

또한, 진급이 되고 은혜를 입는 것은 자신뿐만 아니라 타인까지 진급이 되고 은혜를 입도록 하는 것이다. 일원상 자리는 자타의 국한이 안팎으로 트인 자리이기에 일체중생은 또 다른 나이다. 그러므로 일원상 서원은 모든 생령이 진급되고 은혜 입도록까지 서원하는 제생의세의 길이다.

소태산 대종사는 말세관을 논하면서 새로운 미래 문명을 전망하였다.

"근래 어떤 사람들은 이 세상은 말세가 되어 영영 파멸밖에는 길이 없다고 하나 나는 그렇지 않다고 하노니, 성인의 자취가 끊어진 지 오래고 정의 도덕이 희미하여졌으니 말세인 것만은 사실이나, 이 세상이 이대로 파멸되지는 아니하리라. 돌아오는 세상이야말로 참으로 크게 문명한 도덕 세계일 것이니, 그러므로 지금은 묵은 세상의 끝이요, 새 세상의 처음이 되어, 시대의 앞길을 추측하기가 퍽 어려우나 오는 세상의 문명을 추측하는 사람이야 어찌 든든하지 아니하며 즐겁지 아니하리오." [『대종경』 전망품 19장]

묵은 세상의 끝이 있으면 새 세상의 처음이 열린다는 것이다. 이처럼 인간 세상도 변화하는 무상한 세계다. 소태산 대종사는 미래 세상은 크게 문명한 도덕 세계가 되리라 전망하는데, 이는 진급이 되고 은혜는 입을지언정 강급이 되고 해독은 입지 아니하는 세상으로 개척하라는 의지요 서원이다.

## 🔍 더보기

## 진급과 은혜, 강급과 해독

〈일원상 서원문〉의 핵심 대목 중 하나는 '진급이 되고 은혜는 입을지언정, 강급이 되고 해독은 입지 아니하기로써'이다.

일원상의 진리는 능히 유상하고 능히 무상하여, 무상한 무량세계로 보면 혹은 진급으로 혹은 강급으로 혹은 은생어해로 혹은 해생어은으로 변화하며, 유상한 무량세계로 보면 진·강급이 없는 여여자연한 자리이며 은혜와 해독으로 파도치지 않는 상주불멸한 자리이다.

즉 상주불멸로 여여자연한 유상 자리에 바탕을 두고 진급과 은혜의 길에 들어서자는 것으로, 만일 불변의 유상 자리에 기반하여 변화 자재하는 무상세계를 모르면 변화에 이리저리 끌려다니게 되어 결국 강급이 되고 해독을 입는 고해에 빠지게 된다.
변화하는 중 변화의 원리는 여여불변한다. 이러한 이치 자체는 진·강급의 승강도 은혜와 해독의 번복도 없다.

그러므로 진·강급에 흔들림이 없는 여여불변의 유상 자리에 바탕 하여 진급은 될지언정 강급은 되지 않는 무량세계를 전개하는 것이며, 은혜와 해독의 뒤집힘에 부동한 불변의 유상 자리에 근거하여 은혜는 입을지언정 해독은 입지 않는 무량세계를 펼치는 것이다.

또한, 진급이 되고 은혜를 입을지라도 진강급이 본래 없는 유상 세계에 바탕 하여 진급과 은혜의 낙에 빠지지 않고, 또는 강급되고 해독을 입는다고 하여도 은혜와 강급이 본래 없는 유상 세계에 따라 강급되고 해독을 입는 고苦에 종속되지 않도록 하는 공부이다. 그리하여 영원한 진급의 길과 은혜의 길로 나아가는 것이다.

이와 같이 능이성 유상하고 능이성 무상한 법신불 일원상을 체받아서 심신을 원만하게 수호하고 사리를 원단하게 알고 심신을 원만하게 사용하는 삼학 공부를 지성으로 하면 진급과 은혜의 길로 나아가고, 반대로 이러한 법신불 일원상을 체받지 못하여 삼학 공부에서 벗어나면 강급과 해독의 길에 휩쓸린다.
그러므로 일원상을 체받는 것은 본래 변함이 없는 상주불멸의 유상 세계에 바탕하여 끝없이 향상심으로 살아가는 진급의 길에 들어서는 것이요, 본래 변함이 없는 여여자연한 유상 세계에 바탕 하여 항상 보은으로 나아가는 은혜의 길에 들어서는 것이다.

결국 일원상을 체받아서 드러내면 선순환의 진급이요 일원상을 잃어버리면 악순환의 강급이며, 일원상을 체받아서 발현하면 정당한 고락의 은혜요 일원상을 가리면 부정당한 고락의 해독이다.
법신불 일원상을 체받는 것은 유상한 자리와 무상한 자리가 서로 바탕이 되도록 하여, 진강급의 승강과 은혜와 해독의 번복에 변함이 없는 유상 자리에 근거를 두고서 변화무궁한 무상세계에서 진급이 되고 은혜 입는 길에 들어서는 공부이다.

세상은 변화하기에 묵은 세상의 끝이 있으면 새 세상의 처음이 열리는 게 이치이다.[『대종경』 전망품 19장] 소태산 대종사는 미래 세상은 크게 문명한 도덕 세계가 되리라 전망한다. 이러한 전망은 이 세상을 유상한 자리에 바탕 하여 진급이 되고 은혜는 입을지언정 강급이 되고 해독은 입지 아니하는 세상으로 개척하라는 의지요 서원이다.

# 일원의 위력을 얻도록까지 서원하고
# 일원의 체성에 합하도록까지 서원함

〈일원상 서원문〉의 결론인 '일원의 위력을 얻도록까지 서원하고 일원의 체성에 합하도록까지 서원함'에 관해 살펴보자.

일원상의 서원은 법신불 일원상을 체받아서 언제 어디서나 일원의 위력을 얻고 일원의 체성體性에 합하는 공부이다.

'일원의 위력'은 언어도단의 입정처요 유무초월의 생사문에 따라 펼쳐지는 위력이며, '일원의 체성'은 언어도단의 입정처요 유무초월의 생사문에 합일하는 경지이다.
또한, 천지·부모·동포·법률의 본원이요 제불·조사·범부·중생의 성품을 발현하는 경지가 '일원의 위력'이라면, 천지·부모·동포·법률의 본원이요 제불·조사·범부·중생의 성품을 체득하는 자리가 '일원의 체성'이다.
또한, '일원의 위력'을 얻는 것은 유상에 바탕 하여 무상한 무량세계를 잘 운영하는 것이요, '일원의 체성'에 합하는 것은 무상한 중에도 유상한 무량세계에 하나 되는 것이다.

첫째, '일원의 위력'을 얻는 것은 능이성 무상한 무량세계를 전개하는 것이다.
일원의 위력은 일원상의 진리의 "공적영지의 광명을 따라 대소유무에 분별이 나타나서 선악업보에 차별이 생겨나며, 언어명상이 완연하여 시방삼계가 장중에 한 구슬같이 드러나며, 진공묘유의 조화는 우주만유를 통하여 무시광겁에 은현자재하는 것"이다. 일원의 위력은 텅 비었으되 신령하게 아는 자리에서 만유의 현상과 변화가 드러나는 것이며, 또한 텅 비었으되 묘하게 있는 자리에서 은현자재로 조화를 부리는 것이다.

이처럼 능이성 무상한 일원상 자리는 우주만유가 성주괴공과 춘하추동 그리고 생로병사로 변화하며, 사생의 심신 작용을 따라 육도로 변화하는 무량세계다.

둘째, '일원의 체성'에 합하는 것은 능이성 유상한 무량세계를 전개하는 것이다.
일원의 체성은 일원상의 진리의 "대소유무에 분별이 없는 자리이며, 생멸거래에 변함이 없는 자리이며, 선악업보가 끊어진 자리이며, 언어명상이 돈공한 자리"로서, 영지의 광명을 함장한 공적한 자리이며 묘유의 조화를 갈무리한 진공 자리이다.
일원의 체성은 영지한 중에 공적하고 묘유의 조화 가운데 진공하는 능이성 유상한 일원상 자리이다. 일체의 분별이 탈락하여 의식뿐만 아니라 무의식까지 붙을 수 없는 자리로 오직 깨어있을 뿐 어떠한 자취도 없는 상태이다.

그러므로 일원의 위력을 얻는 것은 유상한 불변의 자리에 바탕 하여 변화하는 무상한 무량세계에서 진급이 되고 은혜 입도록 운영하는 것이라면,
일원의 체성에 합하는 것은 진·강급과 은생어해 해생어은으로 변화하는 무수한 변화 세계에서 불변의 유상한 무량세계를 처득하여 그 자리에 그치도록 하는 것이다. 진급이 되고 은혜를 입더라도 유상 자리를 놓치지 않으며, 강급이 되고 해독을 입더라도 유상 자리에 그쳐야 한다.

이러한 일원의 위력과 일원의 체성은 일원의 두 모습이다.
일원의 체성은 일원의 위력으로 발현하며, 일원의 위력은 일원의 체성에 기반한다. 유상에 바탕 하여 무상하면 일원의 위력을 얻는 것이며, 무상한 가운데 유상하면 일원의 체성에 합하는 것이다.
불변의 유상에 기반 하여 능히 변하면 일원의 위력을 얻고, 변화자재하는 무상 속에서 능히 불변의 유상을 세우면 일원의 체성에 합한다. 이처럼 일원의 위력과 일원의 체성은 일원으로 하나이다.

능이성 유상하고 능이성 무상한 법신불 일원상을 체받아서 심신을 원만하게 수호

하는 공부와 사리를 원만하게 아는 공부와 심신을 원만하게 사용하는 공부를 지성으로 하여,

　진강급과 은혜와 해독이 본래 없는 불변의 유상한 이치에 바탕 하여 능히 진급되고 은혜를 입는 무상한 무량세계를 전개하는 것이 바로 일원의 위력을 얻도록까지 서원하는 것이며, 진급 강급으로 변동하고 은혜와 해독으로 파도치는 변화의 무상한 중에도 능히 상주불멸로 여여자연한 불변의 유상한 무량세계에 그치는 것이 바로 일원의 체성에 합하도록까지 서원하는 것이다.

　해독을 입는 상황이나 강급이 되는 상황에서도 이에 퇴굴하지 않고 진급이 되고 은혜를 입도록 나아가는 공부가 일원의 위력을 얻는 것이며, 진급이 되고 은혜를 입어도 이에 집착하여 갇히지 아니하며, 설사 강급이 되고 해독을 입는다 해도 이에 집착하여 매몰되지 않는 공부가 일원의 체성에 합하는 것이다.

　'진급이 되고 은혜는 입을지언정 강급이 되고 해독은 입지 아니하기로써'의 '~로써'는 그렇게 되기 위해서는 일원의 위력을 얻고 일원의 체성에 합해야 한다는 것이다.
　또한 '일원의 위력을 얻도록까지'와 '일원의 체성에 합하도록까지'에서 '까지'는 깨달을 것도 없는 일원상 자리에 바탕 하여 밝히고 밝히며, 닦을 것도 없는 일원상 자리에 기반 하여 닦고 닦는 무수이수無修而修의 경지이다.

　'~까지'의 의미를 살펴보자.
　첫째, 일원의 자리에 도달할 때까지, 될 때까지, 지성으로 정진적공 하라는 의미가 들어 있다. '지성'='~까지'이다. '~까지'는 '지극한 정성'의 다른 표현이다.
　둘째, '~까지'는 '언제나 어디서나'의 뜻이 있다. 무시로 무처로 간격과 끊어짐 없이 법신불 일원상을 놓치지 말라는 것이다.
　셋째, '~까지'는 일원상의 진리를 심신 간에 적용하고 또 적용하겠다는 맹서[盟誓, 맹세의 본딧말]이다. 현재 적용했다고 해도 다음 상황에는 그에 따라 또 적용해야 하기에 또 하고 또 하겠다는 공부이다.

넷째, '~까지'는 나와 중생을 둘로 보지 않는 한마음으로, 중생의 고통이 다 여의도록까지 온갖 정성과 노력을 다하라는 뜻이 담겨있다. 일원상은 자타의 국한이 트인 자리이기에 타자는 '또 다른 나'로서, 중생들이 다 일원의 위력을 얻고 일원의 체성에 합하도록까지 제도하라는 것이다.

〈일원상 서원문〉은 '~서원함'으로 마무리한다.

'~함'은 종결어기로 '~하다'를 단정하는 강조형이다. 서원을 더욱 확고히 하라는 흔들림 없는 맹서의 의미이다. '일원의 위력을 얻도록까지 서원하고 일원의 체성에 합하도록까지 서원함'은 〈일원상 서원문〉의 결론으로 영원한 진행의 길이다.

## 🔍 더보기

## 일원의 위력과 체성 그리고 정신개벽

〈일원상 서원문〉의 결론은 '일원의 위력을 얻도록까지 서원하고 일원의 체성에 합하도록까지 서원함'이다. 일원의 위력을 얻는 것은 유상有常에 바탕 하여 무상한 무량세계를 잘 운영하는 것이라면, 일원의 체성에 합하는 것은 무상無常한 중에도 유상한 무량세계에 하나 되는 것이다.

즉 일원의 위력을 얻는 것은 진·강급과 은혜와 해독이 없는 불변의 유상한 무량세계에 바탕 하여 무상한 무량세계에서 진급이 되고 은혜를 입도록 운용하는 것이라면, 일원의 체성에 합하는 것은 진·강급과 은생어해 해생어은으로 변화하는 무상한 무량세계에서 불변의 유상한 무량세계를 체득하는 것이다.

이처럼 일원의 체성은 일원의 위력으로 발현되며, 일원의 위력은 일원의 체성에 기반한다. 유상에 바탕 하여 무상하면 일원의 위력을 얻는 것이며, 무상을 떠나지 않고 유상하면 일원의 체성에 합하는 것이다. 일원의 위력과 일원의 체성은 일원으로 원융자재하다.

능이성 유상하고 능이성 무상한 법신불 일원상을 체받아서 심신을 원만하게 수호하는 공부와 사리를 원만하게 아는 공부와 심신을 원만하게 사용하는 공부를 간단없이 지성으로 하여, 능히 상주불멸로 여여자연한 불생불멸의 유상 자리에 바탕 하여 진급이 되고 은혜를 입는 무상한 무량세계를 전개하는 것은 일원의 위력을 얻도록까지 서원하는 것이다.

또한 진·강급으로 변동하고 은혜와 해독으로 파도치는 인과보응의 무상한 중에도 상주불멸로 여여자연한 유상 자리에 그치는 것은 일원의 체성에 합하도록까지 서원하는 것이다. 유상으로 무상하고 무상 중에 유상하라는 것이다.

해독을 입는 상황이나 강급이 되는 상황에서도 이에 퇴굴하지 않고 진급이 되고 은혜를 입도록 나아가는 공부가 일원의 위력을 얻는 것이라면, 진급이 되고 은혜를 입어도 이에 매몰되지 아니하며, 설사 강급이 되고 해독을 입는다 해도 이에 한정되지 아니하는 공부가 일원의 체성에 합하는 것이다.

일원의 위력과 일원의 체성의 주어인 일원은 언어도단의 입정처요 유무초월의 생사문을 유상한 무량세계로 드러내면 일원의 체성에 합하는 것이며, 무상한 무량세계로 발휘하면 일원의 위력을 얻는 것이다.

또한 천지·부모·동포·법률의 본원이요 제불·조사·범부·중생의 성품인 일원의 자리를 유상한 무량세계로 전개하여 합일하면 일원의 체성에 합하는 경지이며, 이 자리를 무상한 무량세계로 전개하여 발현하면 일원의 위력을 얻는 것이다. 일원의 위력과 체성은 한 두렷한 일원상의 양면이다.

정산 종사는 "일원의 위력을 얻는다는 것은 무엇을 뜻하는가? 그것은 곧 삼강령[三綱領, 삼학]으로서 공부하여 차차 삼대력三大力을 얻어 나가는 것이라, 이 삼학三學으로 공부하여 마음의 바탕이 언제나 요란하지 아니하고 어리석지 아니하고 그르지 아니하여 필경은 매매 사사에 철주鐵柱 같은 삼대력을 얻는 것이며, 또는 그 삼대력으로서 일체중생을 제도하여 육도를 자유로 하며, 또는 일심 축원 곧 천지의 위력을 막 부리어 쓰는 것이니 … 참으로 일원의 위력을 얻고 보면 천지의 위력보다 승勝하나니라.

일원의 체성에 합한다는 것은 무엇을 뜻하는가? 우리 공부인들이 삼대력을 완전하게 얻어 정靜하여서는 사념망상을 떠나 원만구족한 정定에 들며, 동動하여서는 매사에 일심불란하여 지공무사한 마음자리를 가짐이니라. 이러한 지경에 이르러야 부처의 경지이니라."[『정산종사법설』]라고 설명한다.

특히 일원의 체성體性은 몸[體]으로 체득하는 경지이다. 몸은 육근이요 심신으로, 체성은 심신을 떠나서 따로 있는 경지가 아니다. 소태산 대종사는 '대각 일성'으로 "만유가 한 체성"이라고 일갈한다.[『대종경』 서품 1장] 이는 만유와 둘이 아닌 한 몸의 경지이다. 즉 심신을 원만하게 수호하고 사리를 원만하게 알고 심신을 원만하게 사용하는 공부를 온몸으로 체득하여 물아物我가 둘이 아닌 한 몸의 경지, 즉 일원의 체성에 합하라는 것이다.

공산 백낙청은 체성[體性, body and nature]은 생멸 없는 성품[the nature] 자리가 영원불멸한 이데아의 초월적 세계가 아닌 물질세계와 같이 있다는 의미의 체성이라고 해석한다.[백낙청 TV, 백낙청 공부길 111]

일원의 위력을 얻고 일원의 체성에 합하도록까지 서원하는 〈일원상 서원문〉의 결론은 개교표어인 "물질이 개벽되니 정신을 개벽하자"라는 정신개벽의 공부길이다. 법신불 일원상을 체받는 공부가 물질의 세력을 항복 받고 또한 선용하는 정신개벽의 근본 동력이기 때문이다.

법신불 일원상을 체받는 공부와 일원의 위력을 얻고 일원의 체성에 합하도록까지 서원하는 공부는 하나로 관통되어 있다. 정신개벽의 깨달음으로 나아가도록 하는 중심 공부법이다.

# '일원상 서원문' 내레이션

[도식 1. 일원상의 내역]

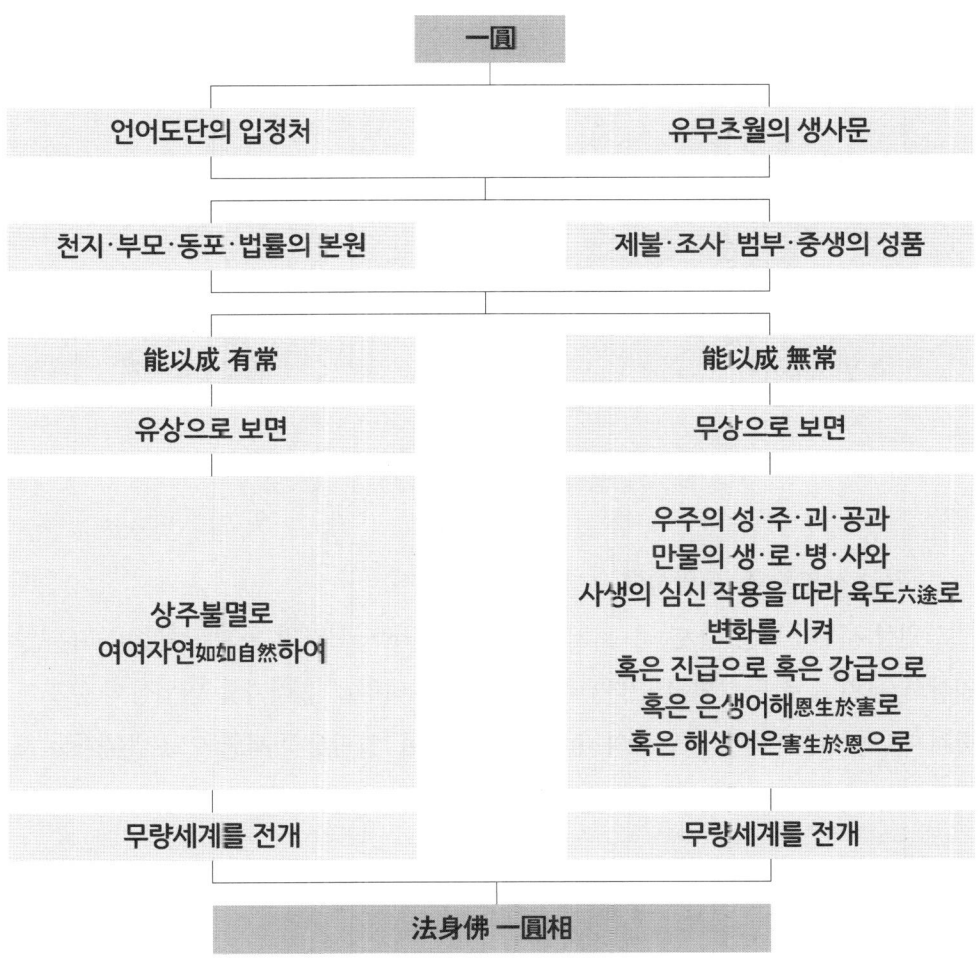

[도식 2. 일원상의 서원]

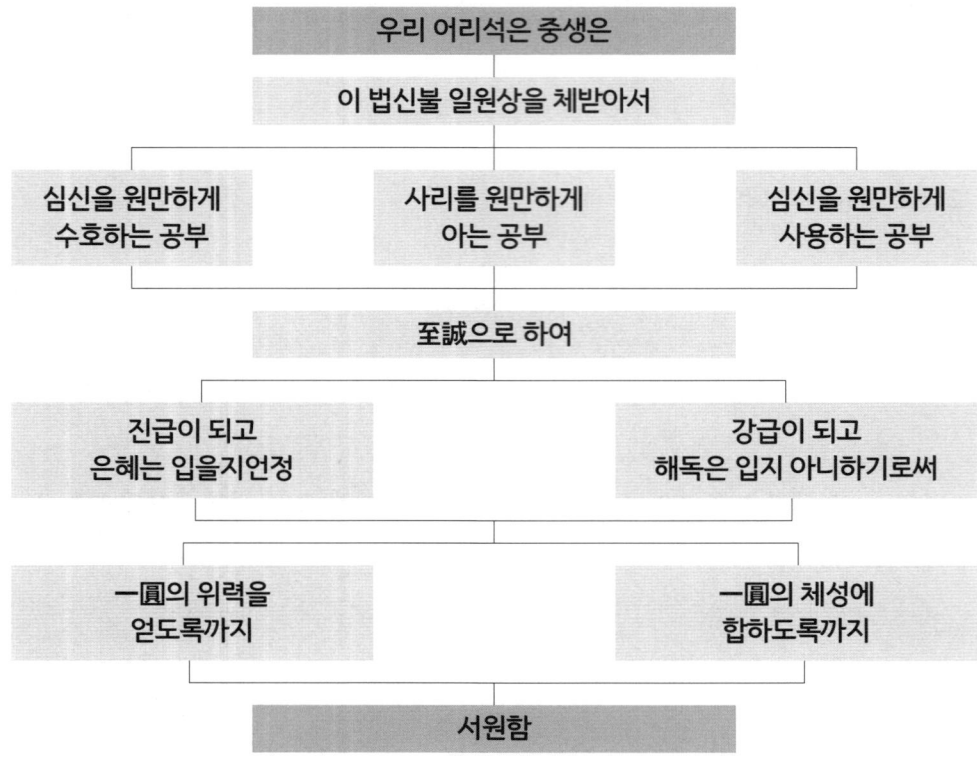

〈일원상 서원문〉을 총괄하여 그 흐름을 살펴보자.

일원상 서원문의 첫째 단락[도식 1]은 '일원상의 내역'이라면 둘째 단락[도식 2]은 '일원상의 서원'으로 구성되어 있다. 마치 강물이 유려하게 흘러가듯 일원상의 구조가 펼쳐지고 있다. 이러한 '일원상의 내역'에 근거하여 '일원상의 서원'으로 나아가는 소태산 대종사의 길 안내를 받아보길 바란다.

1. 첫 번째 도식은 '일원상의 내역'이다.[도식 1. 일원상의 내역]

일원상의 내역內譯은 '일원'을 주어로 삼고 있다. 즉 일원은 언어도단의 입정처와 유무초월의 생사문 양면으로 전개하며 다시 언어도단의 입정처와 유무초월의 생사문은 일원으로 통합된다.

또한 이 통합된 일원은 천지·부모·동포·법률의 본원과 제불·조사·범부·중생의 성품으로 분개하면서 다시 일원으로 통합되며, 또한 일원의 한자리는 능이성 유상하고 능이성 무상하여 유상으로 보면 불변하는 무량세계를 무상으로 보면 변하는 무량세계를 전개하는 구즈이다. 이러한 유상과 무상으로 전개되는 무량세계는 다시 일원으로 통합된다.

즉 일원상의 내역은 일원으로 하나이다.
'언어도단의 입정처=유무초월의 생사문=천지·부모·동포·법률의 본원=제불·조사·범부·중생의 성품=능이성 유상=능이성 무상=유상으로 보면 상주불멸로 여여자연하여 무량세계를 전개하였고=무상으로 보면 우주의 성주괴공과 만물의 생로병사와 사생의 심신 작용을 따라 육도로 변화를 시켜 혹은 진급으로 혹은 강급으로 혹은 은생어해로 혹은 해생어은으로 이와 같이 무량세계를 전개하였나니'로 서로가 하나로 녹아 있는 구조다.

그러니까 유상이 무상과 둘이 아니요, 무상이 유상과 둘이 아닌 일원으로 한자리다. 유상에서 무상을 볼 수 있어야 하고 무상에서 유상을 볼 수 있어야 일원으로 하나이다. 언어도단의 입정처가 천지·부모·동포·법률의 본원과도 상통하고, 유무초월의 생사문도 제불·조사·범부·중생의 성품과도 상통하여, 원융무애하다.

2. 두 번째 도식은 '일원상의 서원'이다.[도식 2. 일원상의 서원]
일원상 서원은 일원상을 체받아서 일원의 위력과 체성에 합하는 서원 공부요 적공이다. 먼저 일원상의 내역[도식 1]을 법신불 일원상으로 통칭하여 체받도록 한다. '일원=일원상의 내역'이며, 이 '일원의 실상=법신불 일원상'이다. 그리하여 법신불인 일원상을 체득하여 심신을 온전하게 수호하는 공부와 사리를 원만하게 아는 공부와 심신을 원만하게 사용하는 공부를 하라는 것이다. 이 세 겹의 삼학[삼강령] 공부가 진리적이고 사실적인 공부법이다.

법신불 일원상을 체받는 것은 일원상의 내역인 법신불 일원상으로 공부하는 것이다. 언어도단의 입정처인 법신불 일원상으로 심신을 원만하게 수호하고 사리를 원만하게 알고 심신을 원만하게 사용하는 것이며, 유무초월의 생사문인 법신불 일원상으로 심신을 원만하게 수호하고 사리를 원만하게 알고 심신을 원만하게 사용하는 것이다.

또한, 천지·부모·동포·법률의 본원인 법신불 일원상으로 심신을 원만하게 수호하고 사리를 원만하게 알고 심신을 원만하게 사용하는 것이며, 제불·조사·범부·중생의 성품인 법신불 일원상으로 심신을 원만하게 수호하고 사리를 원만하게 알고 심신을 원만하게 사용하는 것이다.

또한, 능이성 유상하고 능이성 무상한 법신불 일원상으로 심신을 원만하게 수호하고 사리를 원만하게 알고 심신을 원만하게 사용하는 공부이다.

'원만하게'는 일원상 그대로 온전하게 드러내는 것이다.

즉 청정淸淨한 일원상을 체받아서 심신을 원만하게 지키고 보호하는 공부를 하는 것이며, 명명明明한 일원상을 체받아서 사리를 원만하게 분석하고 판단하는 공부를 하는 것이며, 사사私邪가 없는 일원상을 체받아서 정당한 고락은 취하고 부정당한 고락은 버리는 심신 작용을 잘 사용하는 공부를 하는 것이다.

이와 같이 진리적이고 사실적인 세 겹의 삼학[삼강령] 공부를 지성으로 하여, 진급이 되고 은혜는 입을지언정 강급이 되고 해독은 입지 않도록 하는 적공이다.

즉, 진·강급이 본래 없는 자리에 바탕으로 하여 악순환의 강급은 하지 않고 선순환으로 진급해 가자는 것이며, 은혜와 해독이 본래 없는 자리에 기반 하여 부정당한 고락으로 낙이 변하여 고가 되고 끝내 영원한 고가 되는 해독은 입지 아니하고, 정당한 고락으로 고가 변하여 낙이 되고 끝내 영원한 낙이 되도록 은혜를 짓고 받자는 것이다.

그리하여 궁극적으로 일원의 위력을 얻고 일원의 체성에 합하도록까지 서원하는 것이다.

다시 말하면 능이성 유상하고 능이성 무상한 법신불 일원상을 체받아서 심신을 원만하게 수호하는 공부와 사리를 원만하게 아는 공부와 심신을 원만하게 사용하는 공부를 지성으로 하여, 능히 상주불멸로 여여자연한 유상 자리에 바탕 하여 능히 진급되고 은혜를 입는 무상한 두량세계를 전개하는 것이 일원의 위력을 얻도록까지 서원하는 것이요, 진급·강급으로 변동하고 은혜와 해독으로 파도치는 무상한 중에도 능히 상주불멸로 여여자연한 유상 자리에 그치는 것이 일원의 체성에 합하도록까지 서원하는 것이다.

〈일원상 서원문〉은 이러한 구조를 지닌 진리 안내의 내레이션이다.

'일원상의 내역'에 근원하여 '일원상의 서원'으로 광대무량한 낙원을 인도하는 길라잡이다.

이러한 일원상 서원문의 내레이션에 따라 '일원상의 내역'과 이에 근거한 '일원상의 서원'을 꽃피워야 할 것이다. 일원상 서원문을 탐구하는 즐거움이 있기를 바란다. 그 길은 일원상 서원문을 온몸·온맘으로 낭독하는 것이다.

소태산 대종사의 안내에 따라 일원상 서원문을 독송하라. 천하 만방에 울려 퍼지도록 하자.

일원상 서원문을 독송하는 공덕 꽃을 활짝 피우자.

제1장

일원상

제5절 일원상 법어

# 〈일원상 법어〉 독송하기

### 『정전』 제2 교의편 제1장 일원상

#### 제5절 일원상 법어—圓相法語

◯ 이 원상圓相의 진리를 각覺하면 시방삼계가 다 오가吾家의 소유인 줄을 알며, 또는 우주만물이 이름은 각각 다르나 둘이 아닌 줄을 알며, 또는 제불·조사와 범부·중생의 성품인 줄을 알며, 또는 생·로·병·사의 이치가 춘·하·추·동과 같이 되는 줄을 알며, 인과보응의 이치가 음양상승陰陽相勝과 같이 되는 줄을 알며, 또는 원만구족한 것이며 지공무사한 것인 줄을 알리로다.

◯ 이 원상은 눈을 사용할 때에 쓰는 것이니 원만구족한 것이며 지공무사한 것이로다.

◯ 이 원상은 귀를 사용할 때에 쓰는 것이니 원만구족한 것이며 지공무사한 것이로다.

◯ 이 원상은 코를 사용할 때에 쓰는 것이니 원만구족한 것이며 지공무사한 것이로다.

◯ 이 원상은 입을 사용할 때에 쓰는 것이니 원만구족한 것이며 지공무사한 것이로다.

◯ 이 원상은 몸을 사용할 때에 쓰는 것이니 원만구족한 것이며 지공무사한 것이로다.

◯ 이 원상은 마음을 사용할 때에 쓰는 것이니 원만구족한 것이며 지공무사한 것이로다.

## 일원상 법어의 구조

〈일원상 법어〉의 전체적인 구조에 대해서 살펴보자.

『정전』「일원상」 장은 일원상의 진리, 일원상의 신앙, 일원상의 수행, 일원상 서원문, 일원상 법어, 일원상 게송 순으로 구성되어 있다.
 이러한 순서는 '일원상의 진리'를 신앙의 대상으로 모시는 동시에 수행의 표본으로 삼아 신앙 수행하여 일원상의 결실이 원만히 이루어지길 간절히 서원하는 '일원상 서원문'으로 이루어져 있으며, 이 일원의 결실이 잘 이루어졌는지 점검하고 더조할 준거가 필요한데, 이 체크리스트가 〈일원상 법어〉이다.

소태산 대종사는 경진동선 중인 원기26년(1941) 1월 28일[화. 음 1.2]에 '게송'을 발표하고, 2월 28일[금, 음 2.3]에 공회당에서 〈일원상 법어〉를 발표한다. 이때 주산 송도성에게 칠판에 쓰도록 한다. "'차此 원상은 눈을 사용할 때 쓰는 것이니, 원만구족한 것이요 지공무사한 것이로다.'를 쓰라 하고 ○을 6개 그려놓고 거기다 6근을 다 붙여서 쓰라." 하시며, 대중에게 "어떠냐?"며 의견을 묻는다. 원기26년(1941) 2월 28일(금) 오후 7시 반~9시 반 모임에서 발표된 '일원상 법어'는 소태산 대종사가 우리에게 주신 법의 선물이요 법은法恩 기다. 당시의 《선원일지》에 실린 '일원상 법어'는 이후 일부 수정한다. 즉 '또는 생로병사生老病死나 인과보응因果報應이 다 풍운변태風雲變態나 춘하추동春夏秋冬과 같이 되난 줄을 알며' 부분을 '또는 생로병사生老病死의 이치理致가 춘하추동春夏秋冬과 같이 되는 줄을 알며 인과보응因果報應의 이치理致가 음양상승陰陽相勝과 같이 되는 줄을 알며'로 내용을 분화시켜 지금에 이르게 되었다.

〈일원상 법어〉의 '법어法語'는 『도덕경』 25장의 '사람은 땅을 본받고, 땅은 하늘을 본받고, 하늘은 도를 본받는데, 도는 스스로 그러함을 본받을 뿐이로다[人法地 地法天 天法道 道法自然]"의 용례처럼 법法 받는다는 의미가 있다. 법 받는다는 것은 그 법대로 본받는다는 뜻으로, 결국 〈일원상 법어〉의 '법어'는 일원상을 법 받는 법어라는 의미다.

우리가 얼굴에 때가 묻었는지 묻지 않았는지? 또는 화장이 잘되었는지 못되었는지 살펴보기 위해서는 거울이 필요하다. 거울을 보고 사실을 확인할 수 있기 때문이다. 이처럼 '일원상 법어'는 일원상의 진리를 제대로 깨달았는지, 또한 제대로 실천하고 있는지 점검 대조하는 깨달음의 거울이요 솔성의 거울이다. 원상圓相은 법 받는 거울이다.

'일원상 법어'의 구조는 크게 두 부분으로 나눌 수 있다.
즉 큰 원상이 그려져 있는 "이 원상의 진리를 ~ 지공무사한 것인 줄을 알리로다." 부분과

○ 이 원상圓相의 진리를 각覺하면 시방삼계가 다 오가吾家의 소유인 줄을 알며, 또는 우주만물이 이름은 각각 다르나 둘이 아닌 줄을 알며, 또는 제불·조사와 범부·중생의 성품인 줄을 알며, 또는 생·로·병·사의 이치가 춘·하·추·동과 같이 되는 줄을 알며, 인과보응의 이치가 음양상승陰陽相勝과 같이 되는 줄을 알며, 또는 원만구족한 것이며 지공무사한 것인 줄을 알리로다.

작은 원상 6개가 그려져 있는 "이 원상은 눈을 ~ 지공무사한 것이로다." 부분이다.

○ 이 원상은 눈을 사용할 때에 쓰는 것이니 원만구족한 것이며 지공무사한 것이로다.

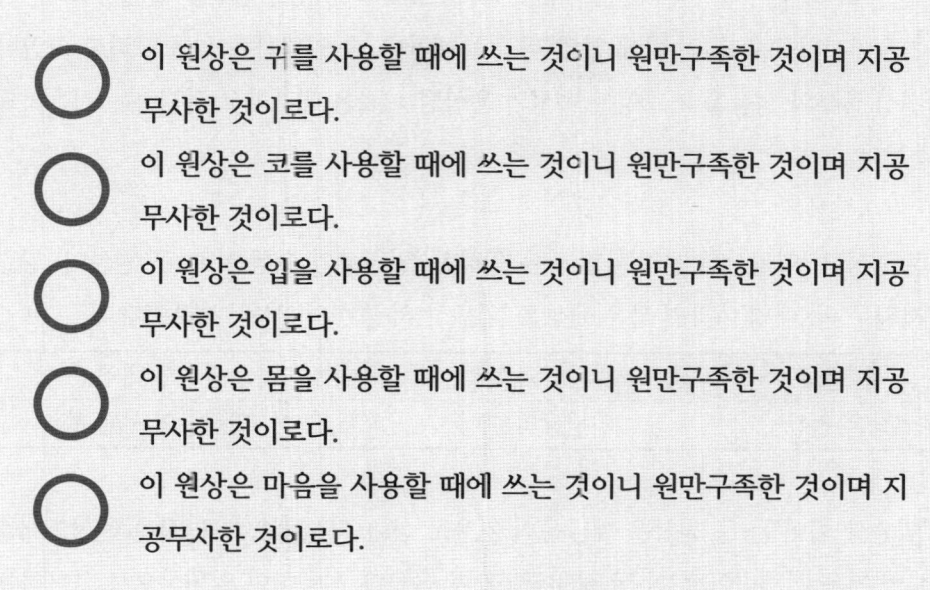

'일원상 법어'는 큰 원상이 그려져 있는 부분에 '~ 줄을 알며'로 맺고 있는 6단락과 작은 원상이 6개 그려져 있는 '~ 한 것이로다'로 맺고 있는 부분으로 대별한다.

큰 원상이 그려져 있는 '~ 줄을 알며'는 인식론적 표현으로, 이 원상의 진리를 증하면 확인되는 내용이다. 이 원상의 진리를 깨달으면 이러이러한 내용을 알게 된다는 인식론적 증명이다. 그러므로 큰 원상은 견성見性의 대조표요 점검표로, 각자의 깨달음이 정확한지, 이 큰 원상의 거울에 비추어 대조해 보라는 것이다. 깨달음이 확실한지 점검할 수 있다.

또한, 작은 원상의 '~ 한 것이로다'는 실천론적 표현으로, 원만구족하고 지공무사한 원상을 육근에 그대로 드러내는 실천 의지이다. 육근 사용법이다. 그러므로 작은 원상 6개는 성품을 거느리는 솔성率性과 마음 작용하는 용심用心의 대조표요 점검표다. 안이비설신의 육근六根을 원만구족하고 지공무사한 원상으로 작용하라는 것이다.

『원불교 성가』 4장 〈둥그신 그 체성이여[법신불찬송가]〉에서 법신불 일원상을 "진리의 거울이시니 표준도 임 밖에 없네"라고 노래한다. 즉 일원상은 성품 자리를 확인하는 견성 공부와 성품을 거느리는 솔성의 용심법用心法을 대조하고 점검하는 거울이요 표준이다.

큰 원상은 '일원상의 진리'라면 작은 원상은 '일원상의 수행'이며, 큰 원상이 '일원상 서원문'의 '내역'이라면 작은 원상은 '일원상 서원문'의 '서원' 부분이다.

| 큰 원상 | 일원상의 진리 | 일원상의 내역 |
|---|---|---|
| 작은 원상 | 일원상의 수행 | 일원상의 서원 |

'일원상 법어'는 큰 원상을 깨달음의 거울로 삼아 확철대오하고, 작은 원상 6개를 솔성의 거울로 체받아서 이 작은 원상 6개를 육근에 적용하여 일원상으로 작용하는 적공이다.

'일원상 법어'의 시작인 '이 원상의 진리를 각覺하면'의 '원상圓相'은 '일원상'의 약칭으로, 「반야심경」의 '공상空相'처럼 '원상圓相'은 두렷한 실상이다. 공상空相의 상相이 공空의 실상이듯이, 원상圓相의 상相도 두렷한 일원의 자리로, 상相은 실상 자리다. 『수양연구요론』의 '정정요론' 하편에 "그 상相 없는 것을 기르는 것이 상相이 짐직 떳떳이 있는 것이요"라는 대목을 보면 상相은 무상無相의 반대가 아니라 무상으로 두렷한 자리를 일컫는다.

끝으로 소태산 대종사 친제인 '일원상 법어'를 독송문으로 활용하기를 바란다. 〈일원상 법어〉는 '게송'보다 한 달 뒤에 발표된 '일원상'에 관한 소태산의 최종 법문이기 때문이다.

## 이 원상의 진리를 각하면
## 시방삼계가 다 오가吾家의 소유인 줄을 알며

〈일원상 법어〉의 첫 문장인 '이 원상圓相의 진리를 각覺하면 시방삼계가 다 오가吾家의 소유인 줄을 알며'를 살펴보자.

일원상의 진리를 깨달으면 시방삼계가 다 오가의 소유라는 것이다.
시방삼계의 '시방十方'은 동서남북 사방四方과 그 간방을 합한 팔방八方 그리고 상하上下를 더한 세계라면, '삼계'는 욕계·색계·무색계로 중생의 마음 세계이다.
욕계는 식욕·색욕·재욕·명예욕·안일욕의 오욕五慾이 치성한 세계라면, 색계는 오욕을 벗어난 세계이지만 아직 미세한 물질적 기색氣色이 남아 있는 세계이며, 무색계는 물질적인 세력도 없는 순수 정신의 세계이지만 아직 존재에 대한 자취가 남아 있다.[『원불교대사전』 축약 정리]

정산 종사는 "욕계란 식·색·재 등 물욕에 끌려 자신의 구복 하나를 위해 정신없이 허덕이는 중생의 마음 세계요, 색계는 명상名相 즉 명예욕에 끌려 자신보다 승하면 시기하고 자신보다 못하면 무시하는 사량계교가 많은 중생의 마음 세계요, 무색계는 명상에 끌리는 바도 없고 사량 계교도 없다는 법상法相에 착하여 명리名利나 사량과 계교에 끌리는 사람을 싫어하는 중생의 마음 세계"라고 밝히고 있다.[『정산종사법어』 경의편 51장 축약 정리]

이처럼 시방삼계는 시공간에 사는 중생들의 분별 망상의 세계이다. 즉 욕계는 둘욕의 세계라면, 색계는 자기 신념이나 가치관 등의 색깔이 있는 세계요, 무색계는 그러한 색깔도 초월했다는 가치가 남아 있는 세계다. 결국 삼계는 중생의 마음 세계이다.

일원상(○), 즉 두렷한 실상인 '원상'의 진리를 깨달으면, 첫째로 시방삼계가 다 오가吾家의 소유인 줄 알게 된다.

오가는 '나 오吾' '집 가家'로, "나 없음에 나 아님이 없고[無我無不我], 내 집 없음에 천하가 내 집이로다.[無家無不家] 이것이 참 집이요 참 고향이니[是卽眞家鄕] 삼세의 모든 성자와 부처님이 주거하고 사시는 곳이로다.[聖聖佛佛居]"[『대산종사법문집』 제5권]의 '내 집' '내 고향'이다.

소유는 '바 소所' '있을 유有' 즉 '있는바'로, 개아個我의 '가짐'이 아니라 '드러나 있는바'이다. 오가는 시방삼계를 드러내는 자리로, 자타의 분별이 붙을 수 없는 국한 없는 자리다. 이와 같이 자타의 국한이 없는, 자타가 둘이 아닌 자리가 바로 오가인 내 집, 내 고향이다. 국한 없는 자리에 시방삼계가 두렷이 드러나 있으므로 오가의 소유라 한다. 소유所有는 자타의 국한이 트인 공空한 자리에서 시방삼계가 훤히 드러나 있는 것으로, 이를 두렷한 자리인 원상圓相이라 한다.

소태산 대종사는 자타의 국한이 없는 '오가의 소유'의 구체적 실례를 제시하였다.
『대종경』 불지품 20장의 남중리 소나무가 그 일례이다.
원기14년(1929) 《월말통신》 제21호에 **'대우주의 본가를 찾아 초인간적인 생활을 하라'**는 법설이 등장한다. '대우주의 본가本家'가 바로 '오가吾家'이다.

소태산 대종사는 상경하기 위해 이리역으로 나서는 길에 원평 사가로 귀가하는 불법연구회 회장 조송광이 함께 한다. 조송광은 남중리를 지나가는 도중 빼어난 자태의 소나무를 보고 익산총부에 옮겨놓고 싶다는 감상을 표한다.

이에 소태산은 **"회관이 솔을 떠나지 아니하고 솔이 회관을 여의지 아니하여 솔과 회관이 모두 우리 집[吾家] 담장 안에 갊아있다."**는 가르침을 폈다.

남중리 소나무와 익산총부 간은 간격이 없는 '우리 집'이기에 남중리 소나무도 '오가의 소유'라는 뜻이다.

그리고 이어서 **"현재의 유형한 존재가 참 그대가 아니며, 익산회관도 변천 있는 집이요, 원평의 살림도 국한 있는 살림이요, 현재의 그대도 존멸에 윤회하는 것이니, 변천도 국한도 존멸도 없는 그대의 집, 그대의 살림, 참 그대를 찾아 장존불멸長**

存不滅의 영생락을 얻으라."라고 하며 "생각을 넓혀 작은 집과 좁은 살림을 뛰어넘어 큰살림을 하라."고 당부한다.

변천도 국한도 존멸도 없는 '참 그대'를 찾아 '장존불멸=상주불멸=불생불멸'의 영생락을 얻어 '참 그대'의 큰살림을 하라는 말씀이다.

또 이어서 "소소한 하늘이 위로 장막을 두르고, 광막한 지구가 그 자리를 하였나니, 이것이 참말 군의 큰집이다. 이 집이야 변천도 개조도 없는 천만년을 가더라도 그대로 있는 집이다. … 그 집속에는 또한 한정 없는 살림이 구족하게 갖추어 있나니, 일월日月의 전등이 사귀어 돌매 사시四時의 기계가 아울러 움직이고, 바람·비·이슬·서리·눈·우레·번개가 다 그에 화化하여, 우리의 먹고 입고 쓸 것을 장만하여 준다. 오직 그 가운데 인간이란 한 영물靈物을 시켜 모든 것을 개조하여 배고프면 밥을 주고, 추우면 옷을 주며, 어디를 가고 싶으면 차를 주고, 쓰고 싶으면 돈을 주고, 눈의 보기 좋은 것과 입의 말하기 좋은 것과 손의 놀리기 좋은 것과 코의 맡기 좋은 것과 이 마음의 하기 좋은 것을 하나도 빠짐이 없이 갚아다 주나니, 이 입으로 외우는 것과 마음의 생각 난 바는 하나도 그 살림 곡간에 없는 것이 없도다."라고 설하였다.

'참말 군의 큰집'의 살림 곡간은 '오가吾家'인 일원상 자리이다. 일원상 큰집에는 천지도 펼쳐져 있고 사시순환과 그 기운도 운행하며 동포도 어우러져 있는 시방일가十方一家이다. 사은이 우리 집으로 사은일가四恩一家의 큰살림하라고 밝혔다.

시방삼계가 다 오가의 소유인 시방일가十方一家요 사은일가四恩一家의 큰집 큰살림은 일원상의 살림이므로, 『대종경』 불지품 17장에서 밝혀주신 '철도 사용법'과 '공원 이용법'처럼 세상의 모든 것과 그 모든 것을 싣고 있는 대지 강산까지도 다 국한 없는 오가의 소유로 때에 따라 그것을 이용하되 경위에만 어긋나지 않게 하여 너른 살림살이를 경영하라는 촉구이다.

이공주 수필受筆의 '시방삼계가 오가의 소유'라는 제목의 소태산 대종사의 법설이다.
"오가의 소유라 함은 천지만물이 다 내 것이라는 말이니, 바꾸어 말하면 누구를 물론하고 일원의 진리만 깨친다면 우주만유가 다 나의 소유인 줄을 안다는 뜻으로,

만법의 귀일처 즉 대大 자리를 지적한 것이다.

　무릇, 우주만유의 근본은 곧 일원상이요, 일원상은 곧 시방삼계이며 시방삼계는 결국 한 덩어리이니 우리가 이 한 덩어리 된 내역만 잘 안다면 육도사생도 그 속에 건립되어 있고 인과보응의 천태만상도 그 속에서 발생하는 것을 의심치 않을 것이다. 그러므로 만사만리의 조종사인 마음 하나만 잘 맑히고[수양], 밝히고[연구], 그대로 실행[취사]한다면 육도윤회를 임의자재할 수 있게 된다. 그런 사람이 시방삼계의 소유자가 아니고 그 무엇이겠는가."

'일원상=우주만유의 근본=만법귀일처=한 덩어리=시방삼계'이므로, 한 덩어리인 일원상에 육도사생도 인과보응의 천태만상도 건립되어 있다. 그러므로 이 한 덩어리인 일원상을 깨닫는 자는 시방삼계의 소유자이다.

　이어서 "**그러나 범안凡眼 즉 분별심으로 볼 때에는 천지도 각각이요, 만물도 각각이며, 소유자도 각각 다른 것이 또한 사실이니, 저 높은 창공에서는 제비와 솔개가 날고, 깊은 산중에는 사슴이 뛰어놀며, 넓은 바다에서는 어류가 헤엄치고, 지하에서는 온갖 벌레가 꾸물거리고 있으며, 만주 목단강에서는 장적조가 순교하고 있고, 익산 선방에서는 남녀 선객이 선禪공부를 하고 있다. 이 얼마나 형형색색이며 불가사의한 사실인가.**"라고 말하였다.

　마치 텅 빈 거울에 풍경이 비치듯이 청정하면 분별이 역력한 것이다. 천지만물이 각각 형형색색으로 드러나고 중생심도 드러나고 타인의 마음도 비치는 것이다. 익산 총부 선방과 저 멀리 만주 목단강의 장적조의 활동도 시공간을 넘나든다.

　이는 '일원상의 진리' 중 "**언어명상이 돈공한 자리로서 공적영지의 광명을 따라 언어명상이 완연하여 시방삼계가 장중의 한 구슬같이 드러나고**"와 상통한다.

　'창공에 제비와 솔개가 날고, 깊은 산중에 사슴이 뛰어놀며, 넓은 바다에 어류가 헤엄치고, 지하에 온갖 벌레가 꾸물거리며, 만주 목단강에서 장적조가 순교하고, 익산 선방에 남녀 선객이 선禪공부를 하는' 형형색색의 불가사의한 사실은 소태산 대종사가 영산에서 윤선輪船을 타고 봉래정사에 돌아올 때 "**바닷물을 보니 깊고 넓은지**

라 그 물을 낱낱이 되어 보았으며 고기 수도 낱낱이 헤아려 보았노니, 그대도 혹 그 수를 알겠는가."[『대종경』 성리품 12장]라는 경지에서 형형색색의 사실이 드러난다.

소태산은 "그 마음에 한 생각의 사私가 없는 사람은 곧 시방삼계를 소유하는 사람이니라."[『대종경』 요훈품 45장]라고 설한다. 사私는 실체적 자아의 사사로운 인욕人慾이다. 이러한 사욕私慾만 떨어지면 원만구족하고 지공무사한 원상의 진리를 직시하게 되며, 사私가 없는 지공무사한 일원상 자리에서 삼계의 마음이 훤히 드러난다. 형형색색의 사실이 펼쳐진다.

삼계를 초월한 자리에서 삼계가 두렷이 드러난다. 지금 '욕계구나! 색계구나! 무색계구나!'라고 환해진다. 평소의 신념이나 가치관뿐만 아니라 끝내는 무의식의 욕동慾動도 받아들여지고 관리할 수 있게 된다. 지공무사한 일원상의 진리를 깨달으면 시방삼계가 다 오가의 드러나는 바이다.

정산 종사의 말씀으로 마무리한다.

"성품이 곧 일원이요 일원이 곧 성품이라, 성품의 보자기는 호대무궁浩大無窮하여 시방삼계가 다 성품에 포용하였으므로, 만일 이 시방삼계가 성품 안에 있는 줄을 알면 자연히 오가의 소유인 줄 알 것이요, 알고 보면 공심公心과 자비가 자연히 동적動的으로 솟아나니라."[『정산종사법설』]

시방삼계가 다 일원인 성품 안에 있는 줄 알면 다 오가의 소유이며, 시방삼계가 오가의 소유인 줄 알기에 시방일가十方一家의 공심도 자비도 솟아난다.

## 🔍 더보기

### 우주의 본가와 일원상

　소태산 대종사의 '대우주의 본가本家를 찾아 초인간적 생활을 하라'는 법설은 일원상의 대서사요 오페라이다. 소태산은 일원상을 그리어 이 자리가 우주의 본가라고 밝힌다. 이 자리에서 천지도 동포도 나타나고 인간 만상이 다 펼쳐지는 자리라고 선언한다. 사생일신四生一身의 자리요 시방지친十方至親의 자리요 천지만물이 전개되는 사은일가四恩一家의 자리를 일원상으로 그리어 밝혔다.

　소태산 대종사는 원기4년(1919) 금산사 송대 문미에 일원상을 그린 적이 있으며, 원기14년(1929) 남중리 길가에도 그렸다. 소태산은 경성 행가를 위해 신룡벌 익산 총부에서 이리역으로 나선다. 이때 전음광은 소태산을 배웅하기 위해 따라나섰고 불법연구회 회장 조송광은 원평 사가로 귀가하기 위해 동행한다. 이렇게 이리역으로 가는 도중 남중리를 지나게 되고 조송광은 남중리 마을[현 익산지방국토관리청 일대]에 늘어선 소나무를 보고 총부에 옮겨 놓으면 좋겠다는 감상을 표한다.
　조선솔 3그루는 용과 같이 틀어 오른 체體, 울퉁불퉁한 가지[枝], 소반[盤]같은 껍질 모두가 천조天造의 자연미를 자아내지 않은 곳이 없는 특출 나게 멋있는 모양으로 이곳을 지나는 모든 사람이 찬미하는 귀물貴物이었다. 이때 소태산 대종사는 남중리 길바닥에 일원상을 그려 보이며 조송광에게 '우주의 본가'를 찾도록 안내하고 당부한다. 일원상은 '우주의 본가'이다.

　이 당시의 대화가 원기14년(1929) 전음광의 수필로 《월말통신》 제21호에 '대우주의 본가本家를 찾아 초인간적 생활을 하라'는 제목의 법설로 실리며, 윤문하여 『대종경』 불지품 20장에 정선된다. 이 대화 내용은 교단사적으로 중요한 법문이다.
　일원상을 그리어 이 자리를 '우주의 본가'라 하며 천지, 동포, 사시 순환, 기운 등을 이 일원상 자리에서 드러나는 풍광을 보여주었기 때문이다. 천지를 말해도 일원상의 드러남이며, 동포를 말해도 일원상의 소속이며, 사시 순환의 기운도 일원상의 약동이다. 즉 우주만물 자체도 일원상 성품의 드러남이며, 우주만유를 운행하는 기운도 일원상 성품의 작용이다.

《월말통신》에 실린 그 당시의 대화를 대국별로 읽어보고 살펴본다.

> 그때에 송광은 '그 나무는 항상 보아도 아름다워라. 우리 회관으로 옮겨갔으면 좋겠다.'하였다. 이 소리를 들으신 종사주[소태산 대종사] 말씀하여 가라사대, "군君이여, 군은 어찌 그 좁은 생각과 작은 자리를 뛰어나지 못하였는가. 회관이 솔을 떠나지 아니하고 솔이 회관을 여의지 아니하여 솔과 회관이 모두 우리 집 담장[墻] 안에 갚아 있거든, 하필 솔을 그곳에서 저곳으로 옮겨 놓고 보아야만 시원할 군의 심리는 곧 무엇인가? 그것은 차별과 간격을 터 대우주의 본가를 보지 못한 연고이니라."

소태산 대종사는 이곳과 저곳의 차별과 간격이 트인 대우주의 본가에 들기를 요구한다.

> "군이여, 생각을 발하여 작은 집과 좁은 살림을 뛰어나 만고불변하는 우리집을 보고 아쉽고 모자람이 없는 큰 살림을 하여 보라. 군의 방금 생각은 이러하리라. 회관이 군으로서는 유일의 큰 집이며, 김제 원평에 벌여있는 살림이 오로지 군의 살림이며, 군 현재의 존재 그것이 다시없는 군으로 생각되리라. 그러나 아니다. 북일면 신룡리 몇 칸 가옥 그것이 군의 큰 집이 아니며, 김제 원평에 얼마 있는 그것이 군의 참 살림이 아니요, 군 현재의 유형한 존재가 참 군이 아니다. 회관도 변천 있는 집이요, 김제 원평의 살림도 국한 있는 살림이요, 현재의 군도 존멸存滅에 윤회하는 군이니, 변천도 국한도 존멸도 없는 군의 집, 군의 살림, 참 군을 찾아 장존불멸長存不滅의 영생락을 얻으라. 왜

지금껏 찾지 못하였을꼬? 그것은 군 스스로가 작은 군의 환경을 초월하여 이상의 군을 연구치 못한 소치이니라."

만고불변의 우리 집, 아쉽고 모자람이 없는 큰 살림, 변천도 국한도 존멸도 없는 군의 집, 군의 살림, 장존불멸의 영생락, 이 모두가 일원상 자리의 다른 표현이다.

"소소疎疎한 하늘이 위로 장막을 두르고, 광막한 지구가 그 자리를 하였나니, 이것이 참말 군의 큰 집이다. 이 집이야 변천도 개조도 없는 천만년을 가더라도 그대로 있는 집이다. 이 집은 가장 크고 넓어서 동東으로 동으로 천만년을 가더라도 그 끝을 보지 못하며, 서西로 서로 천만년을 가더라도 또한 그 끝을 볼 수 없나니, 사람이 다 이 집속에서 살건만 보아도 보지 못하고 한 채[棟]의 초가, 한 칸의 방 그것만을 제 것으로 인증하여 서로 울과 담을 쌓아 다투고 싸우기를 마지않는다."

큰집은 일원상 자리에서 드러난 천지로 성주聖呪의 '영천영지永天永地'의 자리다. 단순히 천지의 현상에 한정한 것이 아니라 일원상 성품 자리에서 드러나는 천지를 이르는 것이다.

"그 집속에는 또한 한정 없는 살림이 구족하게 갖춰 있나니, 일월日月의 전등이 사귀어 돌매 사시四時의 기계가 아울러 움직이고, 바람·비·이슬·서리·눈·우뢰·번개가 다 그에 화化하여, 우리의 먹고 입고 쓸 것을 장만해 준다. 오직 그 가운데 인간이란 한 영물靈物을 시켜 모든 것을 개조하여 배고프면 밥을 주고, 추우면 옷을 주며, 어디를 가고 싶으면 차를 주고, 쓰고 싶으면 돈을 주고, 눈의 보기 좋은 것과 입의 말하기 좋은 것과 손의 놀리기 좋은 것과 코의 맡기 좋은 것과 이 마음의 하기 좋은 것을 하나도 빠짐없이 갚아다가 주나니, 이 입으로 외우는 것과 마음의 생각난 바는 하나도 그 살림 곡간에 없는 것이 없도다."

한정 없는 살림은 바로 일원상 성품에서 드러나는 천지만물의 작용이요 동포의 활동이다.

일원상 성품에서 천지도 드러나고 동포도 드러나고, 사시 순환과 그 기운도 이 성품 자리에서 드러나는 것이다. 일원상 성품 자리에서 보면 시방이 지친至親이요 사은四恩이 한 집 한 가족이다.

> "그러나 이 살림도 또한 천연 자연으로 갖추어 있어 금하고 말리는 자 없건마는 사람 스스로가 분수를 어기고 망녕妄佞되게 허욕에 끌려 스스로 애를 태우며 스스로 가난艱難하나니라. 군으로서 이 살림과 집을 볼 수 있다면 오늘의 솥 옮기고자 하는 그 생각과 말이 어찌 좁고 어리지 않으랴."

천연 자연으로 갖추어져 있는 참 집, 참 살림의 일원상을 버리고 허욕에 끌리고 애를 태워 가난하게 살지 말라는 당부이다.

> "또는 현재의 유형한 군을 군이 그것만 참 군으로 안다면 군은 진정한 군을 잃었다. 사시가 순환하고 일월日月이 가고 가도 그 사시 그 일월이 다름이 없나니, 일월과 사시가 운회하매 유형한 만물의 변태는 있을지언정 전전불궁轉轉不窮하는 그 기운만은 변함이 없도다. 유형물의 일분자로 된 하나의 군이야 사시와 변천을 따라 변함이 있으리라. 그러나 그 속에 잠거潛居한 참말의 군은 억만무량계億萬無量界를 통하여 변하고 다함이 없나니, 이 군을 알지 못하고 한정 있는 군, 존멸 있는 군만 안다면 군은 진정한 군을 잃었다 않을 수 없도다. 물 가운데 비친 달[月]의 그림자를 보고 참 달이라 일컫다가 물이 말라 없어질 때는 영영 달을 잃어버림과 같으리라. 그러나 허공에 뜬 그 달이야 물이 있으나 없으나 여여하게 왕래하나니, 유형한 군만 알아 참 군이라 믿을 때에는 이에 지나지 않으리라."

유형한 만물이 끊임없이 반복하여 변화하듯이 이렇게 변화하는 한정 있는 나, 존멸하는 나에게만 국한하지 말고, 변하여 다함이 없는 진정한 나, 참 군을 찾으라는 것이다. 마치 허공 달은 물이 있으나 없으나 여여하게 왕래하듯이 참 군의 달을 찾으라는 안내요 권유요 촉구이다.

이어서 다음과 같이 법설을 마무리한다.

> "또 그 진정한 군에게는 이 큰 집 큰 살림을 능히 발견할 요소와 다스릴 능력이 갖추어 있으나, 출생 이후 마탁磨琢과 훈련이 없음으로 본능을 발휘치 못하나니라. 사람이 다 이 우주 대가大家와 무궁의 살림과 위대한 자기를 가졌지만, 출생 이후 자행자지自行自止에 그치고 탐진치貪嗔痴의 욕심에 끌려 좁은 집과 작은 살림을 차지하게 되며 작은 자기를 만들어 스스로 구속하며 태우나니, 군은 이 집을 찾고 살림을 회복하며 진정한 군을 발견하여 구구區區한 인간에 환멸의 생애를 놓고 대우주의 본가에서 초인간 생활을 하라.
> 본회의 삼강령은 이 인간들로 하여금 다 이 집에서 이 살림을 시키기 위함이니, 사리연구는 이 큰 집과 큰 살림을 찾고 여는 묘한 쇳대요, 작업취사는 이 살림을 다스리는 방법이며, 정신수양은 이 쇳대로 문을 열고 살림을 다스리는 힘, 즉 원료를 모으는 방법이니라."

사람은 우주의 대가大家와 무궁한 살림과 위대한 자기를 본래 가졌지만, 욕심에 끌려 좁은 집과 작은 살림과 작은 자기를 만들어 스스로 구속한다. 그렇다해도 사람은 큰 집, 큰 살림을 발견할 요소와 다스릴 능력이 있으므로, 이를 회복하여 진정한 군을 발견하면 구구한 환멸의 생애를 놓고 대우주의 본가에서 초인간 생활을 할 수 있다.

그리고 '일원상의 큰 살림과 삼학의 관계'와 관련하여 밝히기를, 사리연구는 일원상 큰 살림을 찾고 여는 열쇠이며, 작업취사는 이 살림살이를 하는 방법이며, 정신수양은 이 살림을 열고 다스리는 원료를 장만하는 방법이라고 밝히고 있다.

끝으로 『대종경』 불지품 20장을 덧붙인다.

《월말통신》 제21호의 '대우주의 본가本家를 찾아 초인간적 생활을 하라'는 법설은 『대종경』 불지품 20장에 정선된다.

> …전략… 송광이 여쭙기를 "큰 우주의 본가는 어떠한 곳이오니까." 대종사 말씀하시기를 "그대가 지금 보아도 알지 못하므로 내 이제 그 형상을 가정하여 보이리라." 하시고, 땅에 일원상을 그려 보이시며 말씀하시기를 "이것이 곧 큰 우주의 본가이니 이 가운데에는 무궁한 묘리와 무궁한 보물과 무궁한 조화가 하나도 빠짐없이 갖추어 있나니라." 음광이 여쭙기를 "어찌하면 그 집에 찾아 들어 그 집의 주인이 되겠나이까." 대종사 말씀하시기를 "삼대력의 열쇠를 얻어야 들어갈 것이요, 그 열쇠는 신·분·의·성으로써 조성하나니라."

여기서 중요한 지점은 소태산 대종사께서 남중리 길가에 일원상을 그려 우주의 본가를 일러준 사건이다. 남중리 길가에 그린 일원상은 우주의 본가로 그 가운데에 무궁한 묘리와 무궁한 보물과 무궁한 조화가 있으며, 우주의 본가를 여는 열쇠는 삼대력이며 그 열쇠는 신분의성으로 조성한다.

일원상을 그리고 설한 남중리 길가는 일원상 극장이요, 《월말통신》 제21호의 '대우주의 본가를 찾아 초인간적 생활을 하라'는 법설은 일원상 소식을 펼친 오페라라 할 것이다.

# 이 원상의 진리를 각하면
# 우주만물이 이름은 각각 다르나 둘이 아닌 줄을 알며

〈일원상 법어〉 중에서 '이 원상의 진리를 각하면 우주만물이 이름은 각각 다르나 둘이 아닌 줄을 알며'에 대해서 살펴보자.

일원상의 진리를 깨달으면 우주만물이 다 다르나 둘이 아니라는 것이다.

〈일원상 법어〉의 각 문장 앞에는 '이 원상의 진리를 각하면'이 생략되어 숨어있으므로, 마음속으로 이 문장을 넣어서 읽어야 한다.

우주만물은 우주와 만물이다. 우주는 천지라고도 하며 세상도 사회도 그 일종이다. 삶의 터전이 우주이다. 만물은 온갖 만유로서 유형뿐만 아니라 무형도 포함된다. 언어도 무형의 만물이다.

우주만물은 마음과 둘이 아닌 존재이다.

마음에 우주만유가 전개될 때 주관의 주체가 객체와 분리돼 있다가 만나는 것이 아니다. 본디 주체와 객체는 떠난 적이 없다. 주체는 객체로 나타나고 객체는 주체 속에서 드러난다. 즉 주체와 객체는 무분리無分離의 관계이다.

보통 우리가 달을 바라볼 때 그달이 내 마음과 분리되어 따로 독립된 객관적 존재로 여기나, 창밖의 달은 마음과 분리된 존재가 아니다. 마음 선상에 드러나는 객관으로 마음과 단절된 달은 무의미하다. 객관적 사실이 없다는 게 아니라 마음과 독립된 객관은 의미가 없다. 창밖의 달도 마음에 따라 다른 달이 된다. 마음이 슬프면 그달은 슬픈 달일 것이고 추억이 있으면 그달은 정다운 달로 드러난다. 또한 달에 대한 과학적 정보를 이해하는 만큼 과학적 달로 드러난다.

이때 달을 슬프게도 기쁘게도 바라보는 그 마음의 빛을 돌이켜서 마음 바탕을 직관하면, 바라보는 마음이나 보이는 달이라는 주객분별이 탈락한 '마음-달'로 드러난다. 마음과 동떨어진 대상의 달은 아니지만 또한 각자 마음의 투영으로 그려지는 달로부터 거리를 두어 달이 달로 빛나게 한다. 즉 우주만유는 이 마음 바탕[本]에서 드러나는[來] '본래 성품'의 나타남이다. 그러므로 '열반 전후에 후생 길 인도하는 법설'에서 **"이 우주와 만물도 또한 그 근본은 본연 청정한 성품"**[『대종경』 천도품 5장]이라고 명시한다.

즉 우주만물이 이름은 각각 다르나 다 성품의 드러남으로, 뜰 앞의 잣나무[『무문관』 37칙]도 성품의 드러남이며 염화시중[『무문관』 6칙]의 연꽃도 바로 성품의 연꽃이며, 성주聖呪의 영천영지永天永地三 성품의 천지이다.

이처럼 성품의 원상圓相은 우주만물을 하나로 아우르면서 그 각각을 그 자체로 빛나게 해주는 바탕이다.

소태산 대종사 봉래정사에 계실 때이다. 때마침 큰 비가 와서 층암절벽 위에서 떨어지는 폭포와 사방 산골에서 흐르는 물이 줄기차게 내리는지라, 한참 동안 그 광경을 보고 계시다가 이윽고 **"저 여러 골짜기에서 흐르는 물이 지금은 그 갈래가 비록 다르나 마침내 한곳으로 모아지리니 만법귀일萬法歸一의 소식도 이와 같나니라."**[『대종경』 성리품 10장]라고 감상하였다.

변산 실상동의 물줄기는 비가 오면 백천내로 모여 해창을 지나 서해로 흘러간다. 실상동의 온갖 물줄기가 고이는 곳이 바로 백천내이다. 이 모습이 바로 만법이 한자리로 돌아가는 만법귀일萬法歸一의 실제와 비유한다.

**중앙중도훈련원에서 제일 기쁜 시간이 공양 시간입니다.**

식판에 밥을 푸고 반찬을 담고 국을 떠서 식탁에 앉습니다. 합장하고 식사를 합니다. 김치, 두부 부침 등, 이 반찬에도 저 반찬에도 손이 갑니다. 삼시 세끼 매번 메뉴가 다릅니다. 이때 이 반찬도 맛보고 저 반찬도 맛보는 그 맛을 느끼는 마음 당처가 어떻게 생겼습니까?

한자리가 맛보고 있습니다. 온갖 맛이 펼쳐지지만, 그 당처는 텅 빈 자리입니다.

어떠한 맛에도 묶이고 한정되지 않는 자리입니다. 텅 비었으되 신령하게 아는 자리가 맛보고 있습니다. 텅 빈 자리가 두렷하게 느끼고 맛보고 먹고 있습니다. 평등일미平等一昧의 그 자리에서 맛보고 있습니다. 그 마음을 원상圓相이라 합니다.

우주만유는 이름이 각각 다릅니다. 모든 형상하고 있는 것은 다 다릅니다. 복제된 것도 아주 비슷하지만 같지는 않습니다.
그런데 어떻게 이렇게 다른 것들이 둘이 아닐 수 있습니까?
식탁에 식판이 있고 그 위에 반찬도 있고 밥도 있고 또한 국도 있습니다. 이 모든 것은 눈앞의 형상입니다. 이 형상의 배경에 이러한 것을 신령하게 알아차리는 텅 빈 자리가 있습니다. 그 텅 빈 자리에서 밥도 반찬도 국도 드러납니다. 밥이다 반찬이다 국이라는 그 분별 형상이 다 달라도 그렇게 드러나는 텅 빈 자리는 둘이 아닙니다. 원상 한자리가 훤히 아는 자리입니다. 이 한자리는 하나라는 실체가 없는 둘과 서로 연하는 하나입니다.

영희라고 호명하고, 철수라고 호명해도 그 부르는 자리는 텅 비어 고요한 하나입니다. 텅 빈 자리에서 호명하는 분별이 분명합니다. 그러므로 언어명상이 돈공한 자리에서 공적영지의 광명을 따라 언어명상이 완연합니다. 호명할 것이 없는 자리에서 호명이 있습니다. 깨어있는 텅 빈 자리는 본디 이름에 규정되지 않는 자리입니다.
자! 이름이나 호명에 무관하게 존재해 보십시오.
이름이 무엇이든 상관하지 말고, 이름을 노터치No touch하고 존재하는 것입니다. 이름이나 호명에 물들지 않는 그 중심 자리에 드십시오. 눈앞의 온갖 형상과 이름에 분별하지 말고, 존재의 당처를 직면하십시오. 눈앞의 모든 형상과 이름에 끌려가지 말고, 멈추어 보십시오. 동일시하지 마십시오. 경계에 끌리지 말고 경계인 줄 아는 그 당처에 그치십시오. 그 자리는 만법으로 펼쳐져도 그 근원은 일원상 한자리인 만법귀일처萬法歸一處입니다. 한자리이되 하나라고 할 것이 없으면서 둘이 아닙니다.

또한, 이 원상은 본래 자타가 없으므로 자타가 둘이 아니다. 그러므로 우주만물이 이름은 각각 다르나 둘이 아닌 자리이다.

소태산 대종사는 "큰 도는 원융圓融하여 유와 무가 둘이 아니요, 이理와 사事가 둘이 아니며, 생과 사가 둘이 아니요, 동과 정이 둘이 아니니, 둘 아닌 이 문에는 포함하지 아니한 바가 없나니라."[『대종경』 성리품 4장]라고 말씀하고, 이어서 "큰 도는 서로 통하여 간격이 없건마는 사람이 그것을 알지 못하므로 스스로 간격을 짓는다."라고 하며 "누구나 만법을 통하여 한 마음 밝히는 이치를 알아 행하면 가히 대원정각大圓正覺을 얻으리라."[『대종경』 성리품 9장]라고 하였다.

둘이 아닌 자리는 내외 유무·생사·동정 등의 간격과 분별이 탈락한 한마음이다. 이처럼 둘이 아닌 이 자리를 대원정각하는 것이 바로 '이 원상을 각覺'한 자리다.

둘이 아니라는 것은 하나로 획일할 수 없고 둘도 무관할 수 없다는 뜻이다. 둘이 아니라는 것을 하나라고 단정하면 일방주의, 획일주의, 전체주의가 된다. 둘이 아닌 자리는 다양성과 다름 및 차이를 인정하면서 서로 융통하고 있는 관계이다.

대산 종사는 하나와 열의 관계를 일원상의 경지에서 밝혀주셨다.

"일원은 공空이 아니요 하나 자리며 그 하나[一]는 낱이 아니요 열[十]에 근원한 자리다. 그러므로 그 열은 하나의 나타난 자리요 그 하나는 열의 본향本鄕이니, 도에 뜻을 둔 사람은 먼저 마땅히 그 하나를 얻어야 한다."[『대산종사 법문집』 제3집]

'하나'라고 하는 것은 하나가 아니요 열을 합한 하나요, '열'은 또한 열이 아니라 열이 곧 하나라는 뜻이니라.[『대산종사법어』 동원편 18장]

이처럼 하나[一]는 열[十]을 관통하는 하나요 열[十]이란 개체와 소통되는 전체이다. 이 열[十]에는 교환되고 대처할 수 없는 고유한 처처불상으로 가득하다. 또한 둘이 아니기 때문에 시방일가十方一家 사생일신四生一身 사은일가四恩一家의 경지에 이를 수 있다.

소태산 대종사가 동선 중 안이정과 '만법귀일 일귀하처'로 성리 문답하는 과중의 질문이다.

"지금 포수가 허공에 날아가는 기러기를 총으로 쏘아 맞혔다 하자. 그런다면 그 총알에 맞은 기러기는 오죽 아프겠느냐. 총을 쏘아 맞춘 포수는 기러기가 맞아떨어지는 것을 보고 통쾌히 여길 것이다. 우주만유가 한 기운으로 연해 있어 한 기운으로 통해 있다면 그 아픔을 같이 느껴야 하지 않겠느냐? 기러기가 총알에 맞아 아픈 것처럼 포수도 아픔을 같이 느껴야 할 것인데 그렇겠느냐? 말해 보라. 지금 이 몸뚱이는 한 기운으로 연해 있어 두루 통하기 때문에 몸의 감촉을 다 느끼게 되고 몸뚱이의 어느 부분이 상처가 생기게 되면 몸 전체가 다 알아 아픔을 같이 느끼지 않느냐? 기러기의 아픔을 포수가 느끼지 못한다면 어찌 한 기운으로 통해 있다 할 수 있겠느냐? 말해 보라"[안이정, 『원불교교전해의』]

이처럼 둘이 아니라는 것은 개체의 차이가 없는 하나가 아니라 다양한 개체 간에 무관하지 않는, 차이가 있음에도 서로 교감하고 상통하는 하나이다.

# 이 원상의 진리를 각하면
## 제불·조사와 범부·중생의 성품인 줄을 알며

〈일원상 법어〉 중에서 '이 원상의 진리를 각하면 제불·조사와 범부·중생의 성품인 줄을 알며'에 관해 살펴보자.

'이 원상의 진리를 각하면'을 붙여서 읽어야 한다. 즉 이 원상의 진리를 깨달으면 제불·조사와 범부·중생의 성품인 줄 알게 된다는 것이다.

〈일원상 법어〉가 처음 기록된 《선원일지》에는 '제불조사의 성품'이라 하였다. 『정전』 편수 과정에서 '범부·중생'을 추가하여 '제불·조사와 범부·중생의 성품'으로 한 것이다. 이는 〈일원상 서원문〉의 '제불·조사·범부·중생의 성품'을 반영한 것이다. 즉 제불·조사의 성품과 범부·중생의 성품은 같은 한자리를 말한다.

소태산 대종사는 원기14년(1929) 남중리 길가에서 조송광에게 성품 자리를 일러준다. "유형물의 일 분자로 된 하나의 군이야 사시와 변천을 따라 변함이 있으리라. 그러나 그 속에 잠거潛居한 참말의 군은 억만무량계億萬無量界를 통하여 변하고 다함이 없나니, 이 군을 알지 못하고 한정 있는 군, 존멸 있는 군만 안다면 군은 진정한 군을 잃었다 않을 수 없도다. 물 가운데 비친 달의 그림자를 보고 참 달이라 일컫다가 물이 말라 없어질 때는 영영 달을 잃어버림과 같으리라. 그러나 허공에 뜬 그 달이야 물이 있으나 없으나 여여하게 왕래하나니, 유형한 군만 알아 참 군이라 믿을 때에는 이에 지나지 않으리라."[《월말통신》제21호, '대우주의 본가를 찾아 초인간적인 생활을 하라']. 소태산 대종사는 '한정 있는 군' '존멸 있는 군'을 '물에 비친 달그림자'에 비유하고, '진정한 군'을 '허공에 뜬 달'에 비유하여, '물이 있으나 없으나 여여하게 왕래하는 허공에 뜬 달'을 성품이라고 비유적으로 밝혀 주었다.

진정한 군은 제불·조사와 범부·중생의 성품 자리로 변하는 중에도 항상 상주불멸로 여여자연한 자리이다.

성품 자리는 제불·조사에게 더 있고 범부·중생에게 덜 있는 그런 자리가 아니며, 제불·조사라 하여 우월하고 범부·중생이라 하여 주눅 드는 자리도 아니다. 성품에 직입하여 확인만 하면 제불·조사든 범부·중생이든 성품 자리는 일원―圓으로 한자리이다.

소태산 대종사는 제불·조사와 범부·중생의 이 성품 자리를 '열반 전후에 후생 길 인도하는 법설'에서 "**생사의 이치는 부처님이나 네나 일체 중생이나 다 같은 것이며, 성품 자리도 또한 다 같은 본연 청정한 성품이며 원만구족한 성품이니라.**"[『대종경』천도품 5장]라고 명시하였다.

불조요경본 『수심결』 2장에서
세존이 이르시되 "**널리 일체중생을 보니 모두 여래의 지혜와 덕상을 갖추어 있다.**"라고 하고 또 이르시되 "**일체중생의 가지가지 환화幻化가 다 여래의 원각묘심圓覺妙心에서 생한다.**"라고 하였다.

범부·중생의 번뇌 망상도 성품 자리에 근거하고 있다. 성품에 근거하기에 번뇌 망상도 있는 것이다. 마치 빛이 있기에 밝음과 그림자가 있는 격으로 그림자는 가려진 빛이다. 이처럼 무명에 가리어 번뇌 망상이 일어나도 성품은 본래 여여하다.

불조요경본 『수심결』 5장에서
어떠한 중이 귀종 화상에게 "**무엇이 부처이오니까.**"라고 물으니
"**네가 지금 믿지 아니할까 염려하노라.**"
중이 이르되 "**화상의 진실하신 말씀을 어찌 감히 믿지 아니하오리까.**"
대사 이르시되 "**곧 네가 부처니라.**"
중이 이르되 "**어떻게 보림 공부를 하오리까?**"
대사 이르시되 "**한 티끌이 눈에 있으매 허공 꽃이 요란하게 떨어지나니라.**" 하시니, 그 중이 언하에 크게 깨닫게 됩니다.

원래 맑은데, 눈에 티끌이 들어가 본래 있지 않은 허공 꽃이 보이는 격이다. 티끌은 '부처다 중생이다.'라고 분별 주착하는 마음의 형상이다. 이러한 분별 형상의 경계에 따라 펼쳐지는 허공 꽃을 내려놓으면 그 자리가 본디 제불·조사와 범부·중생의 성품이다.

성품을 돌이켜 보지 않고 번뇌만 끊으려는 마음이 어리석은 장애이다. 성품은 등한시하면서 경계만 제거하려는 노력이 오류요 잘못된 공부길이다. 번뇌와 씨름하는 그 생각도 번뇌의 다른 모습으로 또 다른 번뇌이다.
번뇌가 일어나는 본바탕, 번뇌에 물들지 않는 그 자리, 번뇌가 일어나기 전 그 중심을 직시해야 한다. 이 자리가 제불·조사와 범부·중생의 성품이다.

성품 자리는 오랜 시간 갖은 고행을 해야만 알 수 있는 자리도 아니며, 무엇인가 특별한 수행을 통해서만 도달할 수 있는 자리도 아니다. 이런 생각이 다 한 티끌의 망상으로 공연한 허공 꽃이다. 당장 내려놓고 그 망상이 나온 출처를 직시하여 그 자리가 제불·조사와 범부·중생의 성품인 줄 확인하면 그만이다.

**지금 견문각지**見聞覺知**하는 즉 보고 듣고 알려고 하는 이 자리를 돌이켜 반조해 보십시오.**
**반조하면 감지되는 텅 빈 중심이 성품입니다.**
**듣는 작용도 보는 작용도 텅 빈 자리가 보고 듣고 있습니다.**
**지금 듣고 있는 그 배경이 일원상 성품 자리입니다.**
**지금 보고 있는 그 바탕이 일원상 성품 자리입니다.**
**사량**思量**으로 알려 하지 말고 관조**觀照**로써 체득해야 합니다.**

사량은 생각에서 생각으로 헤아려 생각에 빠지는 분별심이라면, 관조는 이렇게 분별 사량하는 생각을 멈추어 그 생각의 방향을 돌이키어 비추어보는 것이다. 반조하면 감지되는 자리가 성품이다. 그렇다고 성품을 보이는 대상으로 실체화해서도 안 된다.

돌이켜 비춰보는 것이 드러나는 것이요, 드러남이 비춰보는 것이다.

번뇌가 일어나면 일어나는 족족 번뇌인 줄 알아차리는 텅 빈 그 바탕을 돌이켜 반조하는 것이다. 이 자리가 바로 텅 비어 고요한 성품이다. 잡념과 번뇌가 일어남을 두려워 말고 그렇게 드러나는 텅 빈 마음 바탕을 자각하면 된다. 이렇게 신령하게 비추고 있는 텅 빈 중심을 놓치는 것을 염려할 뿐이다.

제불·조사와 범부·중생의 성품은 대소유무에 분별이 나타나는 중에 대소유무에 분별이 없는 자리이며, 또한 선악업보에 차별이 생겨나는 중에 선악업보가 끊어진 자리이며, 또한 언어명상이 완연한 중에 언어명상이 돈공한 자리이며, 보고 듣고 지각하는 그 당처가 진공묘유의 조화로 우주만유를 통하여 무시광겁에 은현자재하는 일원상의 진리다.

성품은 누구에게나 주어져 있는 보물이지만, 누구나 그 보물을 사용할 수 있는 것은 아니다. 오로지 제불·조사와 범부·중생의 성품을 발견하여 사용할 때 보물이다.

『대종경』 성리품 18장에 만법귀일에 대한 소태산 대종사의 법문이 등장한다.

원기8년(1923) 음력 6월 25일 서중안 내외는 김제를 출발하여 이춘풍이 관리하는 외변산 신복리 종곡 유숙처를 거쳐 이춘풍과 함께 내변산 봉래정사에 들어가나 날이 어두워져 이튿날 소태산 대종사를 뵙게 되었다. 서중안은 이날 소태산에게 회상공개를 간청하였고 그의 부인을 인도하였다.

이때 소태산 대종사는 그녀에게 "나를 보았으니 무슨 원하는 것이 없는가."라고 물으니, "저는 항상 진세塵世에 있어서 번뇌와 망상으로 잠시도 마음이 바로잡히지 못하오니 그 마음을 바로잡기가 원이옵니다."라고 사뢴다.

아마 당시 김제 인화당 약방 안주인으로 큰살림하다 보니 직원들도 많고 손님들도 많아서 분망했을 것이다.

이에 소태산 대종사, "마음 바로잡는 방법은 먼저 마음의 근본을 깨치고 그 쓰는 곳에 편벽됨이 없게 하는 것이니 그 까닭을 알고자 하거든 이 의두疑頭를 연구해 보라." 하고 '만법귀일萬法歸一하니 일귀하처一歸何處오.'라는 의두를 써 주시며 뜰 앞의 나무를 가리키며 "저 나무가 산 나무인가 죽은 나무인가?" 물으시고 "겨울이 되면 잎이 떨어져 죽은 것 같지만 밑동이 살아 있어 다시 살아나듯, 사람도 번뇌망상으로 죽을 것 같으나 밑동만 있으면 다시 살아난다."라고 일러주었다. 이 밑동이 바로 제불·조사와 범부·중생의 성품이다.

이 성품 자리를 다시 확인합니다.
부처는 깨달아 밝고 중생은 깨치지 못해 어둡다고 합니다.
어둡고 밝은 분별 경계를 곧바로 직시해 봅니다.
방 안에 들어 전등 스위치를 켜면 방이 밝아지고 끄면 어두워집니다.
이때 밝고 어둡다는 경계에 끌려가면 본래부터 역력한 자리를 망각하게 됩니다.
어둡고 밝은 경계에 물들지 않는 텅 빈 자리가 여여부동합니다.
전등을 켜서 방 안이 밝아지든 꺼서 방 안이 어두워지든 그 자리는 원래 물들지 않습니다.
잠깐도 그 자리는 방안의 밝고 어두운 현상에 물든 적이 없습니다.
방안의 불을 끄든 켜든 알아차리고 있는 자리는 여여합니다.

밝은 것을 볼 때 그 보는 당처는 밝은 현상에 도색되지 않으며,
어두운 것을 볼 때 그 보는 당처는 어두운 현상에 막히지 아니하며,
허공을 볼 때 그 보는 현전은 허공이라는 현상에 매몰되지 아니하며,
막힌 것을 볼 때 그 보는 현전은 막힌 현상에 덮이지 아니합니다.
그 마음 당처는 텅 비어 고요하여 청정한 자리로,
밝으면 밝은 줄 알고 어두워지면 어두운 줄 아는 여여한 자리입니다.

이처럼 밝다 어둡다는 분별망상을 여읜 이 자리는 제불 조사든 범부 중생이든 같은 성품 자리이다.

『원불교 성가』 139장 〈부처는 누구이며〉[효산 손정윤 작사] 노랫말이다.

부처는 누구이며 중생은 누구런가
부처나 중생이나 본래는 하나라네
구름이 흩어지면 푸른 하늘 비치듯이
본래 자리 깨고 보면 우리도 부처라네.

부처는 누구이며 중생은 누구런가
부처나 중생이나 본래는 하나라네
사랑과 미움이야 연잎의 이슬이라
한 마음 찾고 보면 우리도 부처라네

이 성가처럼 부처와 중생의 성품은 같은 하나의 한마음이다.

## 이 원상의 진리를 각하면
## 생로병사의 이치가 춘하추동과 같이 되는 줄을 알며

〈일원상 법어〉 중 '이 원상의 진리를 각하면 생로병사의 이치가 춘하추동과 같이 되는 줄을 알며' 대목을 살펴보자.

일원상의 진리를 깨달으면 생로병사의 이치가 춘하추동으로 변화하는 이치와 둘이 아닌 줄 알게 된다는 것이다.

첫째, 생로병사와 춘하추동은 대·소·유무의 유무로, 한 가지 유무 변화의 이치이다.

『정전』'사리연구의 요지'에서 **"유무有無라 함은 천지의 춘·하·추·동 사시 순환과, 풍·운·우·로·상·설과 만물의 생·로·병·사와 흥·망·성·쇠의 변태를 이름한다."** 라고 정의한다.

생로병사의 변태와 춘하추동의 사시 순환은 천조天造의 대·소·유무에서 유무의 이치이다.

둘째, 생로병사의 이치가 춘하추동과 같이 되는 것은 유상한 자리를 여의지 않고 드러나는 무상한 변화이다.

불변의 유상한 무량세계에 바탕을 둔 무상한 무량세계이다. 〈일원상 서원문〉에서 무상으로 보면 우주는 성주괴공으로 만물은 생로병사로 변화한다. 생로병사가 만물의 변화하는 이치라면 춘하추동은 천지의 변화하는 이치로 둘이 아닌 한 이치다. 춘하추동과 생로병사의 무상한 변화는 〈일원상 서원문〉의 유상으로 보면 상주불멸로 여여자연한 자리에 바탕을 둔 변화이다.

유상으로 보면 "불변하는 이치는 여여자연하여 시종과 선후가 없는지라 이는 생멸 없는 성품의 본체"[『정산종사법어』원리편 34장]로, 이 성품의 본체에 바탕 하여 만물의 무상한 변화를 두렷이 드러내고 있다. 마치 맑고 맑은 연못에 주변 풍경과 변화가 비치어 드러나는 격이다.

셋째, 성품과 생사 변화의 관계를 밝히고 있다.

소태산 대종사는 '열반 전후에 후생 길 인도하는 법설'에서 성품과 생사 변화를 밝혔다.

"생사의 이치는 부처님이나 네나 일체중생이나 다 같은 것이며, 성품 자리도 또한 다 같은 본연 청정한 성품이며 원만구족한 성품이니라. 성품이라 하는 것은 … 유도 아니요. 무도 아닌 그것이나, 그중에서 그 있는 것이 무위이화無爲而化 자동적으로 생겨나, 우주는 성·주·괴·공으로 변화하고, 만물은 생·로·병·사를 따라 육도와 사생으로 변화하고, 일월은 왕래하여 주야를 변화시키는 것과 같이 너의 육신 나고 죽는 것도 또한 변화는 될지언정 생사는 아니니라."[『대종경』 천도품 5장]

이 원상의 진리를 각하면 생멸거래에 오염되지 않는 텅 빈 자리에 바탕 하여 생멸거래의 변화가 나타난다. 생멸거래는 유상을 여의지 않은 무상이다.

그러므로 변화일 뿐이지 생사 경계에 매몰되는 생사는 아니다.

이처럼 무어라 할 것이 없는 텅 비어 신령하게 아는 자리에서 생로병사의 변화가 펼쳐진다. 그리하여 텅 비었으되 신령한 자리에서 생로병사의 이치가 춘하추동과 같이 하나로 꿰뚫어진다.

소태산 대종사는 생사 변화의 이치를 달과 물웅덩이에 비유하여 일러주었다.

"간밤에 큰비가 내린 후 하도 달이 밝기로 밖에 나와 거닐며 살피어 보니, 마당 여기저기 웅덩이마다 물이 고여 있고, 물 고인 웅덩이마다 밝은 달이 하나씩 비쳐 있더라. 이 웅덩이에도 달이 있고 저 웅덩이에도 달이 있는데 깊은 웅덩이에는 물도 오래 가고 달도 오래 비치지마는 옅은 웅덩이에는 물도 오래 가지 못하고 달도 바로 사라질 것이다. 생사의 이치도 또한 그러하나니, 물이 있으매 달이 비치고 물이 다하매 달이 없으니 물은 어디로 갔으며 달은 어디로 갔는가. 생사의 이치가 이러하나니 모두들 깊이 한번 궁구해 보라."[『대종경선외록』 선원수훈장 12절]

'물이 있으매 달이 비치고 물이 다하매 달이 없으니 물은 어디로 갔으며 달은 어디로 갔는가?'

물이 있으면 생하고 물이 다하면 멸하지만, 달이 어디 간 것은 아니다.

달은 허공에 상주하여 여여자연하게 운행하나 웅덩이 물이 깊으면 오래 비치고 물이 얕으면 잠깐 비치듯이 생사도 마찬가지다.

넷째, '생로병사의 이치가 춘하추동과 같이 되는 줄을 알며'를 『대종경』 인과품 2장에서 **"천지에 사시 순환하는 이치를 따라 만물에 생로병사의 변화가 있다."**라고 달리 표현한다. 이를 『정산종사법설』에서 **"생로병사가 춘하추동과 같이 간단없이 연連하는 것을 아는 것"**이라 밝히고 있다.

봄에 인연하여 여름이 있고, 여름에 인연하여 가을을 거쳐 겨울이 있으며, 겨울이 인연하여 다시 봄이 되듯이, 생로병사도 마찬가지로 생에 인연하여 늙어가고 병들며, 늙고 병듦에 인연하여 죽으며, 죽음에 인연하여 다시 생이 있게 된다. 이처럼 생은 사의 근본이 되고 사는 생의 근본이다.[『대종경』 부촉품 14장 축약 정리]

그러므로 생멸거래에 변함이 없는 자리에 따라 생하되 생에 집착하지 않으며, 병에도 병에 물들지 않는 자리에 바탕을 두며, 늙어감에도 늙음이 없는 자리로 늙어가는 것이다. 생멸거래에 변함이 없는 자리로 생멸거래를 운전해 가는 것이다.

춘하추동의 사시 순환은 천지의 영원불멸한 도이다. 이 도에 따라 만물의 변태와 인생의 생로병사에 해탈을 얻는 것이다.[『정전』 천지 보은의 조목 8조 축약 정리]

'생멸거래에 변함이 없는 자리'에 바탕을 두어 생멸거래에 끌리지 않고 생로병사를 굴리는 것이다. 결국 이 원상의 진리를 깨달은 사람은 생로병사에 매몰되고 끌려가는 것이 아니라, 생로병사를 춘하추동의 사시 순환과 같이 운영한다. 왜냐하면 생로병사의 이치는 춘하추동과 같은 변화의 이치이기 때문이다.

끝으로, 생사와 인과의 관계에 대해 살펴보자. 생사와 인과는 같은 계열이다.

"또는 생·로·병·사의 이치가 춘·하·추·동과 같이 되는 줄을 알며, 인과보응의 이치가 음양상승陰陽相勝과 같이 되는 줄을 알며"는 불법연구회 동하선 일지인《선원일지》에 "생로병사生老病死나 인과보응因果報應이 다 풍운변태風雲變態나 춘하추동春夏秋冬과 같이 되는 줄을 알며"로 처음 기록되며, 『정전』의 초고인 〈필사본 종전〉과 〈묵사본 교전〉에서 "생로병사나 인과보응이 음양상승과 춘하추동과 같이 되는 줄을 알며"라 표현되며, 『불교정전』에서 현재의 문장으로 정리되었다. 이 대목이 '일원상 법어'에서 가장 많이 변화된 부분이다.

소태산 대종사는 생로병사와 인과보응을 같은 계열로 보았다. 생사 속에 인과가 있고 인과 속에 생사가 있다. 따라서 "생로병사의 이치가 춘하추동과 같이 되는 줄을 알며"와 "인과보응의 이치가 음양상승과 같이 되는 줄을 알며" 사이에 '또는'을 넣을 필요가 없다.

왜냐하면 '생로병사'와 '인과보응'은 '유무' 변화로 하나의 같은 원리이기에 '또는'을 넣어서 둘로 나눌 이유가 없기 때문이다.

## 이 원상의 진리를 각하면 인과보응의 이치가 음양상승과 같이 되는 줄을 알며

〈일원상 법어〉 중에서 '이 원상의 진리를 각하면 인과보응의 이치가 음양상승과 같이 되는 줄을 알며'에 대해 살펴보자.

일원상의 진리를 깨달으면 인과보응의 이치가 음양상승의 도와 둘이 아니라는 것을 알게 된다.

인과보응因果報應은 '원인 인因' '결과 과果' '갚은 보報' '응할 응應'으로, 선악 행위가 업인業因이 되어 거기에 상응하는 과보가 있게 된다는 뜻으로, 일반적으로 '선인선과善因善果 악인악과惡因惡果'라 한다. 음양상승陰陽相勝은 음과 양 두 기운이 서로 이긴다는 뜻으로, 음이 양을 양이 음을 서로 밀어주고 끌어주는 음양상추陰陽相推라고 달리 표현하기도 한다.[『대산종사법문집』 3집, 교법 66]

'인과보응의 이치'를 '음양상승의 도'에 연결 지은 것은 '일원상 법어'의 중요한 특징이다. '일원상 법어'는 소태산 대종사 당대의 동하선 기록들인 《선원일지》에 처음 등장하는데, 이때는 "또는 생로병사生老病死나 인과보응因果報應이 다 풍운변태風雲變態나 춘하추동春夏秋冬과 같이 되는 줄을 알며"였으나, 이후 '생로병사'는 '춘하추동'과 '인과보응'은 '음양상승'과 연결해 "또는 생로병사의 이치가 춘하추동과 같이 되는 줄을 알며 인과보응의 이치가 음양상승과 같이 되는 줄을 알며"로 문구를 구분하여 수정하였다.

첫째, 인간의 인과보응의 이치는 우주에 음양상승의 도와 연동하여 하나로 관통하고 있다.

"우주에 음양상승하는 도를 따라 인간에 선악인과善惡因果의 보응報應이 있게 되나니, 겨울은 음陰이 성할 때이나 음 가운데 양陽이 포함되어 있으므로 양이 차차 힘을 얻어 마침내 봄이 되고 여름이 되며, 여름은 양이 성할 때이나 양 가운데 음이 포함되어 있으므로 음이 차차 힘을 얻어 마침내 가을이 되고 겨울이 되는 것과 같이, 인간의 일도 또한 강과 약이 서로 관계하고 선과 악의 짓는 바에 따라 진급 강급과 상생상극의 과보가 있게 되나니, 이것이 곧 인과보응의 원리니라."[『대종경』 인과품 2장]

이처럼 소태산 대종사는 우주의 음양상승의 도를 따라 인간의 강과 약이 서로 관계하고 선과 악의 짓는 바에 따라 진급 강급과 상생상극의 과보가 있게 되는 것이 곧 인과보응의 원리라고 부연해 주셨다.

또한 음양상승의 도를 따라 상생 상극의 과보를 명확하게 드러내셨다.
"음양상승의 도를 따라 선행자는 후일에 상생相生의 과보를 받고 악행자는 후일에 상극相克의 과보를 받는 것이 호리도 틀림이 없으되, …"[『정전』 참회문]

음양상승陰陽相勝은 수축하면 팽창하고 팽창하면 수축하는 서로 밀고 당겨주는 상추相推의 원리이다.

음양이 서로 간 밀고 당기는 도道 자체는 좋고 나쁜 가치가 없는 자연현상이나, 이러한 원리를 인간의 행위에 투영하면 은혜롭게 밀고 당기면 은혜롭게 밀고 당겨주고 해롭게 밀고 당기면 해롭게 밀고 당기게 되는 상생상극의 인과보응 작용으로 적용된다. 음 속에 양이 갈무리[藏]되어 있고 양 속에 음이 갈무리되어 있듯이 선악으로 지은 인因 속에 선악으로 받을 과果가 갈무리되어 있고, 과를 받는 심신 작용에 따라 그것이 인因이 되어 그 속에 과果를 품게 되는 원리이다.

음양상승의 상승相勝은 음과 양이 서로 이기는 진리의 작용이다. 진리적 관점으로 보면 음도 양도 서로 의지하고 바탕이 되는 작용이다. 인간의 관점에서 상생상극의 차이가 있지 진리의 관점에서 보면 서로 이기는 상승 작용이다. 음양상승의 상승을 인간의 심신 작용에 적용하면 서로 대립하면서도 서로를 요구하는 관계로서 대립을 통합해 가면서 자신을 극복해 가는 은혜의 과정이다. 서로 대립하면서도 서로를 세워주고 이끌어 주는 작용이다. 이처럼 상승은 반목이나 불화가 아니요. 교란도 파괴도 아니다. 대립 속에서 각자 자신과 서로를 지탱해 주는 관계이다.

그러므로 정산 종사는 "이 원상의 진리를 깨닫고 보면 인과보응의 진리가 인조적人造的이 아니요, 무위이화無爲而化로 음상상승陰陽相勝과 같이 되는 것을 알 것이니라."[『정산종사법설』] 하였다.

둘째, 인과보응 되는 이치와 음양상승의 도는 유무 변화의 한 이치다.

유무有無라 함은 천지의 춘·하·추·동 사시 순환과, 풍·운·우·로·상·설과 만물의 생·로·병·사와 흥·망·성·쇠의 변태이므로[『정전』 사리연구의 요지], 춘하추동과 풍운우로상설의 음양 변화와 흥망성쇠의 만물 변태變態는 다 유무 변화로 천조天造의 대·소·유무에서 유무의 변화 이치이다.

그러므로 인과보응의 이치도 음양 변화의 도와 같이 유무 변화의 이치다.

셋째, 일원상의 진리는 생멸 없는 유상한 도와 인과보응 되는 무상한 이치가 서로 바탕 하는 '한자리'이다. 그러므로 선악업보가 끊어진 생멸 없는 도이면서 공적영지의 광명을 따라 선악업보에 차별이 선명하게 드러나는 인과보응 되는 이치다.

음양상승의 도와 인과보응의 이치는 〈일원상 서원문〉에서 "**무상으로 보면 우주의 성주괴공과 만물의 생로병사와 사생의 심신 작용을 따라 육도로 변화를 시켜 혹은 진급으로 혹은 강급으로 혹은 은생어해로 혹은 해생어은으로 이와 같이 무량세계를 전개하는 것**"이며, 이러한 우주와 만물의 음양상승의 도와 사생의 심신 작용에 따른 인과보응 되는 이치는 "**유상으로 보면 상주불멸로 여여자연하여 무량세계를 전개하는**" 자리에 바탕을 두고 있다.

소태산 대종사는 "**무릇 우주만유의 근본은 곧 일원상이요, 일원상은 곧 시방삼계이며 시방삼계는 결국 한 덩어리이니 우리가 이 한 덩어리 된 내역만 잘 안다면 육도사생도 그 속에 건립되어 있고 인과보응의 천태만상도 그 속에서 발생되는 것을 의심치 않을 것이다.**"[소태산대종사 수필법문 II, 『구타원이공주종사법문집』 I]라고 명시하였다.

'우주만유의 근본=일원상=한 덩어리인 시방삼계'이다. 시방삼계가 한 덩어리라는 것은 둘이 아닌 경지이다. 둘이 아닌 성품의 안목에서 시방삼계가 하나로 드러난 것이다. 시방삼계가 한 덩어리가 된 내역에 육도사생과 천태만상의 인과보응도 펼쳐있는 일원상 한 덩어리다.

그러기에 정산 종사는 **"성품과 인과가 둘이 아니니 인과의 체가 성품이요 성품의 운용이 인과라"**[『정산종사법설』]고 하였다.

생멸 없는 성품의 도에 들어 죄복 인과하는 이치를 조망할 때 죄복을 임의로 할 수 있게 된다. 참회 개과하여 상생상극의 업력을 벗어나면 죄복을 임의로 할 수 있다. 상생이니 상극이니 하는 일체의 업력을 초월하면 죄에도 묶이지 않고 또한 복에도 묶이지 않게 되어, 죄복에 끌리지 않는 가운데 복락을 짓는다.

그러므로 영원히 참회 개과하는 사람은 선악업보가 끊어진 생멸 없는 도에 들게 되어, 능히 상생상극의 업력을 벗어나서 죄복을 자유로 할 수 있다. 선악업보가 끊어진 자리에 기반할 때 선행자는 후일에 상생의 과보를 받고 악행자는 후일에 상극의 과보를 받는 선악업보의 차별이 음양상승의 도를 따라 선명하게 드러난다.

# 이 원상의 진리를 각하면
# 원만구족한 것이며 지공무사한 것인 줄을 알리로다

〈일원상 법어〉 중 '이 원상의 진리를 각하면 원만구족한 것이며 지공무사한 것인 줄을 알리로다.' 대목을 살펴보자.

〈일원상 법어〉의 '원만구족한 것이며 지공무사한 것'은 일원상의 내용으로 육근을 사용할 때 쓰는 것이다. 한가디로 이 원상은 원래 츠着이 없는 자리로[『대종경』 수행품 3장] '깨어있는 마음'이요 '정신 차리는 마음'이요 '정신 챙기는 마음'이며, '주의심'이요 '유념'이다. 그러므로 원만구족하고 지공무사한 일원상은 견성見性의 표본이면서 솔성率性의 지표指標이다.

이 원상[○]의 진리를 각覺하면 첫째, 시방삼계가 오가의 소유인 줄을 알며 둘째, 우주만물이 이름은 각각 다르나 둘이 아닌 줄을 알며 셋째, 제불조사와 범부중생의 성품인 줄을 알며 넷째, 생로병사의 이치가 춘하추동과 같이 되는 줄을 알며, 인과보응의 이치가 음양상승과 같이 되는 줄을 알게 되며, 가지막으로 원만구족하고 지공무사한 것인 줄을 알게 된다.

이 마지막 '원만구족한 것이며 지공무사한 것인 줄을 알게 되는 것'은 앞의 네 가지를 종합한 결론이다. 원단구족 지공무사는 맨 앞에 제시된 "이 원상[○]의 진리를 각하면"의 결론이다.

그리고 이어서 눈, 귀, 코, 입, 몸, 마음 각각에 원상[○]을 그려 '원만구족 지공두사'한 마음을 상징하여 육근 사용의 실제를 제시하고 있다. 즉 "이 원상은 눈, 귀, 코, 입, 몸, 마음을 사용할 때에 쓰는 것이니 원만구족한 것이며 지공무사한 것이로다."처럼 육근을 사용할 때 쓰는 용심用心의 표본이다.

결국 원만구족하고 지공무사한 원상圓相은 진리의 총괄이요, 용심用心의 표본이다. 마음 작용하는 용심用心공부는 원만구족하고 지공무사한 일원상을 표준 해야 한다.

원만구족 지공무사는 〈일원상의 수행〉 절에서 '수행의 표본'으로 제시하고 있다.
원만하다는 것은 마치 호수에 물이 담연湛然하게 차서 맑고 청정하게 담겨있는 모습과 같다. 정산 종사는 "**원만圓滿은 두렷하여 결격缺格이 없는 것이니, 두렷하기로 하면 모든 분별이 끊어져 없어야 참 그 자리가 두렷할 것이니라.**"[『정산종사법설』]라고 일러주었다.
또한 구족하다는 것은 모든 지혜와 덕상이 다 구비되어 있는 것으로, "**구족具足은 일호의 부족함이 없이 다북 차 있는 것이라 분별이 없는 그 자리에 빠짐없이 우주의 삼라만상과 염정染淨이 다 구비하여 있나니라.**"라고 밝혀주시며, "**이러한 까닭에 분별없는 것이 참 분별이요 분별이 없기에 이것이 원만구족이니라.**"[『정산종사법설』]라고 정의한다. 이처럼 분별이 끊어져야 더럽고 깨끗한 염정을 다 드러내고, 분별없는 것이 참 분별이요 분별이 없기에 원만구족하다고 명시한다.

그리고 지공무사至公無私는 사私가 본래 붙을 수 없기에 자타가 둘이 아닌 공변된 자리이다.
정산 종사는 "**일원의 진리가 만약 사정私情이 있다면 잘난 사람에게는 있고 못난 사람에게는 없을 것이며, 죄복을 주는 것도 친소親疏를 떠나 오직 지공무사하기에 일원의 진리는 없는 곳이 없으며, 일원의 진리 아님이 없나니, 이와 같이 죄복의 보응도 친소와 사정이 없이 오직 지은 바에 따라 죄복을 주는 까닭에 곧 지공무사이니라.**"[『정산종사법설』]라고 명시하였다.
이처럼 원만구족한 것은 온전성이라면 지공무사한 것은 공정성과 관련된다.

일원상은 본래 자타의 분별이 없기에 자타가 둘이 아닌 자리이다.
즉 자타의 분별이 없기에 자타의 간격이 없는 것으로, 자타가 텅 빈 공空한 자리가 나와 남이 둘이 아닌 공변된 자리이다. 일원상처럼 지공무사한 성품 자리는 원래 지극히 공변된 자리로 사사로운 인욕人慾에 둘들지 않는 자리이다. 일원상 성품 자리는 사私라는 분별 욕망을 알아차리고 있기에 분별 욕망에 끌리지 않고 이 일에도 저 일에도 오롯이 공변되게 응할 수 있는 것이다.

분별 욕망의 사私와 동일시하는 마음이 탈락하면 만물 일체의 지공至公한 자리가 드러난다. 『원불교 성가』 138장 〈나 없으매〉의 노랫말처럼 "나 없으매 사생일신四生一身의 큰 나가 드러나고, 내 집 없으매 천하가 내 집인 천하일가天下一家의 큰 집"이 자리한다.

**원만구족하기에 지공무사하고 지공무사하기에 원만구족한 것이다.**
**이러한 지공무사한 자리는 무아봉공의 근원이며 중생제도의 중추이다.**
**원만구족하고 지공무사한 일원상으로 중생을 인도할 수 있으며,**
**원만구족하고 지공무사한 일원상으로 공익을 위할 수 있다.**

**그렇다면 이제 원만구족하고 지공무사한 것을 확인해 봅시다.**
**눈으로 형상을 볼 때, 귀로 소리를 들을 때,**
**코로 냄새를 맡을 때, 입으로 맛을 보거나 말할 때**
**몸으로 행동하거나 촉감을 느낄 때, 마음으로 생각하거나 감정이 일어날 때**
**이 모든 것들로 인해 원만구족하고 지공무사한 일원상에 도달할 수 있고**
**또한 이 모든 것들이 바로 원만구족하고 지공무사한 일원상의 나툼입니다.**

**형상이 있었다가 사라지고, 소리가 생겼다가 사라지고**
**냄새가 났다가 흩어지는 것을 두렷이 드러내는**
**이 자리가 원만구족하고 지공무사한 일원상 마음입니다.**
**이 자리가 있으므로 형상도 소리도 있다가 사라지고 없다가도 있는 것입니다.**
**이런 모든 감각이나 생각이나 감정들이 다 원만구족하고 지공무사한 일원상 마음에 따라 작용합니다.**

시각, 청각, 후각, 미각, 촉각의 감각이 이끄는 대로 또는 감정이 춤추는 대로, 생각이 일어나는 대로 끌려다닌다 해도 일원상 입장에서는 원만구족한 마음 작용이며 지공무사한 마음 작용이다.

이렇게 감각의 노예로 생각과 감정의 종복으로 살아가는 중에도 그 마음 자체가 곧 원만구족하고 지공무사한 것인 줄 확인할 때 원만구족하고 지공무사한 이 마음을 사용할 수 있다. 마음을 원만구족하게 사용할 수 있고, 마음의 자유를 얻을 수 있으며, 생사를 초월할 수 있으며, 죄복을 임의로 할 수 있으며[『대종경』 요훈품 2장], 또한 시방일가十方一家의 공심公心을 발휘할 수 있는 것이다.

## 이 원상은 육근을 사용할 때 쓰는 것이니 원만구족한 것이며 지공무사한 것이로다

〈일원상 법어〉 중에서 '이 원상은 눈·귀·코·입·몸·마음을 사용할 때 쓰는 것이니 원만구족한 것이며 지공무사한 것이로다.'에 관해 살펴보자.

작은 원상 6개는 각각 눈·귀·코·입·몸·마음 육근六根을 사용할 때 쓰는 것으로, 이 원상은 원만구족圓滿具足한 것이며 지공무사至公無私한 것이다.
'일원상 법어'는 이 원상으로 육근을 쓰는 법이다.
이렇게 원만구족하고 지공무사한 원상으로 안·이·비·설·신·의 육근을 사용하는 것은 일원상으로 심신 작용하는 공부이다. 즉 일원상 마음공부이다.

안·이·비·설·신·의 육근六根과 색·성·향·미·촉·법 육경六境과 안식眼識·이식耳識·비식鼻識·설식舌識·신식身識·의식意識의 육식六識이 인연이 되어 감각과 생각과 감정이 발생하며, 이러한 감각과 생각과 감정은 생주이멸生住異滅한다.

시각도 보였다가 사라지며, 청각도 들렸다가 사라지며
후각도 맡았다가 사라지며, 미각도 맛보았다가 사라지며
촉각도 느꼈다가 사라지며, 생각과 감정도 생겼다가 사라진다.
이러한 감각과 생각과 감정은 일어났다가 사라지고 있었다가 없어진다. 생멸거래한다.

그런데 원만구족하고 지공무사한 일원상은,
감각에 인연한 생각이나 감정이 생生하거나 주住해도 여여하고, 이異하거나 멸滅해도 여여한 자리이다.

우리는 원만구족하고 지공무사한 일원상, 이 자리를 생각 또는 감정이 사그라지는 멸滅할 즈음에야 알아차릴 수도 있고, 생각이나 감정의 기세가 꺾이는 이異할 때 원만구족하고 지공무사한 일원상을 알아차릴 수도 있고, 생각이나 감정이 왕성한 주住할 때 원만구족하고 지공무사한 일원상을 알아차릴 수도 있고, 생각이나 감정이 생生 하자마자 바로 원만구족하고 지공무사한 일원상을 알아차릴 수도 있다. 그러니까 생각이나 감정이 일어나자마자 곧바로 일원상을 드러내야 한다. 그런가 하면 생각이나 감정이 생주이멸하는 중에도 전혀 알아차리지 못하기도 한다.

정산 종사는 《회보》 제38호 '일원상에 대하여'라는 논설에서 **"육식六識은 육근六根이 각각 분별력이 있으므로 육식이라 하는 것"**이라 정의한다.
육식은 육근과 육경의 인연에 따라 나타난다. 그러나 원만구족하고 지공무사한 일원상은 육근-육경-육식을 관통하면서도 이에 물들지 않는 자리이다.

눈·귀·코·입·몸·마음의 시각·청각·후각·미각·촉각과 생각 또는 감정이나 의지는 본래 원만구족하고 지공무사한 일원상의 작용이다. 그러므로 지금 있는 마음이든, 일어나는 마음이든, 하려는 마음이든 또는 식별하는 마음이든 다 '일원상의 나툼'이다.
즉 원만구족하고 지공무사한 일원상으로 보고, 일원상으로 듣고, 일원상으로 냄새 맡고, 일원상으로 맛보고, 일원상으로 말하고, 일원상으로 감촉하고, 일원상으로 행하고, 일원상으로 희로애락의 감정을 일으키거나 생각하는 것이다.

원만구족하고 지공무사한 일원상을 육근을 통해서 발현한다.
형상을 볼 때, 그 모습을 알아차리어 형상에 포획되지 않는 자리에서 전후의 변화를 분별하는 것은 원만구족하고 지공무사한 일원상으로 눈을 사용하는 것이다.

칭찬이나 비난을 들을 때, 시비인 줄 아는 시비에 붙들리지 않는 자리에서 이 소리 저 소리를 듣는 것은 원만구족하고 지공무사한 일원상으로 귀를 사용하는 것이다.

호흡할 때 들숨 날숨을 알아차리어 들숨 날숨을 온전히 지켜보는 자리에서 들이쉬고 내쉬며,

냄새를 맡을 때, 냄새를 알아차리어 냄새와 동일시되지 않는 냄새 맡기 이전 자리에서 냄새를 뚜렷이 구별하는 것은 원만구족하고 지공무사한 일원상으로 코를 사용하는 것이다.

음식을 먹을 때 맛에 마비되고 중독되지 않는 평등일미平等一味로 이맛 저맛을 간보는 것과
말할 때, 말하기 이전의 고요한 자리에서 말하는 것은
원만구족하고 지공무사한 일원상으로 입을 사용하는 것이다.

일을 할 때, 시비 없는 한가한 자리에서 이일 저일을 하는 것은
원만구족하고 지공무사한 일원상으로 몸을 사용하는 것이다.

생각에 골몰할 때, 생각이 일어나기 이전 자리에서 생각하는 것과
감정이 일어날 때, 감정에 끌려가지 않는 자리에서 감정을 교류하는 것은
원만구족하고 지공무사한 일원상으로 마음을 사용하는 것이다.

원만구족은 분별에 붙잡히지 않는 온전한 자리에 그친 것이라면,
지공무사는 치우침이 없는 공정한 자리를 드러내는 것이다.

육근을 통해서 원만구족하고 지공무사한 일원상을 반영한다.
일원상으로만 있으면 충분할 것 같아도 육근이 없으면 재미가 없다.
일원상의 성품은 육근으로 발현한다.
육근을 통해서 원만구족하고 지공무사한 일원상을 사용한다.
육근을 통하지 않으면 원만구족하고 지공무사한 일원상은 무의미하다.
육근에 의해 혹여 타락할 수 있지만, 육근을 따라 풍성한 여정을 누릴 수 있다.

그러므로 눈·귀·코·입·몸·마음의 심신 작용은 〈일원상 법어〉에 근거해야 한다.

원만구족하고 지공무사한 이 원상圓相을 법 받아 눈·귀·코·입·몸·마음의 육근을 법 있게 사용하는 것이다. 경계에 끌려 사는 것이 아니라 원만구족하고 지공무사한 일원상으로 굴리며 살자는 것이다.

소태산은 희·로·애·락을 없애기 보다는 원력을 크게 키우도록 한다.

"나는 그대들에게 희·로·애·락의 감정을 억지로 없애라고 가르치는 것이 아니라, 희·로·애·락을 곳과 때에 마땅하게 써서 자유로운 마음 기틀을 걸림 없이 운용하되 중도에만 어그러지지 않게 하라고 하며, 가벼운 재주와 작은 욕심을 미워할 것이 아니라 그 재주와 발심의 크지 못함을 걱정하라 하노니, 그러므로 나의 가르치는 법은 오직 작은 것을 크게 할 뿐이며, 배우는 사람도 작은 데에 들이던 그 공력을 다시 큰 데로 돌리라는 것이니, 이것이 곧 큰 것을 성취하는 대법이니라."[『대종경』 수행품 37장]

원만구족하고 지공무사한 일원상 마음으로 육근을 사용하면 희·로·애·락을 그 상황과 그 현장에 맞게 운영하며, 희·로·애·락의 욕심을 미워하고 없애기 보다는 그 재주나 발심을 키워서 내 공부도 확장하고 그 공부의 공덕이 주위 인연에도 도움이 되게 한다. 예를 들어 시기심이 나면 발전하고 싶은 마음으로 받아들여 승부욕보다는 정진심으로 키우는 것이다.

## 🔍 더보기

## 일원상으로 육근 사용하는 법

〈일원상 법어〉의 법어法語는 '법法 받을' 법으로, 원만구족하고 지공무사한 일원상을 법으로 체받아서 안·이·비·설·신·의 육근을 사용할 때 쓰는 것이다.

즉 눈을 사용할 때도 원만구족하고 지공무사하게 작용하라는 것이며, 코도 입도 귀도 몸도 마음도 마찬가지로 행하라는 것이다. 결핍되고 결여된 부분으로 할 것이 아니라 온전하게 통째로 일원상 그대로 실행하여 더는 닦을 것이 없다고 여길 정도로, 전면적으로 나투라는 것이다. 심신을 원만구족 지공무사하게 쓰라는 것이다.

꽃을 볼 때 보는 당체에 원만구족하고 지공무사한 일원상이 활짝 피어 있고, 소리를 들을 때 듣는 당체에 원만구족하고 지공무사한 원음圓音이 울리고, 냄새를 맡을 때 향을 맡고 있는 당체에 원만구족하고 지공무사한 원향圓香이 온전히 진동하고, 또한 맛을 볼 때 평등일미의 일원상 자리에서 감미하고, 일을 할 때 부동한 일원상 자리에서 일하고, 산행할 때 고요한 일원상 자리에서 등산하고, 생각을 할 때 생각에 물들지 않는 청정한 일원상 자리에서 생각하고, 감정이 일어날 때 감정에 거리를 두어 감정에 걸림 없는 일원상 자리에서 기뻐하고 슬퍼하는 것이다.

일원상은 원만구족하고 지공무사한 각자의 마음으로, 고민하는 그 당체를 돌이켜 직시하면 고민이 붙을 수 없는 텅 비어 고요한 본래 자리가 드러나며, 또한 이렇게 텅 비어 고요하기에 고민이 명백하여 고민하는 그 마음을 수용할 수 있는 것이다.

그러므로 고민을 고민 그대로 자각하는 자리는 원만한 자리이며 고민을 확연히 알아차리고 있는 지혜가 구족한 자리이다. 또한 화가 나면 화난 그대로, 짜증 나면 짜증 그대로, 웃으면 웃는 그대로 드러내는 공변되고 사사로움이 없는 지공무사한 자리이다.

이와 같이 안·이·비·설·신의 육근을 사용할 때 원만구족하고 지공무사한 일원상을 통째로 온통 쓰라는 것이다. 육근이 육경을 인연하여 육식이 발할 때 원만구족하고 지공무사한 일원상, 이 자리에 바탕을 두라는 것이다. 육근도 일원상이요 육경도 일원상의 드러남이요 육식도 일원상의 작용이다.

안식이 눈을 통해 알듯이 이식도 비식도 설식도 신식도 귀·코·입·몸을 통해 아는 것이며, 또한 의식도 의근을 통해서 법경인 개념 등을 식별하여 아는 것이다. 의식은 앞생각에 근거하여 상속하는 흐름으로, 이때 원만구족하고 지공무사한 일원상을 놓치지 말라는 것이다. 일원상을 법으로 삼아 일원상 자리에서 육근→육경→육식을 작용하라는 것이다.

지금 당장 원만구족하고 지공무사한 일원상 자리에서 보고, 듣고, 냄새 맡고, 맛보고, 말하고, 느끼고 행하고, 식별하라. 이처럼 원만구족하고 지공무사한 일원상을 법으로 체받아서 육근을 작용할 때 원만구족하고 지공무사한 일원상으로 온통 행하는 것이 곧 〈일원상 법어〉의 구현이다.

참고로 안·이·비·설·신·의 중 의意에 대해서 살펴보자.

〈일원상 법어〉의 "이 원상은 마음을 사용할 때 쓰는 것이니"에서 마음은 의意를 말한다. 의意는 기존의 기억·정보·생각 및 감정이 총체된 마음으로, 문명과 사회제도가 배경되어 있다.

보통 눈 즉 안眼을 말할 때 단순히 눈만이 아니라 눈의 시신경과 뇌 기능을 포함하는 보는 감각 기관을 통칭한다. 이·비·설·신 오근五根도 마찬가지이다.

다만 눈은 보는 작용, 귀는 듣는 작용, 코는 냄새 맡는 작용, 입은 맛보는 작용, 몸은 감촉하는 작용에 한정된다. 각 대상에 한계되는 수동적 감각인식이다.

이때 의意는 항상 안·이·비·설·신 오근과 함께 작용하며[五俱의식], 이후 전오식前五識의 정보를 통합하여 판단한다[五後의식]. 또한 전오식과 관계없이 홀로 일어나는 의식작용[獨頭의식]을 한다.

이처럼 의는 안·이·비·설·신의 감각인식을 통섭하는 통각統覺 작용을 한다.

이러한 의意의 생각하고 판단하는 작용은 말과 글로 표현한다.

## 도형 일원상(○) 사용법

〈일원상 법어〉의 도형 일원상(○) 사용법에 관해서 살펴보자.

도형 일원상(○)은 『원불교교전』 첫 장 한 페이지에 등장하며 「교리도」에 제시되어 있으며, 『정전』에는 〈일원상 법어〉에 등장한다. 그러므로 '일원상 법어'는 글과 함께 도형 일원상(○)에 대해서도 살펴봐야 할 것이다.

**도형 일원상(○)은** 진리[법신불]**의 상징**[『정산종사법어』 원리편 1장]**이요, 진리 당체의 사진**[『정산종사법어』 원리편 6장]**이며, 진리불의 도면**[『정산종사법어』 경의편 3장]**으로 참 일원상을 알리는**[『대종경』 교의품 6장] 기능이 있다.

도형 일원상(○)은 원만한 모습, 하나의 모습, 텅 비었으면서 충만한 모습, 돌고 도는 인과와 생사의 원리, 은혜로운 품을 시각적으로 보여 준다. 우리는 이러한 도형 일원상(○)을 보고 곧바로 볕 받아서 공부의 표준과 행실의 대조표로 삼을 수 있다.

이처럼 도형 일원상(○)은 시각적인 거울 역할을 한다.
도형 일원상(○)은 시각적 기능이 있으며 또한 감각을 자극하는 기능도 있다.
이 도형 일원상(○)은 진리의 상징이요 사진으로써 도형 일원상(○)이 제시하는 의미를 시각적으로 즉각 가리켜 준다. 생각을 깊게 해서 감지되는 것이 아니라 사고에 앞서 즉각적인 느낌을 유발한다.
마치 거울처럼 무엇인가를 비춰주는 즉각적인 표준으로, 거울을 보면 자신의 상태를 비춰볼 수 있듯이, 도형 일원상(○)은 어떤 의미와 뜻을 감각적으로 느낄 수[感知] 있도록 자극한다.

이러한 도형 일원상(○)의 의미와 기능을 살펴보자.

첫째, 도형 일원상(○)은 텅 빈 모습을 시각적으로 보여 준다.

도형 일원상(○)을 대할 때마다 텅 빈 모습을 시각적으로 제공하여 즉각적으로 마음을 비우는 데 대조토록 한다. 바로 텅 빈 모습에 따라 마음을 비우도록 유도한다.

둘째, 도형 일원상(○)은 원만한 모습을 보여 준다.

공의 복원력처럼 도형 일원상(○)을 대조하여, 경계를 따라 찌그러지는 마음을 원만한 마음으로 회복하도록 자극한다. 도형 일원상(○)의 둥근 모습에 따라 요란하지 않고 어리석지 않고 그르지 않은 원만한 마음으로 복원토록 자극을 준다.

셋째, 도형 일원상(○)은 즉각적으로 은혜로운 품을 나타낸다.

도형 일원상(○)의 둥근 모습을 볼 때마다 어머니 품처럼 따스한 은혜를 느낄 수 있다. 도형 일원상(○)을 볼 때마다 그 은혜에 목욕하여 그 은혜의 품을 느낄 수 있다. 원망심이 생길 때마다 도형 일원상(○)의 은혜로운 품을 떠올려 감사생활하는 것이다.

넷째, 도형 일원상(○)은 하나의 모습을 보여 준다.

도형 일원상(○)은 하나로 연결되어 서로서로 의지하고 바탕 되어 있어 없어서는 살 수 없는 관계를 나타내고 있다. 도형 일원상(○)은 마치 두 손을 맞잡은 모습처럼 둘이면서도 떨어질 수 없는 밀접한 관계를 제시한다. 도형 일원상(○)을 본받아 서로 없어서는 살 수 없는 은혜를 느낄 수 있다.

다섯째, 도형 일원상(○)은 돌고 도는 생사와 인과의 모습을 나타낸다.

도형 일원상(○)을 볼 때마다 생사가 오고가는 거래이며, 인과가 주고받는 여수與受임을 자각하도록 한다.[『대산종사법문집』 제4집] 도형 일원상(○)을 본받아서 진리의 역동성을 즉각적으로 감지하여 생사에 해탈하고 인과를 수용하여 은혜를 심고 선업善業을 짓는다.

여섯째, 도형 일원상(○)은 모든 가능성을 품고 있는 씨알을 나타내고 있다.

씨앗에서 싹이 터 나무가 될 수도 있고, 알이 부화되어 새 생명이 탄생하듯이, 도형 일원상(○)은 모든 가능성을 함축하고 있는 구족한 모습을 보여 준다. 우리가 원래 부처이며 지혜와 복락을 생산할 수 있는 본래 능력을 가리키고 있다.

일곱째, 도형 일원상(○)은 일심 상태와 그 일 그 일에 충실한 모습을 보여 준다.

도형 일원상(○)을 대할 때마다 일심이 되고 그 일 그 일에 충실한 마음을 낼 수 있다. 그리하여 과거에도 집착하지 말고, 미래도 염려하지 말고, 현재에도 연연하지 않는 삶을 살도록 안내받는다. 또한 현재에 미래를 품고 과거를 참고 삼아 역동적으로 살아간다.

**견성하여 자성반조하지 못하더라도 법문에 의지하여 법문 반조 공부를 할 수 있듯이**[『정산종사법어』 무본편 27장], 일원상의 진리를 깨닫지 못했을지라도 도형 일원상(○) 모습을 본받아 닮아가는 공부를 할 수 있다.

이처럼 도형 일원상(○)을 모본模本하여 대조하는 것으로 마음공부를 할 수 있다.

소태산 대종사께서 제자들에게 삐뚤어진 일원상과 둥그런 일원상을 그려놓고 **"어떤 일원상이 좋게 보이느냐?"** 물으시고 **"마음을 쓸 때도 저 둥근 일원상처럼 쓸지언정 모난 일원상은 되지 않도록 유의하라."**[삼대력 얻는 빠른 길, 《회보》 50호]라고 당부하였다.

소태산 대종사께서 그려주신 둥그런 도형 일원상(○)의 시각적이고 감각적인 의미를 즉각적으로 본받아 육근에 사용하자.

〈일원상 법어〉의 큰 일원상 도형(○)은 견성의 표준이며 6개의 작은 일원상 도형(○)은 육근을 사용하는 솔성의 표준이다. 이러한 도형 일원상(○) 사용법을 잘 쓰자.

# 제1장 일원상

## 제6절 일원상 게송

# 〈일원상 게송〉 독송하기

『정전』
제2 교의편
제1장 일원상

　제6절 일원상 게송偈頌

　　유有는 무無로 무는 유로
　　돌고 돌아 지극至極하면
　　유와 무가 구공俱空이나
　　구공 역시 구족具足이라.

# 소태산의 전법게송과 공전

'소태산 대종사의 전법게송과 공전'에 대해 살펴보자.

전법게송傳法偈頌은 고승 대덕들의 깨달음과 경륜을 요약 압축하여 제자들에게 전한 법문이다. 소태산 대종사의 전법게송은 공전이 특징이다.

공전은 '모두 공共'의 공전共傳과 '공변될 공公'의 공전公傳의 뜻이 있다. 공전은 모두에게 전하는 공전共傳과 비밀스럽게 사적으로 전하는 것이 아니라 공개적이고 공적으로 전하는 공전公傳의 의미가 있다.

경진庚辰동선이 한창 진행 중이던 원기26년(1941) 1월 28일(화, 음 1.2) 오후 8시에 공회당 선방에서 소태산은 게송을 발표한다. 경진동선 1월 28일 화요일 여자부《선월일지》에 '게송'과 '동정간불리선'을 발표한 기록이 등장한다.

소태산 대종사는 송도성에게 칠판 한가운데에 줄을 치게 하고, 오른쪽에는 게송偈頌인 "유有는 무無로 무는 유로 돌고 돌아 지극至極하면 유와 무가 구공俱空이나 구공역시 구족具足이다."를, 왼쪽에는 동정간불리선動靜間不離禪인 "육근六根이 무사無事하면 잡념雜念을 제거하고 일심一心을 양성養成하며, 육근이 유사有事하면 불의不義를 제거하고 정의正義를 양성하라."를 쓰게 하였다.

소태산 대종사는 게송을 내리시며 "옛 도인들은 대개 임종 당시에 바쁘게 전법게송을 전하였으나 나는 미리 그대들에게 이를 전하여 주며, 또는 몇 사람에게만 비밀히 전하였으나 나는 이와 같이 여러 사람에게 그루 전하여 주노라. 그러나 법을 오롯이 받고 못 받는 것은 그대들 각자의 공부에 있나니 각기 정진하여 후일에 유감이 없게 하라."[『대종경』 부촉품 2장]라고 당부하였다.

그러면서 "성현이 전법게송을 내릴 때는 중음신中陰身들이 문고리만 잡아도 제도를 받게 된다."며 게송의 중요성을 강조한다. 또한 어린 제자 정성숙이 사가에 다녀오느라 게송을 듣지 못하자 따로 불러 설해 준 후 "큰 불보살이 게송을 내릴 때는 아수라들이 제도 받으러 모여든다. 그때에는 문고리만 잡아도 제도 받는다. 이렇게 혼자서 따로 게송을 듣게 된 것이 복이다."라고 어린 제자를 챙겼다.

소태산 대종사는 이미 3년 전부터 열반 준비를 하며, 대중에게 "나는 떠날 때 바쁘게 봇짐을 챙기지 아니하고 미리부터 여유 있게 짐을 챙기리라" 하시었고, 게송을 지어 대중에게 내리면서 "나는 이 게송도 한두 사람에게만 가만히 전해 주지 아니하고 이렇게 여러 사람이 고루 받아 가게 지어 주노니 그대들은 누구든지 다 잘 받아 가라." 하시며 "모르는 것이 있으면 유감없이 물어두라" 하셨건마는 대중은 말씀 뜻을 미처 알지 못하였다.[『대종경선외록』 유시계후장 1절]

소태산 대종사의 전법 게송은 몇 사람에게만 비밀리에 전해 주는 단전밀부單傳密付가 아니라 여러 사람에게 고루 전해 주는 공전共傳이요. 신심 있고 공부심 있는 사람이라면 누구나 받아 갈 수 있도록 공적으로 전한 공전公傳이다.
이처럼 공전은 '법의 민주화'요 각자가 '법의 주재자主宰者요 주인공'으로써, 법의 수동자가 아니라 '법의 능동자'이다.

소태산 대종사는 칠판에 적은 '전법게송'을 제자들에게 설하신 후에 '동정간불리선법動靜間不離禪法'에 대해 덧붙여 설하였다.
"한 가지 더 말해 줄 것이 있다. 그대들이 어려운 세상을 살아갈 때 동정 간에 항상 선 공부를 계속하는 법 곧 동정간불리선법을 가르쳐 주겠다. 우리의 육근에 일이 없을 때는 모든 잡념을 제거하고 일심을 양성하며, 육근에 일이 있을 때는 불의를 제거하고 정의를 양성하라는 것이다. 누구든지 이대로만 살아간다면 언제 어디서든 항상 선 공부를 떠나지 않고 날로달로 선업을 쌓아가게 될 것이다."[손정윤, 『청풍월상시에 만상자연명』]

전법게송은 일원상의 진리를 압축한 일원상의 시이며 일원상의 노래이다. 그러므로 전법게송은 '일원상 게송'을 뜻한다. 그러므로 게송을 노래하는 것은 일원의 성품을 떠나지 않는 불리자성不離自性의 공부이다. 즉 동정 간에 성품을 떠나지 않는 동정간불리선動靜間不離禪이다.

선禪을 한다는 것은 '일원상 게송'을 동정 간에 떠나지 않는 마음공부이다. 그러니 육근이 무사할 때 잡념을 제거하고 일심을 양성하는 것이 '일원상 게송'에 안착하는 것이며, 육근이 유사할 때 불의를 제거하고 정의를 양성하는 것이 '일원상 게송'을 운영하는 것이다.

왜냐하면 잡념과 불의는 깨어있는 자성에 떠 있는 형상形相으로, 이 형상에 집착하면 깨어있는 자성이 어두워진다. '깨어있음'이 가리어 망각妄覺이 발생한다.

그러니 정할 때는 이러한 잡념을 성가시게 여기지 말고, 간과看過하여 다 놓아버리면 눈앞에 원만구족한 일원상 성품이 드러나 일심을 기르게 되며, 동할 때는 불의의 경계에 끌리고 안 끌리는 대중만 잡고 있으면 지공무사한 일원상 성품이 드러나 정의를 양성하게 된다.

그러므로 소태산 대종사는 칠판의 오른쪽에는 전법게송, 왼쪽에는 동정간불리선을 쓰도록 해서, 일원상 게송을 동정 간에 활용하는 무시선 공부를 하도록 한 것이다.

소태산 대종사는 법설을 마무리한다.

**"유와 무가 돌고 돌아 그 공이 되고 구족이 되는 이치를 깨치게 되면 우주의 주인이 되고, 걸리고 막힐 것이 하나도 없게 되며, 임은등등任運騰騰하고 등등임운하게 세상을 자유자재로 살아가게 된다."**[손정윤,『청풍월상시에 만상자연명』]

'일원상 게송'을 깨치면 우주의 주인이 되어 세상을 자유자재로 살아간다.

최초의『원불교 교헌』[원기33년 4월 26일]에 **"본교는 교조 소태산대종사로 위시하여 법계를 계산한다. 교조 이하는 인적 단전으로 하지 아니하고 연수로써 하되 매 대수를 36년으로 한다."**라고 제정되며, 6차 거정인 현재의『원불교 교헌』[원기109년 3월

18일]에 이르기까지 공동 전수의 뜻이 이어오고 있다.

"제6조(법계法系) ①법계法系는 소태산少太山 대종사大宗師로부터 비롯된다. ②법계法系는 인적단전人的單傳으로 하지 아니하고 매 36년을 1대로 하여 공동전수共同傳受한다."[6차개정 교헌]

법계法系는 소태산 대종사의 대각으로부터 비롯하며 36년을 1대로 하여 공동 전수한다는 뜻이다. 36년을 한 대로 삼아 3년마다 법위를 심사審査하여 보통급은 보통급만큼 특신급은 특신급만큼 법마상전급은 법마상전급만큼 법을 전수하고, 법강항마위는 법강항마위 법위대로 출가위는 출가위 법위대로 대각여래위는 대각여래 법위대로 법을 전수한다는 의미다.

법위 따라 그만큼 법을 공적公的으로 다 함께 다 같이 전수하자는 소태산 대종사의 깊은 의도요 의지이다.

# 유는 무로 무는 유로 돌고 돌아 지극하면

〈일원상 게송〉의 첫대목인 '유는 무로 무는 유로 돌고 돌아 지극하면'을 살펴보자.

소태산 대종사는 열반 2년 전인 원기26년(1941) 1월 28일(화) 오후 8시에 공회당 선방에서 전법게송을 발표하였다.

"유有는 무無로 무無는 유有로 돌고 돌아 지극至極하면 유와 무가 구공俱空이나 구공 역시 구족具足이라."

소태산의 전법게송은 일원상의 진리를 함축한 시詩이며, 일원상의 노래이다.
이 전법게송은 '일원상 게송'으로, 일원상의 진리를 유와 무, 구공과 구족이라는 암유暗喩의 메타포Metaphor로 표현하고 있다. 암유는 숨은 비유로 그 의도를 밝히면 실상이 드러나는 것이다. 사실 암유라 할 것도 없이 실상을 그대로 밝히고 있다.

소태산의 전법게송은 '일원상 게송'이라 제목 해야 타당할 것이다.
왜냐하면 이 게송은 「일원상」에 속해 있으며 '일원상의 내역'을 고스란히 담고 있기 때문이다. 이에 소태산 대종사가 열반한 해인 원기28년(1943) 12월에 발행한 『근행법』에 '일원상 게송'이라 명명하였다.
이 전법게송은 『원불교교전』 첫머리인 「교리도」 중앙 하단에도 배치되어 있으며, 『정전』 「일원상」 장의 마무리로 일원상의 핵심을 함축하여 종결짓고 있다.
이처럼 소태산의 전법게송은 「일원상」 장의 임팩트 있는 결론이요 귀결이다.

소태산 대종사는 전법게송을 발표하고 이를 해설하였다.
"유有는 변하는 자리요 무無는 불변하는 자리나, 유라고도 할 수 없고 무라고도 할 수 없는 자리가 이 자리며, 돌고 돈다, 지극하다 하였으나 이도 또한 가르치기 위하여 강연이 표현한 말에 불과하나니, 구공이다, 구족하다를 논할 여지가 어디 있으리오. 이 자리가 곧 성품의 진체眞體이니 사량思量으로 이 자리를 알아내려고 말고 관조觀照로써 이 자리를 깨쳐 얻으라."[『대종경』 성리품 31장]라고 당부하였다.

전법게송은 성품의 참모습을 밝힌 것이니 사량思量으로 알려 말고 관조觀照로 깨쳐야 한다. 사량은 '생각 사思' '헤아릴 량量'으로, 생각에서 생각으로 흘러 생각에 묶이는 것이다. 이에 생각이 일어나는 그 바탕인 텅 빈 각성覺性을 망각하고 다만 생각에만 갇혀 있는 것이다. 이에 비해 관조는 '볼 관觀' '비출 조照'로 생각에 끌려가지 않고 생각이 전개되는 그 바탕 없는 바탕을 꿰뚫어 직관함이다. 성품의 참모습[眞體]은 생각이 일어날 때 생각에 붙잡혀 생각에 갇히게 하는 그 사량을 내려놓으면 그 자리에서 두렷이 드러나는 텅 비었으면서 깨어있는 각성이다.

사량으로 알려 말고 관조로 깨치라는 소태산 대종사의 당부처럼, 생각이 일어날 때 그 생각에 생각을 더해 생각에 끌려다닐 것이 아니라, 그러한 생각의 본래 바탕, 바탕 없는 바탕을 꿰뚫어 보는 것이다.

생각하되 그 생각에 묶여서 생각의 바탕을 잃어버려서는 안 된다. 일어났다가 사라지는 생각을 돌이켜 직관하는 공부를 놓치지 말라는 것이다. 생각에서 생각으로 빠지면 마음의 실상은 까마득하게 잊게 되기 때문이다. 마음 바탕을 돌이켜보아 마음의 실상을 드러내어, 유와 무도 파악해야 한다. 성품의 진체인 일원상 자리는 사량 분별하는 진술 명제로는 표현할 수 없는 언어도단이다. 결국 성품의 진체에 그치어 통찰하는 체험이 있어야 한다. 계산하듯 따져서 이해할 대상이 아니라 마음의 눈으로 단번에 직관해야 할 경지이다.

게송의 유有는 변하는 자리로, 희로애락의 감정이 일어났다 사라지는 그러한 자리라면, 게송의 무無는 희로애락의 감정이 출몰하는 바탕으로, 감정의 실체가 본래 없으며 감정에 물들지 않는 자리이다. 마치 깊이를 알 수 없는 바다이면서 잔잔하다가도 풍랑이 격동하는 격이다. 한편으론 헤아릴 길이 없고 또 한편으론 변화무쌍한 풍광이요 사태이다.

이처럼 성품은 생각이나 감정에 물들지 않는 소소영령한 바탕으로 그 실체가 없는 무無 자리이면서 생각과 감정이 출몰 자재하는 유有 자리이다. 무無는 생각이나 감정의 바탕으로 무어라 한정할 수 없는 소소영령한 자리라면, 유有는 생각과 감정이 역력하게 나타나는 자리로, 변화의 유有는 불변의 무에 기반하고 불변의 무無는 변화의 유로 발현한다.

이러한 전법게송의 유와 무를 '일원상 서원문'의 유상과 무상으로 살펴보면 게송의 무無는 '일원상 서원문'의 유상으로 불변의 자리라면, 게송의 유有는 '일원상 서원문'의 무상으로 변하는 자리이다.

첫째, '유有는 무無로'
유有는 변하는 무상 자리로, 이 변하는 무상은 생멸 변화에 한정되고 규정되지 않는 변함없는 유상의 무無에 기반하고 있다. 성주괴공 생로병사 육도변화하는 무상의 무량세계를 전개하여도 그 자리는 본래 상주불멸常住不滅로 늘 그렇게 여여자연如如自然하여 변화하는 중 변함이 없는 유상의 무량세계에 근거하고 있다.

둘째, '무無는 유有로'
무無는 불변의 유상 자리로, 불변하는 유상 자리가 변하는 무상의 유有를 떠나지 않고 있다. 생멸이 없이 상주불멸하는 불변 자리에 바탕 하여 다함이 없이 변화하되, 진급과 은생어해도 선순환[선변善變]하기도 하고 강급과 해생어은으로 악순환[악변惡變]하기도 하여 한량없는 무량세계를 전개한다. 이처럼 생멸의 실체가 없는 불변의 자리에서 성주괴공으로 변하는 우주도 드러나고 생로병사로 변하는 만물도 나타나고 심신 작용을 따라 육도로 변하는 무량세계도 전개된다.

셋째, '돌고 돌아'는 유와 무가 서로 바탕을 두고 있는 둘이 아닌 관계이다.

유와 무가 따로따로의 둘이 아니라 본래 하나인데 두 모습으로 나타난다. 각기 별개의 유와 무가 서로 돌고 도는 게 아니라, 유와 무가 원래 하나로 원융무애圓融無碍하다. 원래 한자리를 유有로 보면 변하는 자리이고 무無로 보면 불변의 자리다.

'돌고 돌아'는 변하는 유有에도 변하지 않는 무無에도 집착하지 않는 경지이다.

불변하는 무無에 집착해도 불변한다는 형상에 붙들려 변하는 유有를 놓치며, 변화의 유有에 집착하면 또한 변한다는 형상에 붙들리어 불변의 무無에 어두워진다. 그러므로 생멸의 변화에 물들고 흔들릴 것이 없는 불변의 자리로써 보고 듣고 느끼고 말하고 웃고 울 때 변화에 자재하다.

넷째, 이처럼 유와 무가 돌고 돌아 지극至極하면,

즉 유는 무로, 무는 유로 돌고 돌아 지극한 경지에 이르면, 유와 무가 서로 무애자재無碍自在하여 하나로 관통한다. 불변의 무無에 바탕을 둔 변화이고, 변화의 유有를 통해서 불변이 자리하고 있다. 지극하다는 것은 유와 무가 돌고 돌아 서로 바탕으로 삼아 하나로 관통한 일원상 한자리다. 하나의 두 모습이다.

소태산의 대각 일성과 전법게송의 유와 무는 일원상을 일갈하고 있다.

소태산은 대각의 소식을 **"만유가 한 체성이요 만법이 한 근원이로다. 이 가운데 생멸 없는 도와 인과보응 되는 이치가 서로 바탕하여 한 두렷한 기틀을 지었도다."**[『대종경』 서품 1장]라고 외친다.

대각 일성의 생멸 없는 도가 게송의 무無라면, 인과보응 되는 이치는 게송의 유有이다. 즉 생멸 없는 불변의 무無와 인과보응되는 변하는 유有가 서로 바탕을 둔 한 두렷한 기틀을 짓는다. 생멸 없는 불변의 무無는 인과보응되는 변하는 유有로, 인과보응되는 변하는 유有는 생멸 없는 불변의 무無로 돌고 돌아 서로 바탕 삼고 있는 하나이다.

# 유와 무가 구공이나 구공 역시 구족이라

〈일원상 게송〉의 '유와 무가 구공이나 구공 역시 구족이라' 대목을 살펴보자.

'일원상 게송'은 "유는 무로 무는 유로 돌고 돌아 지극하면"으로 시작한다.
즉, 유는 무로 므는 유로 돌고 돌아 지극한 경지는 유와 무가 한자리라는 것이다. 유와 무가 서로 바탕 하여 한 두렷한 기틀을 짓는 일원상 한자리이다.

지극至極하다는 것은 궁극의 경지로,
유는 무로, 무는 유로 돌고 돌아 유는 무에 바탕하고 무는 유에 바탕을 두어 유와 무가 하나로 원융圓融하다는 뜻이다. 이러한 지극한 경지에 이르면 '유와 무가 구공俱空이나 구공 역시 구족具足이라'는 것이다.
유와 무가 다 공空[俱空]이면서 또한 유와 무를 다 갖추고[具足] 있는 자리이다.

먼저 '유와 무가 구공俱空이나'이다.
소태산 대종사는 "유有는 변하는 자리요 무無는 불변하는 자리나, 유라고도 할 수 없고 무라고도 할 수 없는 자리가 이 자리다"[『대종경』 성리품 31장]라고 명시한다. 유는 무로 무는 유로 돌고 돌아 지극하면 유와 무가 다 공空한 자리로, 유라고도 할 수 없고 무라고도 할 수 없는 것이다.

**마음을 살펴보겠습니다.**
**생각이 일어났다가 사라지는 생멸生滅이 어디에서 전개됩니까?**
**일어났다가 사라지는 생각의 기멸起滅을 지켜보면 생멸하는 그 가운데 생각의 출몰에 소소영령昭昭靈靈한 바탕이 자리 잡고 있습니다.**

생각이 출몰 변동하는 것을 유有라 한다면, 생각의 생멸 변화에 소소영령한 바탕을 불변의 무無라 합니다. 생각이 일어났다가 사라지는 유有는 생멸 변화에 변함이 없는 소소영령한 무無에 바탕하고, 생각의 바탕인 무無는 생각이 출몰하는 유有에 자리합니다.

이러한 변하는 유有와 불변하는 무無가 돌고 돌아 지극하며 궁극적으로 유有라고도 할 수 없고 무無라고도 할 수 없는 것이다. 이 자리는 유有라고 하면 무無이고 무無라고 하면 유有로써, 이렇게 돌고 도는 지극한 경지는 유有라는 분별도 무無라는 분별도 붙을 수 없는 공空한 자리이다.

이처럼 불변하는 무無는 무라 할 것이 없고, 변하는 유有도 유라 할 것이 없으므로, 유도 무도 다 공空한 공상空相이다. 이 공空한 자리는 유와 무를 초월하여 무無에도 국집되지 않고 유有에도 국한되지 않는 자리이다. 즉 구공俱空의 공空은 변하는 유라 할 것도 없고 불변하는 무라 할 것도 없는 공空한 자리이다.

이어서 '구공俱空 역시 구족具足이라'이다.

유有라고 한정할 수도 없고 무無라고도 규정할 수 없는, 즉 유와 무라는 분별로 규정할 수 없는 공空 자리에서 능히 불변하는 무無로 또는 능히 변하는 유有로 전개되어, 유와 무가 구족具足한 자리다. 그리하여 불변하는 무無에 기반하여 변하는 유有가 펼쳐지고, 변하는 유有에 불변하는 무無가 자리한다. 그러므로 유有는 무에 바탕 하고 무無는 유에 기반을 둔 한자리다. 즉 변하는 유는 불변하는 무에 바탕 하는 유이고, 불변하는 무는 변하는 유로 나타나는 무이다.

결국, 유라고도 할 수 없고 무라고도 할 수 없는 자리이면서 또한 능히 불변하는 자리인 무無이며 변하는 자리인 유有이다. 이처럼 유와 무가 구공俱空하기에 유와 무가 구족具足한 것으로, 구공하기에 구족하며 구공한 가운데 구족하다. 유와 무가 구공한 가운데 유의 변하는 이치와 무의 불변하는 이치가 원융무애圓融無碍하게 구족해 있다.

'일원상 게송'은 변하는 유有라 할 것도 없고 불변의 무無라 할 것도 없는 유와 무가 다 공空한 구공俱空한 자리이면서, 또한 능이성 유상하여 불변하고 능이성 무상하여 변화자재하는 유와 무를 다 갖춘 구족具足한 자리이다.

즉, 유有와 무無는 유有이면 무이고 무無이면 유로써, 유有라고도 할 수 없고 무無라고도 할 수 없으면서, 능히 유有하고 능히 무無한 자리이다.

'일원상 게송'은
변하는 유有로써 두렷이 유이고 불변하는 무無로써 분명 무이나,
변하는 유有라 한 즉 어느새 불변하는 무無에 바탕하고,
불변하는 무無라 한 즉 어느새 변하는 유有로 드러나며,
유有라고도 할 수 없고 무無라고도 할 수 없는 자리이면서,
능히 유有하고 능히 무無한 자리이다.
'일원상 게송'은 유有와 무無가 서로 바탕 삼아 한 두렷한 기틀을 짓고 있는 일원상의 노래이다.

소태산 대종사는 유의할 점을 당부하였다.

**"유有는 변하는 자리요 무無는 불변하는 자리나, 유라고도 할 수 없고 무라고도 할 수 없는 자리가 이 자리며, 돌고 돈다, 지극하다 하였으나 이도 또한 가르치기 위하여 강연이 표현한 말에 불과하나니, 구공이다, 구족하다를 논할 여지가 어디 있으리오."** [『대종경』 성리품 31장]

유라고도 할 수 없고 무라고도 할 수 없는 성품의 참모습을 비추어보면 이 자리가 돌고 돌아 지극하여 구공이면서 구족인 줄 직면할 수 있는데 사량思量으로 생각에 생각을 덧칠하면 성품의 실제는 멀어지고 개념에 집착하게 된다는 주의다. 유의할 사항이다.

## 🔍 더보기

### 일원상의 노래, 게송

『정전』의 게송은 〈일원상 게송〉이다. 왜냐하면 일원상의 진리가 고스란히 담겨있기 때문이다.

소태산 대종사는 "유有는 무無로 무는 유로 돌고 돌아 지극至極하면 유와 무가 구공俱空이나 구공 역시 구족具足이라"는 전법게송을 모두에게 공개적으로 전하였다. 공전[公傳·共傳]은 법의 민주화로, 일원상은 모두의 것이므로 깨치면 누구나 다 법의 주인공이라는 선언이다.

소태산은 "유有는 변하는 자리요 무無는 불변하는 자리나, 유라고도 할 수 없고 무라고도 할 수 없는 자리"라 부연하며 "이 자리가 곧 성품의 진체眞體이니 사량思量으로 이 자리를 알아내려 말고 관조觀照로써 이 자리를 깨쳐 얻으라."[『대종경』성리품 31장]고 당부한다.

사량은 일어나는 생각에 붙잡히어 본래 텅 비어 깨어있는 생각의 바탕 자리를 망각하고 다만 이러한 생각에 빠져 생각을 생각으로 궁굴려 헤아리는 것이라면, 관조는 경계를 따라 생각이 일어날 때 생각이 드러나는 바탕인 '텅 빈 각성'을 돌이켜 비춰보는 것이다.

관조는 지금 차車 소리를 듣는 자리를 돌이켜 직시하는 것이다. 차 소리도 생겨났다 사라지는 생주이멸生住異滅 한다. 이때 차 소리가 들렸다가 사라지는 현상이 펼쳐지는 마음 바탕을 돌이켜 비춰보면 텅 비어 고요하면서 신령하게 깨어있는 자리이다. 이 자리에서 소리가 들렸다가 없어지고 없다가 또 있는 것이다. 차 소리를 듣고 있는 텅 빈 각성의 무無 자리에서 차 소리가 들렸다가 사라지는 유有 자리가 관통해 있다. 불변하는 무無 자리와 변하는 유有 자리가 서로 바탕으로 삼아 하나로 녹아 있다.

불변하는 무無 자리와 변하는 유有 자리가 돌고 돌아 지극하면 불변하는 무 자리가 즉 변하는 유 자리이며, 변하는 유 자리가 즉 불변하는 무 자리이다. 변하는 유는 불변하는 무에 바탕을 하는 유이고, 불변하는 무는 변하는 유로 나타나는 무이다.

지금 차 소리를 듣고 있는 마음 당처를 직시하면 변하는 유라고도 할 수 없고 불변하는 무라고도 할 수 없는, 즉 유와 무로 규정할 수 없는 구공俱空한 자리이면서 또한 변하는 유와 불변하는 무를 다 갖춘 유와 무가 구족具足한 자리로, 능히 불변하는 무無 자리이면서 능히 변하는 유有 자리이다. 능이성유상能以成有常으로 보면 불생불멸하고, 능이성무상能以成無常으로 보면 인과보응으로, 유와 무가 서로 바탕을 두고 원융하게 녹아 있다.

| 구공<br>俱空 | = | 유<br>↓ ↑<br>무 | = | 구족<br>具足 |

하나로 두렷한 실상인 일원상은 변하는 유有로 확연히 유하고 불변하는 무無로 두렷이 무하나, 변하는 유라 하면 어느새 불변하는 무이고, 불변하는 무라 하면 어느새 변하는 유로써, 유라고도 할 수 없고 무라고도 할 수 없는 구공俱空이면서, 또한 능히 유有한 중에 무하고 능히 무無한 중에 유하여 유와 무가 구족具足한 자리이다.

구공은 유와 무 일체를 부정하는 자리라면, 구족은 유와 무 일체를 긍정하는 자리로서, 유라고도 무라고도 규정할 수 없으면서 유이면서 무라 할 수 있는 자리이다.

'일원상 게송'은 유와 무가 한자리로 원융圓融하며, 능이성 유상하고 능이성 무상한 일원상 내역[일원상 서원문]의 집약으로, 일원상의 노래다.

# 제2부
# 일원상 적공

# 1. 일원상과 교법

# 사은·사요 삼학·팔조와 일원상

## 1. 공空으로 은恩을 전개하다

소태산 대종사의 대각 경지인 일원상에는 공空이 배어 있다. 그런데 이러한 공空을 은恩으로 전개한 것이 소태산의 대각 특징이다.

소태산은 공空의 경지에서 은恩을 전개한다. 무엇이라 규정할 수 없고 무엇에도 걸림이 없는 공空 자리를 체득하여 우주만유를 은恩으로 펼친다. **우주만유를 천지, 부모, 동포, 법률의 4겹[重]으로 겹쳐진 은혜, 즉 사은四恩이요 사중은四重恩으로 밝힌다.**

소태산은 『정전』〈일원상의 진리〉절에서 '진공묘유의 조화는 우주만유를 통하여 무시광겁에 은현자재하는 것이 곧 일원상의 진리니라.'라고 명시한다. 우주만유가 바로 천지·부모·동포·법률이다. 진공묘유의 조화가 우주만유인 천지·부모·동포·법률의 사은을 통하여 은현자재하는 것이 일원상의 진리이다.

공적영지空寂靈知의 일원상 안목으로 보면 사은은 '도道의 은혜'이다. 사은의 도에 따라 전개되는 덕이 사은이다.

먼저, 공空의 경지에서 은恩이 전개되는 실제를 사은 중 부모은을 통해서 살펴보자.

일반적으로는 부모의 은혜를 떠올리면 바로 효孝를 연상한다. 부모에게 효도하는 것이 부모은이라고 한정하기 쉽다. 그러나 소태산은 이 몸을 태어나게 해주고 무자력할 때 길러주고 또한 사람으로서 밟아가야 할 인도의 대의를 가르쳐주는 작용이 사은의 '부모은父母恩'이라고 정의한다.[『정전』, '부모 피은의 강령' 축약 정리]

이를 공부심工夫心으로 살펴보면 무자력한 상황일 때 살려내 주고 길러주고 가르쳐 주는 인연 작용이 부모은이다.

즉 '친불친이나 원근친소에 국한되지 않는 공空한 일원상의 마음'으로 보면 자력이 미약하거나 부족하거나 고갈된 상황에 처해 있을 때, 또는 좌절에 빠져 있을 때나 곤경에 처해 있을 때 새롭게 거듭 태어나도록 힘을 주거나 그 무자력한 상황을 딛고 일어나도록 용기를 부여하여 자력을 길러내 주고 인생의 돌파구를 찾을 수 있도록 인생의 가르침과 자극을 주는 모든 순역의 인연 작용이 다 부모의 역할로서 부모은이다.

만나는 인연 속에서 새롭게 거듭나도록 하고 또는 성장시키고 인생길을 가르쳐주는 선악의 자극이 세상의 부모 역할로 드러난다. 진정한 부모 보은은 이와 같이 무자력할 때 은혜 입은 도道를 보아서 무자력한 사람에게 보호를 준다.[『정전』 '부모 보은의 강령' 정리]

이처럼 부모은은 거듭나게 해주고, 길러주고, 가르쳐주는 도로써, 미래 문명은 부모 역할을 외면하고는 사람의 길을 밟아가기 어려운 것이다. 그러므로 부모은의 실행 여부가 물질개벽 시대에 인간 문명의 척도가 될 것이다.

혈육의 부모만이 자신을 길러주는 건 아니다. 깨어있는 일원상의 공부심으로 보면 친부모뿐만 아니라 살려내고 거듭나게 하고 길러주고 자극을 주어 가르쳐주는 순역 경계와 선악의 인연이 부모은으로 드러나는 것이다. 정산 종사는 〈원각가〉에서 이를 '세계부모'라고 정의한다.

**소태산 대종사는 당신의 구도 과정에서 체득한 결과로서 우주만유를 네 겹[重]의 범주로 나누어 사은을 제시해 주셨다. 이처럼 사은은 네 가지 분류가 아니라 한자리[일원상]를 네 겹[重]의 범주로 밝혀준 사중은四重恩의 진리이다.**

이어서 공空의 경지에서 은恩이 전개되는 실제를 사은 중 법률은을 통해서 살펴보자. '선악이 공空한 공부심'으로 보면 선은 행하고 악은 개선해 가라는 은혜의 가르침으로 화하게 된다. 선악에 끌려가지 않고 선악에 깨어있는 마음에 정착하면 선은 선대로 악은 악대로 각성을 주는 공부의 계기를 주는 인연으로 삼는 공부심의 상태다. 그러니까 선은 더욱 키우고 연대하면서 악은 해소해 가며 악에 대해 함께 개선해 가는 공부이다. 이러한 선악이 공한 마음이 법률은의 배경이다. 이 마음으로 법률을 운전해 가는 것이다.

사은의 법률은法律恩은 소태산의 고유한 가르침이다. 사은의 법률은 '인도人道 정의正義의 공정한 법칙'[『정전』 법률 피은의 강령]이라고 소태산은 정의한다. 인도 정의의 공정한 법칙인 사은의 법률은 성자聖者의 가르침을 비롯하여 사람이 살아가는 데 있어서 정의롭고 공정한 방향으로 향하게 하라는 문명의 길이다.

사은의 법률은 선악이 뒤섞여 있는 인간의 삶에서 덜 나빠지고 좀 더 좋은 방향으로 나아가도록 하는 인간의 지혜요 의지의 방향성이다. '선악이 공空한 마음'에 근원한 공부심으로 보면 인간의 역사에 부정적인 사건과 억압이 적지 않지만 이러한 인간 제도의 관습과 도덕과 규범의 사회체제 속에서 더 나아지도록 하는 인간 문명의 지혜요 의지가 바로 사은의 법률이다.

서로 행복하게 살 수 있도록 하는 안녕질서의 법률은이 개인 가정 사회 국가 세계에 미치도록 하는 것이다. 인류문명의 제도가 좀 더 좋게 향상되도록 하는 방향성인 법률은이 없고서는 인류의 미래는 길을 잃고 방황하는 꼴이 될 것이다.

사은의 법률은 인도 정의의 공정한 법칙으로 나아가도록 하는 문명의 방향성이다. '선악 이해利害가 공空한 일원상'의 공부심으로 좀 더 좋아지는 방향으로 나아가게 하는 문명과 문화를 열어가는 길이다. 정치가 인간의 삶을 좀 더 나은 길로 가도록 하고, 종교가 인간의 삶을 좀 더 평온한 길에 들도록 돕는 인간 문명의 일반의지다.

법률은 한편으로 좋은 도구이면서 다른 한편으로 위험한 기구로써 이 법률로 문명을 향도시켜 가는 것이 정신개벽의 하나이다. 소태산은 인도 정의의 공정한 법칙인 법률의 도에 합당하면 그에 순응하고 만일 법률의 도에 어긋난 사회제도나 법규라면 순응치 말라는 것이다. 그리하여 법률의 도에 따라 좀 더 나은 방향으로 개선해 가라고 한다.[『정전』 '법률 보은의 강령' 정리]

사은의 법률에 순응順應하라는 것은 인도 정의의 공정한 법칙을 따르라는 것이지 불의에 복종하라는 게 아니다. 악법에 순응하면 사은의 법률에 배은하는 것으로, 악법은 개선하는 것이 법률은에 보은하는 것이다.

## 2. 일원상과 사은

일원상의 경지는 공空 자리에 근원하여 선악 분별을 역력히 드러낸다. 소태산은 이렇게 공空한 자리에서 선악 고락을 은혜의 작용으로 밝혀준다. 일원상의 공空한 안목으로 보면 우주만유의 온갖 현상과 작용이 은혜의 천지, 은혜의 세상으로 화化한다.

길흉吉凶이 없는 공空한 안목으로 보면 우주만유가 천지은으로 드러나며,

원근친소遠近親疏가 없는 공空한 안목으로 보면 우주만유가 부모은으로 드러나며,

이해利害가 없는 공空한 안목으로 보면 우주만유가 동포은으로 드러나며,

선악善惡이 없는 공空한 안목으로 보면 우주만유가 법률은으로 드러난다.

공空한 일원상 안목으로 사은을 발견하여 구현해 나가는 것이 미래 문명의 길이요 소태산의 메시지다. 이처럼 물질개벽이 진척될수록 천지은의 가치와 부모은의 가치, 동포은의 가치, 법률은의 가치가 절실하게 요청된다.

## 3. 일원상과 사요

자력양성自力養成, 지자본위智者本位, 타자녀교육他子女敎育, 공도자숭배公道者崇拜의 사요도 공空한 자리에 따라 전개된다. 공空하기에 공公한 것이다. 대공심大空心이니 대공심大公心이다. 자타의 국한이 트여 있는 일원상 안목으로 보면 이 세상은 처음부터 서로 연결되어 있고 서로 함께 있고 서로 곁에 있다. 세상이 원래 함께 연결되어 있기 때문에 연대할 수 있고 교감할 수도 있다.

남녀의 차별이 공空한 자리에 근거하여 남녀권리동일을 행하는 것이다.

의존하여 짝할 것이 없는 자리에 근원하여 어떤 조건이나 환경에 기생하거나 의지하지 않는 자력을 양성하는 것이다. 이러한 자력의 바탕 위에서 무자력자를 보호하자는 것이다. 자력과 공도·공익은 상호 의지하고 있다. 자력이 있어야 힘 미치는 대로 공도에 기여할 수 있고 공익사회가 되어야 자력을 기르기가 용이하다.

또한 고하高下의 차별이 공空한 자리에 근원하여 지위나 조건에 구애되지 말고 지자智者에게 배움을 구하라는 것이다. 즉 사람을 근본적으로 차별하여 대하지 말고 구하는 때에 그 상황의 지자를 발견하여 배우는 지자본위를 행하는 것이다.

또한 자타의 국한이 공空한 자리에 기반하여 내 자녀뿐만 아니라 모든 후진을 두루 교육하는 타자녀교육을 하자는 것이다.

또한 사사私邪가 공空한 자리에 근거하여 공도 정신으로 공도를 위하여 활동하며, 자타가 둘이 아닌 자리이타의 공변된 자리에 근거해서 공도에 헌신하는 것이다.

사요는 대공심大空心의 안목에 따라 전개하는 대공심大公心의 일원상이다.

### 4. 일원상과 삼학

삼학도 공空한 자리에 바탕을 둔 공부이다. 공空 하기에 힘을 발휘할 수 있다.

흔들릴 것이 본래 없는 공空한 성품에 따라 동정 간에 정신을 수양하고, 어두울 것이 본래 없는 공空한 성품에 따라 매사에 사리를 연구하고, 그를 것이 본래 없는 공空한 성품에 따라 경계 간에 작업을 취사하는 것이다. 공空 하기에 수양력·연구력·취사력을 나툴 수 있다. 이 경지가 일원상 공부이다.

즉 원래 요란할 것이 없는 성품에 근원한 정신수양으로 수양력을 나투고, 원래 어리석을 것이 없는 성품에 바탕한 사리연구로 연구력을 나투고, 원래 그름이 없는 성품에 기반한 작업취사로 취사력을 나투어 마음의 자유를 얻는 수행이다.

이처럼 소태산의 교법인 사사삼팔4438은 공空한 자리에 따라 은恩으로 공公으로 펼쳐진다. 공空이기에 분별이 역력하게 드러나는 일원상의 경지에 근원하여 은恩도 펼쳐지고 공公도 전개된다. 또한 요란함에 물들 것이 없고, 어리석음에 가릴 것이 없고, 그름에 매몰되지 않는 공空한 경지에 근거하여 정신수양·사리연구·작업취사를 발현하는 일원상 공부로 수양력·연구력·취사력의 삼대력三大力을 양성한다.

### 5. 팔조와 일원상

소태산은 차별과 간격을 초월한 큰 우주의 본가인 일원상에 들어가기 위해서는 수양력·연구력·취사력의 삼대력의 열쇠가 있어야 그 문을 열고 들어갈 수 있으며, 이 열쇠는 신·분·의·성으로 만들 수 있다고 가르쳐 주었다.

**대종사 하루는 조송광과 전음광을 데리시고 교외 남중리에 산책하시는데 길가의 큰 소나무 몇 주가 심히 아름다운지라 송광이 말하기를 "참으로 아름다워라, 이 솔이여! 우리 교당으로 옮기었으면 좋겠도다." 하거늘 대종사 들으시고 말씀하시기를 "그대는 어찌 좁은 생각과 작은 자리를 뛰어나지 못하였는가. 교당이 이 노송을 떠나지 아니하고 이 노송이 교당을 떠나지 아니하여 노송과 교당이 모두 우리 울안에 있거늘 기어이 옮겨놓고 보아야만 할 것이 무엇이리오. 그것은 그대가 아직 차**

별과 간격을 초월하여 큰 우주의 본가를 발견하지 못한 연고니라." 송광이 여쭙기를 "큰 우주의 본가는 어떠한 곳이오니까." 대종사 말씀하시기를 "그대가 지금 보아도 알지 못하므로 내 이제 그 형상을 가정하여 보이리라." 하시고, 땅에 일원상을 그려 보이시며 말씀하시기를 "이것이 곧 큰 우주의 본가이니 이 가운데에는 무궁한 묘리와 무궁한 보물과 무궁한 조화가 하나도 빠짐없이 갖추어 있느니라." 음광이 여쭙기를 "어찌하면 그 집에 찾아 들어 그 집의 주인이 되겠나이까." 대종사 말씀하시기를 "삼대력의 열쇠를 얻어야 들어갈 것이요, 그 열쇠는 신·분·의·성으로써 조성하느니라."[『대종경』 불지품 20장]

정신수양·사리연구·작업취사의 삼학으로 삼대력을 얻으면 이 삼대력의 열쇠로 일원상의 문을 열 수 있다. 일원상의 문을 여는 삼대력의 열쇠는 신·분·의·성의 진행 사조로 조성된다.
이처럼 팔조 중 신·분·의·성의 진행 사조는 일원상과 연동되어 있다.

일원상은 사은·사요 삼학·팔조와 서로 통해 있다. 일원상은 사은·사요 삼학·팔조로 발현되고, 사은·사요 삼학·팔조는 일원상에 기반해 있다. 일원상을 체받는 공부는 사은·사요 삼학·팔조로 전개하며, 사은·사요 삼학·팔조는 일원상에 근원해 있는 공부이다.

**일원상에 근원한 사은·사요와 삼학·팔조는 정신개벽의 실현 방법으로 정신개벽의 교법이다.**
물질개벽이 심화되어 가는 미래시대일수록 일원상에 근원하는 사은·사요와 삼학·팔조 공부가 더욱 요청된다. 이 공부가 정신개벽의 실제이기 때문이다.

# 의두요목과 일원상

『정전』 「의두요목」을 연마하는 방식에는 논리적으로 분석하는 방법과 논리에 연연하지 않는 방법이 있다.

예를 들어 「의두요목」 1조인 "세존世尊이 도솔천을 떠나지 아니하시고 이미 왕궁가에 내리시며, 모태 중에서 중생제도하기를 마치셨다 하니 그것이 무슨 뜻인가?"를 연마하는 방식에 논리적으로 탐구하는 방법과 논리에 무관한 방식이 있다.

먼저 도솔천과 왕궁가는 무엇을 뜻하며, 도솔천을 떠나지 아니하고 이미 왕궁가에 내렸다는 것이 무슨 뜻인지, 모태 중에서 중생제도를 마쳤다는 것은 무슨 의미인지 생각을 굴리어 마탁磨琢하여, 이를 우리의 삶에 타당하고 이치에 맞도록 사리를 밝게 분석하는 것이다. 논리적이고 이해할 수 있는 설명을 동원하는 것이다.

이에 비해 논리나 개념의 방법에 한정하지 않는 방식을 취할 수 있다. 개념적 논리는 이해에 도움은 되어도 그 자체가 마음의 실지를 전면적으로 드러낼 수는 없는 것이다. 도솔천을 떠나지 아니하고 이미 왕궁가에 내렸다 또는 모태 중에서 중생제도를 마쳤다는 의미를 파악하는 논구論究를 설사 잘 파악하지 못했다고 해도 큰 상관은 없다. 그 개념을 잘 몰라도 괜찮은 것이다.

왜냐하면 이 의두는 알 듯하다가도 모르는 그 마음 자체에 대한 탐구이기 때문이다. 의두는 이렇게 알 듯 모를 듯이 하는 마음 자체에 직면하는 게 핵심이다.

그러기 위해서는 눈앞에 펼쳐지는 알 듯 모를 듯이 하는 생각이나 개념을 탈락시키는 것이 지름길이다. 눈앞에 전개되는 마음의 모습과 영상은 언어명상言語名相의 경계이니, 이에 끌리어 붙들리지 말고, 단번에 내려놓는 것이다. 마치 눈앞의 등불을 끄면 그 배경이 드러나는 격으로, 방안의 불빛이 꺼지니 밤하늘의 초롱초롱한 별이 환히 드러나는 것과 같다.

세존이니 도솔천이니 왕궁가니 하는 개념도 도솔천을 떠나지 아니하고 이미 왕궁가에 내렸다 또는 모태 중에서 중생제도를 다 마쳤다는 논리의 흐름도 모두 마음의 모양心相으로, 그 배경에서 항상 흐르고 있는 청정한 광명을 가로막는 분별 집착일 뿐이다. 그러니 눈앞에 펼쳐지는 모양에만 향하는 그 의식을 내려놓으면 도솔천이니 왕궁가니 하는 일체의 현상을 두렷이 밝히고 있는 그 자리가 드러난다. 하물며 모태 니, 중생제도니 따질 필요도 없는 것이다. 즉 눈앞에 펼쳐져 있는 현상을 내려놓고 그 배경에서 역력히 비추고 있는 자리를 직관하는 것이다. 그러면 도솔천인 줄 아는 그 자리, 왕궁가인 줄 훤한 그 자리가 항상 그렇게 배경으로 흐르고 있다. 눈앞의 모양에만 붙들려 있는 그 집착만 내려놓으면 두렷하게 비추고 있는 그 역력한 배경이 분명해진다. 그 자리를 돌이켜서 관조하라는 것이다.

저 하늘에 구름이 일고 천둥이 치고 비바람이 몰아치더라도 허공은 항상 그러하듯이, 본디 그대로 그러한 텅 빈 자리다. 지금 당장 경계를 따라 있어지는 그 분별 집착의 형상만 내려놓으면 본래 텅 빈 그 자리가 항상 그렇게 있다.

「의두요목」 3조 "세존이 영산회상에서 꽃을 들어 대중에게 보이시니 대중이 다 묵연하되 오직 가섭존자만이 얼굴에 미소를 띠거늘, 세존이 이르시되 내게 있는 정법안장正法眼藏을 마하가섭에게 부치노라 하셨다 하니 그것이 무슨 뜻인가?"에서 염화시중拈花示衆의 연꽃도 눈앞의 명상名相이다.

이 모양에 붙잡혀 있으면 그 배경으로 있는 정법안장은 묘연해진다. 그러니 '가섭존자만이 미소를 띠었다.' '정법안장을 마하가섭에게 부치노라.' 등도 다 마음에 떠다니는 형상으로, 이에 걸려 분별 주착 하면 무슨 수를 써도 소용없게 된다.

물건과 배경의 관계에서 물건에 집착하는 의식을 내려놓으면 그 배경이 드러나는 격이다. 그 배경을 알게 되면 물건도 배경의 다른 모습으로 찬란히 다시 등장하게 된다. 배경은 고착된 실체가 아니라 텅 비어 무어라 할 것도 없는 경지에 이르게 된다. 배경이랄 것이 없는 배경이다.

이 자리는 마음을 발견하되 발견할 마음이 없고, 마음을 쓰되 마음이랄 것도 없고, 마음을 밝히되 밝힐 것이 없는 경지이다.

# 반조와 일원상

소태산 대종사는 의심에 몰입하여 25세 무렵에는 "이 일을 장차 어찌할꼬?"라는 마음마저도 잊는 입정돈망入定頓忘 상태에 들게 된다. 오직 '의심'뿐으로 의심 이외의 다른 사념이 끼어들 여지가 없는 상태에 들었고 더 나아가서는 그 의심마저도 다 놓아버리어 어떠한 흔적도 찾아볼 수 없는 입정 상태에 든다. 이 입정돈망은 마치 허공에 구름이 아무리 끼어도 허공 자체에 들면 일어났다 사라지는 구름에 영향을 받지 않는 것과 같다 할 것이다.

생각은 뜬구름처럼 일어났다 사라진다. 지금 있다가도 다른 생각으로 바뀌고 어떠한 의지로 나아가려 하고 이를 가치 판단하고 평가한다. 이러한 생각들의 흐름을 당장 멈추고 그 생각의 방향을 돌이켜 비춰보는 그 자리는 생각에 물들지 않는, 한 생각이 일어나기 전 분별 이전 경지이다.

이와 같이 생각이나 감정이나 의지가 일어날 때 이를 알아차리는 그 자체를 직면하든지, 또는 궁금해하는 의심 당체를 관조觀照하는 것이다. 즉 마음의 방향을 뒤집어 마음의 근원[自性]을 반조하는 공부이다.

지금 보고 듣고 말하고 생각하는 그 마음을 돌이켜 관하는 것이다. 예를 들어 짜증이 나면 짜증 내는 마음 자체에 돌이키어 통찰하는 것이다. 즉 짜증이 나면 그렇게 짜증인 줄 아는 마음을 돌이켜 보면 그 자리는 짜증이 붙을 수 없으면서[寂寂] 짜증 그대로 드러나는 상태다.[惺惺]

달리 말해 외경에 끌리는 눈앞의 형상形相인 언어명상만 내려놓으면 원래 항상 흐르고 있는 그 깨어있는 자리가 드러난다. 마치 창공에 태양이 있듯이 구름에 가리지만 않으면 태양은 빛나고 있는 것과 같다.

『정전』「의두요목」 중 "세존이 탄생하사 천상천하에 유아독존(唯我獨尊)이라 하셨다 하니 그것이 무슨 뜻인가?" "세존이 열반涅槃에 드실 때에 내가 녹야원鹿野苑으로부터 발제하跋提河에 이르기까지 이 중간에 일찍이 한 법도 설한 바가 없노라 하셨다 하니, 그것이 무슨 뜻인가?" "만법으로 더불어 짝하지 않는 것이, 그 무엇인가?" "만법을 통하여다가 한 마음을 밝히라 하였으니, 그것이 무슨 뜻인가?" 등 '그것이 무슨 뜻인가?' '그 무엇인가?'라는 물음에 집중하여 그렇게 궁금해하는 의심 자체에 돌이키어 직관하는 것이다.

모르는 것을 발견하여 알고자 하는 '그 무엇인가?'라는 물음에 몰입하고 있는 '의심-일념'에는 의심에 대한 궁금함은 생생한데[惺惺] 그 의심 외에 생각과 잡념이 붙을 수 없는 자리[寂寂]이다. 이 자리가 바로 일원상의 경지이다.

또 다른 일례로 소태산의 무비송無非頌에 집주集注하여 그 집주하는 마음 자체에 들면 일원상 자리에 그치게 된다.

"변산구곡로邊山九曲路 석립청수성石立聽水聲 무무역무무無無亦無無 비비역비비非非亦非非"의 '무無'에 돌입하거나 또는 '비非'에 직입하는 것이다.

'없다' '없다'의 '무'에 오롯이 그치고 '없고 없다'는 '무'에 직입直入하면 일체의 잡념이 툭 끊어지고 '무'만 확연한 '텅 빈 각성'이 드러난다.

또한 '아니다' '아니다'에 집주하여 '아니고 아니다'라는 비非에 그치면 '기다 아니다'의 분별이 다 탈락한 '비非'인 줄 아는 신령한 마음이 환해진다.

이와 같이 집주하여 반조返照하면 일념一念 바깥도 없고 그 안도 없게 되는[外不放入 內不放出] 일원상 경지에 들게 된다.

이처럼 알고자 하는 의심이나 집중하는 마음 등을 직시하여, 밖으로 향하고 외경에 묶이는 마음의 방향을 뒤집어 마음 그 자체를 비추는 공부를 일명 '반조선返照禪'이라 한다.

반조하면 적적성성寂寂惺惺한 텅 빈 각성이 피어난다. 이처럼 의심이나 의두의 역할은 원래 마음인 일원상을 자각하도록 하는 것이다.

# 고락과 일원상

소태산 대종사는 "무릇, 큰 공부는 먼저 자성自性의 원리를 연구하여 원래 착着이 없는 그 자리를 알고 실생활에 나아가서는 착이 없는 행行을 하는 것이니, 이 길을 잡은 사람은 가히 날을 기약하고 큰 실력을 얻으리라."[『대종경』 수행품 9장]라고 명시한다.

원래 착着 없는 그 자리를 알아내어 실생활에 나아가서는 착 없는 행行을 하라는 것이다.

현실은 고락 경계이다. 고락으로 파도치는 세상이다. 소태산의 가르침에 따르면 착着 없는 일원상 성품 자리를 자각하여 고락에 집착하지 않는 생활을 하라는 것이다. 즉 분별 주착이 본래 없는 일원상 안목으로 고락苦樂이 출렁이는 현실에서 고락에 끌려다니지 않고 고락을 잘 운영하는 삶이다.

설사 고락에 휘말리는 상황에 당면할지라도 원래 분별 주착이 없는 일원상 성품을 챙겨서 고락을 공부의 대상으로 삼아 고락에 좌절하지 않고 고락을 가꾸는 생활이다.

즉 고락의 경계 속에서 고苦에 매몰되지 않고 낙樂에 흥청거리지도 않은 채 고락을 정당하게 운용하는 작업취사다. 정당한 고락은 수용하고 부정당한 고락은 제거해 가는 실행이다.

일반적으로 고락을 초월하면 천국 또는 극락에 태어난다고 여긴다. 범부 중생은 고락 세상에서 벗어나 고락이 사라지어 고락이 영원히 멸한 세계에 태어나기를 갈망한다. 어찌 보면 고는 없어지고 낙만 있는 천국이나 극락을 염원하는 마음이 범부 중생의 바람일 것이다.

그런데 소태산 대종사는 극락이란 다른 곳이 아니라 고락이 출몰하는 이 세상에서 고락을 떠나지 않는 가운데 고락을 초월한 마음자리[『대종경』 성리품 3장]에 그치는 것이라고 명시한다.

소태산이 제시하는 극락은 고락에 물들지 않는 일원상 마음에 기반을 둔다. 고락 초월의 마음을 챙기는 만큼 고락을 해결하고 운영해 갈 수 있다. 즉 고락 초월의 일원상 공부로 고락 경계를 해결해 가기를 서원하고 적공해 가는 것이다.

고락을 초월하는 일원상 마음공부로 '정당한 고'에 당면하면 아무리 고통스러워도 그 고에 좌절하지 않고 이를 감내하며, '부정당한 낙'에 대면하면 아무리 달콤할지라도 그러한 향락에 빠지지 않는 것이다. 또한 '부정당한 고'는 용맹 있게 제거하고 '정당한 낙'일지라도 넘치지 않게 잘 수용하는 실천이다.[『정전』 '고락에 대한 법문']

세상은 고가 없는 게 아니므로 고에 매몰되지 말라는 것이며, 낙이 영원한 게 아니기에 낙에 사로잡히지 말고, 이를 잘 사용하라는 것이다.

보통은 고락을 초월하면 고락이 상반相半하고 고락이 반복되는 이 현실에서 벗어나 어떤 이상세계에 태어난다고 믿는다. 그러므로 현실에 관심 두는 것은 부차적인 것이며 현실 문제에 참여하는 것도 무의미하다고 여기기 쉽다.

그러나 소태산 대종사는 고락을 초월하면 도리어 고락이 역력하게 드러난다고 밝혀주신다. 즉 고락을 초월한 자리는 고락에 물들지 않으면서 고락을 선명하게 드러내는 지혜이다. 그러므로 고락이 출렁이는 현실에서 고락 초월의 마음으로 고락에 매몰되지 않고 고락을 잘 운영해 가는 것이다. 이러한 고락관이 소태산의 대각이요 은혜세상이다.

# 인간과 일원상

### 1. 최령한 사람과 일원상

소태산은 인간을 '최령한 사람'이라고 정의한다. 또한 사람은 육도 가운데 천상이 아닌 고락이 상반하는 인도人道에 수생한 존재이지만, 깨치기 위해서는 인도에 수행해야 함을 강조한다.

소태산은 『정전』 '정신수양의 목적'에서 정신수양의 필요성을 강조한다.
"유정물有情物은 배우지 아니하되 근본적으로 알아지는 것과 하고자 하는 욕심이 있는데, 최령한 사람은 보고 듣고 배우고 하여 아는 것과 하고자 하는 것이 다른 동물의 몇 배 이상이 되므로 그 아는 것과 하고자 하는 것을 취하자면 예의염치와 공정한 법칙은 생각할 여유도 없이 자기에게 있는 권리와 기능과 무력을 다하여 욕심만 채우려 하다가 결국은 가패신망도 하며, 번민망상과 분심초려로 자포자기의 염세증도 나며, 혹은 신경쇠약자도 되며, 혹은 실진자도 되며, 혹은 극도에 들어가 자살하는 사람까지도 있게 되나니, 그런 고로 천지만엽으로 벌여가는 이 욕심을 제거하고 온전한 정신을 얻어 자주력自主力을 양성하기 위하여 수양을 하자는 것이니라."[『정전』 정신수양의 목적]

인간은 최령하여 탁월한 존재이기에 오히려 욕심이 치성하므로 이 욕심에 따른 문제를 해결하기 위해서 정신을 수양해야 한다. 최령한 존재이기에 역으로 욕심을 제어하는 수양의 힘이 요구된다.
그러므로 욕심인 줄 알아차리는 공적영지의 일원상 자리를 체받아서 욕심에 매몰되지 않는 정신을 수양하여 욕심으로 파생되는 마음의 병에 빠지지 말라는 것이다.

## 2. 육도 해탈과 일원상

진리를 깨쳐 육도를 초월하여 자유롭기 위해서는 인간으로 태어나 수행해야 한다. 『예전』의 발인식 또는 천도재의 축원문에서 "생생生生에 사람의 몸을 잃지 아니하고 세세世世에 도덕의 인연을 떠나지 아니하며, 정법 수행을 길이 정진하여 성불제중의 대과를 원만 성취하게 하여 주시옵소서"라고 간절히 빌고 있다.

사람의 몸을 받아서 수행해야만 육도윤회를 초월하여 육도 중생을 구제하는 성불제중의 길에 들어설 수 있는 것이다. 그러므로 인도人道에 태어나 정법 수행하여 성불제중의 길에 들어서기를 간곡히 축원한다.

설사 육도 중 천도에 태어나 천상락을 누린다 하도 복이 다하면 타락하기에 육도에 자유로울 수 없는 것이다. 그러므로 천도마저 초월하기 위해서는 육도에서 벗어나야 한다. 그러기 위해서는 깨달아야 하는데 깨닫기 위해서는 인도에 태어나야 하고 깨닫고 나서도 육도 중생을 제도하기 위해서는 또한 인간으로 활동해야 한다.

## 3. 천권과 인권 그리고 일원상

소태산은 천권과 인권의 관계를 밝힌다.

"천지에 아무리 무궁한 이치가 있고 위력이 있다 할지라도 사람이 그 도를 보아다가 쓰지 아니하면 천지는 한 빈 껍질에 불과할 것이거늘 사람이 그 도를 보아다가 각자의 도구같이 쓰게 되므로 사람은 천지의 주인이요 만물의 영장이라 하나니라."[『대종경』 불지품 13장]

'만물의 영장'으로서 사람의 역할을 중시한다.

"사람이 천지의 할 일을 다 못하고 천지가 또한 사람의 할 일을 다 못 한다 할지라도 천지는 사리 간에 사람에게 이용되므로 천조의 대소유무를 원만히 깨달아서 천도를 뜻대로 잡아 쓰는 불보살들은 곧 삼계의 대권을 행사함이니, 미래에는 천권天權보다 인권人權을 더 존중할 것이며, 불보살들의 크신 권능을 만인이 다 같이 숭배하리라."[『대종경』 불지품 13장]

사람은 천지의 도를 체받아서 쓸 때 만물의 영장으로서 역할을 하는 것이다.

천지는 진리의 다른 표현이다. 단순히 물리적인 천지만이 아니라 천지의 도이다. 천지 신령 또는 천지신명의 천지이다. 신령하고 신명 나게 밝은 천지의 도로써 천지이다.

이러한 천지의 도를 체받아 쓰는 것이 미래의 길이라 할 것이다. 그런데 물질문명이 발달해 가는 미래 문명은 천지의 도인 천권天權보다 천지의 도를 체받아 사용하는 인권人權이 중시된다는 말이다.

천지의 도는 일원상의 진리이다. 그러므로 법신불 일원상의 천권을 체받아서 심신을 원만하게 수호하고 사리를 원만하게 알고 심신을 원만하게 사용하는 인권의 공부를 물질개벽의 미래 시대에 핵심으로 삼으라는 뜻이다.

## 4. 진리와 인간의 관계 그리고 일원상

소태산 대종사는 진리와 인간의 관계를 밝히고 있다.

**한 사람이 "일원상과 석가모니불과의 관계는 어떠하오니까."라고 여쭈니 "일원은 곧 모든 진리의 근원이요, 석가모니불은 이 진리를 깨치사 우리에게 가르쳐 주신 스승님이시니, 비록 이 세상에 아무리 좋은 진리가 있다고 할지라도 그를 발견하여 가르쳐 주시는 분이 없다면 그 진리가 우리에게 활용되지 못할 것이요, 비록 석가모니불이 이 세상에 나오셨다고 할지라도 이 세상에 일원상의 진리가 없었다면 석가모니불이 되실 수도 없고, 또는 49년 동안 설법하실 자료도 없었을지라"**[『대종경』 교의품 11장]라고 말씀한다.

깨친 부처님이 있어 진리가 밝혀지고 활용할 수 있으며, 진리가 있기에 부처님도 될 수 있고 가르치는 교법도 있게 된다는 것이다.

이어서 말씀하신다. **"그러므로 우리는 법신불 일원상을 진리의 상징으로 하고 석가모니불을 본사[연원불]로 하여 법신여래法身如來와 색신여래色身如來를 같이 숭배하노라. 그러나 이것은 일원상과 석가모니불을 구별하여 보는 자리에서 하는 말이요 만일 구별 없는 진리 자리에서 본다면 일원상과 석가모니불이 둘이 아님을 또한 알아야 하리라."**[『대종경』 교의품 11장]

일원상과 석가모니불의 관계를 밝히고 있다.

석가모니불을 본사本師로 모신다는 것은 연원불로 숭배하겠다는 뜻이다. 소태산은 석가모니를 연원으로 삼고 있다.[『대종경』 서품 2장] 정산 종사는 연원불인 석가모니가 조부님 같다면 소태산 대종사는 아버님 같다고 비유한다.[『정산종사법어』 예도편 12장] 즉 본사는 조부 격으로 연원불이다.

석가모니는 깨친 모든 부처님을 대표한다. 석가모니는 소태산 대종사의 치환置換으로, 석가모니불을 소태산 대종사로 읽어도 의미가 서로 통한다.

진리는 인간의 깨달음에 의해 피어나고 인간은 진리를 모시어 연락되어야 깨달을 수 있다. 진리는 인간을 통하지 않고는 드러날 길이 없고 인간은 진리가 있으므로 깨달아서 쓸 수 있다. 그렇다고 진리가 인간에 의해 구정되는 존재도 아니며 또한 진리에 의해 인간이 통제되는 것도 아니다. 다만 진리는 인간이 다 파악했다고 한정할 수 없는 자리이다. 인간이 단정할 수 없는 그 무엇이다.

산이 있어 등반할 수 있고 등반하기에 산이 드러나는 것처럼 진리가 없다면 인간은 세계를 펼칠 수 없고 인간이 없다면 진리는 드러날 수 없는 것이다. 그러나 이도 나누어서 보는 것이며, 진리와 인간은 구별 없는 자리에서 보면 둘이 아니다.

# 시간과 일원상

『정전』〈일원상의 진리〉절에서 "진공묘유의 조화는 우주만유를 통하여 무시광겁에 은현자재하는 것이 곧 일원상의 진리니라"라고 명시하고 있다.

이 문장에서 '무시광겁無始曠劫'이 등장한다. 일원상의 진리는 무시광겁에 전개된다는 말이다. 무시광겁은 시작이 없는 끝없는 시간이다.

시간은 객관이면서 주관적이다. 물리적으로 시간을 측정할 수 있지만, 마음에서 느끼는 시간은 주관적으로 느낄 수밖에 없다. 객관적인 시간이든 주관적인 시간이든 인간에 의해 전개된다. 마음이 없다면 시간도 없고 설사 있다고 해도 무의미하다.

인간 탄생 이전의 우주 시간이 의미 있게 다가오는 것은 인간의 삶을 전제할 때 느껴지는 것이다. 인간이 없다면 빅뱅으로 설명되는 우주 탄생과 139억 년의 우주적 시간, 지구의 역사와 진화의 세월, 원자 속 전자의 회전 속도는 근원적으로 아무런 차이가 없다. 별 차이 없는 사태이다. 그냥 있는 것이다. 100년 남짓 사는 인간의 삶을 전제했을 때만 138억 년이든 10억분의 1초든 긴 시간으로 또는 극히 짧은 시간으로 의미를 갖게 된다. 이것은 주관적 시간 이해가 아닌 물리학적 시간 이해에 앞선 근원적인 시간 이해이다.[고명섭, 『하이데거 극장』 2권에서 발췌 인용]

이러한 시간은 과거-현재-미래라는 실체가 공空하며 미래를 기약하고 과거를 간직하며 현재를 살아간다. 이처럼 과거-현재-미래로 이어지고 겹쳐있다. 시간은 통상적으로 과거에서 현재를 거쳐 미래로 이어가는 지금의 연속인 '시계 시간'으로 이해하나, 이 현재는 현재라는 단수가 아니라 과거와 미래가 겹쳐있는 복수이다. 이미 지나간 과거의 기억이나 회고에 인연하여 현재도 미래도 영향을 받고 또한 앞으로 현재가 될 미래에 대한 기대나 희망 또는 불확실성의 걱정에 인연하여 과거도 현재도 다시 그려진다. 이처럼 과거-현재-미래는 겹쳐 있으면서 재해석되고 재규정되는 공속共屬 관계이다. 고정된 실체가 있는 게 아니라 연기緣起의 시간이다.

시간은 타력의 시간과 자력의 시간으로 구별한다.

타력의 시간으로 보면 시간은 외재外在한다. 상대인 타자他者에 의해 주어지기 때문이다. 상대가 나의 뜻에 맞게 호응해 주면 순경의 시간이 열리어 순행하고, 나의 뜻에 거스르게 밀고 들어오면 역경의 시간이 펼쳐지어 막히게 된다. 순경의 시간으로 열고자 하는 의지는 필요조건일 뿐 상대가 응해주어야 필요충분조건이 성립한다. 그러니 상대에게 인연 불공이 필요한 이유이다.

그런가 하면 시간은 주체적 노력으로 열리는 자력의 영역이다. 주체적이고 창조적이면 과거도 미래도 현재도 새롭게 열린다. 현재의 마음이 살아나면 전생의 시간도 의미 있게 보이고 현생도 내생의 시간도 기대 되게 열린다. 반면 현재의 마음이 의기소침하고 의욕이 떨어지고 죽을 심경이면 전생 때문에 지금 과보 받는다고 한탄할 것이며 내생도 나빠질게 뻔하다고 자포자기할 것이다. 결국 현재의 마음이 살아있으면 과거의 경험은 보감 삼게 되고 현재에 충실하며 미래를 희망차게 준비하고 개척하게 된다. 역사와 미래를 창조할 수 있게 된다. 마찬가지로 미래가 희망차고 기대되면 현재도 풍성하고 과거도 좋은 인연으로 재구성된다.

이처럼 과거-현재-미래는 상호 침투 관계로 고정된 과거 현재 미래가 있는 게 아니라 서로 영향을 주고받는 큐브cube 놀이 같다.


결국, 시간은 주체적으로 열어가는 자력과 상대인 타자他者의 감응을 청원해야 하는 타력을 병행해야 한다. 타력에 의해 미래가 열린다고만 하면 주체의 창조적 자유는 없게 되고 자력에 의해 미래가 열린다고만 하면 상대라는 인연을 고려치 않는 독단[폭력]이 되기 쉽다.

시간은 삼세심불가득三世心不可得으로 실체가 없는 일원상이며, 현재와 과거와 미래가 함께 겹쳐있고 서로 침투하여 공유해 있는 일원상이다. 시간은 시간이라는 실처가 없는 공空한 경지이면서 또한 현재에서 현재로 이어지는 흐름에 과거도 인연 줄이 이어 있고 미래도 인연으로 이어질 연기적 시간이다.

그러므로 자타가 둘이 아닌 일원상 마음으로 시작이 없고 끝이 없는 무시광겁에서 타력으로 주어지는 시간 속에서 자력으로 시간을 가꾸어가고, 자력으로 일구어가는 시간 속에서 타력으로 주어지는 시간을 수용하여 활용하는 공부를 해야 한다. 이처럼 일원상의 시간은 무시광겁에 자타력으로 전개되는 시간을 병행해야 한다.

진리는 시간에 한정되고 구속되지 않으며 또한 시간 속에서 정립해 간다. 진리는 역사라는 흐름 속에서 가꾸어 가는 것이다. 시대정신에 무관한 진리는 허무하다. 진리는 시대정신에 따라 구현해 가야 한다. 한편으론 역사의 흐름에 따라 떠밀려 가다가도 또 한편으론 그 도도한 흐름에 맞서서 거슬러 간다.

역사의 흐름은 타력의 시간으로 외재적 시간이다. 주체가 마음대로 할 수 없는 타자들의 시간 공동체이다. 주체들은 이 도도한 시간의 물길을 조정하기 위해 연대하여 변혁을 시도하나 그렇다고 뜻대로 계획대로 되지만은 않는다. 이처럼 역사는 타력의 시간과 자력의 시간이 교차하는 가운데 표류하는 운명이다. 역사는 자타가 둘이 아닌 일원상 시간 속에서 인간 집단의 운행이다. 소태산은 물질개벽의 시대를 향도하는 정신개벽의 시대를 열자며 새로운 시대의 문을 열었다.

# 천도와 일원상

소태산 대종사가 직접 쓴 '열반 전후에 후생 길 인도하는 법설'에서 성품과 생사의 관계 및 성품으로 생사 천도薦度하는 원리가 명시되어 있다.

이 천도법문에서 '일원상의 내역'을 자세히 설한다.

"아무야 또 들으라. 생사의 이치는 부처님이나 네나 일체중생이나 다 같은 것이며, 성품 자리도 또한 다 같은 본연 청정한 성품이며 원만 구족한 성품이니라. 성품이라 하는 것은 허공에 달과 같이 참 달은 허공에 홀로 있건마는 그 그림자 달은 일천 강에 비치는 것과 같이, 이 우주와 만물도 또한 그 근본은 본연 청정한 성품 자리로 한 이름도 없고, 한 형상도 없고, 가고 오는 것도 없고, 죽고 나는 것도 없고, 부처와 중생도 없고, 허무와 적멸도 없고, 없다 하는 말도 또한 없는 것이며, 유도 아니요 무도 아닌 그것이나, 그중에서 그 있는 것이 무위이화無爲而化 자동적으로 생겨나, 우주는 성·주·괴·공으로 변화하고, 만물은 생·로·병·사를 따라 육도와 사생으로 변화하고, 일월은 왕래하여 주야를 변화시키는 것과 같이 너의 육신 나고 죽는 것도 또한 변화는 될지언정 생사는 아니니라. 아무야 듣고 듣느냐, 이제 이 성품 자리를 확연히 깨달아 알았느냐."[『대종경』 천도품 5장]

이 법설에서 〈일원상의 진리〉의 '우주만유의 본원'을 "이 우주와 만물도 또한 그 근본은 본연 청정한 성품 자리"라고 밝히고 있으며, 또한 "본연 청정한 성품이며 원만구족한 성품"이라고 밝혔다.

또한 "한 이름도 없고, 한 형상도 없고, 가고 오는 것도 없고, 죽고 나는 것도 없고, 부처와 중생도 없고, 허무와 적멸도 없고, 없다 하는 말도 또한 없는 것"은 〈일원상의 진리〉의 공적영지의 공적과 진공묘유의 진공 자리의 둘이라 할 것이며,

"유도 아니요 무도 아닌 그것이나, 그중에서 그 있는 것이 무위이화無爲而化 자동

적으로 생겨나, 우주는 성·주·괴·공으로 변화하고, 만물은 생·로·병·사를 따라 육도와 사생으로 변화하고, 일월은 왕래하여 주야를 변화시키는 것"은 공적한 가운데 영지의 광명과 진공한 가운데 묘유의 조화를 부연 설명하고 있다.

소태산은 제자들에게 "**금강산으로 수도하러 간다. 너희들은 못 따라올 데로 간다.**"라고 여러 차례 열반을 암시한다. 이 금강산이 바로 금강성품으로, 이 성품에 드는 공부가 금강산에 수도하러 가는 것이다. 즉 본연 청정한 성품 자리에서 생사에 물들지 않으면서 생멸거래한다.

소태산 대종사는 천도할 상황에 닥쳐서도 일원상 성품으로 천도하라고 안내한다. 청정한 성품 자리에 귀의하여 생사거래를 변화로 자각할 때 제대로 천도할 수 있다.

소태산은 "**우주는 성·주·괴·공으로 변화하고, 만물은 생·로·병·사를 따라 육도와 사생으로 변화하고, 일월은 왕래하여 주야를 변화시키는 것과 같이 너의 육신 나고 죽는 것도 또한 변화는 될지언정 생사는 아니니라.**"라고 밝히며 육신 나고 죽는 것은 생사가 아니라 변화라고 천명한다.

〈일원상의 진리〉의 '생멸거래에 변함이 없는 자리'인 청정한 성품에 따라 생사거래에 걸리고 막힘이 없이 생멸거래에 자유하라는 것이다.

생사도 경계다. 일상에서 경계를 따라 생기는 요란함과 어리석음과 그름을 심지心地인 일원상으로 잘 처리해야 하듯이 생사 경계도 마찬가지다. 결국 천도도 생사의 경계를 맞이하여 수행해 가는 일원상 마음공부이다.

성품 자리에 계합한 열반은 성품에 기반하여 거래하는 변화 즉 성변性變이지 태어났다가 죽어 멸하는 생사가 아니다.

마치 출렁이는 파도가 바다 자체이듯 성품의 바다 차원에서 보면 생사의 파도도 성품의 바다이다. 즉 출렁이는 생사의 파도도 바다인 성품의 작용이요 변화이다.

청정한 성품 자리에 이사해야 천도의 원동력이 생긴다. 성품 자리에 근거하여 생사의 경계에 휘말리지 않고 생사 거래하는 것이 천도이다. 생사가 없는 열반의 자리로 천도하여 생사의 현실에서 잘 거래하는 것이다. 한편으로 생사를 초월하고 다른 한편으론 생사에 잘 거래하는 것이다.

그러므로 '열반 전후에 후생 길 인도하는 법설'에서 본연 청정한 '성품'을 제시하고 있으며, 이 성품을 따를 때 생사 천도가 제대로 되며, 이러할 때 육신 나고 죽는 것은 변화는 될지언정 생사는 아닌 경지가 된다.

소태산 대종사의 친제親製인 '열반 전후에 후생 길 인도하는 법설'처럼 생멸거래에 변함이 없는 청정한 성품으로 생멸거래에 자유 하는 천도 공부를 하라는 것이다.

소태산 대종사는 성품에 바탕을 둔 생사거래를 밝히고 있다. 달과 물웅덩이를 비유하여 성품과 생사의 원리를 궁구토록 한다.

"간밤에 큰비 내린 후 하도 달이 밝기로 밖에 나와 거닐며 살피어 보니, 마당 여기저기 웅덩이마다 물이 고여 있고, 물 고인 웅덩이마다 밝은 달이 하나씩 비쳐 있더라. 이 웅덩이에도 달이 있고 저 웅덩이에도 달이 있는데 깊은 웅덩이에는 물도 오래 가고 달도 오래 비치지마는 엷은 웅덩이에는 물도 오래 가지 못하고 달도 바로 사라질 것이다. 생사의 이치도 또한 그러하나니, 물이 있으매 달이 비치고 물이 다하매 달이 없으니 물은 어디로 갔으며 달은 어디로 갔는가. 생사의 이치가 이러하나니 모두 깊이 한번 궁구해 보라."[『대종경선외록』 선원수훈장禪院垂訓章 12절]

물이 있으면 생하고 물이 다하면 사라지지만 달이 어디 간 것은 아니다. 달은 허공에 상주하여 여여자연하게 운행하나 웅덩이 물이 깊으면 오래 비치고 물이 얕으면 잠깐 비치듯이 생사도 마찬가지다.

이와 같이 일원상 성품을 깨달아 일원상 성품으로 생사거래하여 일원상 성품으로 천도하자는 것이다.

# 영혼과 일원상

### 1. 영식과 업식

"그 식심[識心, 靈識]만은 생전 사후가 다름이 없으나 오직 탐·진·치에 끌린 영과 탐·진·치를 조복 받은 영이 그 거래에는 다름이 있나니, 탐·진·치에 끌린 영은 … 인도 수생의 부모를 정할 때도 색정色情으로 상대하여 탁태하게 되며, … 탐·진·치를 조복 받은 영은 … 몸을 받을 때도 태연자약하여 정당하게 몸을 받고, 태중에 들어갈 때도 그 부모를 은의恩誼로 상대하여 탁태되며, … "[『대종경』 천도품 36장]

소태산 대종사는 인도 수생의 몸을 받는 것은 부모를 인연하여 얻게 된다고 밝히고 있다. 즉 우리의 심신은 영식靈識이 부모와 인연하여 받게 되는 육근이다.

영식은 익힌바 업식業識[『정산종사법어』 예도편 6장]으로 작용하며, 생멸로 분별 되기 이전 자리인 성품에 기반해 있는 식심識心이다.

| 영식靈識 | 건물 | 업식業識 | 오염식, 습식習識 |
|---|---|---|---|
| | 기반 | 성품性稟 | 청정식 |

영식은 성품에 기반하면서 업식으로 형성해 가기에 업의 상속相續이 있게 된다.

마치 이 촛불 A에서 저 촛불 B로 불을 이어 붙일 때 앞 촛불 A가 그대로 뒤 촛불 B로 건너온 것[상견常見]도 아니고 그렇다고 앞 촛불과 무관하게 뒤 촛불 B가 발생한 것[단견斷見]도 아니다. 앞 촛불에 인연하여 뒤 촛불이 일어난다.

'새 몸을 받을 나'는 '지금의 나'는 아니지만 그렇다고 지금의 나와 무관하지도 않다. 이처럼 지어 놓은 업[업식]에 인연하여 새로운 인연으로 이어지는 것으로, 변하지 않고 상존常存하는 존재[개령個靈]가 있어서 다음 생으로 넘어가는 것도 아니고 무엇과도 무관하게 우연히 생겨났다가 소멸하는 것도 아니다. 죽음이 끝이 아니라 다시 이어지는 연속으로, 즉 끊임없이 인연으로 이어지는 연속체이다.

영식은 업식[살면서 뭉쳐진 기운, 힘을 가진 업종자]에 따라 이어지는 마음으로, 걸림 없는 성품[청정식]에 기반을 두면서 지어 놓은 업에 따라 상속되는 식심[識心, 습식]이다.

업은 업종자이면서 업력이다. 업종자는 업력을 띠며 업력은 업종자를 품고 있다.

## 2. 무아윤회와 유아윤회

소태산은 이 영식을 달리 영혼이라고 말한다. 영혼은 불멸의 존재 또는 데카르트식 자아도 아니다. 윤회는 한 생을 살아가면서 쌓인 업식의 기운이 다음 생으로 이어지는 상속식相續識이다.

천도薦度는 영혼이 중음[中陰, 사람이 죽은 뒤 다음 생의 몸을 받아 날 때까지의 영혼의 상태]을 거쳐 새 몸을 찾아가는 과정이다.

생사관은 첫째, 죽으면 그걸로 끝이라는 단멸관의 유물사관과 둘째, 불멸의 영혼이 이생의 결과로 천당 또는 지옥에 태어난다는 이생二生설과 셋째, 죽으면 다음 생으로 삶이 이어진다는 삼세 윤회설이 있다.

이 윤회설 중에서도 불멸의 동일한 자아[개령]가 삼세로 윤회한다는 유아윤회와 윤회하는 실체[我]가 없이 인연체가 상속해 가는 무아윤회로 대별된다.

무아윤회는 유업보무작자有業報無作者로, 업보는 있지만 업을 짓고 받는 실체[동일한 자아]는 없다는 것이다. 이전의 오온五蘊을 인연하여 이후의 오온으로 이어지기에 업보의 상속으로서 윤회가 성립된다. 이와 같이 자기동일성의 자아[상일한 주체]가 없이 상속相續되는 오온 간의 윤회를 '무아윤회無我輪廻'라 한다.

만일 자기동일성의 자아가 윤회한다면 '유아윤회有我輪廻'가 된다. 동일한 자아[상일한 주체]가 오늘에서 내일로 이생에서 내생으로 옮겨가는 게 아니라 오늘과 내일 그리고 이생과 내생으로 오온五蘊에서 오온으로 인연 맺어 흘러갈 뿐이라는 것이 무아윤회이다. '연기적 자아'는 있어도 '실체적 자아'는 아니다.

연기緣起의 원리에 따르면 살아 있는 주체는 갖가지로 얽힌 인연의 집합이다. 몸이 죽을 때 이 집합 또한 완전히 절멸하지 않고 흩어지며, 심지어 흩어짐 속에 일정하게 뭉쳐진 에너지가 남아서 인간이든 아니든 새로이 태어나는 신체에 새로운 집합의 거처를 찾을 수도 있다. 환생 후의 내생의 '나'와 육신으로 살아 있는 이생의 '나'는 동일한 존재일 수 없다. 양자 간에 일정한 범위의 특질인 '심적 연속체'가 성립할 뿐이지, 새 몸을 받고 새 몸으로 사는 것은 그 생 고유의 새로운 연기 작용의 결과이다. 이처럼 윤회 중 단 한 번 있는 지금 이생은 이생으로 잠시 있는 것이지만 그만큼 찬란하고 존귀하다.[백낙청, 죽음의 배, 『서양의 개벽사상가 D.H. 로런스』]

### 3. 『대종경』 천도품의 영혼

이러한 점에서 『대종경』 천도품의 '영혼'을 어떤 관점으로 볼 것인지에 따라 천도의 내용과 성향이 달라진다.

『대종경』 천도품의 영혼을 자기동일성의 자아로 볼 것인지? 오온가합五蘊假合의 업식業識으로 볼 것인지? 또한 신령하게 깨어있는 성품에 바탕을 두는 식심[영식]으로 볼 것인지? 각각의 관점에 따라 유아윤회有我輪廻와 무아윤회無我輪廻의 기로에 서게 된다.

영혼을 상일주재常一主宰하는 자아로 이해한다면 그러한 영혼은 자아식이다. 이러한 영혼은 유아윤회의 자아식으로 '연기적 자아'가 아닌 '실체적 자아'이다.

무아윤회의 관점에서는 오온에서 오온으로 인연 상속相續하는 과정으로, 오온에서 오온으로 윤회하되 자기동일성의 아[我, 동일한 자아]가 없는 것이다.

한편, 성품 차원에서 오온에서 오온으로 윤회하는 현상을 자각하는 증득이 있을 뿐으로 윤회에 물들지 않고 윤회를 그대로 드러내는 식심이다.

영혼은 영식의 다른 표현으로, 사후의 식심은 무아윤회하는 업식이면서 신령하게 아는 영식靈識이다.

자아식의 영혼이 윤회한다고 여기는 것은 유아윤회이다. 『대종경』 천도품의 영혼은 신령하게 아는 식심으로 고정불변의 자아가 윤회 환생하는 건 아니다.

### 4. 정신과 영혼

정산 종사는 "성품은 본연의 체요, 성품에서 정신이 나타나나니, 정신은 성품과 대동하나 영령한 감이 있는 것이며, 정신에서 분별이 나타날 때가 마음이요, 마음에서 뜻이 나타나나니, 뜻은 곧 마음이 동하여 가는 곳이니라."라고 성품-정신-마음-뜻의 관계를 밝히면서 **"영혼이란 허령불매한 각자의 정신 바탕이다."**[『정산종사법어』 원리편 12장]라고 정의한다.

'성품-정신-마음-뜻'은 수직적 계층구조가 아니라, 수평적으로 상통하는 관계이다. 다만 성품에 근원성이 담지해 있을 뿐이다.

| 성품 | ⇆ | 정신 | ⇄ | 마음 | ⇆ | 뜻 |
| --- | --- | --- | --- | --- | --- | --- |

정신은 성품과 마음을 통괄하는 자리라면, 영혼은 정신의 무대이다. 영혼의 어떤 경지가 정신으로서, 정신 차린 영혼은 성품을 떠나지 않으면서 생사의 마음공부를 하는 경지이다.

소태산 대종사는 사후의 식심을 영혼이라 한다. 오온의 상속식을 업식業識이라 하며 생전 사후 변함이 없는 소소昭昭한 식심은 영식이라 한다.[『대종경』 천도품 6장] 영혼은 영원불멸하여 길이 생사가 없고[『대종경』 천도품 16장] 어른과 아이의 구별이 없는 식심이다.[『대종경』 천도품 32장] 즉 영식이 영혼이다.

또한 영혼은 생전에 익힌 바의 업식에 따라 탐진치에 끌리느냐 조복하느냐에 차이가 있다.[『대종경』 천도품 36장]

성품을 떠나지 않는 정신은 업식을 밝혀 굴리지만, 성품에 어두워지면 정신이 업식에 갇혀 업력에 굴려지게 된다. 그러므로 천도는 영식이 성품을 여의지 않으며, 업식이 업력에 끌리지 않도록 하는 것이다. 영혼은 업을 짓는 업력의 영향 속에 있는 업식과 성품이 바탕 되어 있는 소소한 영식이 교차해 있는 식이다.

# 2. 일원상과 금강경

# 금강경 난코스와 일원상
## -A는 A가 아닐새 A라 이름하나니라[A 非A 是名A]-

『금강경』[금강반야바라밀경]은 일정한 패턴이 있다.

'A는 A가 아닐새 A라 이름하나니라.' 즉 'A 비非A 시명是名A'의 구성이다.

예를 들면 "불토를 장엄한다는 것은 곧 장엄히 아닐새 이것을 장엄이라 이름 하나이다."[불조요경본 『금강경』 10장]라는 문장 구성이다.

보통은 'A는 A라 할 수 없으나 이를 강연이 A라 이름한다.'라고 해석한다. 마치 달을 가리키는 손가락은 달 자체는 아니듯, 즉 이름은 실상을 가리키는 손가락이지 실상 자체는 아니라는 것이다.

그런데 소태산의 대각 내용인 〈일원상의 진리〉를 보면 **"일원은 언어명상이 돈공한 자리로써 공적영지의 광명을 따라 언어명상이 완연하여"**라고 명시한다.

비非A는 이름할 것이 없는 자리이지만 비非A이기에 시명是名이 두렷하다. 비非A의 차원에서는 명名도 없으나 또한 비非A이기에 시명是名이 분명하다는 사실이다. 비非A는 시명是名까지 포괄한다. 이름할 것이 없는 것과 이름할 수 있는 면까지가 일원상의 전모이다. 결국 돈공한 비非A이기에 완연하게 시명是名한다.

〈일원상의 진리〉 절에 따르면 **언어명상이 돈공한 자리에서 공적영지의 광명을 따라 언어명상이 완연하게 드러난다. 명名이 공空한 자리에서 명名이 분명하게 나타난다.**

『금강경』 난코스는 'A는 비非A 시명是名A'라는 구성이다.

---

5. 무릇 형상 있는 바가 다 허망한 것이니, 모든 상이 상 아님을 보면 곧 여래를 보리라.

8. 이 복덕은 곧 복덕성福德性이 아닐새 이런고로 여래께서 복덕이 많다고 설하셨나이다.

수보리야 이른바 불법이란 것은 곧 불법이 아니니라.

10. 불토를 장엄한다는 것은 곧 장엄이 아닐새 이것을 장엄이라 이름하나이다.

부처님께서 말씀하신 몸 아닌 것을 이 큰 몸이라 이름하나이다.

13. 수보리야 불타의 설한 반야바라밀이 곧 반야바라밀이 아닐새 반야바라밀이라 이름하나니라.

수보리야 모든 미진은 여래가 미진이 아니라고 말할새 이것을 미진이라 이름하며, 여래의 말한 세계도 또한 세계가 아닐새 이것을 세계라고 이름하나이다.

여래께서 말씀하신 32상이 곧 32상이 아닐새 이것을 32상이라고 이름하나이다.

14. 세존이시여 이 실상이란 것은 곧 이 상이 아닐새 이런고로 여래께서 이것을 실상이라고 이름하였나이다.

수보리야 여래의 말한 제일바라밀이 제일바라밀이 아닐새 이것을 제일바라밀이라 이름하나니라.

수보리야 인욕바라밀은 여래가 인욕바라밀이 아니라고 설할새 이것을 인욕바라밀이라고 이름하나니라.

17. 실로 법이 있어 아뇩다라삼먁삼보리를 얻음이 없을새 이런고로 연등불께서 나에게 수기를 주시며 "네가 내세에 마땅히 부처가 되어 호를 석가모니라 하리라" 하셨나니라.

수보리가 말한바 일체법이란 것은 곧 일체법이 아닐새 이런고로 일체법이라 이름하나니라.

여래께서 말씀하신 사람의 몸이 장대하다 함은 곧 몸이 아닐새 이것을 큰 몸이라고 이름하나이다.

여래의 말한 불토 장엄이란 것은 곧 장엄이 아닐새 이것을 장엄이라 이름하나니라.

18. 여래의 말한 모든 마음이 다 마음이 아닐새 이것을 마음이라 이름하나니라.

19. 수보리야 만일 복덕이 실상實相이 있을진대 여래가 복덕 얻음이 많다고 말하지 아니하련마는, 복덕이 없음으로써 여래가 복덕이 많다고 말하나니라.

20. 여래께서 말씀하신 구족색신이 곧 구족색신이 아닐새 이것을 구족색신이라 이름하나이다.

여래께서 말씀하신 모든 상이 구족하다 함이 곧 구족이 아닐새 이것을 모든 상이 구족하다 이름하나이다.

21. 수보리야 중생 중생이란 것은 여래가 중생이 아니라고 말할새 이것을 중생이라 이름하나니라.

수보리야 설법이란 것은 가히 설할 법이 없을새 이것을 설법이라 이름하나니라.

22. 수보리야 내가 아뇩다라삼먁삼보리에 내지 작은 법도 가히 얻음이 없을새 이것을 아뇩다라삼먁삼보리라 이름하나니라.

23. 수보리야 말한바 선법善法이란 것은 여래가 곧 선법이 아니라고 말할새 이것을 선법이라 이름하나니라.

25. 수보리야 범부라 함은 여래가 곧 범부가 아니라고 말할새 이것을 범부라

이름하나니라

28. 수보리야 보살의 지은 바 복덕은 마땅히 탐착하지 않을새 고로 복덕을 받지 않는다고 설하나니라.

29. 여래란 것은 좇아오는 것도 없으며 또한 가는 것도 없을새 그런고로 여래라고 이름하나니라.

30. 부처님께서 말씀하신 미진들이 곧 미진들이 다닐새 이것을 미진들이라 이름하나이다.
수보리야 여라의 말씀하신 삼천대천세계도 곧 세계가 아닐새 이것을 세계라 이름하나니, 만일 세계가 실로 있다할진대 곧 일합상一合相이나 여래의 말씀하신 일합상도 곧 일합상이 다닐새 이것을 일합상이라그 이름하나이다.

31. 세존께서 말씀하신 아견과 인견과 중생견과 수자견은 곧 아견 인견 중생견 수자견이 아닐새 이것을 아견 인견 중생견 수자견이라 이름하나이다.
수보리야 말한바 법상이란 것은 여래가 곧 법상이 아니라고 말할새 이것을 법상이라고 이름하나니라.

- 불조요경본 『금강반야바라밀경』 중에서 발췌 -

일원상은 소태산의 깨달음이다. 소태산은 일원대도一圓大道의 일원상 안목으로 『금강경』을 읽으셨다.

『정전』 '일원상의 진리'를 도식화한 구조이다.

| ○ | → | 우주만유의 본원 | 공적영지의 광명 | 無대소유무 ↔ 有대소유무 | 진공묘유의 조화 | 은현자재 |
|---|---|---|---|---|---|---|
|   |   | 제불제성의 심인 |   | 無생멸거래<br>無선악업보 ↔ 有선악업보 |   |   |
|   |   | 일체중생의 본성 |   | 無언어명상 ↔ 有언어명상<br>有시방삼계 |   |   |

　대소유무에 분별이 없는 공적한 자리이면서 영지의 광명을 따라 대소유무에 분별이 나타나고, 선악업보가 끊어진 공적한 자리이면서 영지의 광명을 따라 선악업보에 차별이 생겨나며,

　언어명상이 돈공한 공적의 자리이면서 영지의 광명을 따라 언어명상이 완연하여 시방삼계가 장중의 한 구슬같이 드러나는 것이 바로 일원상의 진리이다.

　이 공적영지의 광명은 또한 진공묘유의 조화로 우주만유의 배경이면서 또한 우주만유의 현상 및 변화로 역력하게 드러나는 은현자재한 자리이다.

　소태산은 이와 같은 일원상의 안목으로 『금강경』을 보셨다. 『금강경』을 당신의 깨달음인 일원상으로 읽고 독해한 것이다.

　일원상의 안목으로 『금강경』을 읽을 때 없는 자리와 있는 면을 포괄해야 한다. 비非A와 시명是名을 한자리에서 드러내야 한다. 비非A와 시명是名A 사이에 넘지 못할 선을 그으면 안 된다.

　소태산 대종사의 일원상 안목은 비非A이면 곧장 시명是名A임을 열어 보였다. 『속전등록續傳燈錄』의 청원유신 선사에 따르면 범부 중생의 안목은 산은 산[山山]이었다가 공부길에 들어서면 산은 산이 아니기에[非山] 결국에는 산은 다시 산[山山]이다.

『금강경』을 일원상의 진리로 읽어야 한다.

소태산 대종사는 원기2년(1917) 『금강경』을 몽중소감夢中所感으로 아시고 일산 이재철을 통해 불갑사 수도암본을 구해 읽으신다. 그리고 석가모니 부처님께 연원을 대고 장차 회상을 펼칠 때도 불법으로 주체 삼겠다고 내정한다.[『대종경』 서품 2장]

소태산의 대각은 일원상의 대각이다. 하나로 두렷한 일원상의 진리를 대각하신 대원정각大圓正覺으로 『금강경』을 읽었다. 그리고 『금강경』을 인연하여 불법에 주체하여 완전무결한 회상을 건설하겠다는 포부를 밝힌다.[『원불교교사』] 일원상의 대각으로 불법을 해석하여 불법으로 주체 삼아 모든 종교와 사상을 통합 활용하겠다는 포부요 경륜이다.

원불교와 불교의 관계는 『금강경』을 매개로 하고 있다. 그러므로 『금강경』을 이해하는 관점에 따라 원불교와 불교의 관계도 정립된다. 소태산은 『금강경』을 통해서 불법의 핵심을 수용한다. 원불교는 불법으로 주체 삼아야 하면서도 불법에 종속되어서도 안 된다.

분명한 것은 소태산은 당신이 깨달은 일원상의 안목으로 『금강경』을 탐독耽讀하였다. 그러므로 소태산의 깨달음인 일원상의 안목으로 『금강경』을 읽어야 하며 그 시각으로 불법을 수용해야 한다.

불조요경본 『금강경』은 소태산의 대각인 일원상의 안목에 따라 읽어야 하는 '한글 금강경'이다. 『금강경』으로 소태산의 안목이 형성된 게 아니라 소태산의 대각으로 『금강경』 가치를 밝히어 의미를 더하고 부여해야 한다.

# 사상四相의 변주와 일원상

## 1. 사상의 변주

『금강경』의 핵심 주제는 사상四相이다. 사상四相의 상相은 상想과 통한다. 마음[心]에 형성된 모양[相]이다. 『금강경』에서는 아상, 인상, 중생상, 수자상의 사상을 멸도, 장엄, 수기, 오안, 미진 등의 다양한 모습으로 변주시키고 있다. 사상을 여읜 자리가 일원상의 경지이다.

> ▶ **사상四相의 변주**
>
> 멸도滅度: 3장
>
> 제도濟度: 25장
>
> 보시布施: 11장, 15장, 19장, 24장, 28장, 32장
>
> 신상身相: 17장, 20장(구족색신), 26장(32상), 27장(구족상)
>
> 법상法相, 비법상非法相: 6장, 31장
>
> 설법說法: 7장, 21장
>
> 복덕福德: 8장
>
> 수다원, 사다함, 아나함, 아라한: 9장
>
> 장엄莊嚴: 10장
>
> 불법佛法: 10장, 17장
>
> 아我: 25장
>
> 미진微塵, 세계世界: 13장, 30장
>
> 일합상一合相: 30장.
>
> 인욕忍辱, 천대賤待: 14장, 16장

수기授記: 17장

오안五眼[육안, 천안, 혜안, 법안, 불안]: 18장

중생衆生: 21장

아뇩다라삼먁삼보리: 22장

선법善法: 23장

단멸斷滅: 27장

여래如來, 거래去來: 29장

아견·인견·중생견·수자견[四見]: 31장

유위법有爲法: 32장

## 2. 사상 변주의 범례

사상四相의 변주 중에서 그 범례範例를 들어보자.

첫째, 『금강반야바라밀다경』 18장에 오안五眼이 등장한다. 오안은 육안肉眼·천안天眼·혜안慧眼·법안法眼·불안佛眼으로 이 오안도 상相으로 사상四相의 변주이다.

"수보리야 네 뜻에 어떠하냐, 여래가 육안이 있느냐."
"그러하옵니다. 세존이시여 여래께서 육안이 있나이다."
"수보리야 네 뜻에 어떠하냐, 여래가 천안이 있느냐."
"그러하옵니다. 세존이시여 여래께서 천안이 있나이다."
"수보리야 네 뜻에 어떠하냐, 여래가 혜안이 있느냐."
"그러하옵니다. 세존이시여 여래께서 혜안이 있나이다."
"수보리야 네 뜻에 어떠하냐, 여래가 법안이 있느냐."
"그러하옵니다. 세존이시여 여래께서 법안이 있나이다."
"수보리야 네 뜻에 어떠하냐, 여래가 불안이 있느냐."
"그러하옵니다. 세존이시여 여래께서 불안이 있나이다."
"수보리야 네 뜻에 어떠하냐, 항하 가운데 있는바 모래 같다고 불타가 이 모래를 설한 일이 있느냐."

"그러하옵니다. 세존이시여 여래께서 이 모래를 설하셨나이다."

"수보리야 네 뜻에 어떠하냐, 한 개의 항하 가운데 있는 모래 수와 같이 이 같은 모래 수 등 항하가 있고 이 모든 항하에 있는 모래 수 대로 부처의 세계가 이러하다 하면 정녕코 많다 하겠느냐."

"심히 많나이다. 세존이시여."

부처님께서 수보리에게 고하시되

"저 국토 가운데에 있는 중생의 여러 가지 마음을 여래가 다 아나니 어찌한 연고 인고 여래의 말한 모든 마음이 다 마음이 아닐새 이것을 마음이라 이름하나니라. 소이가 무엇인고 수보리야 과거의 마음도 가히 얻지 못하며 현재의 마음도 가히 얻지 못하며 미래의 마음도 가히 얻지 못하니라."[불조요경본 『금강반야바라밀다경』 18장]

오안의 불안佛眼도 사상四相과 같은 상相이다. 불안佛眼도 법상法相[『금강경』 6장] 같이 집착해선 안 되는 상相이다. "여래의 말한 모든 마음이 다 마음이 아닐새 이것을 마음이라 이름하나니라."에서 '여래가 말한 모든 마음'은 오안五眼으로써 오안은 오안이라 할 상相이 아니기에 오안이라고 하는 것이다.

둘째, 선세先世의 죄업으로 악도를 받는 과보나 악도에서 벗어나는 과보에 집착하는 것도 사상四相이다.

"또한, 수보리야 선남자 선녀인이 이 경을 받아 가지며 읽고 외우되, 만일 남에게 업신여김이 되면 이 사람은 선세先世의 죄업으로 마땅히 악도에 떨어지련마는 이 세상에서 남에게 천대를 받는 고로 선세 죄업이 곧 소멸하고 마땅히 아뇩다라삼먁삼보리를 얻으리라. … 수보리야 마땅히 알라 이 경은 뜻도 가히 생각하지 못하며 과보도 또한 가히 생각하지 못하니라."[불조요경본 『금강반야바라밀다경』 16장]

업신여김, 천대받음의 과보도 상相이다. 인과의 과보도 사상四相의 다른 모습으로

상相이다. "이 세상에서 남에게 천대를 받는 고로"의 천대는 천대바라밀이다. 천대라는 아我[실체, 아트만]도 없고 천대받았다 할 것도 없는 천대 받음이다.

업신여김과 천대를 받을 때 천대받는 자아[我]가 있고 이에 따라 천대라는 실체가 있다고 여겨도 사상四相의 또 다른 양태이다.

업신여김과 천대는 욕됨으로, 천대바라밀은 인욕바라밀이라고 달리 말할 수 있다.[불조요경본 『금강반야바라밀다경』 14장] 인욕바라밀이란 인욕은 있되 인욕하는 실체[我]는 없다. 그러므로 인욕에는 인욕의 자아도 인욕의 대상도 있지 않고 인욕했다는 상도 없다.

천대받는 마음에는 천대 받는 자아[我]가 있고 이러한 자아가 천대받는 게 아니다. 이처럼 선세 죄업을 받는 마음에는 천대받는 자아도 없고 천대받은 바도 없으므로 자연 선세 죄업의 실체[我]가 소멸하여 어찌할 수 없게 된다. 이 경지가 아뇩다라삼먁삼보리[무상정등정각]이다. 감수불보甘受不報하는 인욕바라밀에는 인욕하는 주체도 없고 인욕의 대상도 없고 참는 바도 없다.

셋째, 미진微塵, 세계世界, 일합상一合相도 사상四相과 같은 상相이다.

"수보리야 만일 선남자 선녀인이 삼천대천세계를 부수어 미진微塵을 만든다면 네 뜻에 어떠하냐 이 미진들[微塵衆]이 정녕코 많다 하겠느냐."

수보리 말씀하되

"심히 많나이다 세존이시여. 어찌한 연고인가 하오면 만일 이 미진들이 실로 있는 것일진대 부처님께서 곧 이 미진들이라고 말씀하지 아니하실 것이오니, 까닭이 무엇인가 하오면 부처님께서 말씀하신 미진들이 곧 미진들이 아닐새 이것을 미진들이라 이름하나이다. 세존이시여 여래의 말씀하신 삼천대천세계도 곧 세계가 아닐새 이것을 세계라 이름하나니, 어찌한 연고인가 하오면 만일 세계가 실로 있다고 할진대 곧 이것이 일합상一合相이나 여래의 말씀하신 일합상도 곧 이 일합상이 아닐새 이것을 일합상이라고 이름하나이다."

"수보리야 일합상이란 것은 곧 가히 설할 수 없거늘 다만 범부들이 그 일에 탐착

하나니라."[불조요경본 「금강반야바라밀다경」 30장]

세계를 부수어 만들어진 작다는 미진도 상이고 티끌을 합해서 이루어진 크다는 세계도 상이요, 하나로 합한 일합상도 상이다. 일합상은 일합一合이라는 아我[實有]도 사상의 변주이다. 일합상이란 실체에 집착하면 이도 사상四相이다. 일합상이라 할 실체가 없을새[탐착하지 않을새] 일합상이라 한다.

넷째, 멸도滅度, 제도濟度, 보시布施, 신상身相, 구족색신, 구족상, 법상法相, 비법상非法相, 설법說法, 복덕福德, 수다원, 사다함, 아나함, 아라한, 장엄莊嚴, 불법佛法, 아我, 미진微塵, 세계世界, 일합상一合相, 인욕忍辱, 천대賤待, 수기授記, 육안·천안·혜안·법안·불안의 오안五眼, 중생衆生, 아뇩다라삼먁삼보리, 선법善法, 단멸斷滅, 여래如來, 거래去來, 아견·인견·중생견·수자견의 사견四見, 유위법有爲法 등은 사상四相의 다른 표현이다.

『금강경』 5장의 "모든 상이 상 아님을 보면 곧 여래를 보리라"[凡所有相 皆是虛妄 若見諸相非相 卽見如來]의 구체적인 부연이라 할 것이다.

이처럼 사상을 비롯하여 사상의 온갖 변주를 다 여의면 일원상의 경지이다.

# 사상四相의 해법과 일원상

### 1. 아상我相으로 사상을 통합한 정산 종사의 해석

정산 종사는 사상四相을 아상我相으로 통합하여 풀어간다.

정산 종사가 《회보》 26~30호에 연재한 '금강경해'에 사상과 아상에 대한 강의가 등장한다.

◎ 강의

나라는 상이 있으므로 사람이라는 상이 있고, 사람이라는 상이 있으므로 중생이라는 상이 있고, 중생이라는 상이 있으므로 수자라는 상이 있나니, 나라는 상은 참 성품 가운데 오온 색신이 근본 공空한 것과 자타 분별이 원래 없는 그 이치를 알지 못하고 한갓 변환하는 형상에 의지하여 망령되이 내 것이라는 생각에 집착함이니, 다시 그 내력을 든다면 내 육신 내 물건 내 명예 등 그 모든 경계에 항상 내 것이라는 마음을 따로 가짐으로 원만한 그 성품, 자연한 그 공도公道를 그대로 행하지 못하고 오직 편벽되고 사사한 욕심으로써 애착 탐착에 끌리게 되며 애착 탐착이 있으므로 한없는 번뇌 망상이 일어나며, 한없는 번뇌 망상이 일어나므로 중생의 죄업이 또한 한이 없게 됨을 이름이요, 사람이라는 상은 아상이 있음을 인하여 평등한 안목으로 세상을 보지 못하고 또는 육도 사생의 원리를 알지도 못하면서 스스로 사람이라는 자만심에 집착함을 이름이요, 중생이라는 상은 인상이 있음을 인하여 사람과 중생이 서로 차별 없는 곳을 알지 못하며 또는 중생이 중생 되는 법과 중생이 변하여 부처 되는 법을 알지 못하고 한갓 중생이라는 생각에 그침을 이름이요, 수자라는 상은 중생상이 있음을 인하여 생멸이 없는 진리를 알지 못하고 한갓 육신 일생의 수명에 집착하여 그것으로써 자기의 참 수명인 줄로 그릇 아는 자를 이름이니 세간 천만 상이 도두 이 사상四相에서 근원하였고 사상이 또한 아상 하나에서 근원

되었으니 공부하는 자가 먼저 아상 하나만 끊으면 모든 상이 자연히 멸도 될 것이오, 모든 상이 멸도 되면 상이 없는 참 성품을 얻어서 비록 천만사를 응용할지라도 조금도 집착한 바가 없어서 가이可以 무상대도를 성취할 것이다.[《회보》 제26호 7월호]

정산 종사는 아상我相으로 사상을 통합하는 공부법을 제시한다.

"세간 천만 상이 모두 이 사상四相에서 근원하였고, 사상四相이 또한 아상我相 하나에서 근원 되었으니 공부하는 자가 먼저 아상 하나만 끊으면 모든 상이 자연히 멸도 될 것이오, 모든 상이 멸도 되면 상이 없는 참 성품을 얻어서 비록 천만사를 응용할지라도 조금도 집착한 바가 없어서 가히 무상대도를 성취할 것이다."

이처럼 사상四相이 아상我相에 근원 되니 아상 하나만 끊으면 모든 상이 멸도 된다는 주장이다. '비非 사상四相' 즉 보살의 핵심을, 아상을 통해 해결하는 정산 종사의 통찰이다.

『금강경』에서 사상은 다양하게 변주한다. 그러므로 아상 하나만 해결하면 사상이 해결되고 나아가 모든 상을 해결할 수 있는 것이다. 모든 상이 멸도 되면 상이 없는 참 성품을 얻어서 온갖 것을 응용하더라도 집착한 바가 없어서 무상대도를 성취할 수 있다. 즉 아상을 여의면 사상을 비롯해 온갖 상을 다 여의어 결국 무상대도의 일원상 경지를 얻게 된다.

소태산 대종사와 정산 종사 간의 아상에 관한 문답이다.

정산 종사는 '나라는 상相이 가운데 있어서 그 그림자가 지혜 광명을 덮으므로 그 시비를 제대로 알지 못하나이다.'라는 답변에서 아상의 중요성을 말하고 있다.

대종사 봉래정사에 계시사 등잔불을 가리키시며 말씀하시기를 "저 등잔불이 그 광명은 사면을 다 밝히는데 어찌하여 제 밑은 저 같이 어두운고." … 송규 사뢰기를 "저 등불은 불빛이 위로 발하여 먼 곳을 밝히고 등대는 가까운데 있어서 아래를 어둡게 하오니, 이것을 비유하오면 혹 사람이 남의 허물은 잘 아나 저의 그름은 알지 못하는 것과 같다고 하겠나이다. 어찌하여 그런가 하면, 사람이 남의 일을 볼 때에는 아무것도 거리낌이 없으므로 그 장단과 고저를 바로 비춰 볼 수 있사오나, 제가 저를 볼 때에는 항상 나라는 상相이 가운데 있어서 그 그림자가 지혜 광명을 덮으므로 그 시비를 제대로 알지 못하나이다." 대종사 말씀하시기를 "그렇게 원만하지 못한 사람이 자타自他없이 밝히기로 하면 어찌하여야 될꼬." 송규 사뢰기를 "희·로·애·락에 편착하지 아니하며, 마음 가운데에 모든 상을 끊어 없애면 그 아는 것이 자타가 없겠나이다." 대종사 말씀하시기를 "그대의 말이 옳다."[『대종경』 수행품 26장]

## 2. 소태산의 사상 해석과 일원상

『금강경』은 사상四相이 있으면 보살이 아님을 밝히고 있다.

한마디로 보살이 아상我相과 인상人相과 중생상衆生相과 수자상壽者相이 있으면 곧 보살이 아니라는 것이다.[若菩薩 有我相人相衆生相壽者相 即非菩薩]

"이와 같이 한량이 없고 수가 없고, 가 없는 중생을 멸도하되 실로 중생이 멸도를 얻은 이가 없나니, 어찌한 연고인고? 수보리야 만일 보살이 아상我相과 인상人相과 중생상衆生相과 수자상壽者相이 있으면 곧 보살이 아니니라."[불조요경본 『금강반야바라밀다경』 3장]

이러한 사상四相과 그 해법에 관한 소태산 대종사의 견해이다.

한 제자 여쭙기를 "금강경 가운데 사상四相의 뜻을 알고 싶나이다." 대종사 말씀하시기를 "사상에 대하여 고래古來로 여러 학자의 해석이 많이 있는 모양이나 간단히 실지에 부합시켜 말하여 주리라. 아상我相이라 함은 모든 것을 자기 본위로만 생각하여 자기와 자기의 것만 좋다 하는 자존심을 이름이요, 인상人相이라 함은 만물 가운데 사람은 최령하니 다른 동물들은 사람을 위하여 생긴 것이라 마음대로 하여도 상관없다는 인간 본위에 국한됨을 이름이요, 중생상衆生相이라 함은 중생과 부처를 따로 구별하여 나 같은 중생이 무엇을 할 것이냐 하고 스스로 타락하여 향상이 없음을 이름이요, 수자상壽者相이라 함은 연령이나 연조나 지위가 높다는 유세로 시비는 가리지 않고 그것만 앞세우는 장로의 상을 이름이니, 이 사상을 가지고는 불지에 이르지 못하나니라." 또 여쭙기를 "이 사상을 무슨 방법으로 없애오리까." 대종사 말씀하시기를 "아상을 없애는 데는 내가 제일 사랑하고 위하는 이 육신이나 재산이나 지위나 권세도 죽는 날에는 아무 소용이 없으니, 모두가 정해진 내 것이 아니라는 무상의 이치를 알아야 할 것이며, 인상을 없애는 데는 육도 사생이 순환 무궁하여 서로 몸이 바뀌는 이치를 알아야 할 것이며, 중생상을 없애는 데는 본시 중생과 부처가 둘이 아니라 부처가 매하면 중생이요 중생이 깨치면 부처인 줄을 알아야 할 것이며, 수자상을 없애는 데는 육신에 있어서는 노소와 귀천이 있으나 성품에는 노소와 귀천이 없는 줄을 알아야 할 것이니, 수도인이 이 사상만 완전히 떨어지면 곧 부처니라."[『대종경』 변의품 19장]

자존심인 아상, 인간 본위에 국한된 인상, 스스로 타락하여 향상이 없는 중생상, 장로상인 수자상의 사상이 있으면 불지에 이르지 못하며 사상만 떨어지면 부처라는 것이다. 결국 사상의 상이 떨어진 자리가 일원상이다. 일원상의 경지는 상이랄 것이 없는 자리이다.

소태산 대종사는 능이성 유상하고 능이성 무상한 일원상으로 사상을 해결하는 방법을 제시한다. 아상은 모든 것이 정해진 내 것이 아니라는 무상의 이치로, 인상은 육도사생으로 윤회하여 서로 몸이 바뀌는 무상의 이치로, 중생상은 중생과 부처가 둘이 아니라 부처가 매하면 중생이요 중생이 깨치면 부처가 되는 이치로, 수자상은 성품에는 노소와 귀천이 없는 이치로 해결하라는 것이다.

즉, 소태산은 무상한 변화의 이치와 유상한 불변의 이치로 사상을 해결한다.

# 3. 일원상과 주문

## 〈대각 일성〉 독송讀誦하기

### 대각 일성 大覺一聲

원기圓紀 원년 사월 이십팔일(음 3월 26일)에
대종사大宗師 대각大覺을 이루시고 말씀하시기를
"만유가 한 체성이며 만법이 한 근원이로다.
이 가운데 생멸 없는 도道와 인과 보응되는 이치가
서로 바탕하여 한 두렷한 기틀을 지었도다."
[『대종경』 서품 1장]

# 대각 일성大覺一聲과 일원상

소태산 대종사의 대각 일성大覺一聲은 일원상과 직결되어 있다.
그러므로 대각 일성은 일원상의 소식이요 일원상의 외침이다.

소태산 대종사는 병진(1916년) 음력 3월 26일에 대각 일성을 외친다.
"만유가 한 체성이며 만법이 한 근원이로다. 이 가운데 생멸 없는 도와 인과보응 되는 이치가 서로 바탕하여 한 두렷한 기틀을 지었도다."[『대종경』 서품 1장]
이 대각 일성은 대변혁의 전환점인 일대 변곡점으로 소태산의 공생애를 관통한다.

《회보》 제60호, 서대원의 '성지순례기' 중 입정入定에 관한 대목이다.
"때로는 입정 상태에 드시어 밥을 자셔도 밥인 줄 모르시며, 소변을 보시고도 거둘 줄도 모르시며 어디를 가시다가도 우상偶像처럼 온종일을 서 있기도 하시고, 아침에 진지를 올리고 점심때에 와보면 수저를 드신 그대로 진지도 잡수지 않고 아두 정신없이 앉아계셨다."
이처럼 우두커니 입정돈망入定頓忘의 상태에서 정신이 쇄락[灑落, 상쾌]하여 출정出定하는 과정에서 대각이 봄날의 꽃망울처럼 터져 나온다.

소태산 대종사는 출정 오도悟道의 과정에서 『동경대전』 '포덕문'의 한 글귀와 『주역』 '건위천'괘 문언전 끝부분 구절을 듣게 된다.
"그날 조반 후, 이웃에 사는 몇몇 마을 사람이 동학의 동경대전東經大全을 가지고 서로 언론言論하는 중, 특히 '오유영부기명선약吾有靈符其名仙藥 기형태극우형궁궁其形太極又形弓弓'이란 구절로 논란함을 들으시매, 문득 그 뜻이 해석되는지라, 대종사 내심에 대단히 신기하게 여기시었다. 얼마 후, 또한 유학자 두 사람이 지나다가 뜰 앞에 잠깐 쉬어 가는 중, 주역周易의 '대인大人 여천지합기덕與天地合其德 여일월합기명與日月合其明 여사시합기서與四時合其序 여귀신합기길흉與鬼神合其吉凶'이라는 구절을 서로 언론함을 들으시매, 그 뜻이 또한 환히 해석되시었다."[『원불교교사』 '대종사의 대각']

소태산 대종사가 대각을 확인하는 과정에서 접한 『주역』의 구절은 대각 일성의 '만유가 한 체성'과 '만법이 한 근원'에 녹아든다.

즉 여천지與天地·여일월與日月·여사시與四時·여귀신與鬼神은 주객 분별이 탈락한 무분별의 '한 체성·한 근원' 자리에서 천지·일월·사시·귀신 등의 '만유와 만법'이 두렷하게 드러난 상태이다.

'한 체성, 한 근원' 자리는 관찰되는 대상이 아니라 보는 주체가 바로 보이는 대상으로 관통된 '무분별의 분별'이다. 그러므로 '한 체성, 한 근원'은 마음이 곧 천지요 천지가 마음으로 꿰뚫어진 자리로써, 마음에 천지의 덕德과 일월의 명明과 사시의 서序와 귀신의 길흉吉凶이 훤히 드러난 경지이다.

소태산 대종사는 원기26년(1941) 12월 8일 법문에서 "나는 우연히 천도교인이 『동경대전』의 오유영부기명선약기형태극우형궁궁吾有靈符其名仙藥其形太極又形弓弓을 읽는 소리를 듣고 문득 일원상一圓相의 진리와 아울러 육도사생의 승강昇降 변화하는 이치를 확연히 알게 되었다."[이공주 수필]라고 회고하였다.

즉 『동경대전』의 기형태극우형궁궁其形太極又形弓弓의 문구를 듣고 일원상 진리의 유상한 자리와 무상한 자리를 한자리로 꿰뚫은 것이다. 불생불멸의 도와 사생이 육도로 승강하는 인과보응의 이치가 하나로 관통한다.

마치 거울이 한 편으로는 텅 비어 맑고 밝으면서 또한 모든 것을 비추는 것처럼, 천지와 하나가 되어 주객의 분별이 사라지는 '궁궁弓弓의 일원상'과 함께 이렇게 텅 빈 가운데 모든 조화의 원리가 본래 갈무리되어 있는 '태극太極의 일원상' 자리도 깨달은 것이다.

결국 생멸의 상대성이 끊어진 절대 자리를 체득하는 동시에 이 절대 자리에서 인과 원리대로 전개되는 상대 자리까지 드러낸다. 즉 일원상은 시공時空 초월의 생멸 없는 도이면서 시공의 상대계를 총섭하는 인과보응 되는 이치까지이다.

소태산 대종사는 『동경대전』과 『주역』의 한 구절을 접한 후 이 뜻이 확연하게 해석되므로 마음속에 품어 두었던 의심들을 차례로 연마한다.

**"이에 더욱 이상히 여기시어 '이것이 아마 마음 밝아지는 증거가 아닌가?' 하시고, 전날에 생각하시던 모든 의두를 차례로 연마해 보신즉, 도두 한 생각에 넘지 아니하여, 드디어 대각을 이루시었다."** [『원불교교사』 '대종사의 대각']

드디어 소태산 대종사는 모든 의두가 한 생각을 넘지 않게 된다.

한 생각을 넘지 않는 이 자리가 바로 '한 두렷한 기틀'의 일원상이다.

이 사건이 바로 소태산 대종사의 대각 기연으로 더원정각의 확인 과정이다.

소태산 대종사, 이에 선언한다.

**"만유가 한 체성이며 만법이 한 근원이로다. 이 가운데 생멸 없는 도와 인과보응 되는 이치가 서로 바탕하여 한 두렷한 기틀을 지었도다."**

이처럼 생멸 없는 절대계와 인과 보응되는 상대계가 본래 한 자리로써 서로 바탕을 삼아 한 두렷한 기틀을 짓고 있는 이 자리가 일원상의 경지다.

이러한 소태산 대종사의 대각 일성은 '일원상 게송'과 한 경지로 관통하고 있다. 장항대각상의 첫 일성과 계미열반상의 게송이 일원상으로 하나이다. 소태산 대종사는 원기26년(1941) 1월 28일에 전법게송을 공개적으로 발표하고 원기28년(1943) 계미년에 열반하였다. 게송은 계미열반상의 상징으로 일원상의 부촉이다. 소태산은 대각에서 열반에 이르기까지 일원상 한자리로 꿰뚫고 있다.

소태산 대종사의 깨달음의 포효가 일원상이라면,
소태산 대종사의 열반할 무렵의 당부도 일원상이다.
소태산 대종사의 대각 일성이 일원상의 소식이라면,
소태산 대종사의 전법게송은 일원상의 경륜이다.

소태산의 '게송'은 일원상의 진리를 유有라는 변하는 자리와 무無라는 불변하는 자리로 노래한다. 즉 '게송'의 유有는 변하는 무상으로 대각 일성의 '인과보응 되는 이치'와 상통하며, '게송'의 무無는 불변하는 유상으로 대각 일성의 '생멸 없는 도'와 서로 통한다.

그리하여 불변하는 자리인 '생멸 없는 도'와 변화하는 자리인 '인과보응 되는 이치'가 서로 바탕을 두어 한 두렷한 일원상의 기틀을 짓고 있다. 결국 한 두렷한 기틀은 일원상으로 만유가 한 체성이며 만법이 한 근원이다.

| 대각 일성 | 일원상 서원문 | 게송 |
|---|---|---|
| 생멸 없는 도와 인과보응 되는 이치가 서로 바탕하여 ⇒ | 능이성 유상하고 (유상으로 보면) 능이성 무상하여 (무상으로 보면) ⇒ | 유는 무로 무는 유로 |

그리고 또한 대각 일성은 〈일원상 서원문〉으로 통해 있다.

대각 일성의 "만유가 한 체성이요 만법이 한 근원이로다"는 〈일원상 서원문〉의 "천지·부모·동포·법률의 본원이요 제불·조사·범부·중생의 성품"으로 "언어도단의 입정처요 유무초월의 생사문"인 일원이다. 또한, 대각 일성의 "그 가운데 생멸 없는 도와 인과 보응되는 이치가 서로 바탕하여 한 두렷한 기틀을 지었도다."는 〈일원상 서원문〉의 "능이성 유상하고 능이성 무상하여"와 의미가 통한다. 즉 '생멸 없는 도'는 유상으로 보면 한량없는 불변의 무량세계로 전개되며, '인과보응 되는 이치'는 무상으로 보면 한량없이 변하는 무량세계로 전개된다.

이처럼 한 두렷한 기틀의 일원상은 불변하는 유상 중에 능히 무상으로 변하고, 변하는 무상 중에 능히 유상으로 불변하는 진리이다.

소태산 대종사는 대각에서 열반에 이르기까지 대각 일성을 비롯하여 '일원상 서원문'으로, '일원상 게송'으로 일원상을 굴린 것이다.

# 〈성주〉 독송讀誦하기

성주聖呪

대종사 이공주·성성원에게
"영천영지영보장생 永天永地永保長生
만세멸도상독로 萬世滅度常獨露
거래각도무궁화 去來覺道無窮花
보보일체대성경 步步一切大聖經"을 외게 하시더니,
이가 천도를 위한 성주로 되니라.
[『대종경』 천도품 4장]

## 성주聖呪와 일원상

'성주聖呪'는 일원상과 하나로 녹아 있다.
성주도 게송의 하나로 일원상의 노래이다.

소태산 대종사는 병인년 12월 초에 상경하여 원기12년(1927) 1월 12일(丙寅 12월 9일)에 경성출장소 창신동회관에서 '재가선법在家禪法'과 '고락의 원인'을 설한다. 당시 창신동회관 법석에서 이공주는 '수양의 방법'을 묻는데 이 기연으로 「성주聖呪」가 탄생한다.

구타원 이공주가 편찬한 『원불교 제1대 창립유공인 역사』 제2권 '성성원 편'에 기록된 당시의 상황이다.

이공주는 소태산 대종사께 여쭈었다.
"불법을 공부하려면 수양의 힘을 얻어야겠는데 수양은 어떻게 하여야 되겠습니까?"
"아침에 일찍 일어나서는 좌선을 하고 저녁 자기 전에는 염불을 많이 하시오."
"염불은 무슨 염불을 하면 되겠습니까?"
"'나무아미타불'을 많이 하시오."
"젊은 사람이 어찌 '나무아미타불'을 하겠습니까?"
"그럼 시구詩句는 읽을 수 있겠소?" 하시고 시구 하나를 지어 불러주시니
'거래각도 무궁화 보보일체 대성경去來覺道無窮花步步一切大聖經'이었다.
같이 법문을 받들고 있던 성성원이 여쭈었다.
"저도 하나 지어 주십시오."
소태산 대종사, 다시 시구를 지어 주시니

'영천영지 영보장생 만세멸도 상독로 永天永地永保長生 萬世滅度常獨露'라. 이날의, 이 시구를 합하여 후에 영혼 천도를 위한 '성주聖呪'가 되었다.

이공주와 성성원에게 주었던 시구가 '성주'가 되었으며, 법석에 동석했던 경성회원들도 이 시구를 외우며 적공하였다. 소태산은 이후 이 시구를 합하여 '성주'라 명명하고 영혼 천도를 위한 주문으로 사용하였다.[『대종경선외록』 최종선외장 2절]

'성주'는 원기13년(1928) 음 6월 26일에 익산본관 예회 겸 하계기념일에 김광선의 인도로 성주 3편을 낭독한 것이 《월말통신》 제4호에 기록상 처음 등장하며, 원기 15년(1930) 《월말통신》 제30호에 경성출장소 회원인 김낙원 열반 시 탈복식에서 성주 7편을 주송한 기록이 있다.

성주聖呪란 명칭은 성주의 마지막 구절 '대성경大聖經'에서 유래한 것으로 보인다.

'성주'는 변·불변의 자리를 노래한 주문으로, "영천영지영보장생永天永地永保長生 만세멸도상독로萬世滅度常獨露"는 〈일원상 서원문〉의 능이성 유상한 자리요 〈일원상 게송〉의 불변의 무無 자리라면, "거래각도무궁화去來覺道無窮花 보보일체대성경步步一切大聖經"은 〈일원상 서원문〉의 능이성 무상한 자리요 〈일원상 게송〉의 변하는 유有 자리이다.

첫째, "영천영지영보장생 만세멸도상독로", 이 자리는 〈일원상 서원문〉의 "유상으로 보면 상주불멸로 여여자연하여 무량세계를 전개하였고"와 상통한다.

영천영지永天永地의 천지는 대상화된 천지가 아니라 주객의 분별이 탈락한 천지다. 영천영지는 생멸 없는 성품의 본체[『정산종사법어』 원리 편 34장]가 드러남이다. 대산 종사의 '대지허공심소현大地虛空心所現' 법문처럼 대지허공의 천지는 본래 마음의 나타남으로, 하늘과 땅이 영천영지의 한마음에서 드러난다. 영천영지는 천지다 마음이다 할 분별이 끊어진 자리에서 나타나는 천지이다. 현상적인 천지가 영원하다는 것이 아니라 천지와 마음이 주객으로 분별되지 않는 한자리에서 드러나는 천지다.

이와 같이 마음과 천지가 둘이 아닌 영천영지가 상주불멸로 여여자연하여 무량세계로 영보장생永保長生하며, 또한 만세萬世에 일체의 분별 망상을 여의고 건너버린 만세멸도萬世滅度의 자리이다. 천지다 마음이다 할 주객분별의 상대적 짝이 끊어진 절대 자리가 항상 홀로 드러나는 상독로常獨露의 무량세계이다.

이처럼 "만세멸도상독로"는 〈일원상 서원문〉의 유상으로 보면 전개되는 국한이 없 는 무량세계이다.

둘째, "거래각도무궁화 보보일체대성경"으로, 이 자리는 〈일원상 서원문〉의 "무상으로 보면 우주의 성주괴공과 만물의 생로병사와 사생의 심신 작용을 따라 육도로 변화를 시켜 혹은 진급으로 혹은 강급으로 혹은 은생어해로 혹은 해생어은으로 이와 같이 무량세계를 전개하였나니"와 의미 상통하는 자리이다. 거래각도去來覺道는 생멸 거래에 변함이 없는 자리에서 거래의 도에 깨어있는 경지이다.

소태산 대종사는 가고오고 주고받는 거래와 여수與受의 도를 밝혀주었다.
**"우주의 진리는 원래 생멸이 없이 길이길이 돌고 도는지라. 가는 것이 곧 오는 것이 되고 오는 것이 곧 가는 것이 되며, 주는 사람이 곧 받는 사람이 되고 받는 사람이 곧 주는 사람이 되나니, 이것이 만고에 변함없는 상도**常道**니라."**[『대종경』 인과품 1장]
거래는 가면 오고 오면 가고, 더위가 극하면 추워지고 추위가 다하면 더워지는 즉 극하면 변하고 미하면 나타나는 우주 자연의 변화 이치[『정산종사법어』 원리편 36장]이다.
"거래각도무궁화去來覺道無窮花"는 오면 가고 가면 오는 거래의 도에 깨어있는 것이다. 거래의 꽃이 피고 지고를 끊임없이 이어가는 변화의 도를 환히 깨닫는 것이다. 거래각도는 왔으면 가고 갔으면 오고 들이마셨으면 내뱉고 내뱉었으면 들이마시는 유무 변화의 도에 깨어있는 상태이다. 음양상승의 도와 인과보응되는 이치에 각성이 있는 것이다.

무상하게 변화자재하는 거래의 도를 환히 밝혀 생로병사의 거래에서 자유하고 주고받는 인과 속에서 복락을 장만하는 무궁화를 꽃 피우는 삶이다.

이렇게 가면 오고 오면 가는 유무 변화의 도에 깨어있는 것이다. 그러면 무상하여 다함이 없는 무량세계의 무궁화가 피어난다. 거래하는 변화의 도에 깨어있으면 무상의 꽃이 피고 또 피어난다.

**이 세상은 일과 이치를 펼쳐 놓은 산 경전으로 우리 인생은 일과 이치 가운데에 나서 일과 이치 가운데에 살다가 일과 이치 가운데에 죽고 다시 일과 이치 가운데에 나는 것이므로 세상은 일과 이치를 그대로 펴 놓은 경전이다.**[『대종경』 수행품 23장 축약 정리]

결국 걸음걸음마다 성스러운 경전으로 화하여 일체의 행보가 깨어있는 대성경大聖經이 된다. "보보일체대성경步步一切大聖經"은 '일원상 서원문'의 무상으로 보면 전가 되는 무량세계로, 산 경전이요 현실로 나타나 있는 큰 경전이다.

〈일원상 게송〉의 "유는 무로 무는 유로 돌고 돌아 지극하면"처럼 "영천영지영보장생 만세멸도상독로"의 변함없는 무無 자리는 "거래각도무궁화 보보일체대성경"의 변화 자재하는 유有 자리와 둘이 아니기에, "거래각도무궁화 보보일체대성경"의 유有와 "영천영지영보장생 만세멸도상독로"의 무無는 돌고 돌아 서로 바탕하고 있는 둘이 아닌 한자리이다.

| 구공俱空 | | |
|---|---|---|
| 변함없는 無 자리 | ⇆ (돌고돌아) ⇆ | 변화자재하는 有 자리 |
| 永天永地永保長生 萬世滅度常獨露 | | 去來覺道無窮花 步步一切大聖經 |
| 구족具足 | | |

그러므로 궁극에는 "영천영지영보장생 만세멸도상독로"라 할 것도 "거래각도두궁화 보보일체대성경"이라 할 것도 없는 구공俱空한 자리이면서, 또한 "영천영지영보장생 만세멸도상독로"로 불변하고 "거래각도무궁화 보보일체대성경"으로 변화자재하여 변·불변이 구족具足한 자리이다.

'성주聖呪'는 〈일원상 서원문〉의 "불변하는 유상"과 "변하는 무상" 그리고 〈일원상 게송〉의 "변하는 유有"와 "불변하는 무無"가 융통된 일원상 자리를 노래한 주송이다. 즉 성주는 일원상의 노래이다.

## 〈영주〉 독송讀誦하기

> 영주靈呪
>
> 예전禮典을 편찬하시며 영주靈呪를 내리시니
> "천지영기아심정 天地靈氣我心定
> 만사여의아심통 萬事如意我心通
> 천지여아동일체 天地與我同一體
> 아여천지동심정 我與天地同心正"이러라.
> [『정산종사법어』 예도편 21장]

## 영주靈呪와 일원상

'영주'는 일원상과 둘이 아닌, 하나로 관통되어 있다.
영주도 게송의 하나로 일원상의 노래이다.

영주는 『예전』 편찬 시 정산 종사께서 '청정주'와 함께 내려준 주문이다.
『예전』 '특별기도' 편을 보면 "기도 기간 중 독송하는 주문은 열반인을 위한 기도에는 성주를, 생존인의 소원 성취를 위한 기도에는 영주를, 특별히 재액이나 원진[冤瞋, 원망스러운 분노]의 소멸을 위한 기도에는 청정주를 주로 독송할 것이요"라고 명시하고 있다. 이처럼 영주는 기도 중 소원 성취를 위한 주송으로 주로 사용한다.

당시 교무부 직원 이제성이 정산 종사께 여쭙니다.
"지방 교당에서 올라온 질의 건 가운데 성주와 영주의 뜻을 알려 달라는 요청이 많이 있는데 어찌하면 좋겠습니까?"
"성주나 영주는 뜻을 해석하는 것이 아니다. 거기에 마음을 주하여 일심으로 독송하여 심력과 위력을 얻는 것이다."[『한울안한이치에』]

주문을 일심으로 주송하여 청정일심에 들 때 마음의 힘과 위력을 얻게 된다. 주송은 일심이 핵심이다. 주송하는 일심 자리에 들어가라는 것이다.

영주靈呪를 주송하는 마음으로 살펴보자.
천지영기아심정天地靈氣我心定 만사여의아심통萬事如意我心通
천지여아동일체天地與我同一體 아여천지동심정我與天地同心正

첫째, "천지영기天地靈氣 아심정我心定"이다.

천지의 신령한 기운[天地靈氣]이 내 마음에 자리 잡도록 하는 것[我心定]이다. 천지의 영기靈氣는 신령하고 신명한 '천지의 도'[『정전』 천지피은의 강령]이다. 주송으로 일심청정이 되면 천지의 신령한 기운인 천지의 도가 마음에 자리 잡는다. 아심정我心定은 천지와 나라는 간격이 탈락한 무분별 자리로, 천지의 기운이 그대로 마음에 드러나는 경지이다. 마음에 드러나는 천지영기는 천지의 도道와 덕德이다. 도로써 발현하는 덕으로 천지하감지위天地下鑑之位의 경지이다.

천지영기아심정, 이 자리는 천지영기와 둘이 아닌 마음으로 천지의 도를 체받은 일원상 자리이다.[『정전』 천지 보은의 조목]

소태산 대종사는 **"염불이나 주송을 많이 계속하면 자연 일심이 청정하여 각자의 내심에 원심怨心과 독심毒心이 녹아질 것이며, 그에 따라 천지 허공 법계가 다 청정하고 평화하여질 것"**[『대종경』 변의품 29장]이라고 주송의 뜻을 밝혔다.

주송으로 일심 청정하면 원망이나 독한 마음 등에 걸리고 막힌 마음이 녹아나서 천지와 허공법계가 다 청정하고 평화롭게 드러나는 '천지영기'가 마음에 자리 잡은 아심정我心定의 경지가 된다.

'대우주의 본가本家를 찾아 초인간적 생활을 하라'는 소태산 대종사 법설 한 대목이다.

**"소소疎疎한 하늘이 위로 장막을 두르고, 광막한 지구가 그 자리를 하였나니, 이것이 참말 군의 큰 집이다. …중략… 그 집 속에는 또한 한정 없는 살림이 구족이 갖추어 있나니, 일월日月의 전등이 사귀어 돌매 사시四時의 기계가 아울러 움직이고, 바람·비·이슬·서리·눈·우레·번개가 다 그에 화化하여, 우리의 먹고 입고 쓸 것을 장만하여 준다."**[《월말통신》 제21호]

이 말씀은 천지만물과 춘하추동 사시 및 풍운우로상설의 기운이 드러나는 그 자리가 큰집으로, 천지와 마음이 둘이 아닌 이 큰집에 안착하는 것이 '천지영기 아심정'이다.

둘째, 만사여의萬事如意 아심통我心通으로, 만사를 뜻과 같이, 하고 싶어 하는 그대로 내 마음에 훤히 통해 있는 것이다.

만사여의는 만사를 내 뜻대로 하고 싶어 하는 마음이라면, 아심통은 주송 일심으로 청정한 자리에 들면 만사를 뜻대로 하고 싶어 하는 마음의 흐름이 훤히 드러난다.

만사여의아심통은 '일원상의 진리'처럼 "공적영지의 광명을 따라 언어명상이 완연 하여 시방삼계가 장중의 한 구슬같이 드러나는" 경지로 만사를 뜻대로 하고 싶어 하는 욕계·색계·무색계의 시방삼계의 마음이 아심통我心通해 있는 상태다.

소태산 대종사는 "여의보주如意寶珠가 따로 없나니, 마음에 욕심을 떼고, 하고 싶은 것과 하기 싫은 것에 자유자재하고 보면 그것이 곧 여의보주니라."[『대종경』 요훈품 13장]라고 정의하였다.

또한 "범부는 그 하고 싶은 일을 당하면 거기에 끌리어 온전하고 참된 정신을 잃어버리고, 그 하기 싫은 일을 당하면 거기에 끌리어 인생의 본분을 잃어버려서 정당한 공도公道를 밟지 못하고 번민과 고통을 스스로 취하나니, 이러한 사람은 결코 정신의 안정과 혜광을 얻지 못하나니라."[『대종경』 수행품 20장]라고 말씀하였다.

주송에 일심 청정하면 정신의 안정과 혜광을 얻어, 하고 싶은 데에도 끌려가지 않고 하기 싫은 데에도 끌려가지 않는 여의보주를 얻어 "만사여의아심통萬事如意我心通"의 일원상 경지에 든다.

셋째, 천지여아天地與我 등일체同一體로, 천지와 한 몸의 경지이다.

주문에 일심 독송하여 청정한 자리에 들면 천지와 내가 둘이 아닌 한자리가 된다. 이 자리가 바로 천지와 간격이 무화無化된 일원상 자리이다.

소태산 대종사 구도 과정에서 문득 떠올라 외우던 "우주신 적기적기宇宙神 摘氣摘氣 시방신 접기접기十方神 接氣接氣"의 주문과 통하는 자리이다. 이렇게 주문에 일심 독송하여 천지와 나라는 분별이 탈락하면 천지영기가 내 마음에 자리 잡아 하나가 되어[천지영기아심정], 천지의 기운과 둘이 아닌 천지여아동일체天地與我同一體가 된다.

소태산 대종사가 출정의 과정에서 대각을 확인한 『주역』의 "대인 여천지합기덕 여일원합기명 여사시합기서 여귀신합기길흉大人 與天地合其德 與日月合其明 與四時合其序 與鬼神合其吉凶"의 구절과 통하는 자리이다.

주송에 일심 청정한 자리에서 출정하여 천지의 덕과 일월의 명과 사시의 서와 귀신의 길흉에 합하여 둘이 아니게 된다. 천인합일天人合一의 경지다.

천지영기아심정天地靈氣我心定하면 천지여아동일체天地與我同一體가 된다.

넷째, 아여천지我與天地 동심정同心正으로, 나와 천지가 한마음으로 바르다는 것이다. 아여천지我與天地는 『주역』의 대인大人이 천지天地와 더불어 한마음이 되는 '대인여천지大人與天地'의 경지로, 소태산 대종사는 **"마음이 한 번 전일하여 조금도 사가 없게 되면 곧 천지로 더불어 그 덕을 합하는 여천지합기덕與天地合其德이 되어, 모든 일이 다 그 마음을 따라 성공이 될 것이다."**[『대종경』 서품 13장]라고 하였다.

이와 같이 주송 일심으로 사사로움이 없는 텅 비어 고요한 자리에 들면 천지와 둘이 아닌 동심同心이 되어 바르게 된다. 즉 천지의 도를 체받아 천지의 덕을 나투어[『정전』 천지보은의 결과], 모든 일이 천지의 도를 따라 바르게 이루어진다.

동심정同心正의 정正은 사사로움이 없는 일원상의 발현이다.

동심同心은 나와 천지가 둘이 아닌 마음으로, 동심정同心正은 주송에 일심이 되어 분별망상이 탈락한 텅 비어 고요한 자리에 들면 천지의 도와 한 마음인 동심同心이 되어, 천지와 내가 둘이 아니요, 내가 곧 천지일 것이며 천지가 곧 나일지니, 자연 천지 같은 수명과 일월 같은 밝음과 천지 같은 위력을 얻어 천지행을 하는 것이다.[『정전』 천지 보은의 결과]

예를 들어 길흉에 대하여 천지처럼 길한 일을 당할 때 흉할 일을 발견하고 흉한 일을 당할 때 길할 일을 발견하여 길흉에 끌리지 않는 것이다.[『정전』 천지 보은의 조목 8조] 이것이 아여천지동심정我與天地同心正이다.

만사여의아심통萬事如意我心通하면 결국 아여천지동심정我與天地同心正이 된다.

'영주靈呪'의 천지는 일원상의 발현이다. 그러므로 영주는 일원상 찬가로, 즉 신령한 일원상 자리를 노래한 주문이다. 영주는 신령스러운 주문이란 뜻으로, 천지영기天地靈氣에서 비롯된 이름으로 여겨진다.

자타의 국한이 없는 일원상 마음으로 천지의 도를 체받아서 천지 피은, 지은, 보은을 행하는 것이 영주이다.

# 〈청정주〉 독송讀誦하기

> 청정주清淨呪
>
> 예전禮典을 편찬하시며 영주靈呪를 내리신 그 후
> 다시 청정주清淨呪를 내리시니
> "법신청정본무애 法身清淨本無碍
> 아득회광역부여 我得廻光亦復如
> 태화원기성일단 太和元氣成一團
> 사마악취자소멸 邪魔惡趣自消滅"이러라.
> [『정산종사법어』 예도편 21장]

## 청정주淸淨呪와 일원상

'청정주'는 일원상의 발현이다.
즉 청정주도 게송의 하나로 일원상의 노래이다.

정산 종사는 『예전』을 편찬하시며 먼저 '영주'를 내리신 후, 다시 '청정주淸淨呪'를 내리시니 "법신청정본무애法身淸淨本無碍 아득회광역부여我得廻光亦復如 태화원기성일단太和元氣成一團 사마악취자소멸邪魔惡趣自消滅"이다.[『정산종사법어』예도편 21장]

'청정주淸淨呪'는 청정한 자리를 노래한 주문으로,
이 청정한 자리를 '청정 법신불'이라 하며, 청정 법신불은 '법신불 일원상'이다.
그러므로 청정주는 일원상의 주문이다.

먼저 '법신청정본무애 아득회광역부여'를 살펴보겠습니다.
법신法身은 청정淸淨하여 본무애本無碍 합니다.
법신은 원래 마음으로, 우리의 본연 청정한 성품 자리입니다.
즉 이 자리는 본래 걸림이 없는 우리의 자성自性입니다.
자성은 원래 청정하여 죄복이 돈공頓空하고 고뇌가 영멸永滅한 자리입니다.[『종전』염불의 요지] 마음과 대상의 분별 집착이 없는 청정한 자리입니다.
그러므로 원래 마음인 청정한 법신은 〈일원상의 진리〉의 대소유무에 분별이 없고, 생멸거래에 변함이 없고, 선악업보가 끊어졌고, 언어명상이 돈공한 공적영지의 광명이요, 우주만유를 통하여 무시광겁에 은현자재하는 진공묘유의 조화입니다.

그리고 '아득회광我得廻光하면 역부여亦復如' 합니다.

마음의 방향을 돌이켜 비추어 보면 본래 걸림이 없는 청정한 법신을 얻게 됩니다. 우리의 마음을 회광반조하면 원래 청정하여 걸림이 없는 자리가 두렷합니다. 경계에 끌리어 경계에 매몰되는 마음을 돌이켜 회광반조하면 원래 분별주착이 없는 청정 법신의 성품 자리를 자각하게 됩니다.

법신은 시방삼계에 물들지 않는 청정한 자리이기에 또한 시방삼계를 두렷이 드러냅니다. 청정하기에 물욕의 욕계도, 자기 신념과 가치의 색깔을 발하는 색계도, 자기 색깔에 얽매지 않는다는 법상法相 또는 비법상非法相의 무색계도 훤히 드러납니다. 분별이 일어난 자리가 본래 공空한 청정 자리이기에 이 자리에서 삼계 분별이 선명합니다.

즉 회광반조하면 대소유무에 분별이 나타나는 중에 대소유무에 분별이 없는 자리가 드러나며, 생멸거래로 변화하는 가운데 생멸거래에 변함이 없는 자리가 드러나며,

부처와 중생의 차별이 생기고 선과 악의 과보가 달라지는 속에서 선악업보가 끊어진 자리가 드러나며, 언어명상이 완연하여 시방삼계가 장중의 한 구슬같이 드러나는 가운데 언어명상이 돈공한 자리가 드러나며,

또한 사생의 심신 작용을 따라 선순환의 진급과 악순환의 강급으로 승·강급하는 무상한 무량세계가 전개하는 가운데에도 진·강급으로 요동치지 않는 유상한 무량세계가 전개되는 청정한 자리가 드러난다.

둘째, '태화원기성일단太和元氣成一團 사마악취자소멸邪魔惡趣自消滅'입니다.

태화원기성일단의 '태화원기太和元氣'는 법신청정과 한자리입니다.

원기元氣는 음양으로 분별되기 이전 자리입니다.

음양으로 분별되기 이전을 무극無極이라 하고 태극太極이라 합니다.

음양으로 규정할 수 없는 분별 이전 자리를 무극이라 하고,

음양 작용의 모든 공덕을 다 갖추고 있는 본래 구족한 자리를 태극이라 합니다.

이렇게 음양 분별 이전의 본디 기운이 원기元氣입니다.

남녀노소 선악귀천 등으로 나누어지기 이전 상태입니다.

이렇게 분별성과 주착심으로 갈라지기 이전은 터화太和의 경지입니다.

한 생각 이전의 태초로부터 본래 화평한 자리입니다.

이렇게 태초부터 화평한 본디의 기운인 태화원기는 극락 자리입니다.

태화원기는 본래 고락의 분별에 물들지 않는 고와 낙을 초월한 극락입니다.[『대종경』 성리품 3장]

태화원기성일단의 '성일단成一團'은 분별로 나뉘기 이전 자리인 본디 화평한 원기와 하나입니다. 태화원기에 일단一團의 일심을 이루라는 것입니다. 〈일원상 서원문〉의 '일원의 체성'에 합하는 상태입니다.

사마악취자소멸의 '자소멸自消滅'은 본래부터 화평한 원래 기운과 한 덩이 한 체성이 되면 사마악취가 스스로 저절로 소멸됩니다. '사마邪魔'는 삿된 마구니로 사심邪心입니다. 법마상전급의 마魔요 법강항마위의 마입니다. '악취惡趣'는 악도惡道로 탐진치에 끌려가는 마음 세계입니다.

눈앞에 시방삼계의 삿된 마구니[魔]가 펼쳐집니다.

삿된 마구니가 펼쳐지는 눈앞의 형상에 끌려가지 말고 마구니가 펼쳐진 그 자리를 돌이켜 보십시오. 그러면 마에 끌려가지 않는 마인 줄 아는 태화원기의 본래 마음이 드러납니다. 이 태화원기의 체성에 일단을 이루면 사마의 마구니가 절로 사라집니다.

눈앞에 악취의 경계가 전개됩니다.

악취의 경계가 펼쳐지는 눈앞의 시방삼계에 끌려가지 말고 곧바로 내려놓고, 악도인 줄 아는 그 마음을 돌이켜 비추어 보면 탐진치의 악취에 훈습되지 않습니다. 그러면 태화원기에 하나 될 성일단에 악취의 악도가 절로 멸도滅度됩니다.

소태산은 '궁을가를 늘 부르면 운이 열린다.'는 뜻에 대해서 "그러한 도덕을 신봉하면서 염불이나 주송呪誦을 많이 계속하면 자연 일심이 청정하여 각자의 내심에 원심과 독심이 녹아질 것이며, 그에 따라 천지 허공 법계가 다 청정하고 평화하여

질 것이라는 말씀이니 그보다 좋은 노래가 어디 있으리오."[『대종경』 변의품 29장]라고 말씀하였다.

주송에 일심이 되면 눈앞의 선악 고락 경계에 끌려가지 않게 된다. 그리하여 원심과 독심에 무관사가 되어 내려놓게 된다. 그러면 사마악취가 스스로 소멸하여 천지만물이 다 청정하고 평화하게 드러난다.

뼈다귀를 던지면 개는 뼈다귀를 쫓아가고, 사자는 뼈다귀를 던지는 사람에게 달려든다. 공부인은 개처럼 사마악취의 경계를 쫓아갈 것이 아니라, 사자처럼 그 마음이 일어난 본래처에 돌입하여 직면하자는 것이다.

이렇게 회광반조하면 마치 화로에 떨어지는 눈송이처럼 분별망상과 사마악취가 녹는다.

법신청정 본무애의 화로火爐 앞에는 분별망상의 눈[雪]이 스르륵 녹아나 청정한 세계가 펼쳐지며, 태화원기 성일단의 화로 앞에는 사마악취의 경계가 사르륵 소멸하여 내외 중간에 털끝만 한 죄상도 찾아볼 수 없는 화평한 세계가 펼쳐진다.

'법신청정본무애'도 일원상 자리이며 '태화원기성일단'도 일원상 자리로, 법신청정과 태화원기는 일원상으로 한자리이다. 그러므로 청정주는 일원상의 노래이다.

# 제3부
# 일원상 법문

# 일원상 관련 법문 1

### 일원상을 모본하라

수필인 이공주
《회보》제40호. 시창22년(1937) 12월호

　이날은 익산교당[익산총부] 대각전 내에서 제24회 정축丁丑 하선 해제식[시창22년 음 8월 6일]을 거행하였다. 종사주 법좌에 오르시어 일반 선도禪徒에게 말씀하여 가라사대 "제군[諸君, 여러분]은 3개월 동안 입선하여 공부에만 전력하다가 오늘은 해제를 마치고 가게 되었으니 과연 그 공부한 효과를 어떻게 나타내려 하는가? 실은 그동안 배운 것만 가지고도 실지 생활에 연락連絡을 붙여 사용할 줄 안다면 누구에게나 좋은 일뿐이요 낮은 일은 없을 것이니, 곧 자리이타自利利他가 될 것이요. 따라서 큰 효과가 있으리라고 생각한다. 그러나 만일 실생활에 연락을 붙일 줄 모른다면 그동안 배워 안 것은 수포화[水泡化, 물거품]하여 아무 소용도 없을 것이니 어찌 허망치 아니하랴. 제군도 물론 각자 집에서보다는 고생되는 일이 많았겠지만, 이곳에 있는 교무나 사무실 임원들도 여러 가지로 수고를 하였을 것은 사실이니, 즉 교무는 시간 시간, 이 방면으로 말해주고 저 방면으로 가르쳐서 지자智者 선인善人이 되도록 그 인도引導에 노력하였고, 또 사무실 여러 사람들은 선객禪客의 식사 공급이며 기타 심부름 등 주선과 보호에 진력하였다. 그러면 그와 같이 여러 사람들을 수고롭게 해가며 이편은 편안히 공부를 하여 가지고 만일 어떠한 효과가 없다면 그는 반드시 배은자이요 죄인을 면치 못할 것이다.
　그러면 내 이제 간단히 우리 공부법을 가지고 저세상에 나가서 연락 사용하는 방법을 말하여 주리니 그대로 실행하여 볼지어다. 제군은 그동안 '심불心佛 일원상 즉 사은의 내역'을 배웠고 따라서 신앙하고 숭배하였다. 그러면 오늘부터라도 집에 가거든 그 일원상[一圓相, 원형圓形]을 조그맣게 하나씩 만들어서 돌에다 지니든지 벽에다 붙이든지 하고 행주좌와어묵동정 간에 오직 일원一圓의 그 공空한 자리만을 생각하여 사심 잡념을 떼어 버리라. 그런다면 곧 일원상을 체받는 것이 될 것이니, 비컨 댄 글씨 배우는 아이들이 선생의 쳇줄을 보고 그대로 쓰듯 그 일원의 원만무애圓滿無礙한 모형을 본떠보라는 말이다.

예를 들면 무슨 일을 하다가 하기 싫은 사심이 나는 것은 일원상을 위반하는 마음이니, 그런 때에는 즉석에서 그 사심을 물리치고 오직 온전한 마음으로 그 일에 전일專一한 것이 일원상을 체받는 것이요, 또는 불의의 재물이 욕심난다든지 부당한 음식을 먹고 싶다든지 하거든 곧 그 욕심을 제除해 버리고 오직 청렴한 마음으로 전환하는 것이 일원상을 체받는 것이며, 혹은 가족을 대할 때에는 미운 데에 끌린다든지 사랑스러운 데에 끌려서 중도를 잃는다면 일원상 하고는 어긋난 일이니 오직 증애심을 놓아 버리고 항상 원만 공정히 하는 것이 일원상을 체받았다 할 것이다. 자고自古로 인물도 잘난 것을 보고 원만하다 하고, 일 처리도 잘된 것을 보고 원만하다 하나니, 원만이란 것은 곧 일원상을 이름이니라.

본회 공부의 요도 3강령 중 정신수양 즉 일심을 얻는 데 대해서도 항상 마음을 대조하여 보아 사심 없이 온전하여 무슨 일에든지 그르침이 없다면 곧 일원상을 체받는 것이요, 사리연구 즉 지식을 얻는 데 대해서도 사리 간에 배우고 익혀서 시비와 이해를 원만히 분석할 줄 안다면 또한 일원상을 체받는 것이며, 작업취사 즉 실행에 들어가서도 정의는 죽기로써 행하고 불의는 행치 않았다면 이 또한 일원상을 체받는 것이니라. 그리고 순경이나 역경이나 그 어떠한 경계를 당하든지 원망심을 버리고 감사생활을 하며, 타력심을 버리고 자력생활을 하며, 모르는 것은 배우기를 노력하고, 아는 것은 가르치기에 노력하며, 남은 나에게 어떻게 하든지 나는 남에게 유익을 주며, 이 외에도 사은사요와 솔성요론 등 하여간 자리이타법自利利他法을 쓸 것 같으면 일원상의 체를 받는 동시에 공부한 효과가 나타나서 한량없는 지자智者 복인福人이 될 것이요, 만약 그 반대로 삼십 계문 등의 나쁜 일을 행한다면 일원상과는 위반되는 동시에 적악積惡이 되어 무궁한 죄고를 받게 될 것은 사실이다.

상술한 바를 더욱 간명히 말하자면 무슨 일이나 잘된 것은 정의요 곧 일원상을 체받은 것이며, 그 반면에 잘못된 것은 다 불의요 곧 일원상을 체받지 못한 것이니, 제군은 명심하여 억 천만 사에 일원상을 모본할지어다." 하시더라.

⇨ '일원상을 모본하라'는 제24회 정축丁표 하선 해제법문이다. 일원상을 모본하는 것은 일원상을 본받는 것이요 일원상을 체받는 것이다. 소태산 대종사는 "원만이란 것은 곧 일원상을 이름이니라."라고 명시한다. 원만은 곧 일원상으로, 일원상 그대로 드러난 것이다. 또한 "심불心佛 일원상 즉 사은의 내역"이란 뜻은 마음 부처인 일원상의 안목에서 사은의 내역이 역력하게 나타난다는 말이다. 원만한 일원상 자리에서 사은의 실제가 그대로 드러나는 것이다. 또한 "무슨 일이나 잘된 것은 정의요 곧 일원상을 체받은 것이며, 그 반면에 잘못된 것은 다 불의요 곧 일원상을 체받지 못한 것"으로 무슨 일이든지 일원상을 체받아 원만한 일원상대로 하면 잘된 것으로 즉 정의가 드러나고, 반대로 일원상을 위반하면 잘못된 것으로 불의인 것이다. 또한 소태산 대종사는 '일상 수행의 요법'을 실행하는 것이 일원상을 체받는 것이라고 안내한다.

### 삼대력 얻는 빠른 길

수필인 이공주
《회보》제50호. 시창23년(1938) 12월호

이날은 제10회 총대회[시창23년 4월 26일]를 맞은 그 익일[翌日, 다음날]이었다. 오전 10시부터 남녀 수백 대중이 대각전에 운집하여 청법聽法을 기대할 제 종사주 법좌에 출석하시사 … 중략 … 친히 칠판에 일원상 두 개를 그리시니 그 한 개는 결함이 없는 원만한 일원상이요 또 그 한 개는 한 귀퉁이가 일그러진 결함이 있는 일원상이었다. 그 중 원만한 일원상을 가리켜 이르시되 이것은 곧 부처님의 마음이요, 다시 말하면 천지 부모 동포 법률의 본원이며 제불제성과 범부중생의 불성으로 우주만물을 내고 드릴 능력과 복 주고 죄 주는 권리가 있음으로써, 이 일원의 진리를 깨치면 견성을 한 것이며 곧 연구력을 얻었다 할 것이요, 이 일원과 같이 마음을 원만하게 지켜 일호의 사심도 없다면 양성을 한 것이며 곧 수양력을 얻었다 할 것이요, 이 일원을 모방하여 모든 일에 중도를 잃지 않고 원만행을 베푼다면 솔성을 한 것이며 곧 취사력을 얻었다 할 것이다. 이와 같이 삼대력만 얻고 보면 즉시 부처요 성인이며 이 결함 없는 일원상이요, 만일 사심에 끌려 원만치가 못하다든지 사리 간에 아는 것이 부족하다든지 실행이 없다면 즉시 범부요 중생이며 이 한편이 결함 된 일원상이니라. 그러면 제군은 어느 편이 되려 하는가? 번설[煩說, 번잡한 설명]을 불요[不要, 불필요]하고 이 원만한 일원상이 되어야 할 것이요 원만한 일원상이 되기로 말하면 삼대력을 아울러 얻어야 할 것이니, 각자의 처지와 환경을 따라 삼강령 공부에 정진 불퇴하기를 부탁하노라 하시더라.

⇨ 소태산 대종사는 칠판에 일원상을 그리시고 결함 없이 원만한 일원상을 가리키며 이 자리는 우주만물을 내고 드릴 능력이 있는 천지·부모·동포·법률의 본원이며, 복 주고 죄 주는 권리가 있는 제불제성과 범부중생의 불성이라 밝힌다. 즉 우주만물을 내고 드리는 마음 당체가 바로 우주만유의 본원인 일원상이며. 또한 제불제성과 범부중생의 불성인 일원상 자리를 깨친 마음으로 사리 간에 알음알이를 구하면 연구력을 얻게 되며, 이 결함 없는 일원상과 같이 마음을 원만하게 지켜 사심을 없게 하면 수양력을 얻고, 이 원만무애한 일원상의 진리를 본받아 모든 일에 중도를 잃지 않고 원만행을 베풀면 취사력을 얻게 된다는 설법이다.

일원상에 근원하여 일심할 때 수양력이 나타나며, 일원상에 기반하여 알음알이를 구할 때 연구력을 얻게 되고, 일원상에 근거하여 실행할 때 취사력이 나타나는 것이다. 결국 일원상으로 삼대력을 나투고 삼대력을 나툴 때 일원상이 회복되는 것이다. 일원상을 체받아서 삼대력을 나투는 것은 곧 삼학 수행으로 삼대력을 얻어 일원상을 발현하는 것이다.

일원상과 삼학의 관계는 일원상을 수행의 표본으로 삼아 수행하지만, 그렇다고 일원상의 위상이 더 높은 것은 아니다. 일원상을 근원하면 삼학으로 삼대력이 드러나고 삼학 수행 선상에서 일원상은 발현된다. 삼학을 떠나서 일원상이 따로 없고 일원상을 떠난 삼학은 의미 없다. 결국 일원상이 삼학이요 삼학이 일원상이다.

## 일원상과 인간과의 관계

수필인 김대거
《회보》 제46호, 시창23년(1938) 7·8월호

박길진이 묻자오데 "일원상一圓相과 인간과의 관계가 어떠하오니까?"

종사주 가라사대, "네가 가장 큰 진리를 물었도다. 우리 회會에서 일원상을 모시는 것은 재래 불가에서 등상불을 모시는 것과 일례一例인데, 등상불이라 하는 것은 불조佛祖의 형체形體를 모방하였음이요, 일원상이라 하는 것은 불조의 심체心體를 나타낸 것이니, 형체라 하는 것은 한 인형人形에 불과한 것이요, 심체라 하는 것은 광대무량廣大無量하여 능히 유무有無를 총섭하고 삼세[三世, 과거·현재·미래]를 통하였나니, 이는 곧 천지만물의 본원本源이며 언어도단言語道斷의 입정처入定處라. 유가儒家에서는 이를 일러 태극太極 혹은 무극無極[태극도설]이라 하고, 선가仙家에서는 이를 일러 자연 혹은 도道라 하였나니, 그 명칭은 각각 다르나 원리에 있어서는 모두 같은 바로써 비록 어떠한 방면 어떠한 문로門路로부터 좇아온다고 할지라도 최후 구경에 들어가서는 다 이 일원상의 진리를 파악하게 되는바, 만약 도덕이라 명칭하여 그러한 진리의 근거를 세운 바가 없다면 그것은 곧 사마외도邪魔外道에 불과한 것이다.

그러므로 본회에서는 이 일원상의 진리로써 우리 현실 생활과 연락시키는 표준을 삼았으며 또는 신앙과 수행의 두 길이 밝혀 있는 것이다.[『대종경』 교의품 3장]

신앙信仰이라 하는 것은 일원상을 신앙한다는 말인데, 일원一圓을 해석하면 곧 사은四恩이요, 사은을 또 분석하면 곧 삼연森然한 우주의 실재實在로써 천지만물天地萬物 허공법계虛空法界가 불성佛性 아님이 없나니, 우리는 어느 때 어떠한 곳이든지 항상 경외심을 놓지 말고 존엄하신 부처님을 대한 듯 청정한 심념心念과 경건한 태도로써 천만 사물에 응할 것이며, 재래 사찰에서 등상불 전에 불공하는 일례로 우리는 천만 사물의 당처에 직접 불공하기를 위주爲主하여 현실적으로 복락을 장만할지니, 이를 몰아 말하자면 편협한 신앙을 돌려다가 원만한 신앙을 만들며 미신적 신앙을 돌려다가 사실적 신앙을 가지게 하였나니라.[『대종경』 교의품 4장]

그리고 또 수행修行이라 하는 것은 일원상을 표본으로 하고 그 진리를 체득하여 써 [그것을 가지고] 자기의 인격을 조성하는 것이니, 즉 일원상의 진리를 각覺하여 천지만물의 시종始終과 본래本來를 알며 인간의 생로병사와 인과보응의 묘리妙理를 걸림 없이 안다면 이는 곧 정각원성正覺圓成이라고도 하며 견성성불見性成佛이라고도 하며, 또는 일원상의 본형本形과 같이 마음 가운데 일호의 사욕私慾이 없고 애정愛情과 탐착貪着에 조금도 기울어지고 뽑히는 바가 없이 항상 두렷한 성품 자리를 양성하는 것은 곧 입정삼매入定三昧를 단련하는 공부이며, 또는 일원상의 본형과 같이 마음을 쓰되 천만 경계를 대응할 때 희로애락과 원근친소에 끌리지 아니하고 만사를 오직 바르고 공변되게 처리하여 간다면 이는 곧 정직중용正直中庸의 공부라 할 것이니, 다시 말하자면 일원의 원리를 깨닫는 것은 견성見性이요, 일원상의 본형을 지키는 것은 양성養性이요, 일원과 같이 원만한 행실을 가지는 것은 솔성率性인바, 이 세 가지는 천불만성千佛萬聖이 한가지로 수행하는 궤도로써 옛날 부처님의 말씀하신 계정혜戒定慧 삼학도 곧 이것이니, 혜慧는 견성이요, 정定은 양성이요, 계戒는 솔성이니라. 본회에서도 이 계정혜를 체 받아서 정신수양·사리연구·작업취사 이 삼강령으로써 공부의 요도를 삼았나니, 곧 수양은 양성이요, 연구는 견성이요, 취사는 솔성이라, 이와 같이 정성으로써 행할진대 학문 유무有無에도 관계가 없으며, 총명 유무에도 관계가 없으며, 남녀·노소·선악·귀천을 물론하고 인인개개人人個個히 성불함을 얻으리라."[『대종경』 교의품 5장]

"그러나 저기 있는 목편木片으로 만든 무각한 일원상이 그러한 진리와 위력과 공부법을 갖아 있다는 것은 아니다. 저[목판] 일원상은 참 일원상을 알려주기 위한 표본이니, 비컨대 손가락으로써 달을 가리킴에 손가락이 참 달은 아닌 것과 마찬가지다. 그런즉 공부하는 자는 마땅히 저 표본[목판]의 일원상으로 인하여 참 일원상을 발견하여야 할 것이요, 발견한 이상에는 그 일원상의 참된 성품을 지키고 그 일원상의 원圓한 마음을 실행하여야 일원상의 진리와 우리의 생활이 완전히 합치가 될 것이라." 하시더라.[『대종경』 교의품 6장]

⇨ 이 법설은 대산 김대거에 의해 시창23년(1938) 8월에 수필受筆 된다. 약간의 윤문을 거쳐 『대종경』 교의품 3장·4장·5장·6장에 수록된다. 일원상의 진리, 일원상의 신앙, 일원상의 수행, 표본 일원상과 실상 일원상의 관계를 밝히고 있다. 질문자인 박길진[법명: 광전光田]은 불법연구회 최초의 육영장학생으로 일본 동양대학교 철학과에 유학 중이던 1938년 여름방학(7~8월경)에 익산총부에 돌아와서 부친인 소태산에게 일원상에 관한 질문을 한다. 시창20년(1935)에 공개적으로 일원상을 신앙의 대상과 수행의 표본으로 모시게 되기에 박길진은 일원상이 궁금했다. 이러한 궁금증에 소태산은 반가운 마음으로 자세히 설명한다. 법설이 펼쳐진 익산총부는 '일원상 콘서트장'이었다. 아마도 소태산은 아들이면서 제자인 박길진을 통해 일원상을 지성과 학문의 영역에 꽃피우도록 했다. 일원상은 불조의 심체요 천지만물의 본원이며 언어도단의 입정처로써 어떠한 도덕도 다 일원상의 진리에 근거한다고 밝히고 있다.

또한 일원상을 신앙하는 것은 천지만물 허공법계가 다 불성 자리에서 드러나는 존재이므로 이렇게 청정한 마음과 경건한 태도의 일원상 안목으로 천지만물 허공법계를 대하라는 것이다. 또한 일원상 경지로 동정 간에 정신을 수양하고, 일원상 안목으로 천만 사리를 연구하고, 일원상의 견해로 작업을 취사하라는 것이다. 공부하는 자는 표본의 일원상으로 참 일원상을 발견하여 일원상의 참된 성품을 지키고 일원상의 마음을 실행하여 결국 일원상의 진리와 우리의 생활이 완전히 합치되도록 하라는 것이다.

소태산은 일원상과 사은, 일원상과 삼학을 따로따로 분리하지 않는다. 설명할 때는 따로인 듯해도 실상은 둘이 아니다. 일원상으로 사은이 펼쳐지고 사은 속에 일원상이 갈무리되어 있다. 또한 일원상은 삼학으로 작용하고 삼학은 일원상을 품고 있다. 결국 일원상 즉 사은이요 일원상 즉 삼학이다.

| 대종경 | | 『정전』 일원상 |
| --- | --- | --- |
| 대종경 교의품 3장 | ⇨ | 제1절 일원상의 진리 |
| 대종경 교의품 4장 | ⇨ | 제2절 일원상의 신앙 |
| 대종경 교의품 5장 | ⇨ | 제3절 일원상의 수행 |
| 대종경 교의품 6장 | ⇨ | 표본 일원상과 실상 일원상 |

* 일원상은 일원[달]을 가리키는 표상[손가락]이면서 일원[달]의 발현[달빛]인 실상이다.

# 일원상 관련 법문 2

[ 논설 ]

### 신앙과 수양
직양 송도성
《회보》 제34호. 시창22년(1937) 4·5월분

⇨ 논설자 주산 송도성은 '직양直養'이라는 필명을 사용한다. '신앙과 수양'이란 제목의 수양은 정신수양뿐만 아니라 삼학 전체를 닦아서 기른다는 의미다. 즉 넓은 의미의 수양으로 수행과 같은 뜻이다. 주산 송도성의 '신앙과 수양'은 시창20년(1935) 대각전에 일원상을 공식적으로 모신 2년 후에 일원상 사상을 체계적으로 논설한 최초의 글이다.

### 1. 허두 말

한 개의 초목을 두고 볼지라도 만약 그 뿌리가 든든치 못하다면 그 초목은 도저히 완전한 성장을 이루지 못할 것입니다. 반드시 잎은 마르고 꽃은 시들고 열매는 떨어질 것이며 필경은 그 가지와 원 둥치까지 말라죽고야 말 것입니다. 사람에 있어서도 그와 마찬가지로 그 근본이 실하지 못하다면 그 사람의 모든 생활이 빛나지 못할 것은 사실이며, 어떠한 사업이고 사업에 성공할 희망이 도저히 없을 것은 정한 이치입니다. …중략… 그러면 저 초목의 뿌리를 든든히 만들고자 할진대 마땅히 토후[土厚, 토양이 기름진]한 땅에 심어두고 자주 북돋우며 거름을 많이 하고 김도 잘 매어주어야 하는 것과 같이 사람의 근본인 정신을 든든히 만들기로 할진대 과연 무엇이 가장 필요할까요. 그것은 오직 신앙信仰과 수양修養일 것입니다.

## 2. 신앙

　신앙이라 하는 것은 즉 믿는다는 말이니 사람이란 반드시 믿는 곳이 있어야 할 것입니다. …중략… 경[經, 화엄경]에 일렀으되 '신심은 모든 공덕의 어머니가 된다.'고 하였습니다. 나는 그 말씀이 변동할 수 없는 진리라고 생각합니다. 믿음이 없이는 만사에 도저히 성공하지 못할 것입니다. 무엇을 믿든지 그것이 사마외도가 아닌 이상에는 지성至誠으로 믿기만 하면 믿는 그만큼 반드시 공효가 나타날 것이며, 믿지 않는 이보다는 훨씬 나으리라고 생각합니다. 그러나 다 같은 신앙 가운데도 정신正信이 있고 미신迷信이 있으며, 원만한 신앙이 있고 편벽된 신앙이 있는 것이니, 우리는 그 두 가지를 놓고 취사하여 같은 값이면 우리의 마음을 정답고 원만한 신앙의 본처를 찾아 입각하는 것이, 마치 저 초목을 심으려 하매 토후하고 비옥한 땅을 가리는 것과 무엇이 다르다 하겠습니까. 그런고로 이 신앙의 표준을 잘 취사하여 옳게 선택하는 것이 또한 수도자의 중요 긴절한 문제라 하겠습니다.

　그런데 나는 여기서 우리의 신앙 표준인 심불일원상心佛一圓相에 관하여 잠깐 몇 말씀하고자 합니다. 심불일원心佛一圓이란 글자 그대로 즉 마음 부처님이니, 재래 사찰에서 모셔 오던 등상불은 부처님의 육체를 대표한 실례적 부처님이라 할 것 같으면, 이 심불일원은 즉 부처님의 마음을 대표한 진리적 부처님이라 할 것입니다. 두렷하고 텅 비인 이 일원의 속에는 천지만물 허공법계가 어느 것 하나 포함되지 않음이 없나니, 그야말로 속으로 들어와도 안이 없고 겉으로 나가도 밖이 없는 우리의 자성[제불제성의 심인, 일체중생의 본성]이며 우주의 본체[우주만유의 본원]입니다. 이를 번역해 말하자면 곧 사은四恩이라 할 것이며, 다시 더 세밀히 분석해 말하자면 삼라만상 그대로가 곧 실재의 부처님이 될 것이니, 합하면 일원이요 나누면 삼라만상이라, 이러한 진리로써 볼진대 한 개의 돌과 한 줌의 흙인들 어찌 부처 아님이 있으며 날아가는 새와 달려가는 짐승인들 무엇 하나 이에 벗어남이 있으리까. 옛날 소동파의 읊은바 "졸졸쇄쇄하고 소리쳐 내려가는 시냇물도 이 부처님의 법설이거든[계성본시장광설溪聲本是長廣舌] 우뚝 솟아 푸른 산빛인들 어찌 부처님의 청정법신이 아니랴?[산색기비청정신山色豈非淸淨身]" 하는 이 말씀도 또한 저간의 소식을 전함이 아닌가? 그런고로 일원의 진리를 알고 보면 천지만물 허공법계가 모두 한 덩어리로 합한 참되고 떳떳한 본래 면목[만유가 한 체성, 만법이 한 근원을 발견하게 될 것이니, 이곳에 한 번 예배하면 곧 천지만물 허공법계의 전체에 예배함이 될 것이며, 이곳에 한 번 기도하면 곧 천지만물 허공법계의 전체에 기도함이 될 것이다.[『정전』심고와 기도]

이것을 하늘이나 땅이나 성신星辰이나 목석이나 기타 어느 일부분에 의지하여 신앙을 세움에 비하면 그 얼마나 고상하고 원만하며, 또 죄는 엉뚱한 다른 곳에 지어 놓고 빌기는 자기가 믿는바 어느 일부분에 의지하여 비는 미신적 신앙에 비하면 사은을 실재의 부처님으로 모셔두고 죄와 복을 경우에 따라 직접 그 당처에 가서 구하는 우리의 불공법이 과연 그 얼마나 사실적이요 합리적인가.

그런고로 신앙의 표준에 있어서는 가장 잘 진보되고 발달한 최상 고봉이라 할 것이며 또 가장 현대적이요 혁신적이라 할 것입니다.

### 3. 수양

수양[수행]이라 하는 것은 나의 정신을 닦아 기른다는 말이니, 사람은 반드시 신앙이 있는 동시에 수양이 있어야 할 것입니다. 이것이 마치 수레의 두 바퀴와도 같고 새의 두 나래와도 같이 서로 떠날 수 없는 문제며 아울러 나아가지 아니하면 아니 될 것입니다. 왜 그러냐 하면 사람이 만약 신앙만 있고 수양이 없다면 그는 언제든지 타력을 벗어나지 못한 미혹된 생활일 것입니다. 즉 다시 말하면 하나님을 믿어만 둘 것이 아니라 믿는 동시에 직접 하나님과 같이 되는 공부가 있어야 할 것이며, 부처님을 숭배만 할 것이 아니라 숭배하는 동시에 직접 부처님과 같이 되는 방법이 있어야 할 것입니다.

수양이란 즉 그 공부 그 방법입니다. 수양에서도 그 목표는 물론 신앙의 그것과 합일하여야 합니다. 즉 우리가 심불 일원상을 숭배하고 신앙한다고 할 것 같으면 우리의 수양 목표도 역시 일원의 그 진리에 세워두고 우리의 마음을 그와 같이 닦아가야 합니다. 일원의 진리를 관찰할진대 그 자리는 지극히 숭엄 고결하여 한 점의 티끌이 없는지라 우리의 마음도 모든 잡념 망상을 제거하고 오직 그처럼 깨끗함을 이룰 것이며, 또 그 자리는 원만 평등하여 조금도 편사偏私가 없는지라 우리의 마음도 희로애락과 원근친소를 초월하여 오직 그처럼 공평함을 얻을 것이요, 또 그 자리는 지극히 광대무량하여 갓과 끝이 없는지라 우리의 마음도 모든 국한을 타파하고 오직 그와 같이 회홍[恢弘, 너른]한 도량을 가질 것이니, 이렇게 된다면 이가 곧 부처님과 성현이 아니고 그 누구랴? 그런고로 신앙은 부처 성현을 믿는 공부라 할 것 같으면 이 수양이라 하는 것은 직접 성현 부처가 되는 공부라 할 것이니, 믿지 아니하면 닦지 못할 것이며 닦지 않으면 믿음이 참되지 못할 것입니다.

### 4. 결론

그러면 이상에서 말한 대의를 총괄적으로 들어 말하자면 초목이나 사람이나 물론하고 반드시 근본이 튼튼해야 한다. 또 사람의 근본은 정신인데 그 정신을 튼튼히 만들기로 하자면 무엇보다 신앙과 수양이 필요하다. 그리하여 신앙이 아니면 수양이 설 수 없고 수양이 아니면 신앙이 참되지 못하다는 말로써 신앙과 수양을 아울러 진행하기를 고조[高調, 감정 분위기 따위를 한 것 올린 상태] 역설하였습니다. 여러분! 이 말을 들으시고 곰곰이 생각해 보십시다. 과연 나에게도 그만치 확호한 신념이 있었던가? 또는 그만치 진실한 수양이 있었던가를! 그리하여 없으면 있게 하고 약하면 강하게 하여 더욱더욱 정진 향상하기를 기약합시다.

⇨ 주산 송도성은 심불心佛인 일원상을 신앙하고 수행하자고 역설한다. 심불은 일원상의 수식어이면서 일원상의 내용이다. 심불 일원상을 심불 일원이라고도 한다. '일원상' '일원' '일원의 진리'는 하나로 통한다. 마음 부처인 심불 일원은 그야말로 속으로 들어와도 안이 없고 겉으로 나가도 밖이 없는 우리의 자성이며 우주의 본체라고 직설한다. 이렇게 두렷하고 텅 빈 마음자리인 심불 일원상에서 드러나는 천지만물 허공법계를 사은이라 하며 이 사은에 예배하라는 것이다. 동시에 이 일원의 진리를 세워서 우리의 마음을 그와 같이 닦아가라는 것이다. 우주의 본체요 우리의 자성인 일원상에 기반하여 신앙하고 수양하라는 것이다.

주산 송도성은 신앙은 믿는 공부라면 수양은 닦는 공부로, 믿지 아니하면 닦지 못할 것이며 닦지 않으면 믿음이 참되지 못할 것이라고 강조한다. 신앙이 아니면 수양이 설 수 없고 수양이 아니면 신앙이 참되지 못하므로, 신앙과 수양을 아울러 진행하라고 힘써 주장한다. 직양 송도성이 말하는 수양은 수행의 뜻이다.

# 일원상에 대하여

정산 송규

《회보》 제38호. 시창22년(1937) 9·10월호

⇨ '일원상에 다하여'는 일원상에 대한 논문이다. 논설자 송규는 정산이라는 법호를 필명으로 사용하고 있다. 원기20년(1935)에 대각전에 일원상을 봉안하고 『조선불교혁신론』을 발간하여 '등상불 숭배를 불성 일원상으로'와 '불성 일원상 조성법'을 천명한다. 이후 2년 뒤인 원기22년(1937) 9·10월에 정산은 일원상에 대한 논문을 제시한다. 원기22년(1937) 4·5월에 발표된 주산 송도성의 '신앙과 수양'이란 논설과 더불어 초기교단의 일원상 담론의 백미이다. 소태산 대종사의 가르침에 따른 사상적 단련의 연구물이다.

## 1) 서언

일원상을 부처님으로 뫼시는 것은 우리 교과서 중 『(조선)불교혁신론』에 이미 설명하신 바 있으니 우리는 거기[등상불 숭배를 불성 일원상으로]를 잘 연구하고 체험해야 할 것입니다. 현금[現今, 오늘날] 사회 인사 중 불교의 진리에 수양이 적은 분은 이 일원상을 볼 때에 혹은 이상하게 생각하고 혹은 무의미하게 간과하며, 우리 회원 중에도 일원상에 대하여 예배를 올리고, 심고를 들이면서도 사실 그 원리를 알지 못한 분도 또한 없지 않을 것입니다. 그러나 필자는 본회 초창기에 있어서 이 일원상의 진리가 아직 넓은 세상에 이해되지 못한 것을 유감으로 생각하는 동시에 비록 명석한 연구력은 없으나 대략 혁신론의 의지를 부연하여 좌[左, 세로쓰기는 우측에서 좌측으로 내려쓰므로 다음 글이 좌측에 위치함]에 몇 가지 말씀을 기술한 것이니, 여러분도 또한 참고해 보신다면 혹 우리의 수행상 일조—助가 될까 하는 바입니다.

## 2) 일원상의 진리

대범 일원상은 어떠한 진리를 가졌는가? 이에 그 대의를 말하자면 일원상은 곧 우주만물 허공법계의 전체를 대상으로 한 것이요, 다시 그 내역을 말하자면 천지은 부모은 동포은 법률은을 포함한 것이며, 또는 생멸이 없고 거래가 없고 분별 주착이 없는 우리의 본래 마음을 형용形容한 것이며, 또는 불편불의하고 과하고 불급함이 없는 중용의 도를 표시한 것이니, 그런즉 일원상은 곧 유무를 총섭하고 체용을 통일하여 천만 사리가 오직 이 한 곳에 바탕이 되는 지대지존至大至尊하고 유일무이唯一無二한 무상無上의 지위이니, 옛날 부처님께서 먼저 이 일원상을 돈오頓悟하사 이름하기를 불성[佛性, 역운법신진심亦云法身眞心]이라 하셨고, 역대 조사께서도 계계승승으로 또한 이 불성을 천명하셨으며, 일원상에 대한 학설도 상세할 뿐 아니라 어느 성현을 물론하고 진리의 구경처를 의논할 때는 천만 학설이 필경 이 일원상에 집중되나니, 예를 들면 유교에 있어서도 공부자[孔夫子, 공자의 높임말]의 일관지도一貫之道와 맹자의 양기지설養氣之說이며 주렴계 선생의 태극도설 같은 것이 다 이를 의미한 것이 아닙니까. 이로써 본다면 일원상의 진리가 상지계급[上智階級, 上智 中才 下愚]에 있어서는 진즉 세상에 이미 발명된 법으로 자연 중 모든 불성佛聖의 귀일처[歸一處, 그 깨친 곳이 같은 것을 이름이라]가 되어온 것인바, 본회 종사주께서는 더욱이 이 일원상 봉안 방법을 정하시어 재래의 등상불 제도를 혁신케 하셨으니, 이것은 곧 과거 세상에 숨어 있던 그 진리를 직접 형상으로 나투게 하시고, 소수인이 이해하던 그 불성을 널리 대중에 보이시어 모든 신자로 하여금 쉽게 가불假佛을 떠나 진불眞佛을 깨치게 하심이라, 이 어찌 대도 확창擴暢의 큰 방편이 아니리요. 그런즉 우리는 이에 각성하여 먼저 일원상의 대의를 해득한 후 행주좌와어묵동정 간에 항상 일원상을 신앙하며 일원상을 숭배하며 일원상을 체받으며 일원상을 이용하여 잠깐도 이 일원상 부처님을 떠나지 아니하여야 할지니, 이것이 곧 불법 수행상 정로라고 생각합니다.

### 3) 일원상 신앙하는 법

일원상 신앙은 어떻게 하는 것인가? 이에 대하여 몇 가지 조목으로써 신앙 방법을 해석할 수 있나니, 일一은 재래의 개체신앙을 전체신앙으로, 일一은 미신신앙을 사실신앙으로, 일一은 형식신앙을 진리신앙으로 혁신한 것입니다. 이제 그 내용을 말하자면 개체신앙이라 함은 모든 사람이 혹은 등상불을 신앙하고 혹은 하느님을 신앙하고[천신天神의 위력을 믿는 것] 혹은 어느 사람을 신앙하고[사람의 육신과 신력을 믿는 것] 혹은 어느 물상物像을 신앙하고[산수 목석 등 물형을 믿는 것] 혹은 어느 귀신을 신앙하여[성주 조왕이 나 기타 천지간 각종 귀신 명호를 믿는 것] 각자의 신앙 표본을 따라 자기의 일생 화복이 오로지 그 한 곳에서만 지정되는 줄로 믿는 것인 바요, 전체신앙은 먼저 세계 일원을 통찰하여 우리의 죄복 인과가 오직 한 곳에서만 나오는 것이 아니라 천지만물 허공법계가 전체 한 불성으로서 처처 물물이 모두 우리에게 은혜를 주시고 또는 죄벌 주시는 근본을 잘 알아 항상 이 우주 대성으로써 마음의 귀의처를 삼는 것이요[사은 신앙], 미신신앙이라 함은 모든 사람이 각자의 죄복 인과가 경우를 따라 직접 실현되는 당처를 알지 못하고 그 사체事體에는 당하든지 안 당하든지 백천만사를 한갓 자기의 신앙 표본에만 의지하여 공상적 발원을 하는 것이니, 예를 들면 사람에게 관계된 일을 저 감각 없는 무정지물無情之物에게 소원 앙축仰祝한다든지 또는 사리 간에 직접 실행할 일을 저 무형한 귀신이나 또는 알 수 없는 운수運數에 우연한 성공을 희망하는 것이 모두 그 유類인 바요, 사실 신앙은 모든 사물을 응접할 때 먼저 그 죄복의 직접 관계있는 당처를 발견하여 천지에 당한 일이면 천지를 신앙하고 부모에게 당한 일이면 부모를 신앙하고 동포에게 당한 일이면 동포를 신앙하고 법률에 당한 일이면 법률을 신앙하여 각각 그 소당처所當處를 따라 실지적 원을 발하고 일을 진행하는 것이요[『정전』 불공하는 법], 형식신앙이라 함은 모든 사람이 이치의 신명함을 알지 못하고 그 신앙 지식이 항상 명상에 구속되어 어떠한 명호나[불호佛號 신명神名 등을 운云함] 어떠한 물상을 의지하기 전에는 스스로 그 신앙력을 세우지 못한 것을 이름인 바요, 진리신앙은 그 신앙 지식이 한갓 명상에만 의지하지 아니하고 오직 일원 가운데에 갊아 있는 자연의 이치가 원래 지공지명至公至明하고 통달무애通達無礙하여 세간 인과에 추호라도 가히 속이지 못할 것을 자신하는 것이니, 이 여러 가지 말씀은 곧 일원상의 진리를 분해적으로 비판하여 참되고 떳떳한 옳은 신앙을 세우게 한 것인바, 이것을 깨친 자는 가히 정당한 신앙력을 얻었다 할 것입니다.

### 4) 일원상 숭배하는 법

일원상 숭배는 어떻게 하는 것인가? 이것은 위에 말씀한 신앙 조목을 그대로 숭배하자는 것이니 즉 재래의 개체숭배를 전체숭배로, 미신숭배를 사실숭배로, 형식숭배를 진리숭배로 혁신한 것입니다. 이제 그 내용을 말하자면 개체숭배라 함은 모든 사람이 각자의 신앙 표본을 따라 오직 그 한 곳에만 정성 공경을 다 하고 그 외 다른 곳에는 널리 공경하지 않는 것을 이름인 바요, 전체숭배는 즉 천지만물 허공법계를 모두 부처님으로 믿는 동시에 어느 때 어느 곳을 물론하고 항상 숭배의 마음을 놓지 않는 것이니, 『논어』에 말씀한바 '무불경無不敬' 즉 공경하지 아니 할 때가 없다는 것이 곧 이에 대한 표어가 될 것이요, 미신숭배라 함은 모든 사람이 각자의 죄복 나타나는 당처만 모르는 것이 아니라 또한 이치에 부당한 법으로써 숭배하는 것을 이름이니, 예를 들면 저 무정지물에게 음식을 제공한다든지 귀신을 위하여 의복이나 또는 물품 등속을 축물[祝物, 기도제물]로 소화[燒火, 불사름]한다는 것이 모두 그 유類인 바요, 사실숭배는 그 숭배 방식이 각각 사실에 부합된 도로써 하나니 즉 말하자면 천지숭배하는 법은 천지의 도를 체받아서 천지의 이치에 순응하는 것이요[귀신 급及 물상숭배는 천지 숭배에 포함된 것], 부모숭배하는 법은 부모에게 심지 안락과 육체 봉양을 극진히 하며 또는 무자력자 보호하는 법을 쓰는 것이요, 동포숭배하는 법은 동포에 대하여 항상 자리이타법自利利他法을 쓰는 것이요, 법률숭배하는 법은 오직 시비에 명석하여 법률을 어기지 않는 것을 이름이니 통이언지通以言之하면 곧 『육대요령』 보은조항이 그것이요[『정전』 불공하는 법], 형식숭배라 함은 모든 사람이 오직 명상을 의지하여 숭배의 마음을 발하고 명상을 떠날 때는 문득 그 마음을 놓아 버리는 것이니 다시 말하자면 곧 물물사사를 따라 그 정성과 공경이 여일치 못한 것을 이름인 바요, 진리숭배는 밖으로 명상을 대할 때나 안으로 암중暗中에 처할 때나 물물사사物物事事를 다 공경하는 정성이 항상 변하지 아니하여 조금도 내외 간단히 없어서 『중용』에 말씀한 바 '신기독愼其獨'이라는 말씀이 있나니 그 말씀은 독처獨處할 때를 조심하라는 말씀인데 그와 같이 조심하는 공부에 힘쓰는 것이 물물사사를 다 숭배한다는 말이요, 또다시 말하면 일원상의 진리를 분해적으로 숭배한 것인바 이것을 행한 자는 또한 정당한 숭배법을 얻었다고 할 것입니다.

### 5) 일원상 체받는 법

일원상은 어떠한 법으로 체받는 것인가? 이것은 곧 나의 성품을 스스로 회광반조

廻光返照 하자는 것이니 전기[前記, 일원상의 진리]에 말씀한 바와 같이 우리의 마음은 원래 생멸이 없고 거래가 없고 분별 주착이 없는 오직 일원한 참 성품이건마는 육근[六根, 안이비설신의]이 육식[六識, 육근이 각각 분별력이 있음으로 육식이라 함]으로 화하고 육식이 육진[六塵 색성향미촉법]을 응하여 그 가운데에서 자연 무수한 망상 번뇌가 일어나서 드디어 그 진성眞性을 잃어버리게 되는 것인바, 공부인은 먼저 각자에게 그러한 성품이 근본적으로 품부稟賦해 있음을 각오覺悟하여 이것으로써 수양의 최상 표본을 삼고 항상 그 육근을 조복하며 망심妄心을 제멸除滅하여 다시 일원의 진경에 회복되기를 노력하는 것이니, 우리가 매일 염불을 하고 좌선을 하며 기타 모든 시간에도 오직 전일專一을 연마하는 것이 다 이에 대한 실행적 과정이 아닙니까. 그러한 중에 이 공부를 긴밀히 하기로 하면 그 마음 가운데에 항상 일원상[망상 없는 곳]을 깊이 인상하여 잠깐도 잊어버리지 아니하여야 할지니, 실경을 들어 말하자면 혹 어느 기회에 탐심이 동하거든 즉시 발견하여 '아~ 내가 일원상을 망각하였구나' 하고 급히 그 마음 돌리기에 힘쓰며 또 어느 기회에 진심이 동하거나 치심이 동하거나 기타 무슨 망상이 동할 때도 또한 그와 같이 힘써서 동정 간에 오직 자주 생각하고 자주 대조하여 낮과 밤에 그 마음 대중[일원상에 반조하는 대중]을 놓지 아니하면 이것이 이른바 일원상 체받는 법이니, 이 법을 오래 계속하면 필경 낱[개個]이 없는 지경에 이르러서 진망眞妄이 구공俱空하고 물아동일物我同一하여 능히 생사를 초월하고 무위[無爲, 한다는 상이 없는 것]에 안주할지니, 이런 자는 곧 일원상에 회복되어 여래의 법신을 여실히 확득穫得하였다고 할 것입니다.

### 6) 일원상 이용하는 법

일원상 이용은 어떻게 하는 것인가? 이것은 곧 일원상을 잘 체득하는 공부인으로서 모든 경계를 응용할 때에 또한 일원적 실행을 하자는 것이니, 일원적 실행이라 함은 즉 희로애락에도 끌리지 말고 비기지도[견주고 빗대어 보다] 말고 과하지도 말고 불급하지도 말아서 백천만사를 오직 공변되고 오직 바르고 오직 가운데 하고 오직 떳떳한 처리를 이름이니, 이것이 곧 성품에서 나타나는 양심의 소작所作이요 진리에서 활용되는 정의의 행사라, 능히 수신제가하고 치국평천하 하는 다 도정체大道正體가 되나니, 공부인이 만약 이것을 이용하기로 하면 일체 시중時中에 항상 성성불매惺惺不昧하여 천만 경계를 응용할 때 오직 자주의 정신 하에 무루無漏의 취사를 하여야 할지니, 우리가 매일 일기를 하고 유무념을 대조하는 것이 다 이[일원상]에 대한 실행 과정이 되는바, 그 일부의 실경을 들어 말하자면 응용하기 전에 응용의 형세를 보아서 미리 연마하는 것은 이 대도[일원대도]에 어긋나지 않기를 연마하는 것이요, 응용할 때에 온전한 생각으로 취사하기를 주의하는 것은 이 대도를 어기지 않기를 취사하는 것이요, 응용한 후에 즉시 대조하기를 주의하는 것은 또한 이 대도에 어긋나지 않았는가를 조사한 것이니, 그와 같은 주밀한 공부로써 시종始終이 여일如一하면 자연 중 모든 일이 점점 골라 맞아서 사사처처事事處處에 항상 일원을 떠나지 아니하고 필경 만선萬善이 겸비하는 성공聖功을 성취할 것입니다.

### 7) 통론

이상 각 절의 대지大旨를 총괄적으로 말한다면 또한 타력과 자력 두 가지로 분해되나니, 신앙과 숭배는 일원상을 상대로 한 타력이요, 체득과 이용은 일원상을 상대로 한 자력이니, 일원의 공부가 자력인 중에도 타력이 포함되고 타력인 중에도 자력이 포함되어 자타력 병진법으로 이 무궁한 사리를 원만히 이행하는바, 신앙하면 신앙에 대한 실효가 나타나고, 숭배를 하면 숭배에 대한 실효가 나타나고, 체득하면 체득에 대한 실효가 나타나고, 이용하면 이용에 대한 실효가 나타나서 능히 복리福利를 수용하고 불과佛果를 증득하나니, 이것이 곧 무상대도無上大道이며 실천 실학實學이 되는 것입니다.

그러나 만약 이 진리를 알지 못하고 한갓 맹목적으로 일원상의 위패에만 국한하여 그 신앙과 숭배를 올린다면 이는 재래의 등상불 숭배에 다름이 없는 것이요, 또는 일원상 위패는 오직 가면假面에 지나지 못한다고 하여 거기에 공경 예배를 등한히 한다면 이는 또한 일원상 봉안하는 본의를 모르는 것이니, 우리는 이 양방[일원상의 위패와 일원상의 진리]을 잘 이해하여 일원상[일원상의 위패]을 봉안하는 중에도 항상 그 진리의 본면[本面, 일원상의 진리]을 생각하고, 일원상에 예배할 때도 항상 그 우주의 전체를 상상하며, 심고와 기도를 올릴 때도 항상 그 일심은 능히 자연을 감동하는 묘력妙力이 있는 것을 신앙할지며, 또는 체받는 공부에 있어서도 일원상은 오직 원적圓寂하고 분별 주착이 없다 하여 입정 출정의 기회와 착이불착着而不着의 본의를 알지 못하고 아무 대중 없는 무기식無記識[무기식은 혼침한 것]에 빠져서는 아니 될지며, 또는 이용하는 공부에 있어서도 일원적 처리는 오직 희로애락과 원근친소에 끌리지 아니한다 하여 그 취사중절[取捨中節, 취하고 버리는 것이 절도에 맞음]의 응변應變 공부를 알지 못하고 한갓 완고 자수[頑固自守, 융통성 없이 고집이 셈]로써 중정中正을 삼아서는 아니 될지니, 그러므로 일원상을 관찰할 때는 항상 평등 차별과 유형 무형과 대소 체용을 일관적으로 이해하여야 능히 일원의 전모全貌를 편관遍觀하며 대도의 본말을 다 증득하였다 할 것입니다.

⇨ 정산 종사는 일원상의 진리를 전제한 후 일원상을 신앙하고 숭배하는 법 그리고 일원상을 체득하고 이용하는 법으로 전개하고서, 끝맺기를 일원상을 신앙하고 숭배하는 법은 일원상을 상대로 한 타력이라면 일원상을 체득하고, 이용하는 법은 일원상을 상대로 한 자력으로써 일원의 공부가 자력 중에도 타력이 포함되고 타력 중에도 자력이 포함되어 자타력을 병진하는 법이라고 결론짓는다.

일원상 신앙하는 방법과 일원상 숭배하는 방법은 일원상 즉 사은의 내역이요 사은에 보은하는 불공한 법을 밝히며, 일원상 체받는 법과 일원상 이용하는 법은 일원상의 수행이요 정기훈련법과 상시훈련법의 실행이라고 밝히고 있다. 즉 염불 좌선 상시응용주의 사항 등이 다 일원상에 근원한 수행이라는 것이다. 일원상을 신앙하고 숭배하는 것은 사은 보은이라면, 일원상을 체받고 이용하는 것은 삼학 수행의 훈련이라는 것이다. 이처럼 일원상을 신앙하는 타력과 일원상을 수행하는 자력을 병진하라는 것이다.

또한 표본의 일원상[일원승·위패, 假面]으로 일원상의 진리[진리의 본던]를 발견하라는 것이다.

| 일원상에 대하여 | | 『정전』 일원상 | |
|---|---|---|---|
| 일원상의 진리 | ⇨ | 제1절 일원상의 진리 | 제4절 일원상 서원문 (내역 부분) |
| 일원상 신앙하는 법, 일원상 숭배하는 법 | ⇨ | 제2절 일원상의 신앙 | 제4절 일원상 서원문 (서원 부분) |
| 일원상 체득하는 법, 일원상 이용하는 법 | ⇨ | 제3절 일원상의 수행 | |
| 통론(자타력 병진법) | | | |

**[논설]**

## 일원상의 유래와 법문(하)

서대원

《회보》 제56호. 시창24년(1939) 7월호

⇨ 원산 서대원은 '일원상의 유래와 법문'이라는 제목으로 《회보》에 상, 중, 하 3편을 연재한다. 이 중에서 '일원상의 유래와 법문[하]'의 결론은 소태산 대종사의 친제인 '일원상내역급서원문'의 소개 및 해설이다. '일원상의 유래와 법문'의 상편과 중편과 하편은 내용으로 보면 '일원상의 유래'에 해당한다. 역사상에서 일원상과 관련된 내용을 소개한 것이다. 하편의 마무리에서 소태산의 대각분상인 일원상 내역 및 서원문을 밝히고 있다.

본회에서 이 일원상을 본존의 자리에 뫼시는 이상 고조古祖의 법문 소개에만 그치고 마는 것은 너무나 싱거운 일이여서 좌左에 유아종사주[惟我宗師主, 소태산 대종사]의 일원상에 대한 많은 법문 중 그 친제親製의 하나인 심불일원상내역급서원문心佛一圓相內譯及誓願文을 소개하고 약간의 결론을 지으려 한다.

### 심불일원상내역급서원문心佛一圓相內譯及誓願文

"일원一圓은 언어도단의 입정처이요 유무초월의 생사문인바 천지 부모 동포 법률의 본원이요 제불 조사 범부 중생의 불성佛性으로 능이성 유상하고 능이성 무상하야 유상으로 보면 상주불멸로 여여자연하여 무량세계를 전개하였고 무상으로 보면 우주의 성주괴공과 만물의 생로병사와 사생의 심신 작용을 따라 육도로 변화를 시켜 혹은 진급으로 혹은 강급으로 혹은 은생어해로 혹은 해생어은으로 이와 같이 무량세계를 전개하였나니 우리 어리석은 중생은 차심불일원상此心佛一圓相을 체받아서 심신을 원만하게 수호하는 공부를 하며 또는 사리를 원만하게 아는 공부를 하며 또는 심신을 원만하게 사용하는 공부를 지성으로 하며 진급과 은혜는 얻을지언정 강급과 해독은 얻지 아니하기로 일원의 위력을 얻도록까지 서원하고 여일원與一圓으로 합하도록까지 서원함."

이상의 심불일원상내역급서원문은 그 글에 있어 심히 간단하되 이는 유아종사주惟我宗師主의 일대창정一大創定이신 일원삼강一圓三綱[일원상에 근원한 삼학]의 진리와 교의를 전적으로 표현하신 바로서 범상한 지견으로서는 한두 번 보아 능히 알 바가 아니요 감히 찬송도 불급[不及, ㅁ 치지 못하는]할 바이며, 그중에도 '우리 어리석은 중생은 차심불일원상此心佛一圓相을 쳐받아서 심신을 원만하게 수호하는 공부를 하며 또는 사리를 원만하게 아는 공부를 하며 또는 심신을 원만하게 사용하는 공부를 지성으로 하여 일원의 위력을 얻도록까지 서원하고 여일원與一圓으로 합하도록까지 서원함'이라는 말씀은 차[此, 이] 일원상의 진리를 그대로 두지 아니하시고 이를 직접 우리의 인간 생활에 부합시켜 일거수일투족一擧手一投足에도 일원상의 진리를 여의지 아니하고 일소一笑 일화一話 일좌一坐 일와一臥에도 처처處處에 일원의 열매가 맺도록 이의 활용에 치중하셨다 하겠나니, 이야말로 달마대사의 이르신 진불리자성眞不離自性 공부요 허실유무虛實有無와 대소본말大小本末을 관통한 대도로써 유아종사주의 이 점이 고인[古人, 옛 인물]의 일원상 법문에 비하여 전연 색채色彩를 달리하신 점인가 한다. 저 천태天台의 일심삼관[一心三觀, 공空 가假 중中]과 능엄경 원각경圓覺經에 설한 사마타[奢摩他, 정靜정靜] 삼마발제[三摩鉢提, 환幻] 선나[禪那, 적寂] 등 삼관三觀이 그의 조직에 있어 본회의 일원삼강一圓三綱과 동일할지 모르나 재래 불교는 주로 영혼 제도만의 편에 기울어지는 폐단이 없지 않은 만큼 그의 법을 해설함에 있어서도 역시 사통오달이 되도록 원圓을 잃지 않기가 대단 난難하게 되었나니, 우리는 여기에 명견明見이 필요하다. 자래[自來, 自古以來]로 불도佛道를 닦는 자 그 수 무량하되 그의 구경 목적은 원래에 요란함도 없고 원래에 어리석음도 없고 원래에 그름도 없는 일원상을 회복함에 있고, 자래로 수도하는 길이 또한 무량하되 요要로써 말할진단 심지心地를 요란하지 않게 하는 수양 공부와 심지를 어리석지 않게 하는 연구 공부와 심지를 그르지 않게 하는 취사 공부 등 이상 삼강령三綱領에 벗어나지 아니하나니, 우리는 여기에서 본회本會 제반교의諸般敎義의 근거가 어느 곳에 있다는 점과 일원상과 삼강령과의 관계가 어떻다는 것을 철저히 포착할 것은 물론이요, 만일 공空에 기울어져 수양만을 힘쓰려 한다든지 만일 혜慧에 기울어져 연구만을 힘쓰려 한다든지 만일 행行에 기울어져 취사만을 힘쓰려 하는 자가 있다면, 이는 실로 일원삼강의 진리 전모를 구경치 못한 자임에 틀림이 없다 하리라.

끝으로 일원상에 대한 불공법을 약론하려 하는바, 재래에는 등상불만을 부처님으로 뫼셔온 만큼 불공에도 간단間斷이 있었고 그의 방식도 또한 형식적이었으되, 본회에서는 천지만물 허공법계가 무비불[無非佛, 부처 아님이 없는]인 법신불을 부처님으로 뫼시는 만큼, 가는 곳마다 부처님을 뫼시지 아니한 때가 없고 어느 때든지 간단없는 불공을 하게 되었으며 그의 방식에 있어서도 또한 사실적이라 하겠나니, 이야말로 불공과 공부가 둘이 아니요 불공과 일이 둘이 아닌 광대미묘廣大微妙한 법문이시라. 침의[沈意, 그 뜻을 깊이 파고드는]의 연구가 없이는 쉽고도 어려운 이 법을 도저히 이해키 불능하다.

불충분하나마 이상으로써 본고本稿를 마치려 하는바 본회의 참 동지가 되시려 하는 분은 하루속히 본회의 차此 일원삼강의 대진리를 각득하여 요란함도 없고 어리석음도 없고 그름[무란無亂 무치無癡 무비無非]도 없는 불조佛祖의 생활을 개척하는 동시에 이 법신불의 내용과 위력을 넓은 세상에 알려, 가는 곳마다 일원의 꽃이 피고 곳곳마다 일원의 열매가 맺혀 온 세상으로 하여금 일원화一圓花를 만들기에 노력하라.

⇨ 일원상과 삼강령[삼학]의 관계를 일원삼강一圓三綱이란 용어로 제시하고 있다. 즉 심불 일원상은 허실유무虛實有無와 대소본말을 관통하는 대도로, 이를 우리의 인간 생활에 부합시켜 일거수일투족一擧手一投足에 일원상을 여의지 아니하고 동정 간 언제 어디서나 일원의 열매가 맺도록 활용케 한 점이 옛사람들과 색채가 다른 점이라고 강조한다.

원산 서대원은 일원상에 근원한 삼학과 불공의 관계를 밝히고 있다. 삼학은 심불 일원상에 근원해 있고 일원상은 삼학으로 작용한다. 이를 일원삼강一圓三綱이라 한다. 그러므로 '만일 공空에 기울어져 수양만을 힘쓰려 한다든지 만일 혜慧에 기울어져 연구만을 힘쓰려 한다든지 만일 행行에 기울어져 취사만을 힘쓰려 하는 자가 있다면 이는 실로 일원상에 근원한 삼학[일원삼강一圓三綱]의 진리 전모를 구경치 못한 자임에 틀림이 없다'고 강조한다. 또한 천지만물 허공법계가 심불 일원상 아님이 없으므로 가는 곳마다 부처님을 모시지 아니한 때가 없고 어느 때든지 간단없는 불공을 하여 불공과 공부가 둘이 아니라는 것이다. 〈일원상 서원문〉은 수행과 일이 둘이 아니요 불공과 일이 둘이 아닌 광대미묘廣大微妙한 법문이라고 밝히고 있다.

# 일원상 관련 법문 3

**승급昇級의 인人과 강급降級의 인人**

송도성
《월보》 제45호. 시창18년(1933) 음 2·3월

　승급昇級의 인人은 그 마음씨가 곱고도 순진純眞하며, 강급降級의 인人은 그 성질性質이 괴벽하고 거만하다.

　승급昇級의 인人은 그 몸이 부지런하고 원기元氣 있으며, 강급降級의 인人은 그 사지四肢가 나태懶怠 무기력無氣力하다.

　승급昇級의 인人은 남을 위하고 섬기는 것을 자기의 천직天職으로 알며, 강급降級의 인人은 남에게 위함 받는 것을 기득旣得의 권익權益같이 생각한다.

　승급昇級의 인人은 배우기를 좋아하고 묻기를 즐겨하며, 강급降級의 인人은 모르는 것도 아는 체하고 못났어도 잘난체한다.

　승급昇級의 인人은 무엇에나 내용內容의 충실을 도모圖謀하며, 강급降級의 인人은 항상 외형外形의 수식修飾에 여념餘念이 없다.

　승급昇級의 인人은 적은 일에도 충실하고 성의가 있으며, 강급降級의 인人은 큰일도 적다고 하여 만홀漫忽히 한다.

　승급昇級의 인人은 악의악식惡衣惡食 험險한 거처居處에도 능히 감내堪耐하며, 강급降級의 인人은 고량진미 금의사창錦衣紗窓에도 오히려 불만不滿을 느낀다.

　만초손 겸수익[滿招損謙受益, 『주역』]! 가득한 곳에는 손삭損削함을 당하고 겸허謙虛한 곳엔 유익有益함을 받는 것이 천지의 자연한 운세運勢일지라. 천지의 자연한 운세運勢

에 따라서 승昇하는 자는 그 몇몇이며 강降하는 자는 그 얼마인고? 승昇하고 승하면 천도天道의 절정絶頂에 올라서 무량無量한 쾌락快樂을 누릴 것이요, 강降하고 강하면 육도六塗의 하저下底에 떨어져서 무한한 신산[辛酸, 맵고 신 고통]을 맛보리라.

그러나 승昇하고 승하여도 승할 곳이 없고 강降하고 강하여도 강할 곳이 없이 온 우주에 가득 찬 대정령大精靈이 있으니, 이는 도를 두아 마음을 모은 성인聖人의 정신이라. 그 힘이 능히 건곤乾坤을 승勝하며 그 빛이 능히 일월日月을 없이 여겨서 홀로 천지의 자연한 운세運勢 밖에 초연超然하더라.

➪ 〈일원상 서원문〉의 진급과 강급에 관한 부연 설명이다. 즉 '진급이 되고 은혜는 입을지언정 강급이 되고 해독은 입지 아니하기로써'의 구체적인 감상을 승급인과 강급인으로 분류하여 밝히고 있다. 감상자 송도성은 승하고 승하면 천도天道의 절정에 올라서 무량한 쾌락快樂을 누릴 것이며, 강降하고 강하면 육도六塗의 맨 아래로 떨어져서 무한한 고통을 맛보게 된다고 밝힌다. 그러는 가운데 승昇하고 승하여도 승할 곳이 없고 강降하고 강하여도 강할 곳이 없는 대정령大精靈 자리[크게 맑고 신령한 정신]에 이를 수 있다고 한다. 승·강급의 세계는 〈일원상 서원문〉 중 무상無常의 무량세계라면 승·강급을 초월한 대정령의 자리는 〈일원상 서원문〉 중 유상有常의 무량세계이다. 결국 무상한 중에 유상하고 유상한 가운데 무상하다. 그러므로 불변하는 유상에 바탕을 두어 진급은 될지언정 강급은 되지 않도록 하며, 설사 진급할지라도 향락에 떨어질 것이 없는 유상 자리를 놓치지 않고, 강급될지라도 강급되었다 할 것이 없는 유상 자리를 놓치지 않고 강급에 매몰되지 않도록 하는 것이다.

정산 종사는 법신불 일원상을 체받아서 삼학 공부를 지성으로 하여 진급이 되고 은혜는 입을지언정 강급이 되고 해독은 입지 아니하는 적공을 강령 잡아 주시었다.
"마음이 허공같이 비고 보면 윤회의 승강을 벗어나나니, 이 빈 마음을 근본 하면 항상 진급이 되고, 이 빈 마음을 바탕으로 하여 상相을 떠나면 항상 은혜를 입게 되나니라. 언제든지 은혜 입혔다는 상이나 해 입었다는 상을 없애고 항상 자신의 덕 미침이 부족함을 살필지니라."[『정산종사법어』 원리편 22장]

빈 마음인 변함없는 유상한 자리에 바탕을 둘 때 무상한 중에 진급이 되고 은혜를 입게 된다는 법설이다.

## [감상] 이재문 군의 열반을 보고 더욱 인세의 무상을 감득感得

송도성

《회보》 제37호. 시창22년(1937) 8월호

▷ 이재문[李載文, 1908~1937]은 본명 재연載璉이요 법호는 온산穩山이다. 1908년 전남 영광군 묘량면 신천리에서 부친 이홍범과 모친 김태상옥의 3남 1녀 중 차남으로 출생했다. 10세 전에 부친을 여의고 빈궁한 가정의 편모슬하에 자라났다. 13세 되던 해 **종형 이동안**의 지도로 입교, 법회에 참석하여 교리와 제도를 알게 되자 공도에 헌신하기로 서원을 세웠다. **친형 이호춘**이 본관에서 농업부장을 하며 불같이 수양 독공하다가 병을 얻어 귀가한 뒤로, 1931년(원기16)부터 전무출신하여 신흥교당 간사, 총부 감원, 산업부원으로 일했다. 1934년(원기19)에 소태산 대종사와 은자 결의하고 진안 만덕산을 거쳐, 보화당 지물포 주무로 재임 중 30세에 심장마비로 열반했다. 외모상 출중한 품격을 갖추지 못하여 못나고 어리석은 듯 보이나 속류에 휩싸이지 않는 침착 온순한 성격과 물욕에 초월한 의지력에 안팎이 틀림없는 실행력을 가진 청년이었다. 딸 덕조가 전무출신했다.[『원불교대사전』]

지난 6월 18일 아침 대중은 일제히 식당으로 모여서 화기애애한 속에 식사를 진행하던 중이었다. 때마침 사무실을 지키고 있던 이사국 군이 놀란 눈을 둥그렇게 하여서 식당으로 달려왔다. 일동은 그의 심상치 않은 태도로만 보아도 필시 무슨 일이 생긴 것이로구나 하고 일제히 수저를 멈추고 그 전하는 말에 귀를 기울였다. 사국 군은 떨리는 목소리로 "재문이가 재문이가" 할 뿐 그 뒷말을 주저하고 있다. 아마 그의 생각에도 너무나 의외지사[意外之事, 뜻밖에 일어난 일]요 거짓말만 같아서 전하는데 확실한 자신이 없었던 모양이다. 곁에서 한 사람이 "재문이가 어쨌단 말이냐?"라고 채근해

물은즉 그는 그제야 부득이 "재문이가 간밤에 갔답니다."라고 간단히 보고한다. 아! 이게 웬 말이냐? 재문 군이 가다니, 어제까지 성성한 몸으로 온갖 일을 다 하고 천년이나 만년이나 살 것 같이 모든 계획을 다 세우고 나가던 재문 군이 가다니? 아무리 세상이 허망하고 만유가 무상하다 한들 이럴 수가 있단 말인가? 하물며 동同군은 성질이 침착 유순하고 행동이 온후溫厚 정직하여 드물게 보는 얌전한 청년이 아니었던가? 천진무위天眞無爲한 그 심성은 전무출신 5개 성상[五個星霜, 5년간]에 일찍이 한 번도 종사주께 걱정을 끼치지 아니했었고, 일반 동지와도 소호[小毫, 조금]의 충돌이 없이 원만 융화의 인人이 아니었던가? 이러한 군이었던 만큼 그를 하룻밤 사이에 잃게 된 모든 동지의 통석함은 여간이 아닌 동시에 인세人世의 무상無常을 느낌도 더욱 심각하였던 것이다. 그리하여 그 일이 있은 후 며칠 동안은 총부에 있는 동지끼리 서로 모여 앉아 말할 때라든지, 각처에서 전해오는 서신 통을 보든지, 모두가 허망하고 꿈같다는 등 "사람이 살았으되 살았다 할 것이 없다."라는 등 어[語, 말]로 인세의 무상을 탄식함이었다. 나도 두 손을 가슴에 얹고 고요히 명상해 보았다. 과연 그렇다. 무상하기 짝이 없다. 옛적 어떤 종교가는 조석으로 상종하던 자기의 친우가 하룻밤 사이에 병들어 죽는 것을 보고 인세의 무상을 느껴서 출가수도 하여 위대한 종교가가 되었다는 말도 있거니와, 만약 나도 아직 도문에 들지 못한 비종교인 몸으로 있다면 혹 이러한 일이 동기가 되어서 발심할는지도 모를 것이다. 이와 같은 의미로 보아 금반[今般, 이번] 재문 군의 불의한 열반은 확실히 우리에게 생사에 대한 크나큰 충동을 주었으며, 만유 무상의 진리를 여실히 교시함이 되었던 것이다.

 만유는 과연 무상이다. 하나도 그대로 가만히 있는 것은 없다. 천지에 있어서는 성주괴공이 순환불궁循環不窮하고, 사람에 있어서는 생로병사가 연속부절連續不絶하여 엎치락뒤치락 전변무상轉變無常하나니, 만법의 기멸起滅이 일 찰나에 있고 사람의 생사가 일순간에 있다고 하는 부처님의 말씀이 정定이 이를 두고 이름이다.

 그러나 우리는 한갓 이 무상을 느낀 것으로써 능사를 삼아서는 아니 된다. 무상한 그 가운데 또 유상의 진리가 있음을 알아야 할지니, 유상이라고 볼진대 만유가 하나도 또한 유상 아님이 없다. 아무리 변하고 또 변할지라도 변치 못할 바가 있으며, 아무리 없애고 또 없애려 하여도 없애지 못할 것이 있으니, 그것은 물物에 있어서 그 본질이며 인人에 있어서 그 본성이다. 이 본질과 본성이란 둘이 아닌 한 물건으로서 만고에 뻗쳐서 걸림이 없으며 우주를 통하여 두루 하였나니, 이곳에는 생사도 없으며 거래도 없으며 더하고 덜할 것도 없으며 멀고 가까울 것도 없어서 오직 평등 원만하고 여여자연할 뿐이니, 옛날 소동파의 말한바 "그 변하는 진리로써 볼진대 천지도 일찍이 잠깐도 머물러 있지 아니하고, 그 변치 않는 진리로써 볼진대 물物과 더불어 내가 다 무궁하다."[『대종경』 천도품 14장에서도 인용]함이 가장 웅변으로써 유무의 진리를 설파한 바이거니와 이 진리를 아는 자라야만 안심입명의 반석 같은 기초를 얻었다 할 것이며 영생의 도道의 광명 줄을 더우 잡았다 할 것이니, 우리는 먼저 마땅히 무상의 느낌으로써 인세의 헛됨을 알고 다시 불멸의 진리로써 만법의 실체를 파악하여, 불락유무[不落有無, 유무 양쪽에 떨어지지 않음]하고 생사에 초월할지라, 이것이 금번[今番, 이번] 재문 군의 급거[急遽, 급작스러운]한 열반에 대하여 깊이 무상을 느낀 나머지 나의 감상의 일편으로서 삼가 이, 소초小草를 적은 것이다.

⇨ 감상자 주산 송도성은 젊은 이재문의 갑작스러운 열반에 뒤숭숭한 도량을 공부심으로 안정시키려 감상의 글을 발표한다. 송도성은 "먼저 무상의 느낌으로써 인세人世의 헛됨을 알고 다시 불멸의 진리로써 만법의 실체를 파악하여 불락유무不落有無하고 생사에 초월하자."라고 공부심을 돋우었다. 한편으로 덧없는 무상의 변화 속에서 생사의 변화에 매몰되지 않는 생사초월의 불변의 유상 자리를 체득하여 무상한 중에 유상을 체득하고 유상한 중에 무상을 잘 운영하자고 독려한다. 아무리 변하고 또 변할지라도 변치 못할 바가 있으며, 아무리 없애고 또 없애려 하여도 없애지 못할 것이 있으니, 무상한 그 가운데 변함없는 유상의 진리가 있으니, 생사도 거래도 없으며 더하고 덜할 것도 없으며 멀고 가까울 것도 없어서 오직 평등원만하고 여여자연할 뿐이라고 강조한다. 식당은 현재의 공덕원 자리에 있었던 불법연구회 식당채로 여겨진다.

**[감상]**

## 원각가圓覺歌

정산 송규

《회보》 제34호. 원기22년(1937) 4·5월호

⇨ 〈원각가圓覺歌〉는 정산 종사 33세인 시창17년(1932) 《월보》 제38호 7월호에 처음 발표된다. 이후 5년이 지난 뒤인 시창22년 《회보》 제34호에 18구에 자구 수정을 하여 재발표한다.

제목 그대로 일원상의 진리에 대한 깨달음의 노래요, 정산 종사의 오도송의 결집이요, 깨달음의 흥취라 할 것이다. 원각가는 변·불변의 키워드에 따라 63개의 넘버링이 달린 감상이다. 4·4조의 4음보 율문으로 126절 252구의 장편 가사이다. 성가 106장에 앞부분을 노래하고 있다.

원각가의 중요성은 '일원상 서원문'이 발표되기 이전에 유상의 불변과 무상의 변화 이치를 체계적으로 밝히고 있다는 점이다. 변·불변의 이치는 '일원상 서원문'의 유상·무상 그리고 '일원상 게송'의 변하는 자리인 유와 불변하는 자리인 무와 직결돼 있다.

이 책 제1부 일원상 공부 중 '유상·무상과 원각가'에 원문을 전재全載하였으니 참고하길 바라며, 이곳에서는 변·불변에 관계되는 부분만 발췌하여 게재한다.

1. 망망茫茫한 넓은[너른] 천지 길고긴 저 세월에
   과거미래 촌탁忖度하니 변불변變不變이 이치로다
2. 변화변화 하는 것은 천지순환 아닐런가
   천지순환 하는 때에 주야사시晝夜四時 변화로다
3. 봄이 변해 여름 되니 만화방창萬化方暢 하여있고
   여름 변해 가을되니 숙살만물肅殺萬物 하여있고

4. 가을 변해 겨울 되니 풍설산하風雪山河 하여있고

　　겨울 변해 봄이 되니 만물 다시 화생化生일레

5. 천지변화 이 가운데 만물변화 자연이요

　　만물변화 하는 때에 인생변화 아닐런가

6. 인생변화 하고보니 세계변화 절로 된다

　　변화에 싸인 생령들아 이런 이치 알아내어

7. 동서남북 통해보고 래두사來頭事[후일]를 기약하소.[성가 106장]

　　…중략…

26. 천천만만千千万万 변화법을 역력히 말할손가

　　우리인간 당행로當行路로 두어 가지 일렀으니

27. 너와 나와 연구하여 본말시종本末始終 알아보세

　　아무리 안다해도 공부없이 뉘 알손가

**28. 억조창생億兆蒼生 돌아보니 선변악변善變惡變 둘이 있어**

　　**선변자善變者는 승급昇級이요 악변자惡變者는 강급降級일레**

**29. 승급강급 아는 사람 선변善變으로 올라오소**

　　…중략…

42. 고해침몰 하는 사람 어찌 아니 가련인가

　　그러므로 모든 성현 이런 법을 밝혔으니

43. 자세仔細 보아 도통道通하여

　　전천추前千秋 후천추後千秋에 일관一貫으로 알아보세

　　**일관이치一貫理致 알고보니**

**44. 불변상주不變常住 아닐런가**

　　**불변이라 하는 것은 불생불멸 진리로다**

　　**천지만물 돌아보니**

**45. 여여자연 의구依舊하고**

춘하추동 지내보니 무왕불복無往不復 그 뿐이요

생사거래生死去來 생각生覺하니

46. 소소영령昭昭靈靈 하나이요

화복귀천 생각하니

인과법因果法이 정수定數있어

호리불차毫釐不差 아닐런가

47. 이 같은 변화법이 정수定數로 변화로다

정수로 변화하니 고금古今이 다를손가

48. 이말 저말 분등紛騰해도 본리本理는 상연常然이라

변불변變不變이 동도同道하니

변화가 불변이요

49. 불변이 변화로다

변불변의 본래법이 공공자연公公自然 되어지니

인력人力으로 만집[挽執, 붙들고 못하게 말림]할까

50. 만집[만류]은 못할테니 순수順數로 행해가라

…중략…

62. 지어지선 하고보면 일원대덕一圓大德 결과로다

어화 우리 동모들아 일원대덕 지켜너어

63. 불변성심不變誠心 맹서하고 만세동락萬歲同樂 하여보세

장하도다 장하도다 춘추법려春秋法侶 되였도다

⇨ 변·불변은 원각圓覺의 다른 표현이다. 불변은 변화를 변화의 실상 그대로 드러내는 자리로 분별 주착이 없는 경지이다. 불변은 '일관이치 一貫理致'요 '정수定數로 변화'하며 '본리本理는 상연常然'이라 하면서 '변·불변이 동도同道하니 변화가 불변이요 불변이 변화로다'라고 밝히고 있다.

# 일원상 관련 법문 4

**법설**

### 대우주大宇宙의 본가本家를 찾아 초인간적超人間的 생활을 하라

수필인受筆人 전음광
《월말통신》 제21호. 시창14년(1929) 음 11월

한때에 종사주, 경성을 행가[行駕, 수레를 타고 가는 일이란 뜻으로 교통수단을 타고 감]하려 하실 때, 조송광·전음광 기인[幾人, 몇 사람]이 이리역[현 익산역]까지 배종[陪從, 모시고 따라감]케 되었다. 이리 행도[行道, 다니는 길] 남중리 마을 뒤[현 남중교당 인근]에는 춘풍추우春風秋雨 백 년간 고이고이 길러 난 조선솔[송松] 수삼주[數三株, 몇 그루]가 보기 좋게 특립特立해 있었다. 용과 같이 틀어 오른 체體, 울퉁불퉁한 가지[枝], 소반[盤]같은 껍질 모두가 천조天造의 자연미를 자아내지 않은 곳이 없다. 그러므로 내왕 행객行客의 목에 잦은 찬미를 독점하는 귀물貴物이었다.

그때 송광은 '그 나무는 항상 보아도 아름다워라. 우리 회관으로 옮겨갔으면 좋겠다.' 하였다.

이 소리를 들으신 종사주 말씀하여 가라사대, "군君이여, 군은 어찌 그 좁은 생각과 작은 자리를 뛰어나지 못하였는가. 회관이 솔을 떠나지 아니하고 솔이 회관을 여의지 아니하여 솔과 회관이 모두 우리 집 담장[장墻] 안에 갚아 있거든, 하필 솔을 그곳에서 그곳으로 옮겨 놓고 보아야만 시원할 군의 심리는 곧 무엇인가? 그것은 차별과 간격을 터 대우주의 본가를 보지 못한 연고이니라. 군이여, 생각을 발하여 작은 집과 좁은 살림이 뛰어나[越] 만고불변萬古不變하는 우리 집을 보고 아쉽고 모자람이 없는 큰 살림을 하여 보라.

군의 방금 생각은 이러하리라. 회관이 군으로서는 유일의 큰 집이며, 김제 원평에 벌여있는 살림이 오로지 군의 살림이며, 군 현재의 존재 그것이 다시없는 군으로 생각되리라.

　그러나 아니다. 북일면 신룡리 몇 간 가옥 그것이 군의 큰 집이 아니며, 김제 원평에 얼마 있는 그것이 군의 참 살림이 아니요, 군 현재의 유형한 존재가 참 군이 아니다. 회관도 변천 있는 집이요, 김제 원평의 살림도 국한 있는 살림이요, 현재의 군도 존멸存滅에 윤회하는 군이니, 변천도 국한도 존멸도 없는 군의 집, 군의 살림, 참 군을 찾아 장존불멸長存不滅의 영생락을 얻으라. 왜 지금껏 찾지 못하였을꼬? 그것은 군 스스로가 작은 군의 환경을 초월하여 이상의 군을 연구치 못한 소치이니라.

　소소昭昭한 하늘[天]이 위로 장막帳幕을 두르고, 광막廣漠한 지구[地]가 그 자리를 하였나니, 이것이 참말 군의 큰 집이다. 이 집이야 변천도 개조도 없는 천만년을 가더라도 그대로 있는 집이다.[영천영지 영보장생] 이 집은 가장 크고 넓어서 동東으로 동으로 천만년을 가더라도 그 끝을 보지 못하며, 서西로 서西로 천만년을 가더라도 또한 그 끝을 볼 수 없나니, 사람이 다 이 집속에서 살건 마는 보아도 보지 못하고 한 채[一棟]의 초가, 한 칸의 방 그것만을 제 것으로 인증하여 서로 울과 담을 쌓고 다투고 싸우기를 마지않는다. 그 집속에는 또한 한정 없는 살림이 구족하게 갖추어 있나니, 일월日月의 전등이 사귀어 돌매 사시四時의 기계가 아울러 움직이고, 바람·비·이슬·서리·눈·우레·번개가 다 그에 화化하여, 우리의 먹고 입고 쓸 것을 장만하여 준다.[천지은]

　오직 그 가운데 인간이란 한 영물靈物을 시켜 모든 것을 개조하여 배고프면 밥을 주고, 추우면 옷을 주며, 어디를 가고 싶으면 차를 주고, 쓰고 싶으면 돈을 주고, 눈의 보기 좋은 것과 입의 말하기 좋은 것과 손의 놀리기 좋은 것과 코의 맡기 좋은 것과 이 마음의 하기 좋은 것을 하나도 빠짐이 없이 갚아다 주나니[동포은], 이 입으로 외우는 것과 마음의 생각 난 바는 하나도 그 살림 곡간에 없는 것이 없도다. 그러나 이 살림도 또한 천연 자연으로 갖추어 있어 금하고 말리는 자 없건마는 사람 스스로가 분수[처지와 형편]를 어기고 망령되이 허욕에 끌려 스스로 애를 태우며 스스로 가난艱難하나니라. 군으로서 이[한정 없이 큰] 살림과 집을 볼 수 있다면 오늘의 솥 옮기고자 하는 그 생각과 말이 어찌 좁고 어리지 않으랴.

또는 현재의 유형한 군을 군이 그것만 참 군으로 안다면 군은 진정한 군을 잃었다. 사시가 순환하고 일월日月이 가고 가도 그 사시 그 일월이 다름이 없나니, 일월과 사시가 윤회[순환]하매 유형한 만물의 변태는 있을지언정 전전불궁轉轉不窮하는 그 기운만은 변함이 없도다. 유형물의 일 분자로 된 하나의 군이야 사시와 변천을 따라 변함이 있으리라. 그러나 그 속에 잠거潛居한 참말의 군은 억만무량계億萬無量界를 통하여 변하고 다함이 없나니, 이 군을 알지 못하고 한정 있는 군, 존멸 있는 군만 안다면 군은 진정한 군을 잃었다 않을 수 없도다. 물 가운데 비친 달[月]의 그림자를 보고 참 달이라 일컫다가 물이 말라 없어질 때는 영영 달을 잃어버림과 같으리라. 그러나 허공에 뜬 그 달이야 물이 있으나 없으나 여여히 왕래하나니, 유형한 군만 알아 참 군이라 믿을 때는 이에 지나지 않으리라.

또 그 진정한 군에게는 이 큰 집 큰 살림을 능히 발견할 요소와 다스릴 능력이 갖추어 있으나, 출생 이후 마탁磨琢과 훈련이 없으므로 본능을 발휘치 못 하나니라. 사람이 다 이 우주 대가大家와 무궁의 살림과 위대한 자기를 가졌지만, 출생 이후 자행자지自行自止에 그치고 탐진치貪嗔痴의 욕심에 끌려 좁은 집과 작은 살림을 차지하게 되며 작은 자기를 만들어 스스로 구속하며 태우나니, 군은 이 집을 찾고 살림을 회복하며 진정한 군을 발견하여 구구[區區, 구차하고 잘고 용렬한] 인간의 환멸幻滅 생애를 놓고 대우주의 본가에서 초인간 생활을 하라.

본회의 삼강령은 이 인간들로 하여금 다 이 집에서 이 살림을 시키기 위함이니, 사리연구는 이 큰 집과 큰 살림을 찾고 여는 묘한 쇳대요, 작업취사는 이 살림을 다스리는 방법이며, 정신수양은 이 쇳대로 문을 열고 살림을 다스리는 힘, 즉 원료를 모으는 방법이니라." 하시더라.


⇨ 소태산 대종사는 경성에 가기 위해[상경] 신룡벌 익산총부에서 이리역[현 익산역]으로 나선다. 이때 혜산 전음광은 소태산을 배웅하기 위해 따라나섰고 불법연구회 회장 조송광은 원평 사가로 귀가하기 위해 같이 나선다. 이렇게 이리역으로 가는 도중 남중리[현 남중교당 인근]를 지나게 되고 조송광은 남중리 마을에 늘어선 조선솔 수 3주를 보고 익산총부에 옮겨 놓으면 좋겠다는 감상을 말한다. 이에 소태산은 조송광에게 법설을 하게 되

고 배종인 전음광은 이 상황을 수필하여 시창14년(1929) 11월 16일 자로 기재한다. 그리하여 《월말통신》 제21호에 수록하게 되고, 이 법설은 윤문 정선精選되어 『대종경』 불지품 20장에 실린다.

『대종경』 불지품 20장에서는 소태산 대종사가 길바닥에 일원상을 그리시며 설법하는 모습으로 전개하고 있다. 텅 빈 마음에서 드러나는 천지만물과 사농공상으로 전개되는 세상은 국한 없는 세상이며 은혜 세상으로 사은四恩의 전개이다. 텅 비고 고요한 마음에서 드러나는 이 천지와 세상은 우리의 본래 집으로 천지은이요 동포은이며, 천지자연이 변화해도 여여하여 한정이 없고 존멸에 물들지 않는 자리가 진정한 자기이다. 소태산은 이 자리를 찾아 들기를 촉구한다. 이 자리가 대우주의 본가, 만고불변萬古不變하는 우리 집, 아쉽고 모자람이 없는 큰 살림, 변천도 국한도 존멸도 없는 군의 집이요 군의 살림. 참 군, 참말의 군, 진정한 군, 큰 집, 우주 대가大家, 무궁의 살림, 위대한 자기이다. 다 일원상의 또 다른 표현이다.

**대지강산大地江山과 삼라만상森羅萬象이 모두 다 내 것이다**

수필인 송도성
《회보》 제25호, 시창21년(1936) 6월호

한때에 어떠한 사람이 와서 종사주宗師主를 뵈온 후 모시고 담화할 새 전주-이리 간 통행하는 경편차[輕便列車, 궤도 너비가 좁고 규모가 간단한 경편철도를 이용하는 열차]에 관한 이야기가 나와 그 사람이 말하되, 그 철도는 본래 전북 각지 여러 부호가 주식 출자로 경영하여온 것인데 그때에 출자한 부호들은 지금까지 무료로 그 차를 타고 다닌다고 하며 매우 흠선[欽羨, 부러운]하는 태도로, 이 사람에게도 그런 경편차나 하나 있다면 타고 다니기에 편리도 하고 좋겠다고 말하거늘, 종사주 그 말을 들으시고 그 사람에게 일러 가라사대, "그대는 참 간난도 하다. 살림살이가 그와 같이도 가난할까. 전주 경편차 하나를 자기의 소유로 하지 못하였으니" 하시며 한번 웃으시었다. 이 말씀을 들은 그 사람은 문득 놀래는 빛을 띠며 "그게 무슨 말씀이오니까? 전주 경편차 하나를 자기의 소유로 하자면 적어도 기백만 원[몇백만 원]의 거액이 있어야 할 것인데 이같은 무산자로서 어찌 그것을 소유할 능력이 있사오리까?" 종사주 가라사대 "그러니까 가난한 살림이라 하였노라. 그리고 그대가 설사 기백만 원의 자본이 있어서 전주 경편차를 그대의 소유로 하였다 할지라도 나는 그것을 보고 결코 부유한 살림이라고는 아니할 것이다. 참으로 부유한 살림하는 법을 알고자 할진대 이제 내 살림하는 이야기를 들어보라. 나는 저 전주행 경편차도 내 것을 만들었고 그보다 나은 대전행 열차 내지 전 세계 열차까지 모두 내 것을 만들었다. 그대는 아직도 이것이 모두 내 것이 된 줄을 모르는가. 나는 이것을 모두 내 것 삼은 지가 벌써 오래되었노라. 그리하여 저번 께 경성에 무슨 볼일이 있어서 가는 데에도 나는 내 차를 타고 갔더니 무한히 편리하고 또는 신속하더라" 하신대, 그 사람 무릎을 고쳐 다시 단정히 앉으며 "그 말씀은 실로 요량[料量, 헤아림] 밖의 교훈이심으로 저같이 우매한 소견으로는 그 이면에 무슨 뜻이 들어 있는 줄을 살피지 못하겠사오니 다시 밝으신 가르치심이 있기를 바라옵나이다." 종사주 이에 가라사대 "그대는 저 전주행 경편차를 그대의 소유로 하자면 물론 아까 말한 바와 같이 기백만 원의 거액이 단번에 들어야 할 것이요, 또는 금전 출납과 문부 정리며 모든 정거장과 철도 및 기차의 수선과 각 역원 급료의 모든 괴로운 책임을 담당하여 많은 괴로움을 받지 아니하면 아니 될 것이다. 그러나 나의 소유 내는 법은 그와 달라서 단번에 기만 원 기천 원을 내지도 아니하고, 금전 출납 문부 정리며 모든 정거장과 철도 및 기차의 수선과 각 역원 급료 이러한 모든 책임을 하나도 지지 아니하고, 다만 어디를 가게 되면 갈 때마다 그 가는 곳의 이정里程을 헤아려서 얼마씩의 요금만 지불한다면 어느 때든지 또는 얼마든지 나의 마음대로 이용할 수 있는 것이다. 내 집에 자동차를 두고 운전수를 둔다고 하여도 매월이면 적어도 돈 백 원의 비용은 정식으로 들지 않겠는가. 그러나 그 자동차의 용도가 저 세계 각국에 망라網羅한 기차와 같이 광범하지 못할 것은 사실이다. 그런즉 주야불식[晝夜不息, 밤낮으로 쉬지 않음]하고 우리 차를 운전하며 우리 철도를 수선하며 우리 사무를 관리하여 주는 모든 우리 일꾼의 수수료와 그 비용이 너무나 염[廉, 저렴]하지 아니한가."[기차 이

용법]

　그러고 또한 이야기를 들어보라. "나는 요전 경성에 가서 얼마간 있을 동안에 하루는 정신이 몹시도 울침[鬱蟄, 침울]하고 신기身氣가 매우 불편함으로 여러 친우와 작반作伴하여 한양공원에 올라서 한참 동안 산보하였더니 정신이 다시 새로워지며 마음에 다시 유쾌함을 느끼었다. 그래서 나는 같이 갔던 친우에게 이렇게 말하였다. 자! 보라. 이것은 우리 공원이다. 우리 공원의 경치 참으로 훌륭하지 아니한가. 만호장안[萬戶長安, 경성 시내]은 앞으로 즐비櫛比하게 전개되어 있고 기봉奇峰 괴석怪石은 뒤로 서 쭝긋 쭝긋 굽어보는 듯하도다. 가까이로는 북악산이 우뚝 솟아 높이 있고 멀리로는 한강 수가 돌아 흐르는구나. 자! 보라. 우리 공원의 경치 참으로 훌륭하지 아니한가. 그러면 나는 어찌하여 이것을 우리 공원이라고 일렀을꼬? 그것은 다름이 아니다. 대범 어디를 물론하고 대도회大都會마다 반드시 공원을 두는 것은 그 인연[人煙, 인가人家]이 조잡[稠雜, 빽빽하고 복잡함]한 시가상市街上에서 생활을 하던 사람들로 하여금 간간히 산가수려山佳水麗한 절승지대絶勝地帶에 와서 흉금胸襟을 소창[蘇暢, 갑갑한 마음을 풀어 후련하게 함]하고 두뇌를 식히라는 장소로 된 것이다. 그런데 나도 혹 정신이 갑갑할 때가 있고 보면 언제든지 이러한 공원에 와서 이리저리 산보도 하며 각색各色 풍물風物을 구경도 하며 청량한 공기를 흡수도 하여 온 공원의 흥미를 내 홀로 차지하되 누가 나를 가라는 법도 없고 다시 오지 말라는 말도 하지 아니하더라. 어떠한 부호들은 피서 지대에다가 자기의 정자 몇 간만 두어도 매년이면 적지 않은 수호비가 들지마는 나는 돈 한 잎 소비하지 아니하고 이 좋은 공원을 얻었다.[공원 사용법]

　대저 이 세상 사람들이 무엇이나 내 것을 삼으려는 본의가 무엇이냐 하면 다 나의 편리를 취함이거늘, 이상에 말한 기차라든지 다음에 말한 공원이라든지 모두 다 나의 이용할 대로 이용하였으니 어떻게 소유를 낸들 이 의에 더 나을 방편이 무엇이겠느뇨. 그런고로 나는 대담하게 이것을 모두 내 것이라 하였노라. 그리고 내 살림살이가 어디 그것뿐인가. 이 세상에 삼라森羅한 천태만상千態萬象과 그 천태만상을 싣고 있는 대지강산까지도 나는 몰수沒收하여 다 내 것을 삼았다. 그리하여두고 이것을 이용하게 된 때에는 이것을 이용하고 저것을 이용하게 된 때에는 저것을 이용하여 경위經緯에만 틀리지 않게 하면 모든 것을 내 맘 내 뜻대로 쓰고 먹고 보고 듣되 아무도 금하

고 말리지 못할 것이라. 과연 이 얼마나 광활한 살림이랴.[사은 세계]

그런데 이 세속 범상한 사람들의 물건 취하는 법을 보면 어찌 그렇게도 기국器局이 편협한가? 대우주의 천연경색天然景色을 그대로 두고 보아도 좋을 것이요 대세계의 삼라만상을 그대로 두고 이용해도 좋으련마는[사요 세상] 기어이 그것을 내 앞에 갖다 놓아야만 시원할 것이 무엇이랴. 공연히 일 많고 걱정되고 책임 무거워질 그것을 자기의 소유로 만들어야만 하는 것은 참으로 국한 없이 큰 본가 살림을 발견치 못한 연고이니라." 하시더라.

⇨ 이 법설은 약간의 윤문을 거쳐 『대종경』 불지품 17장에 수록된다. 「일원상 법어」의 '시방삼계가 다 오가의 소유인 줄을 알며'의 뜻을 밝히는 법문 중 하나이다.

소태산 대종사는 천태만상의 대지강산을 경위經緯에만 틀리지 않게 이용하면 모든 것을 뜻대로 쓰고 먹고 보고 듣되 아무도 금하고 말리지 못할 것이라 하면서, 이것이 광활한 일원상 살림이요 국한 없는 일원상의 본가 살림이라 한다. 광활하고 국한 없는 살림은 천지만물을 내 소유로 삼아서 혼자만 사용하려는 게 아니라 공물公物로 여기어 경위에 맞게 이용하는 안목이다. 자타가 없는 텅 빈 자리에서 보면 천지만물은 우리 것 아님이 없다. 이러한 자타의 국한 트인 일원상 안목이 열리면 대중교통도 공원도 다 우리의 소유요 우리의 이용물이다. 광활하고 국한 없는 살림은 사은의 세계이며 사요 세상인 것이다.

**시방삼계十方三界가 오가吾家의 소유**

수필인 이공주
구타원 이공주 종사 법문집 Ⅰ,
『일원상을 모본하라』 중 '소태산 대종사 수필법문 Ⅱ'

시창28년 1월 12일, 종사주 선방에 출석하시니 한 선도禪徒 여쭙기를 "종사님 법설에 일원一圓의 진리를 깨치면 시방삼계가 오가의 소유인 줄을 안다 하시오니, 시방삼계가 오가의 소유라는 의지意旨를 알고자 하나이다." 하였다.

종宗 "시방十方이라 하면 동서남북 4방과 간방間方의 4방을 합하여 8방과 위로 하늘 즉 허공과 아래로 땅 즉 중앙 토中央土를 합해서 이름이니, 쉽게 말하면 우주대기宇宙大機의 공간 전체를 횡橫으로 가리킴이요, 삼계三界란 무색계[無色界, 天], 색계[色界, 人], 욕계[慾界, 地]를 이름이니, 쉽게 말하면 우주 전체[上中下]를 종縱으로 가리킴이다.

즉 우리가 살고 있는 이 우주는 횡으로나 종으로나 일호의 간격도 없이 사통오달된 절대의 한 큰 덩어리라는 것을 표현함이요, 오가吾家의 소유라 함은 천지만물이 다 내 것이라는 말이니, 바꾸어 말하면 누구를 물론하고 일원一圓의 진리만 각覺한다면 우주만유가 다 내 소유인 줄을 안다는 뜻으로써 만법의 귀일처歸一處 즉 대大 자리를 지적한 것이다.

무릇, 우주만유의 근본은 곧 일원상이요, 일원상은 곧 시방삼계며, 시방삼계는 결국 한 덩어리니, 우리가 이 한 덩어리 된 내역만 잘 안다면 육도사생도 그 속에 건립되어 있고 인과보응의 천태관상도 그 속에서 발생하는 것인 줄을 의심치 않을 것이다. 그러므로 만사만리萬事萬理의 조종사인 마음 하나만 잘 맑히고[수양] 또한 밝히며[연구] 그대로 실행[취사]한다면 육도 윤회를 임의자재任意自在 할 수 있나니, 그런 대인大人이 시방삼계의 소유자가 아니고 그 무엇이랴.

그러나 범안凡眼 즉 분별심으로 볼 때에는[小] 천지도 각각이요, 만물도 각각이며, 소유자도 각각 다른 것이 또한 사실이니, 저 높은 창공에서는 제비와 솔개가 날고, 깊은 산중에는 사슴이 뛰놀며, 넓은 바다에서는 어류가 헤엄치고, 지하에서는 온갖 벌레가 꾸물거리고 있으며, 만주 목단강에서는 장적조가 순교하고 있고, 익산 선방에서는 남녀 선객이 선 공부를 하고 있다. 이 얼마나 형형색색이며 불가사의한 사실인가." 하시더라.[이공주 수필 법문]

⇨ 〈일원상 법어〉의 '시방삼계가 오가의 소유인 줄 알며'에 관한 소태산 대종사의 부연 설명이다.

"일원一圓의 진리만 각覺한다면 우주만유가 다 내 소유인 줄을 안다는 뜻으로써 만법의 귀일처歸一處 즉 대大 자리를 지적한 것이다. 무릇, 우주만유의 근본은 곧 일원상이요,

일원상은 곧 시방삼계며, 시방삼계는 결국 한 덩어리니, 우리가 이 한 덩어리 된 내역만 잘 안다면 육도사생도 그 속에 건립되어 있고 인과보응의 천태만상도 그 속에서 발생되는 것인 줄을 의심치 않을 것이다. … 그러나 범안凡眼 즉 분별심으로 볼 때에는 천지도 각각이요, 만물도 각각이며, 소유자도 각각 다른 것이 또한 사실이니, … 이 얼마나 형형색색이며 불가사의한 사실인가."

시방삼계가 오가의 소유인 일원상의 진리는 우주만유의 본원이면서 또한 우주만유로 펼쳐진 경지다.

## 소태산 대종사 최후 법설

수필인 이공주
『원각성존 소태산 대종사 수필 법문집』

계미癸未년[1943] 5월 16일, 익산 총부 대각전에는 남녀 대중이 운집하여 예회 순서를 집행할 새, 종사주 법좌에 오르시사 법장法杖을 세 번 울리신 후 일반 청중에게 말씀하여 가라사대

"내 지금 조실祖室에서 나와 대각전을 향하여 오는데 여러 아이가 솔밭에서 이리 뛰고 저리 뛰며 재미있게 놀다가 나를 보더니, 한 놈이 썩 나서서 소리를 높여 '기착[氣着, 차렷 구령]'을 부른, 즉 일제히 모여 서서 손을 들어 경례를 하더라. 만일 그것들이 우치한 금수의 새끼라면 아무리 가르쳐도 그와 같이 어른을 보고 경례할 줄을 몰랐을 것이다. 그러나 만물 가운데 최령最靈하다는 사람의 자식인지라 학교에 다니며 배웠기 때문에 예절을 알아서 행하였을 것이다.

그러나 아무리 사람의 자식이라도 어려서 배움이 없고 철나기 전에는 예절은 고사하고 부모 형제의 내역도 알지 못하여 실례하는 일이 종종 있나니, 예를 들면 그 조모祖母가 손부孫婦 보고 '아기 어미'라 하면, 저도 따라서 형수보고 '아기 어미'라고 부르다가 장성하여 촌수를 가릴 줄 알게 되면 '형수'라고 바로 부르게 되는 것이다. 그와

마찬가지로 나도 어릴 때는 아버지 어머니가 다정히 이야기하시는 것을 보면, '저이들 사이는 무엇이 되어서 저와 같이 사는고?' 하고 궁금한 마음을 여러 번 가졌다가 내종乃終 철난 후에야 의심을 풀게 되었었다. 그러면 우리가 진리 공부를 하여 견성을 하는 것도 흡사 그와 같나니, 공부가 미숙하여 견성을 못 하였으면 철모르는 아이 시절과 같고 공부를 갋이 하여 견성을 하면 슬기로운 어른과 같다 하리라.

대저, '성품性品'이라 하는 것은 우주만유의 근본으로써 생사고락이 돈공頓空하고 언어명상言語名相이 끊어진 자리건마는, 가령 현재 본회의 최고 선생을 '종사宗師'라고 이름 짓듯 사람들이 강연이 이름 지어 '성품'이라 하였나니, 저 지혜 발달한 불보살로서 견성 못한 범부 중생을 볼 때에는 마치 부모 형제의 촌수도 모르는 어린아이와 같아서 심히 우치해 보일 것은 불가피의 사실이니라.

우리 불가佛家의 견성법은 만고의 대도며 인생의 대 철학이건마는, 견성의 필요도 느끼는 자 귀하니 실로 답답한 일이며 뿐만 아니라 각자 자신 거래去來의 내역도 알지 못하여 누구든지 모태 중에서 나오면 명命타고 난대로 일생을 살다가 죽으면 그 육신은 청산에 매장하고 그 영식靈識은 어디로 가는지 어떻게 되는지 한번 생각해 보는 일도 없으니, 어찌 한심치 아니하랴.

『음부경陰符經』에 운云하되, '생자사지근生者死之根이요, 사자생지근死者生之根이라.' 하였다. 그러면 생사윤회는 마치 개미 쳇바퀴 도는 것과도 같고 또는 일월日月이 동서로 내왕하여 주야가 번복되는 것과도 같아서 생과 사는 서로 뿌리하고 바탕하여 언제나 무시간단無時間斷으로 돌고 있나니, 이것이 이른바 우주 자연의 운전 법칙이요, 천지만물의 순환 진리니라.

자고로 수도하는 사람이 견성을 해야 진리를 알게 되고, 진리를 알아야 인과인연법因果因緣法도 알아지고 취사심取捨心도 생겨나며 친소심親疎心도 없어져서 자타 없는 삼매행자三昧行者가 된다. 비컨대 우리가 견성을 하는 것은 대목大木이 집을 짓는데 먹줄과 잣대 같아서 인도人道를 밟아 가는 데 없지 못할 최상승법最上乘法이니, 어서 부지런히 배우고 닦아서 견성 도인 되기에 노력할지어다.[『대종경』 성리품 21장]

그리고 여러분이 이와 같이 예회에 내참하는 것은 마치 장꾼이 장 보러 온 것과 같나니, 기왕에 장을 보러 왔으면 내 물건을 팔기도 하고 남의 물건을 소용대로 사기도

하여야 장에 온 효력이 있을 것인데, 만일 내 물건을 내놓지도 않고 남의 물건을 사 가지도 않으면 장에 온 목적이 무엇인가? 그러면 제군이 열흘 동안 집에서 모든 경계를 지내는 가운데 처리處理 잘한 일이 있다거나 혹은 인간 생활에 필요한 법을 알았다거나 또는 교과서 보다가 의심나는 곳이 있다면 잘 기억하여 두었다가 예회 날이 되거든 와서 유익될 말은 대중에게 알려도 주고 의심 건은 제출하여 한 가지 한 가지씩 배워도 가며 또는 연사들의 말을 잘 들어 두었다가 일상생활에 보감을 삼는다면 공부가 자연히 잘 되어서 견성 도인도 무려[無慮, 그 수가 예상보다 상당히 많음]히 될 수 있을 것이거늘, 그 쉬운 길을 알지 못하고 예회 날이면 바쁜 가운데 좇아와서는 이렇게 우두커니 앉아서 졸기나 한다면 그 무슨 소용이 있을 것인가? 그래서 나는 예회 날 건성으로 다니는 사람을 건달 장꾼이라 하나니, 여러분은 지금 나의 한 말을 범연히 듣지 말고 각골명심하였다가 매 예회 날마다 공왕공래空往空來가 없도록 주의하는 동시에 막대한 효과를 나타내기를 재삼 부탁하노라." 하시더라.[『대종경』 부촉품 14장]

세사世事란 허망하고 인생이란 무상無常한 것이다. 유아唯我 종사주, 이 법설을 하옵시고 들어오셔서 곽란霍亂이란 평범한 증세로 비롯하여 회춘回春치 못하옵시고 열반 피안에 드옵시사, 이 말씀이 과연 최후 마지막 법음法音이 되실 줄이야 그 누가 꿈엔들 상상이나 하여 본 일이랴. 오호, 애재哀哉 통재痛哉로다.[이공주 수필, 시창28년 5월 16일]

▷ 원기28년(1943) 5월 16일에 소태산 대종사는 대각전 예회에서 설법한다. 이 법설 이후 발병하여 6월 1일 열반에 드신다. 제자들에게 마지막으로 설한 법문으로, 소태산 대종사의 최후 법설이다. 이 법설은 『대종경』 부촉품 14장에 정선된다.

다만 구타원 이공주가 수필한 법문에는 성품을 보는 견성이 강조되고 견성 도인이 되기를 부촉하고 있다. 생사 해결도 성품의 원리에 따라 해결하라는 당부이다.

소태산은 최후설법으로 성품을 보는 견성과 견성도인을 촉구한다.

"공부가 미숙하여 견성을 못 하였으면 철모르는 아이 시절과 같고 공부를 많이 하여 견성을 하면 슬기로운 어른과 같다 하리라."

"저 지혜 발달한 불보살로서 견성 못한 범부중생을 볼 때에는 마치 부모 형제의 촌수도 모르는 어린아이와 같아서 심히 우치해 보일 것은 불가피의 사실이니라."

"비컨대 우리가 견성을 하는 것은 대목大木이 집을 짓는데 먹줄과 잣대 같아서 인도人道를 밟아 가는 데 없지 못할 최상승법最上乘法이니, 어서 부지런히 배우고 닦아서 견성 도인 되기에 노력할지어다."

소태산은 "예회 날이 되거든 와서 유익될 말은 대중에게 알려도 주고 의심 건은 제출하여 한 가지 한 가지씩 배워도 가며 또는 연사들의 말을 잘 들어 두었다가 일상생활에 보감을 삼는다면 공부가 자연히 잘 되어서 견성 도인도 무려[無慮]히 될 수 있을 것"이니 "매 예회 날마다 공왕공래空往空來가 없도록 주의하는 동시에 막대한 효과를 나타내기를 재삼 부탁"한다.

# 일원상 관련 법문 5

**우주만물은 곧 만능의 조물주造物主이다**

수필자 이공주
《회보》제64호. 시창25년(1940) 3월호

한때에 종사주 일반 대중에게 말씀하여 가라사대,

"과거 부처님 말씀에 '우리 영혼으로 말하면 영원불멸한 것이나 이 육체는 결국 죽어서 없어지는 것이라.'고 하시었다. 환언[換言, 앞서 한 말을 달리 바꿔 말함]하면 우리의 정신 즉 무형의 진여법체眞如法體는 불생불멸不生不滅하여 영원무궁한 것이지마는 우리의 육체 즉 지수화풍地水火風 사대四大로 된 이 유형의 몸뚱이로 말하면 결국 죽게 되고, 죽는 날에는 사대가 다 각각 나뉘어져서 근본처로 돌아가 합해 버린다는 말씀이다.

그러나 실지에 있어서는 이 육체도 아주 죽어 없어지는 것이 아니요, 다만 그 얼굴만 변해 나가나니, 예를 들면 사람의 죽은 시체가 지중地中에서 썩은, 즉 그 땅이 비옥하여 그 근방의 풀이 무성하여질 것이고, 그 풀을 베어다가 거름을 한즉 곡식이 잘될 것이며, 그 곡식을 사람이 먹은즉 피도 되고 살도 되어 생명을 부지하며 활동을 하게 되는 것이다. 그러면 어찌 사람의 시체뿐이리오? 우주만물과 유정有情·무정無情이 모두 그러하여 영원히 죽어 없어지는 것은 하나도 없나니, 그 내용의 진의를 알고 보면 실로 미묘하여 말로는 다 할 수가 없는 것이다. 가령 저 헛간의 토비와 변소의 대소변 가운데에도 생의 요소가 충분히 들어 있어 각양각색으로 변화하나니, 토비와 대소변을 과실 밭에 부어 주면 좋은 과실이 열게 되고 논에 묻어주면 나락이 잘되지 않는가. 그러면 좋은 과실을 열게 한 것이나 논의 나락을 잘 되게 한 것도 곧 그 토비와 대소변의 조화요 능력이라 아니할 수 없나니, 사실로 그와 같은 조화와 능력을 부린다면 그 어찌 죽었다고 할 것이냐?

그러므로 나는 심지어 불탄 재와 썩은 대소변 속에서도 무진장無盡藏의 묘리 즉 만능의 조물주가 들어 있다고 하며, 또는 지수화풍으로 말하여도 불생불멸不生不滅하여 만물을 조성하는 권능과 위력을 반드시 가졌나니, 저 무정한 풀 한 포기, 나무 한 주라도 지수화풍 사대의 합이 아니고는 그 천품天稟을 발휘치 못하고 곧 말라버리는 것을 보면 누구나 잘 알 수 있는 사실이다. 보라! 저 아무리 좋은 과실나무라도 만일 비옥한 흙[지地], 우로雨露의 혜택[수水], 따뜻한 기운[화火], 공기의 융통[풍風] 등 사대가 구비치 못하다면 어찌 저 혼자 싹을 내고 꽃을 피우며 열매를 맺게 할 것인가. 그러고 보면 이 우주 내 일체 만상萬像 유정·무정이 모두 조물주의 권능을 가지고 있는 동시에 지수화풍 사대의 모임으로 인연하여 유정·무정이 다 각자 습관의 종자를 따라 그의 기능을 발휘하여 써[그것으로 인하여] 타他에게 유익도 주고 해독도 주는 가운데 날과 해가 가며 일생 내지 천만 겁을 지내게 되는 것이다. 이 어찌 신기하지 아니하며 현묘하지 아니하랴.

제군은 이에 각성할지어다. 과연 우리는 한 찰나도 떠날 수 없는 이 조물주의 자비 즉 대자연의 공도公道를 따라 우연히 나타나서 바람 부는 대로 물결치는 대로 자행자지自行自止하다가 각자의 지은 바 습관의 종자를 따라 또다시 조물주의 지시하는 대로 진급도 되고 강급도 되며 드는 육도六途와 사생四生으로 변화하게 되나니, 제군이여! 어서 부지런히 공부하여 우리가 목적한바 신神대력을 얻어서 저 조물주의 권능에 끌릴 것이 아니라 각자의 권능으로써 육도사생을 마음대로 하여 무상無上 쾌락을 누릴지어다." 하시더라.

⇨ 소태산 대종사는 우리의 정신 즉 무형의 진여법체眞如法體는 불생불멸不生不滅하여 영원무궁한 것이지마는, 우리의 육체 즉 지수화풍地水火風 사대四大로 된 이 유형의 몸뚱이는 결국 죽게 되고 죽는 날에는 사대가 다 각각 나뉘어져서 근본처로 돌아가 합해 버린다고 한다. 소태산 대종사가 가리키는 무상無常은 덧없음보다는 변화를 뜻한다. 무상은 영원불멸하게 순환무궁하는 변화이다. 무상한 영원불결은 다 함이 없이 무궁토록 지속

되는 변화를 뜻한다. 무상은 성주괴공과 생로병사와 진·강급으로 영원불멸하게 변화하는 것이다.

〈일원상 서원문〉의 '무상無常으로 보면 우주의 성주괴공과 만물의 생로병사와 사생의 심신작용을 따라 육도로 변화를 시켜 혹은 진급으로 혹은 강급으로 혹은 은생어해로 혹은 해생어은으로 이와 같이 무량세계를 전개하였나니'처럼 "각자의 지은 바 습관의 종자로 인하여 무상한 변화의 이치인 조물주의 지시하는 대로 진급도 되고 강급도 되며 또는 육도와 사생으로 변화하게 되나니, 어서 부지런히 공부하여 삼대력을 얻어 무상하게 변화시키는 저 조물주의 권능인 대자연의 공도公道에 끌려다닐 것이 아니라 각자의 권능으로써 육도사생을 마음대로 하여 진급이 되고 은혜 입는 무상無上의 쾌락을 누리라"고 당부한다.

불생불멸不生不滅을 유상으로 보면 생멸에 분별주착할 것이 없는 생할 것도 없고 멸할 것도 없는 진여법체라면, 불생불멸을 무상으로 보면 생하고 멸하는 순환작용이 다함이 없이 무궁하다는 뜻이다.

### 천상락과 인간락

서대원 수필
《월보》제41호. 시창17년(1932) 음 10월

한때에 종사주 여러 선도禪徒에게 천상락과 인간락을 설하여 가라사대,

"천상락이라 함은 형상形像 없는 심락心樂을 이름이요, 인간락이라 함은 형상 있는 오욕락五慾樂을 이름이니라. 알기 쉽게 말하면 처자로나 재산으로나 지위로나 무엇이든지 형상 있는 외물外物의 환경에 의하여 나의 만족을 얻는 것은 인간락이니, 예를 들면 과거의 석가모니불이 위位는 장차 국왕의 자리에 있고 몸은 이미 만민의 위에 있어 이목지소호[耳目之所好, 눈과 귀 등의 오감으로 느끼는 즐거움]와 심지지소락[心志之所樂, 마음에 품은 뜻을 이루는 즐거움]을 마음대로 할 수 있는 것은 인간락이요. 이와 반면에 유

형한 외물의 환경을 초월하고 안빈낙도安貧樂道를 주장하여 일일시시[日日時時, 날로 때때로]로 자기의 육근을 동작할 때 다만 천도天道에 어긋나지 않는 것만 즐겨할 따름이요, 비록 초의草衣를 입고 목실[木實, 나무 열매]를 먹는다고 할지라도 조금도 부끄럽고 미안할 것도 없으며, 생로병사와 선악간善惡間 인과보응에도 당하는 대로 마음이 편안하여 다른 사람은 이러한 난경難境과 가난을 당하여 고가 많거늘 나는 벌써 이러한 난경과 가난을 당하여 근본적으로 분수에 편안케 되는 마음을 즐겨하는 것은 천상락이니, 예를 들면 옛날에 증자가 '3일을 밥 짓지 아니하고 10년을 옷을 짓지 아니하였으되 낙도 하는 마음을 놓지 않았다.'는 말이라든지, '나물 먹고 물 마시고 팔을 베고 누웠을지라도 낙이 그중에 있으니, 의義 아닌 부와 귀는 나에게는 뜬구름과 같다.' 하는 옛말은 다 색신色身을 가지고 천상락을 수용하는 사람들의 말이다.

그러나 인간락이라 함은 결국 다할 날이 있으니, 내자거[來者去, 오면 가고]하고 성자쇠[盛者衰, 성하면 쇠하고]하며 생자사[生者死, 생하면 죽게 되고]하는 것은 천리天理와 공도公道이라, 비록 천하에 제일가는 부귀공명을 가졌다 할지라도 생로병사의 앞에서는 항거할 힘이 없나니, 나의 육신이 한번 죽어 없어질 때는 전일에 온갖 수고와 온갖 욕심을 다 들여놓은 처자나 재산이나 지위가 다 풀 위에 이슬같이 사라질 것이다. 그러나 천상락이라 함은 본래 무형한 마음이 들어서 알고 행하던 것이므로 비록 육신이 바뀐다고 할지라도 그 낙은 여전히 변치 않을 것이니, 비유해 말하면 가령 이 집[당시 선실禪室을 가리키심]에서 살 때에 온갖 재주가 많이 있던 사람은 다른 집으로 이사를 갈지라도 그 사람의 재주는 그대로 있는 것과 같다.

이로써 본다면 인간계라 하는 것은 생로병사의 고뇌가 충만한 고苦의 세계요, 헛것에 집착한 영影의 세계이며, 물 위에 거품 같은 세계이다. 동시에 천상계는 상주불변常住不變의 안락세계요, 진실眞實세계이며, 수水와 경鏡같은 세계이다. 그러므로 옛 성현의 말씀에 '3일 수신修身은 천재보[千載寶, 천년의 보배]요, 100년 탐물貪物은 일조진[一朝塵, 하루아침의 이슬]이라.' 하였나니라.[『대종경』 불지품 15장]

그러나 범부는 이러한 이치를 알지 못함으로 자기의 몸만 귀히 알고 마음은 한 번도 찾지 아니하며, 도를 닦는 사람들은 이러한 이치를 앎으로 마음을 찾기 위하여 몸을 잊는 것이다.

그런즉 제군도 너무나 무상無常한 제유[諸有, 모든 사물]에 집착을 말고, 고 없고 영원한 천상락을 구하기에 힘쓰라. 만일 천상락을 끊임없이 오래오래 계속한다면 결국은 심신의 자유를 득得하여 삼계대권三界大權을 잡고, 만상萬像의 유무와 육도의 윤회를 초월하여 육신을 받지 않고 영단靈丹만으로써 시방세계를 두류[逗遛, 체류]할 수도 있고 금수 곤충의 세계도 임의로 출입하여 도무지 생사왕래에 걸림이 없으며, 어느 세계에 들어가 설사 색신을 받는다고 할지라도 거기에 조금도 물들지 아니하고 고계苦界에 다시 날 업인業因은 짓지도 않고 받지도 아니하여, 영세永世를 두고 천상락과 인간락을 아울러 받을 것이니, 진소위[眞所謂, 정말 그야말로] 이것이 극락이니라.

그러나 천상락을 길게 받지 못하는 원인은 형상 있는 낙에 욕심이 발하여 심신의 자유가 물질에 돌아감이니, 비록 천상락을 받은 사람일지라도 천상락 받을 일은 하지 않고 천상락만 받을 욕심이 한번 발하면, 문득 육도에 타락하여 심신의 자유를 잃고 천지 순환하는 대자연의 기관機關에 끌려서 천만겁을 통하여 육도의 수레바퀴를 면치 못하리라." 하시더라.[『대종경』 불지품 16장]

⇨ 이 법설은 『대종경』 불지품 15장과 16장에 수록된다. 인간락은 〈일원상 서원문〉의 변화하는 무상의 무량세계에서 식욕, 색욕, 재욕, 명예욕, 안일욕 등의 오욕에 만족하는 형상 있는 낙이라면, 천상락은 고락을 초월하여 인간락에 묶이지 않고 도로써 즐기는 마음이 편안한 형상 없는 마음 낙이다. 천상락도 육도六途 중 한 경지이다. 온 것은 가고 성한 것은 쇠하고 난 것은 죽는 것이다. 그러므로 천상락을 다 받았다든지 또는 욕심이 발하여 무엇에 집착하면 바로 천상락에서 벗어나 타락된다. 천상락은 인간락을 떠나서 따로 있는 게 아니라 인간락에 집착하지 않으면 그 인간락이 천상락으로 화하는 것이다. 〈일원상 서원문〉의 불변의 유상 자리를 놓치지 않는 상태로 인간락에 집착하지 않을 때가 천상락이다. 결국 변하는 무상 속에서 인간락을 수용하는 한편 분별주착이 본래 없는 불변의 유상을 바탕으로 하여 인간락에 집착하지 않는 편안한 마음의 경지인 천상락을 병행할 때가 즉 극락인 것이다. 소태산 대종사는 천상락과 인간락을 아울러 수용할 때가 극락이라 한다.

## 사생四生과 육도六途

서대원 필수筆受

《월보》 제36호. 시창17년(1932) 음 5월

한때에 종사주 말씀하여 가라사대 "사람이 된 이상에는 불가불 사생과 육도의 이치를 알아야 할 것이니, 사생이라 함은 부처님께옵서 천지만물의 이치가 본래 둘이 아닌 자리를 오득悟得하신 후 다시 천지만물의 종류를 구분하여 분별 있는 이치를 설하신 말이다. 이제 그 종류를 구분하면 아래와 같다. 즉 사람이나 소, 말, 개 같은 것은 태胎로 생生하고, 비금[飛禽, 날아다니는 짐승]이나 구렁이나 자라 같은 것은 알[난卵]로 생生하고, 곤자리[장구벌레]나 모기 같은 것은 습濕으로 생生하고, 나비 같은 것은 화化로 생生하나니, 부처님께옵서는 이 천지만물을 태란습화胎卵濕化 사종四種으로 구분하셨나니라. 또 육도라 하는 것은 천도, 인도, 지옥, 아귀, 축생, 수라를 운云한 말이니, 이 육도 중에 천도 인도는 선도善道요. 지옥 아귀 축생 수라는 악도惡道니라. 그런데 거미가 제 입에서 나온 줄을 타고 먹고사는 것과 같이 사생도 항시 저의 육근동작 여하에 따라 혹은 선도로 혹은 악도로 이 육도를 면치 못하고 윤회하는 것이다. 그런데 사생이 육도를 밟은 것이 혹은 엉뚱하게 초월하는 수도 있지만은 대개는 점진적으로 밟게 되나니, 같은 인도 중에도 차별이 많고 같은 지옥 중에도 차별이 한이 없는 고로 가령 인도로부터 육도를 밟기 시작하였다면 인도 중의 상하와 귀천의 차서를 다 밟은 후에 지옥에 떨어지고 지옥 중에서도 여러 가지 차서를 다 밟은 후에 아귀취餓鬼趣에 떨어지게 되나니 이상과 여如한 비례比例로 이 육도를 상하上下하는 것이다. 그러므로 부처님께옵서 인과법을 설하신 것은 모든 사람에게 사생과 육도의 이치를 알려주기 위하심이니라. 그러나 천권天權을 잡은 도인이라 하는 것은 능히 이 육도를 초월하나니, 제군諸君에게도 이 천권天權이 있는가를 시험해 보려거든 행실에 있어서는 욕심에 안 끌리고 아는 데에 있어서는 분별이 있고 없는 자리만 알면 곧 삼계대권三界大權을 잡은 사람이니라." 하시더라.

⇨ 태란습화에서 화생化生은 과거의 업력에 따라 무엇에 의탁하지 않고 홀연히 나타나는 도깨비나 신과 같은 존재나, 이 법설에서는 나비 등 변태하는 생명으로 분류하였다. 또한 보통 천상·인간·수라를 3선도三善道라 하나 소태산은 천상과 인도를 선도善道로 지옥·아귀·축생·수라를 악도惡道로 보고 있다. 천권天權을 잡은 도인은 육도를 초월하는데 이는 행실에 있어서는 욕심에 안 끌리고 아는 데에 있어서는 분별이 있고 없는 자리만 알면 곧 삼계대권三界大權을 잡은 사람이다.

소태산은 〈일원상 서원문〉의 '사생의 심신 작용을 따라 육도로 변화를 시켜'의 대목을 "거미가 제 입에서 나온 줄을 타고 먹고사는 것과 같이 사생도 항시 저의 육근 동작 여하에 따라 혹은 선도로 혹은 악도로 이 육도를 면치 못하고 윤회하는 것이다."라는 거미줄과 거미줄의 관계로 심신 작용과 육도의 관계를 비유하여 설명하고 있다.

# 일원상 관련 법문 6

**일원상의 진리와 그 운용법**

이공전 수필受筆
《원광》 제8호, 원기39년 10월 1일 발행

한때에 법사님[정산 종사]께서 일원상一圓相의 진리와 그 운용방법運用方法에 관하여 말씀하여 가라사대 "일원상의 원래元來는 모든 상대相對가 끊어져서 생멸거래生滅去來가 돈연頓然히 공空하고 대소유무大小有無가 또한 없으며 부처와 중생의 차별이 끊어지고 선善과 악惡의 업業이 멸하여 말로써 가히 이르지 못하며 사량思量으로써 가히 계교하지 못하며 명상名相으로써 가히 형용하지 못하나니 이는 곧 일원의 진공체眞空體이요, 그 진공한 중이 또한 영지불매靈知不昧하여 광명이 시방十方을 포함하고 조화가 만상을 통해서 무시광겁無始曠劫에 요요하게 항상 주住하고 천만 사물에 은현隱顯함이 자재自在하나니 이는 곧 일원의 묘유妙有이요, 진공과 묘유 그 가운데 또한 만법이 운행하여 생멸거래가 윤회輪廻하고 대소유무가 역력歷歷하여 부처와 중생의 차별이 생기고 선과 악의 과보가 달라져서 드디어 육도六途 사생四生으로 승급昇級 강급降級이 생기나니 이는 곧 일원의 인과因果인바, 진공과 묘유와 인과가 서로 떠나지 못해서 한가지 일원의 진리가 되는 것이다.[『정산종사법어』 원리편 2장]

예로부터 모든 부처와 성현들이 다 이 일원의 진리를 깨치사 여러 가지 이름으로써 이를 이름하고 여러 가지 방식으로써 이를 표현하였으나 그 실은 본래 둘이 아니니, 이 일원을 깨치면 견성見性이요 일원을 닦으면 양성養性이요 일원을 쓰면 솔성率性인 것이다. 그러므로 진리를 구하는 이가 이 외에 다시 구할 곳이 없고 도를 찾는 이가 이 외에 다시 찾을 길이 없으며 기타 일체 만법이 이 외에는 다시 한 법法도 없는 것이다. 이것이 이른바 무상대도無上大道라 이를 깨치면 부처요 아득하면 중생이니 우리 대종사大宗師께서 이 일원상으로써 교리의 근원을 삼아서 모든 공부인으로 하여금 이를 신앙信仰케 하고 이를 연구研究케 하며 이를 수행修行케 하신 것은 곧 계단을 초월하여 쉽게 대도大道에 들게 하고 깊은 이치를 드러내어 바로 사물事物에 활용活用케 하고자 하심인 것이다.[『정산종사법어』 원리편 2장]

일원상을 신앙하자는 것은 곧 그 진리를 신앙하자 함이니, 그 방법은
1. 일원의 법신法身은 원래 평등平等해서 일체중생이 다 같은 여래덕상如來德相이 있고 사람 사람이 다 같은 성불근성成佛根性이 있는 것을 알아서 자기의 마음이 곧 부처요 자기의 성품이 곧 법인 것을 자신自信하자는 것이요.
2. 일원 가운데에 또한 인과의 묘리妙理가 지극히 공변되고 지극히 밝아서 각자의 마음 짓는 바를 따라 선악 과보로 변화되는 것이 호리도 틀림이 없고 고금에 변하지 아니함을 알아서 가히 속이지 못하며 가히 어기지 못할 것을 신앙하자는 것이요.
3. 어리석은 사람들이 사실事實을 망각하고 미신迷信에 집착되어 천지 부모 동포 법률의 보은에서 나타나는 복福과 배은에서 나타나는 죄罪의 내역來歷을 알지 못하고 이치 없고 증거하지 못할 곳에 신앙을 붙여서 우연한 복을 구하여 이치 없는 공功을 바라는 등의 어리석은 소견을 타파하고 죄복 인과를 실지 주재하는 사은四恩의 내역을 알게 하며 또는 경우에 따라 직접 죄복이 일어나는 당처를 발견시켜서 각각 그 당처를 따라 실지적 신앙을 세우고 일을 진행하게 하자는 것이요.
4. 어리석은 사람들이 법신불 전체全體를 알지 못하고 각각 개체個體 신앙에 국집하여 자기의 일생 죄복이 오로지 어느 한 개체에서만 지정되어 나오는 줄로 아는 편벽된 소견을 타파하고 우주만물 허공법계虛空法界가 모두 부처로서 우리의 죄복을 주재하는 능력이 있는 것을 알아서 곳곳이 부처요 일일이 불공이라는 넓은 신앙을 가지자는 것이다.

이 네 가지 신앙은 곧 진리를 사실로 신앙하는 길로서 능히 자력自力을 양성하고 타

력他力을 바로 받아서 정법 수행의 원동력이 되게 하는 것이다.[『정산종사법어』 원리편 3장]

일원상의 수행修行은 곧 일원의 진리를 그대로 수행하는 것이니, 그 방법은
1. 이 세상은 천만 가지 이치로써 건설되고 천만 가지 일로써 운전되는 만큼 사람이 만일 일과 이치에 앎이 없다면 마치 눈 없는 사람이 복잡한 거리에 나온 것 같아서 반드시 위태로운 지경에 떨어지게 될 것이다. 그러므로 우리는 먼저 이 일과 이치를 알게 하는 공부가 가장 급무急務이며 그 아는 중에도 한갓 일과 이치의 지엽에만 그치지 말고 바로 우리의 근본 원리를 연구하는 것이 더 긴요하며 근본 원리를 연구하는 중에도 또한 편벽된 소견에 떨어지지 말고, 일원대도의 전모를 원관히 증명證明하는 것이 더 긴요하나니 이것이 곧 견성 공부見性工夫로서 모든 수행의 문로門路가 되는 것이요.
2. 일원을 증명한 사람은 한갓 아는 데에만 그칠 것이 아니라 또한 회광반조廻光返照해서 그 본래 성품을 잘 수호守護해야 할 것이니, 우리가 염불을 하고 좌선을 하는 것도 이 성품을 수호하자는 것이요, 행주좌와行住坐臥에 항상 일심一心을 주장하는 것도 이 성품을 수호하자는 것이요, 일이 있는 때나 일이 없는 때나 항상 하염없는 마음을 가지는 것도 또한 이 성품을 수호하자는 것이다. 일원의 성품은 원래 요란함이 없건마는 경계를 당하면 요란해지고 원래 어리석음이 없건마는 경계를 당하면 어리석음이 생겨나고 원래 글러짐이 없건마는 경계를 당하면 그름이 나타나고 원래 욕심이 없건마는 경계를 당하면 욕심이 일어나고 원래 상相이 없건마는 경계를 당하면 상이 있어져서 드디어 모든 번뇌煩惱가 치성하여 기리[기타] 육도사생의 업해業海를 짓게 되므로 원래 요란함도 없고 어리석음도 없고 그름도 없고 욕심도 없고 상도 없는 이 성품을 잘 관해서 만일 한 생각이라도 망념妄念이 일어나거든 곧 본래 성품에 대조하여 제거하여 일체 때 가운데에 오직 그 마음을 놓지 말아서 기어이 일원의 본래면목本來面目에 돌아가자는 것이니 이것은 곧 영성 공부養性工夫로서 모든 수행의 바탕이 되는 것이요.
3. 정력定力을 공부하는 사람은 한갓 정定에만 그칠 것이 아니라 천만 사물을 접응할 때에 또한 일원의 도道를 잘 운용해야 할 것이니, 일원의 도를 운용하는 것은

첫째, 육근을 작용할 때 항상 편착 없는 마음을 운전하며 또는 생로병사와 고락 인과를 당할 때 오직 한결같이 수용하며 또는 공도에 헌신하여 모든 공덕을 지을 때 오직 무념으로써 응대하며 또는 육도의 승급 강급과 인과의 변천을 보아서 오직 진급과 은혜를 장만하며 또는 천지 부모 동포 법률의 내역을 보아서 오직 사실불공의 방법을 이행하며 또는 우주만물 허공법계가 모두 한 법신임을 보아서 오직 크게 자비하고 널리 공경하는 마음을 행하며 또는 원근친소와 희로애락을 당할 때 오직 과불급이 없는 중도를 행하며 기타 여러 가지를 항상 일원의 진리에 표준해서 체體와 용用이 한결같도록 모든 경계에 노력할 것이니 이것은 곧 솔성 공부率性工夫로서 수행의 결과를 얻게 하는 것인바, 이 세 가지 공부는 곧 일원의 체와 용을 아울러 닦는 법이니라."[『정산종사법어』 원리편 4장]

⇨ '일원상의 진리와 그 운용법'은 『정전』〈일원상의 진리〉〈일원상의 신앙〉〈일원상의 수행〉의 초안자로 전해오는 정산 종사의 법설로써 『정산종사법어』 원리편 2~4장에 정선하여 수록한다. 이 법설은 제목대로 '일원상의 진리'를 진공·묘유·인과로 밝히고 있으며, 이 '일원상의 진리'를 신앙하고 수행하는 방법을 제시하고 있다. 또한 『대종경』 교의품 3~6장을 관통하고 있다.

### 등상불 숭배를 불성 일원상佛性 一圓相으로

『조선불교혁신론』
시창20년(1935) 4월 29일 발행

⇨ 『조선불교혁신론』은 소태산 대종사가 변산 입산 시절에 초안한 경전이다. '초기교서'에 관한 『원불교교사』에 밝혀 있는 기록이다.

"이[변산 입산] 때에 대종사, 또한 밖으로 승려들과 교제하사[월명암의 백학명, 실상사의 한만허 등], 재래 사원의 모든 법도를 일일이 청취하시고, 안으로 제자들로 더불어 새 회상의 첫 교서 초안에 분망하시니 『조선불교혁신론朝鮮佛敎革新論』과 『수양연구요론修養硏究要論』 등이 차례로 초안되었다. 『조선불교혁신론』은 재래의 불교를 시대에 맞도록 하여 대중 교화를 하자는 것이요, 『수양연구요론』은 전문 수양의 방법과 각 항 연구 조목을 지정하여 공부인으로 하여금 수양과 연구의 실지경實地經을 밟게 하자는 경전이니, 『수양연구요론』은 원기 12년(1927·丁卯) 5월에, 『조선불교혁신론』은 원기 20년(1935·乙亥) 4월에 발간하여, 각각 상당한 동안 새 회상 초기교서의 일부로 사용하였다."[『원불교교사』 제1편 제5장 3. 교강선포와 첫 교서초안]

『조선불교혁신론』은 변산에 입산한 봉래제법상 시절에 조선불교를 관찰한 보고서이다. 다시 말해 변산에 입산하여 백학명 스님이 주재하는 월명암을 비롯하여 한만허 스님의 실상사 및 내소사를 대상으로 관찰한 감상문이다. 특히 백학명 스님의 선농일치에 주목한다.

『조선불교혁신론』은 1. 과거 조선사회의 불법에 대한 견해, 2. 조선승려의 실생활, 3. 세존의 지혜와 능력, 4. 외방의 불교를 조선의 불교로, 5. 소수인의 불교를 대중의 불교로, 6. 분열된 교화과목을 통일하기로, 7. 등상불 숭배를 불성 일원상으로 총7편으로 구성되어 있다.

이 『조선불교혁신론』은 약간의 윤문을 거쳐 『대종경』 서품 16~19장에 실린다. 다만 '등상불 숭배를 불성 일원상으로'는 『정전』 '불공하는 법'에 내용상 흡수된다. 『대종경』 교의품 15장의 노부부가 불효하는 며느리의 회심回心을 바라며 실상사 등상불에게 불공하러 가는 것을 보고 노부부의 집에 거주하는 며느리가 산부처라고 일러주며 며느리에게 실지불공하도록 지도한다. 불성 일원상은 산부처의 또 다른 표현이다. 소태산은 등상불을 들판의 허수아비에 비유한다.

소태산은 대각 후 지은 〈경축가〉의 '일원대원—圓大圓' 및 정산 종사에게 시제詩題로 내린 '일원—圓'이란 자구[『정산종사법어』 기연편 2장], 김제 금산사 송대 문미에 그린 '일원상', 변산에서 '대원도大圓圖'[일원상]를 연구하는 등 일원상에 대해 꾸준히 연마해 왔다. 이런 과정을 거쳐 익산총부에 대각전을 건립하고 일원상을 봉안한 후 일원상에 관한 구체적인 논의를 제시한다.

– 상략 –

그 불성 일원상으로 말하면

부처님 말씀에

'천지만물天地萬物 허공법계虛空法界가 다 — 부처님의 성품'이라 하셨으니,

곧 일언一言으로써 그 명사를 들어 말하자면 불성佛性이요,

불성의 형상을 그려 말하자면 곧 일원상一圓相이요,

그 일원상의 제작된 내역을 들어 말하자면

천지만물 허공법계를 다 포함하여 조성이 되었으므로,

그 일원상이 우리 중생에게 천만 가지로 은혜 주신다는 것을

사실이 드러나도록 가르쳐 줄 수가 있나니,

그 증거를 들어 말하자면

'천지만물 허공법계가 다 — 부처'인지라,

…

불성 일원상佛性 一圓相의 이치를 오득하여

천지만물 허공법계를 다 — 부처로 숭배하며,

…

그러므로 우리는 …

천지만물 허공법계를 다 — 부처님으로 모시기 위하여

불성 일원상佛性 一圓相을 숭배하자는 것이니라.

⇨ 『조선불교혁신론』의 '등상불 숭배를 불성 일원상佛性 一圓相으로'에서 소태산은 등상불을 허수아비에 비유한다. 또한 '천지만물 허공법계가 다 부처님의 성품'이요 '천지만물 허공법계가 다 부처'라고 밝히고 있다. 즉 일원상 자리인 성품에서 드러나는 천지만물 허공법계는 다 부처이다.

부처님의 성품 즉 불성佛性이요 이를 형상화한 것이 일원상으로, 이 불성 일원상의 제작된 내역에 천지만물 허공법계가 다 포함되어 조성되어 있으므로 일원상이 천만 가지로 은혜 주시는 사실을 드러내어 가르쳐 줄 수 있으니, 천지만물 허공법계를 다 부처로 모시

기 위하여 불성佛性 일원상을 숭배하는 것이다. 깨어있는 마음자리인 불성으로 볼 때 천지만물 허공법계가 부처로 드러나고 은혜로 나타난다.

**법설**  편편법어

"삼대력은 용심법이니, 우리 마음은 무소불섭[無所不涉, 간섭하지 않는 곳이 없음]하여 수신제가 치국평천하하는 데 빠질 수 없는 무상無上의 존재이라. 그런데 서양문명은 유형한 과학의 발달이므로 보고 듣고 배우면 환하게 알 수 있으나, 동양문명은 무형한 마음의 발달이므로 특별히 수양·연구·취사의 병진법이 아니면 심오深奧 광대하여 잘 알 수 없는 것이다.

마음[心]은 무형無形·무성無聲·무후無嗅·무상無相이라. 마음의 체성[心之體性]은 허공 같아서[如虛空] 언제나 공허한 고로 그 속에는 산하대지·일월성신·삼라만상·우주만유를 포함함과 같이, 우리의 마음도 근본적으로 공허한 고로 모든 이치, 모든 사물, 모든 지혜가 잠재하여 천종만별의 변화 작용을 자유자행自由自行하게 된다.

우리 마음은 장명등長明燈이다. 심중心中 무명無明의 결박만 끊는다면 삼대력을 얻게 되고, 삼대력만 얻는다면 시방 암흑의 세계를 비추어 줄 장명등을 발견하리니, 신身으로 등대삼고 심心으로 등잔하고 신信으로 심지 삼고 계행戒行으로 기름하고 지혜로 광명 삼고 해탈로 향취 삼는다면 아무리 써도 다할 날이 없으리니, 이것이 곧 '장명등'이라는 것이다."[이공주 수필의 소태산 법문,『일원상을 고본하라』]

"이상의[심신을 원만하게 수호하는 공부, 사리를 연관하게 아는 공부, 심신을 원만하게 사용하는] 삼강령三綱領 공부를 지성至誠으로 하여 진급이 되고 은혜는 입을지언정, 삼강령 공부를 간단間斷 없게 하여 강급이 되고 해독은 입지 아니하기로써 결국 일원一圓의 위력을 얻고 구경에는 일원의 체성에 합하게 되나니라.

또 **일원의 위력을 얻는다는 것은 무엇을 뜻하는가.** 그것은 곧 삼강령三綱領[삼학]으로서 공부하여 차차 삼대력三大力을 얻어 나가는 것이라, 이 삼학三學으로 공부하여 마음의 바탕이 언제나 요란하지 아니하고 어리석지 아니하고 그르지 아니하여 필경은 매매 사사에 철주鐵柱 같은 삼대력을 얻는 것이며, 또는 그 삼대력으로서 일체중생을 제도하여 육도를 자유로 하며, 또는 일심 축원 곧 천지의 위력을 막 부리어 쓰는 것이니 … 참으로 일원의 위력을 얻고 보면 천지의 위력보다 승勝하나니라.

**일원의 체성에 합한다는 것은 무엇을 뜻하는가.** 우리 공부인들이 삼대력을 완전하게 얻어 정靜하여서는 사념망상을 떠나 원만구족의 정定에 들며, 동動하여서는 매사에 일심불란하여 지공무사한 마음자리를 가짐이니라. 이러한 지경에 이르러야 부처의 경지이니라."[『정산종사법설』, 일원상 서원문]

"알기 쉽게 좀 더 말하자면 성품이 곧 일원이요 일원이 곧 성품이라, 성품의 보자기는 호대무궁浩大無窮하여 시방삼계가 다 성품에 포용하였으므로, 만일 이 시방삼계가 성품 안에 있는 줄을 알면 자연히 오가의 소유인 줄 알 것이요, 알고 보면 공심公心과 자비가 자연히 동적動的으로 솟아나니라."[『정산종사법설』, 일원상 법어]

"**원만구족이라 했을 때**의 이 원만圓滿은 두렷하여 결격缺格이 없는 것이니, 두렷하기로 하면 모든 분별이 끊어져 없어야 참 그 자리가 두렷할 것이니라. 구족具足은 일호의 부족함이 없이 다북 차 있는 것이라 분별이 없는 그 자리에 빠짐없이 우주의 삼라만상과 염정染淨이 다 구비하여 있나니라. 이러한 까닭에 분별없는 것이 참 분별이요 분별이 없기에 이것이 원만구족이니라."

"**지공무사至公無私는 무엇을 뜻하는가.** 일원一圓의 진리가 만약 사정私情이 있다면 잘난 사람에게는 있고 못난 사람에게는 없을 것이며, 죄복을 주는 것도 친소親疏를 떠나 오직 지공무사하기에 일원의 진리는 없는 곳이 없으며, 일원의 진리 아님이 없나니, 이와 같이 죄복의 보응도 친소와 사정이 없이 오직 지은 바에 따라 죄복을 주는 까닭에 곧 지공무사이니라."[『정산종사법설』, 일원상 법어]

"성품性稟과 인과因果가 둘이 아니니 인과의 체體가 성품이요. 성품의 운용運用이 인과이라, 고금을 통해서 유○- 종사님[소태산 대종사] 같이 불교의 강령을 이와 같이 두렷이 내놓으신 분은 희유稀有하나니라."[『정산종사법설』, 일원상 법어]

**"분별을 하고도 끌리지만 않으면 입정入定이니라. 동動하는 가운데 부동不動하는 줄 아는 사람은 울어도 좋고 웃어도 좋지마는, 동하는 부동행을 알지 못한 사람은 울어도 못 쓰고 웃어도 못 쓰나니라.**"[김영신 수필, 시창23년 제1회 교무강습회 필기노트]

"일원은 공空이 아니요 하나 자리며 그 하나[一]는 낱이 아니요 열[十]에 근원한 자리다. 그러므로 그 열은 하나의 나타난 자리요 그 하나는 열의 본향本鄕이니, 도에 뜻을 둔 사람은 먼저 마땅히 그 하나를 얻어야 한다."[『대산종사 법문집』 제3집]

'하나'라고 하는 것은 하나가 아니요 열을 합한 하나요, '열'은 또한 열이 아니라 열이 곧 하나라는 뜻이니라.[『대산종사법어』 동원편 18장]

# 부록
# 일원상 명상

# 〈일원상의 진리〉 명상

〈일원상의 진리〉를 명상하겠습니다.

편안한 마음으로 생각이 일어날 때마다
생각의 방향을 돌려 생각이 나오는 자리를 직시하길 바랍니다.   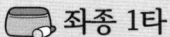 좌종 1타

좌종 소리를 따라 그 소리를 듣고 있는 자리를 돌이켜 보길 바랍니다.
소리도 경계입니다.
소리 경계에 따라가지 말고, 경계 전에 펼쳐있는 자리를 직시하십시오.
이 자리는 텅 비어 고요합니다.
이렇게 텅 비어 고요한 자리는 자리랄 것도 본래 없습니다.   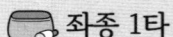 좌종 1타

좌종 소리를 듣고 있는 텅 비어 고요한 이 자리가 바로 우주만유의 본원입니다.
텅 비어 고요한 이 자리에서 좌종 소리가 울립니다.
우주만유가 울리는 것입니다.
좌종 소리도 우주만유의 하나입니다.
우주만유인 좌종 소리의 본원은 텅 비어 고요한 자리입니다.   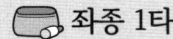 좌종 1타

좌종 소리를 듣고 있는 텅 비어 고요한 이 자리가 모든 부처님과 성자들의 마음 도장입니다.
이 텅 비어 고요한 마음 도장으로 사랑도 자비도 인仁도 은혜도 찍어냅니다.

 좌종 1타

좌종 소리를 듣고 있는 텅 비어 고요한 이 자리가 바로 우리의 본래 마음입니다.

🔔 좌종 1타

좌종 소리를 다시 들어 보시기 바랍니다.
무어라 할 것이 없이 존재하는 이 자리에 들기를 바랍니다. 🔔 좌종 1타

좌종 소리를 듣고 있는 텅 비어 고요한 이 자리는 대소유무에 분별이 없습니다.
본체인 대大다 현상인 소小다 변화인 유무有無다 할 것이 없는 절대 침묵의 자리입니다.

🔔 좌종 1타

좌종 소리를 듣고 있는 텅 비어 고요한 이 자리는 생멸거래에 변함이 없습니다.
종소리가 나기 전에도 텅 비어 고요하고, 종소리가 울릴 때도 고요하고, 종소리가 사라져도 고요합니다. 종소리가 사라졌다고 이 자리가 변하고 없어지지 않습니다. 텅 비어 고요할 뿐입니다. 🔔 좌종 1타

좌종 소리를 듣고 있는 텅 비어 고요한 이 자리는 선악업보가 끊어진 자리입니다.
선악은 눈앞의 영상 같은 것입니다. 거울 속의 영상처럼 비추어졌다 사라졌다 할 뿐입니다. 거울은 아름다운 것을 비추었다고 더 좋고 추한 것을 비추었다고 나빠지지 않습니다.
선악이 끊어진 이 자리는 선한 행위와 악한 행위에 오염되지 않는 자리입니다. 텅 비어 고요할 뿐입니다. 🔔 좌종 1타

종소리를 다시 들어보시기를 바랍니다. 🔔 좌종 1타
텅 비어 고요한 이 자리는 언어명상이 돈공한 자리입니다.
언어명상은 거울 속의 풍경과 같습니다.
풍경이 거울을 물들일 수 없듯이 언어명상은 텅 빈 이 자리를 물들일 수 없습니다.
일체의 소리도 없고 이름도 없고 말도 없고 형상도 없습니다.

좌종 소리를 듣겠습니다.
좌종 소리를 듣는 이 자리에 직관하시기를 바랍니다. 🛎 좌종 1타

무엇이 듣고 있습니까?
텅 비어 고요한 자리가 듣고 있습니다.
만일 이 자리에 무언가가 있다면 그렇게 들을 수가 없습니다.
텅 비어 고요하기에 우리는 좌종 소리가 그렇게 들립니다.
텅 비어 고요하기에 그렇게 알고 그렇게 울립니다.
이 자리를 공적영지라 합니다. 텅 비어 고요하면서 신령하게 아는 자리입니다.

좌종 소리를 다시 들어보시기를 바랍니다.
공적영지의 광명으로 들어보시기를 바랍니다. 🛎 좌종 1타

텅 비어 고요하면서 신령하게 아는 공적영지의 광명을 따라
대소유무에 분별이 나타납니다.

좌종 소리가 무어라 할 것이 없는 자리에서 두렷이 드러나듯이
일체에 물들 것이 없는 대大 자리의 본체를 여의지 않고 종소리의 소小 자리가 생겼다
가 사라지는 생주이멸로 유무有無 변태합니다. 🛎 좌종 1타

텅 비어 고요하면서 신령하게 아는 공적영지의 광명을 따라
선악업보에 차별이 생겨납니다.

좌종 소리가 텅 비어 고요한 자리에서 두렷이 드러나듯이
선악업보가 끊어진 텅 비어 고요한 자리에서 영지의 광명을 따라
선악업보의 죄복 현상이 두렷하게 나타납니다. 🛎 좌종 1타

텅 비어 고요하면서 신령하게 아는 공적영지의 광명을 따라
언어명상이 완연하여 시방삼계가 장중의 한 구슬같이 드러납니다.

좌종 소리가 텅 비어 고요한 자리에서 두렷이 드러나듯이
언어명상이 돈공한 텅 비어 고요한 자리에서 영지의 광명을 따라
언어명상이 선명히 나타나며 일체중생의 마음이 환히 드러납니다.

텅 비어 고요한 자리는 욕심을 내면 욕심이 드러나고,
명상을 추구하면 명상의 색이 드러나고,
명상의 색을 없앴다고 하는 그 없앴다는 그림자가 드러나는 것입니다. 🛎 좌종 1타

좌종 소리를 듣겠습니다. 🛎 좌종 1타
이와 같이 텅 비어 고요한 진공 자리가 묘하게 있으면서 조화를 부립니다.
우주만유를 통해 무시광겁에 은현자재합니다.

종소리를 듣겠습니다. 🛎 좌종 1타
종소리도 우주만유 중 하나입니다.
이 종소리를 통하여 텅 비었으되 묘하게 있는 자리가
'숨었다 나타났다'를 자유자재합니다.
텅 빈 자리가 종소리의 바탕으로 숨어있으면서 종소리의 변화를 그대로 드러냅니다.
종소리가 생겼다가 머물렀다가 점점 줄었다가 사라지는 생주이멸 작용을 나타냅니다.

이렇게 은현자재하는 진공묘유의 조화가 무시광겁으로 쭉 흐르고 있습니다.
종소리가 울리기 전에도 종소리가 울리는 중에도 종소리가 사라져도
텅 비었으되 묘하게 있는 일원상의 조화가 여여합니다. 🛎 좌종 1타

이 일원상의 진리에 들기를 바랍니다. 🛎 좌종 1타

## 〈일원상의 신앙〉 명상

〈일원상의 신앙〉을 명상하겠습니다.

〈일원상의 신앙〉의 '믿으며'라는 종결어에 일념으로 집중합니다.
오직 '믿으며'뿐입니다. 믿는 한 마음만 있습니다.
이 믿음에 '한 생각'이라도 보태지 마십시오. 보태는 순간 빗나갑니다.
찾으려고 한 생각을 일으키는 순간 어긋납니다. 오롯이 믿으면 됩니다.
믿음 한 마음에 귀의하면 믿음만 역력한 이 자리에
일체의 분별과 생멸과 선악과 언어명상이
겨울 나뭇잎처럼 우수수 떨어지는 풍경을 직면할 것입니다.

**명상을 시작하겠습니다.**
일원상의 진리를 우주만유의 본원으로 믿으십시오.　　　좌종 1타
일원상의 진리를 제불제성의 심인으로 믿으십시오.　　　좌종 1타
일원상의 진리를 일체중생의 본성으로 믿으십시오.　　　좌종 1타

일원상의 진리를 대소유무에 분별이 없는 자리로 믿으십시오.　좌종 1타
일원상의 진리를 생멸거래에 변함이 없는 자리로 믿으십시오.　좌종 1타
일원상의 진리를 선악업보가 끊어진 자리로 믿으십시오.　　좌종 1타
일원상의 진리를 언어명상이 돈공한 자리로 믿으십시오.　　좌종 1타

일원상의 진리를 그 없는 자리에서 공적영지의 광명을 따라
대소유무에 분별이 나타나는 것으로 믿으십시오.　　　　좌종 1타

일원상의 진리를 그 없는 자리에서 공적영지의 광명을 따라
선악업보에 차별이 생겨나는 것으로 믿으십시오. 🔔 좌종 1타
일원상의 진리를 그 없는 자리에서 공적영지의 광명을 따라
언어명상이 완연하여 시방삼계가 장중에 한 구슬같이 드러나는 것으로 믿으십시오.
🔔 좌종 1타

일원상의 진리를 진공묘유의 조화는
우주만유를 통하여 무시광겁에 은현자재하는 것으로 믿으십시오. 🔔 좌종 1타
이것이 곧 일원상의 신앙입니다. 🔔 좌종 1타

일원상의 진리를 신앙의 대상으로 모십시오.
이 자리에 귀의하여 맡기십시오.
일원상의 진리를 믿는 이 마음 외에 다른 생각이 붙지 않도록
이 믿음에만 몰두하십시오. 🔔 좌종 1타

지금 믿는 이 일원상 자리는 분별이 텅 비어 고요합니다. 🔔 좌종 1타
지금 믿는 이 일원상 자리는 생멸이 텅 비어 고요합니다. 🔔 좌종 1타
지금 믿는 이 일원상 자리는 선악이 텅 비어 고요합니다. 🔔 좌종 1타
지금 믿는 이 일원상 자리는 언어가 텅 비어 고요합니다. 🔔 좌종 1타

이 자리를 확인하여 확신하면 의심이 끊어진 믿음의 길에 들어선 것입니다.
믿고 맡긴 일원상 자리는 텅 비어 고요하면서도 신령하게 알아차리는 자리입니다.
청정한 일원상 자리에 귀의하여 믿고 맡기십시오. 🔔 좌종 1타

일원상을 신앙하는 것은 대소유무에 분별이 없는 텅 빈 자리에서
대소유무에 분별이 나타나는 공적영지의 광명에 귀의하는 것입니다. 🔔 좌종 1타
일원상을 신앙하는 것은 생멸거래에 변함이 없는 부동한 자리에서

생로병사로 변화하고 흥망성쇠로 변태하는 현상이 나타나는
공적영지의 광명에 귀의하는 것입니다. 　　　　　　　🔔 좌종 1타
일원상을 신앙하는 것은 선악업보가 끊어진 청정한 자리에서
선악업보에 차별이 생겨나는 공적영지의 광명에 귀의하는 것입니다. 🔔 좌종 1타
일원상을 신앙하는 것은 언어명상이 돈공한 고요한 자리에서
언어명상이 완연한 공적영지의 광명에 귀의하는 것입니다. 　🔔 좌종 1타
일원상을 신앙하는 것은 공적영지의 광명을 따라
시방삼계가 장중의 한 구슬같이 드러나는 자리에 귀의하는 것입니다. 🔔 좌종 1타

일원상의 신앙은 텅 비었으되 묘하게 작용하는 일원상 자리에 귀의한 것입니다.
그 없는 진공 자리에서 그 있는 것이 묘하게 작용하는
진공묘유의 조화에 머무는 것입니다. 　　　　　　　　🔔 좌종 1타

공적영지의 광명에 귀의하여 다 맡기는 것이 일원상의 신앙입니다.
진공묘유의 조화에 귀의하여 다 맡기는 것이 일원상의 신앙입니다.

일원상의 진리에 맡기어 그 자리에 안주하십시오.
일원상의 진리에 맡기어 일원상의 진리대로 따르십시오.
이것이 일원상의 신앙입니다. 　　　　　　　　　　　🔔 좌종 1타

공적영지의 광명이요 진공묘유의 조화인 일원상을 믿어
일원상에 내맡기는 것이 바로 일원상을 신앙하는 것입니다.
불신이 일어나면 다시 일원상 이 자리에 귀의하여 확신이 서지도록 하는 것입니다.
이처럼 일원상, 이 자리에 귀의하여 다 맡기고 따르는 것이
바로 일원상의 신앙입니다. 　　　　　　　　　　　　🔔 좌종 1타

이 일원상 신앙에 들기를 바랍니다. 　　　　　　　　🔔 좌종 1타

# 〈일원상의 수행〉 명상

〈일원상의 수행〉을 명상하겠습니다.

종소리를 따라 마음을 돌이켜 살펴보겠습니다.
먼저, 일원상의 진리를 신앙하는 동시에 수행의 표본으로 삼으십시오.　　좌종 1타

종소리가 들립니다. 종소리인 줄 알아차리고 있는 마음을 돌이켜 보십시오.
종소리가 들리는 종소리를 듣고 있는 이 자리가
바로 원만구족하고 지공무사한 일원상 자리입니다.　　좌종 1타

〈일원상의 수행〉은 일원상의 진리를 수행의 표본으로 삼아서,
일원상과 같이 원만구족하고 지공무사한 각자의 마음을 알자는 것입니다.
　　좌종 1타

종소리가 들리는 종소리를 듣고 있는 이 자리가
바로 손댈 데가 없는 원만구족한 자리입니다.
종소리가 들리는 종소리를 듣고 있는 이 자리가
가감할 것이 없는 원만구족한 자리입니다.
종소리가 들리는 종소리를 듣고 있는 이 자리가
부족한 것이 없고 더 바랄 것이 없는 원만구족한 자리입니다.　　좌종 1타
종소리가 들리는 종소리를 듣고 있는 이 자리가
지극히 공변된 사사로움이 없는 지공무사한 자리입니다.
저 종소리도 오롯이 듣고 이 종소리도 오롯이 듣고 있는

이 자리가 지공무사한 자리입니다. 🔔 좌종 1타

이처럼 〈일원상의 수행〉은 종소리가 들리는 종소리를 듣고 있는
원만구족하고 지공무사한 일원상 자리를 알자는 것입니다. 🔔 좌종 1타

또는, 일원상의 진리를 수행의 표본으로 삼아서
일원상과 같이 원만구족하고 지공무사한
각자의 마음을 양성하자는 것입니다. 🔔 좌종 1타

종소리가 들리는 종소리를 듣고 있는 이 자리가
바로 손댈 데가 없는 원만구족한 자리입니다.
종소리가 들리는 종소리를 듣고 있는 이 자리가
가감할 것이 없는 원만구족한 자리입니다.
종소리가 들리는 종소리를 듣고 있는 이 자리가
부족한 것이 없고 더 바랄 것이 없는 원만구족한 자리입니다. 🔔 좌종 1타
종소리가 들리는 종소리를 듣고 있는 이 자리가
지극히 공변된 사사로움이 없는 지공무사한 자리입니다.
저 종소리도 오롯이 듣고 이 종소리도 오롯이 듣고 있는 지공무사한 자리입니다.
🔔 좌종 1타

이처럼 〈일원상의 수행〉은 종소리가 들리는 종소리를 듣고 있는
원만구족하고 지공무사한 일원상 자리를 양성하자는 것입니다. 🔔 좌종 1타

또는, 일원상의 진리를 수행의 표본으로 삼아서
일원상과 같이 원만구족하고 지공무사한
각자의 마음을 사용하자는 것입니다. 🔔 좌종 1타

종소리가 들리는 종소리를 듣고 있는 이 자리가
바로 손댈 데가 없는 원만구족한 자리입니다.
종소리가 들리는 종소리를 듣고 있는 이 자리가
가감할 것이 없는 원만구족한 자리입니다.
종소리가 들리는 종소리를 듣고 있는 이 자리가
부족한 것이 없고 더 바랄 것이 없는 원만구족한 자리입니다. 　　좌종 1타
종소리가 들리는 종소리를 듣고 있는 이 자리가
지극히 공변된 사사로움이 없는 지공무사한 자리입니다.
저 종소리도 오롯이 듣고 이 종소리도 오롯이 듣고 있는 지공무사한 자리입니다.
　　　　　　　　　　　　　　　　　　　　　　　　좌종 1타


이처럼 〈일원상의 수행〉은 종소리가 들리는 종소리를 듣고 있는
원만구족하고 지공무사한 일원상 자리를 사용하자는 것입니다. 　좌종 1타


종소리를 알아차리고 있는 이 자리는 종소리에 물들지 않습니다.
종소리도 경계입니다.
종소리 따라 슬프거나 기쁜 감정이 일어나거나 무덤덤한 생각이 일어날 때,
이러한 생각과 감정을 알아차리고 있는 텅 비어 고요한 자리는
원만구족하고 지공무사한 일원상 마음입니다. 　　좌종 1타


일원상과 같이 원만구족하고 지공무사한 각자의 마음은
슬퍼하되 슬픔에 매몰되지 않는 자리이며,
기뻐하되 기쁨에 매몰되지 않는 자리입니다.
설사 무덤덤한 기분일지라도
이에 매몰되지 않는 자리입니다.
슬퍼하되 슬픈 줄 아는 이 자리는 슬픔에 동일시되는 자리가 아니며,
기뻐하되 기쁜 줄 아는 이 자리는 기쁨에 파묻히는 자리가 아닙니다.

기쁠 때 기뻐하고 슬플 때 슬퍼하되
기쁨의 경계에 끌리어 기쁨에 종속되고 슬픔의 경계에 빠져 슬픔에 종속되는
자리가 아닙니다.
또는 무덤덤한 기분일지라도 그 감정에 매몰되지 않는 자리입니다.
종소리를 듣고 있는 이 자리는 원만구족하고 지공무사한 일원상입니다.

좌종 1타

소태산 대종사는 말씀하십니다.
"공부하는 자는 마땅히 저 표본의 일원상을 인하여 참 일원상을 발견하여야 할 것이요, 발견한 이상에는 그 일원상의 참된 성품을 지키고 그 일원상의 원圓한 마음을 실행하여야 일원상의 진리와 우리의 생활이 완전히 합치될 것이라."

이와 같이 〈일원상의 수행〉은 원만구족하고 지공무사한
일원상을 알고 양성하고 사용하는 공부입니다.

좌종 1타

이 〈일원상의 수행〉에 들기를 바랍니다.

좌종 1타

# 〈일원상 서원문〉 명상

〈일원상 서원문〉을 명상하겠습니다.
몸의 긴장을 툭 부리고 편안한 마음으로 명상하겠습니다.

종소리가 들립니다. 　　　　　　　　　　　　　　　좌종 1타
이 종소리를 듣고 있는 이 자리가 바로 텅 비어 고요한 입정처입니다.
듣는 당처는 종소리라는 언어명상의 길이 끊어진 언어도단의 자리입니다.

종소리가 들립니다. 　　　　　　　　　　　　　　　좌종 1타
종소리가 생겼다가 사라지는 것을 알아차리고 있는 이 자리가 바로 생사문입니다.
듣는 당처는 종소리가 있든 없든 본래 청정한 유무초월의 자리입니다.

종소리가 들립니다. 　　　　　　　　　　　　　　　좌종 1타
종소리를 듣고 있는 이 자리가 천지·부모·동포·법률을 드러내는 자리입니다.
천지·부모·동포·법률이 종소리를 듣고 있는 청정한 이 자리에서 드러납니다.

종소리가 들립니다. 　　　　　　　　　　　　　　　좌종 1타
종소리를 듣고 있는 이 자리가 제불·조사·범부·중생의 성품입니다.
종소리가 울렸다가 사라지는 것을 신령하게 아는 이 자리는
본연 청정한 성품 자리입니다.

종소리가 들립니다. 　　　　　　　　　　　　　　　좌종 1타
종소리를 듣고 있는 이 자리는 생멸거래로 변화하는 중에도

상주불멸로 여여자연한 무량세계입니다.


종소리가 들립니다. 　　　　　　　　　　　　　🔔 좌종 1타
종소리를 듣고 있는 이 자리는 종소리가 울리어 지속하다가 사라지는
생주이멸生住異滅의 변화가 훤히 전개되는 무량세계입니다.


종소리가 들립니다. 　　　　　　　　　　　　　🔔 좌종 1타
종소리가 생겼다가 사라지는 변화를 신령하게 알아차리고 있는
일원상 자리를 체받으십시오.
텅 비어 고요한 자리에서 종소리가 생겼다가 사라지는 변화가 두렷한
일원상 자리를 체받으십시오.


종소리가 들립니다. 　　　　　　　　　　　　　🔔 좌종 1타
종소리를 두렷하게 듣고 있는 텅 비어 고요한 일원상으로
심신을 원만하게 수호하십시오.
종소리를 신령하게 듣고 있는 광명한 일원상으로
사리를 원만하게 연구하십시오.
종소리를 텅 빈 자리에서 공변되게 듣고 있는 일원상으로
심신을 원만하게 사용하십시오.


종소리가 들립니다. 　　　　　　　　　　　　　🔔 좌종 1타
종소리를 듣고 있는 청정한 일원상을 체받아서
심신 작용을 일원상으로 꽃피우십시오.
일원상을 꽃피우면 진급하는 삶이 펼쳐집니다.
종소리를 듣고 있는 청정한 일원상을 체받아서
심신작용을 일원상으로 열매 맺으십시오.
일원상의 열매를 맺으면 은혜를 입는 삶이 전개됩니다.

종소리가 하늘하늘 울려 퍼집니다. 🔔 좌종 1타
이 종소리를 두렷이 알아차리고 있는 텅 비어 고요한 일원상을 따라
일원상으로 공부하기를 서원하며,
일원상으로 진급되기를 서원하고
일원상으로 은혜 입기를 서원합니다.

종소리가 들립니다. 🔔 좌종 1타
종소리를 듣고 있는 청정 일원상을 체받아서
능이성 무상한 무량세계를 전개하여 일원의 위력을 얻도록까지 서원합니다.
종소리를 듣고 있는 청정 일원상을 체받아서
능이성 유상한 무량세계를 전개하여 일원의 체성에 합하도록까지 서원합니다.

종소리가 들립니다. 🔔 좌종 1타
종소리를 듣고 있는 **능히 유상한 중에 무상한 일원상**을 따라
일원의 위력을 얻도록까지 서원의 꽃을 피웁니다.
종소리를 듣고 있는 **능히 무상한 중에 유상한 일원상**을 따라
일원의 체성에 합하도록까지 서원의 열매를 맺습니다. 🔔 좌종 1타

이 〈일원상 서원문〉에 들기를 바랍니다. 🔔 좌종 1타

## 〈일원상 법어〉 명상

〈일원상 법어〉을 명상하겠습니다.

"이 원상圓相의 진리를 각覺하면
시방삼계가 다 오가吾家의 소유인 줄을 알며," 　　　　🪘 좌종 1타
온갖 생각이나 감정이 다 하나로 두렷한 일원상에서 드러납니다.
욕계 색계 무색계의 삼계三界로 펼쳐진 세상이 마치 하늘에 떠다니는 구름처럼
일원상 하늘에 있는 구름입니다.
일원상의 하늘에서 구름을 보면 구름은 다 일원상 하늘에 떠다니는 것으로
일원상 하늘의 풍광입니다.
이처럼 시방삼계의 구름은 다 일원상 하늘의 나타남입니다.
이 자리를 확인하십시오. 　　　　🪘 좌종 1타

"이 원상의 진리를 각하면
우주만물이 이름은 각각 다르나 둘이 아닌 줄을 알며," 　　　　🪘 좌종 1타
일체의 우주만물이 두렷한 한 자리인 일원상에서 드러납니다.
저 산야도 저 하늘도 식탁 위의 꽃병도 하나로 두렷한 일원상의 드러남입니다.
마치 식탁 위에 밥도 있고 수저도 있고 반찬도 있는데
그 모든 것이 식탁에 바탕을 두고 있는 것처럼
우주만물도 텅 비어 고요한 일원상의 나타남입니다.
텅 빈 자리에서 우주만물이 다양하게 드러나지만
다 청정한 일원상 한자리의 드러남입니다.
이름이 각각 다르지, 둘이 아닌 이 자리를 확인하십시오. 　　　　🪘 좌종 1타

"이 원상의 진리를 각하면
제불·조사와 범부·중생의 성품인 줄을 알며,"  　　좌종 1타
부처의 마음자리도 청정한 일원상 이 자리이며,
조사의 마음자리도 청정한 일원상 이 자리이며,
범부와 중생의 마음자리도 본래 청정한 일원상 이 자리입니다.
부처와 중생도 범부와 중생도 다 청정한 일원상 한 자리를 바탕으로 하고 있습니다.
이 자리를 확인하십시오.  　　좌종 1타

"이 원상의 진리를 각하면
생·로·병·사의 이치가 춘·하·추·동과 같이 되는 줄을 알며,
인과보응의 이치가 음양상승陰陽相勝과 같이 되는 줄을 알며,"  　　좌종 1타
생로병사와 인과보응이 하나로 두렷한 일원상의 작용입니다.
일원상 자리는 불생불멸하면서 인과보응으로 작용하고,
인과보응하면서 불생불멸에 바탕 합니다.
텅 비어 고요하여 신령하게 아는 이 자리에 바탕 하여
우주는 성주괴공으로 변화하고 만물은 생로병사로 변화하며
사생은 심신 작용을 따라 육도로 변화합니다.
이처럼 능이성유상하고 능이성무상하여
능히 변하는 중에 불변하고 불변하는 중에 변하듯이,
천지에 사시 순환하는 이치를 따라 만물에 생로병사의 변화가 있고,
우주의 음양상승하는 도를 따라 인간에 선악인과의 보응이 펼쳐집니다.
이 자리를 확인하십시오.  　　좌종 1타

"이 원상의 진리를 각하면
원만구족한 것이며 지공무사한 것인 줄을 알리로다."  　　좌종 1타
하나로 두렷한 일원상은 원만구족하고 지공무사합니다.
알아차리되 텅 비어 있고, 신령하되 고요한 자리로,

가감하거나 손댈 데가 없는 원만한 자리이며 더 바랄 것이 없는 구족한 자리입니다.
또한 매사에 오롯하여 사사로움이 없는 지공무사한 자리입니다.
텅 빈 공심空心이면서 공변된 공심公心 자리입니다. 이 자리를 확인하십시오.

좌종 1타

이제 편안한 마음으로 원만구족하고 지공무사한 일원상 자리를 육근을 통해 확인하겠습니다.

"이 원상은 눈을 사용할 때에 쓰는 것이니
원만구족한 것이며 지공무사한 것이로다."　　　　좌종 1타
꽃병의 꽃을 보고 있는 이 자리가 본래 텅 비었으되 두렷이 보고 있습니다.
꽃을 보는 텅 빈 당처에 일원상이 피어 있습니다.
이 자리가 원만구족하고 지공무사합니다.　　　　좌종 1타

"이 원상은 귀를 사용할 때에 쓰는 것이니
원만구족한 것이며 지공무사한 것이로다."　　　　좌종 1타
음악을 듣고 있는 이 자리가 본래 텅 비었으되 두렷이 듣고 있습니다.
소리를 듣는 텅 빈 당처에 일원상이 울려 퍼집니다.
이 자리가 원만구족하고 지공무사합니다.　　　　좌종 1타

"이 원상은 코를 사용할 때에 쓰는 것이니
원만구족한 것이며 지공무사한 것이로다."　　　　좌종 1타
꽃내음을 맡고 있는 이 자리가 본래 텅 비어 청정하되 두렷이 냄새 맡고 있습니다.
향기를 맡고 있는 텅 빈 당처에 일원상이 진동합니다.
이 자리가 원만구족하고 지공무사합니다.　　　　좌종 1타

"이 원상은 입을 사용할 때에 쓰는 것이니

원만구족한 것이며 지공무사한 것이로다."　　　　　　🛎 좌종 1타

맛을 보는 데 무어랄 것이 없는 평등일미平等一味의 자리에서 두렷이 맛보고 있습니다.

감미로운 맛을 느끼는 텅 빈 당처에 일원상이 역력합니다.

이 자리가 원만구족하고 지공무사합니다.　　　　　　🛎 좌종 1타

"이 원상은 몸을 사용할 때에 쓰는 것이니

원만구족한 것이며 지공무사한 것이로다."　　　　　　🛎 좌종 1타

일을 하는 데 일하는 무엇이 없는 고요한 자리에서 역력히 일하고 있습니다.

춤을 추는 데 춤추는 무엇이 없는 부동한 자리에서 이리저리 춤을 춥니다.

좋은 느낌을 아무리 추구해도 그 느낌에는 원상이 없습니다.

그러한 느낌을 감지하는 그 텅 빈 당처에 일원상이 드렷합니다.

이 자리가 원만구족하고 지공무사합니다.　　　　　　🛎 좌종 1타

"이 원상은 마음을 사용할 때에 쓰는 것이니

원만구족한 것이며 지공무사한 것이로다."　　　　　　🛎 좌종 1타

마음을 내는 데 마음이랄 것이 없는 텅 빈 자리에서 신령하게 생각이 일어납니다.

생각을 내는 그 텅 빈 당처에 일원상이 여여합니다.

이 자리가 원만구족하고 지공무사합니다.　　　　　　🛎 좌종 1타


일원상은 원만구족하고 지공무사한 마음입니다.

고민하는 자리를 돌이켜 보십시오.

고민이 나온 자리를 직시하십시오.

걱정하는 자리를 돌이켜 보십시오.

걱정이 나온 자리를 직시하십시오.　　　　　　🛎 좌종 1타


고민이 역력한 자리가 텅 비어 고요합니다.

걱정이 역력한 자리가 텅 비어 고요합니다.

이렇게 텅 비어 고요하면서 걱정이 명백한 이 자리는 원만구족하고 지공무사합니다.
이렇게 텅 비어 고요하면서 근심이 명백한 이 자리는 원만구족하고 지공무사합니다.
걱정과 근심이 나온 자리를 돌이켜 보십시오.
걱정 근심에 물들지 않으면서 걱정 근심을 두렷이 드러내고 있는 자리입니다.
바로 이 자리가 원만구족하고 지공무사한 일원상입니다. 　　　🔔 좌종 1타

생각이나 감정이 일어나는 것은 당연한 현상입니다.
그러나 설사 생각이나 감정이 일어난다 해도
원만구족하고 지공무사한 일원상 자리는 항상 깨어있는 존재로
생각 감정에 매몰되지 않으면서 생각 감정을 역력하게 드러냅니다.
원만구족하고 지공무사한 일원상 자리는 여여할 뿐입니다.
그러므로 일원상은 생각 감정에 오염되지 않는 자리에서 생각 감정을 굴리며,
번뇌 망상에 동일시하지 않는 자리에서 번뇌 망상을 다스리는 경지입니다.
우리는 이와 같이 원만구족하고 지공무사한 일원상,
이 자리를 안이비설신의 육근에 사용할 때 쓰는 것입니다. 　　　🔔 좌종 1타

일원상의 눈으로 보고, 일원상의 귀로 듣고, 일원상의 코로 냄새 맡고,
일원상의 입으로 맛보고 말하고, 일원상의 몸으로 느끼고 행하고,
일원상의 마음으로 식별하기를 바랍니다.

이 〈일원상 법어〉에 들기를 바랍니다. 　　　🔔 좌종 1타

# ⟨일원상 게송⟩ 명상

⟨일원상 게송⟩을 명상하겠습니다.
몸의 긴장을 툭 부리고 편안한 마음으로 명상하겠습니다.

"유有는 무無로 무는 유로
돌고 돌아 지극至極하면
유와 무가 구공俱空이나
구공 역시 구족具足이라."　　　　　　　　　　　좌종 1타

종소리가 들립니다.
편안한 마음으로 종소리를 듣고 있는 자리를 직시해 보십시오.　　좌종 1타

무엇이 듣고 있습니까?
듣는 무엇이 있습니까?
그 듣는 자리에 이런저런 소음이 있습니까?
잡음이 없다는 그러한 순수한 것이 있습니까?

종소리를 듣고 있는 자리는 이런저런 잡음이 없는 텅 비어 고요한 자리입니다.
또한 잡음이 없는 순음純音 그 자체도 없는 자리입니다.
일체의 소리에 걸림이 없는 자리는 여여 불변합니다.
지금 이처럼 텅 비어 고요한 자리로 종소리를 듣고 있습니다.　좌종 1타

종소리를 들으십시오.

종소리가 생겨났다가 차츰차츰 사라지는 과정을 살펴보십시오.
종소리도 생주이멸生住異滅합니다. 생겼으면 사라집니다.
이렇게 생겼다 사라지는 현상이 어디에서 펼쳐집니까? 　　🔔 좌종 1타

종소리를 들으십시오. 종소리가 울립니다. 종소리가 점점 사라져갑니다.
이러한 생멸현상이 어디에서 펼쳐집니까?
바로 텅 비어 고요한 자리에서 생멸합니다.
신령하게 알아차리는 자리에서 있다가 없어지고 없다가 있는 흐름이 역력합니다.
이렇게 생로병사로 변화하는 이치가 춘하추동과 같이 되며,
인과보응되는 이치가 음양상승과 같습니다. 　　🔔 좌종 1타

불변하는 자리에서 변하고, 변하는 자리에서 불변합니다.
변하는 자리와 불변하는 자리가 한자리로 녹아있습니다. 　　🔔 좌종 1타

종소리를 듣습니다. 이 듣는 자리에서 종소리를 직시하십시오.
종소리를 듣고 있는 불변하는 무無 자리에서
종소리가 생했다가 멸해가는 변하는 유有 자리가 꿰뚫어 있습니다.
변하는 자리와 불변하는 자리가 서로서로 바탕 되어 돌고 돕니다. 　　🔔 좌종 1타

종소리를 듣습니다. 이 듣는 자리에서 종소리를 직시하십시오.
종소리를 듣는 불변하는 자리와 변하는 자리가 돌고 돌아 지극하면
불변하는 무無 자리가 곧 변하는 유有 자리이며
변하는 유有 자리가 곧 불변하는 무無 자리입니다.
변하는 유有는 불변하는 무無로 돌아가는 유有이고,
불변하는 무無는 변하는 유有로 나타나는 무無입니다. 　　🔔 좌종 1타

종소리를 듣습니다. 이 듣는 자리에서 종소리를 직시하십시오.

불변하는 무無 자리도 변하는 유有 자리도 다 구공俱空한 자리입니다.
유라고도 할 수 없고 무라고도 할 수 없는 자리입니다.
이렇게 유와 무가 구공俱空한 자리는
텅 비어 고요하면서 신령하게 알아차리는 자리이며
텅 빈 진공이면서 그렇게 있는 것이 묘하게 작용합니다.　　　좌종 1타

종소리를 듣습니다. 이 듣는 자리에서 종소리를 직시하십시오.
이처럼 유라고도 할 수 없고 무라고도 할 수 없는 구공俱空한 자리는
또한 유와 무가 구족具足한 자리입니다.
변하는 유와 불변하는 무를 다 갖춘 자리입니다.
능히 불변하는 무無 자리이면서 능히 변하는 유有 자리입니다.
능이성유상能以成有常하고 능이성무상能以成無常하여
유상으로 보면 불생불멸하고, 무상으로 보면 인과보응하는 자리가
서로 바탕 하여 원융하게 놓아있습니다.　　　좌종 1타

종소리를 듣습니다. 이 듣는 자리에서 종소리를 직시하십시오.
하나로 두렷한 실상인 일원상은
변하는 유有로 두렷이 유이고 불변하는 무無로 분명 구이나
변하는 유有라 하면 어느새 불변하는 무無이고
불변하는 무無라 하면 어느새 변하는 유有로써
유有라고도 할 수 없고 무無라고도 할 수 없는 자리이면서
또한 능히 유有하고 능히 무無한 자리입니다.
유有와 무無가 바로 일원상 한자리입니다.

이 〈일원상 게송〉에 들기를 바랍니다.　　　좌종 1타

| 맺는말 |

# 물질문명의 자본주의 시대에 더욱 필요한 '일원상 공부'
### - 『정전』 '일원상' 장을 독송하자 -

　물질개벽 시대에 타당하고 적합한 정신개벽을 펼치기 위해서는 일원상 공부가 절실히 요청된다. 과학문명이 발달함에 따라 융성해지는 물질의 세력에 끌려다니지 않기 위해서는 정신의 세력을 키워야 한다. 그리할 때 물질의 세력을 항복시키어 물질문명을 선용할 수 있다.

　물질문명의 자본주의 시대에 정신개벽의 힘을 키우기 위해서는 일원상 공부가 반드시 수행隨行되어야 한다. 일원상은 물질의 세력에 포획되고 함몰되지 않는 경지이기 때문이다. 물질의 힘에 끌려가지 않고 종속되지 않는 일원상을 체받는 공부는 물질이 개벽하여 가는 자본주의 시대에 더욱 필요로 한다.

　이 일원상을 체받아서 신앙 수행하는 공부는 초입자 시절부터 큰 발원이 있어야 하고, 설사 법위가 높아져도 놓쳐서는 안 되는 근원적인 공부이다. '일원상의 공부'로 '일원상의 적공'을 쌓고 쌓아가야 한다. 일원상 공부는 물질개벽 시대에 정신개벽을 꽃피워 광대무량한 낙원을 이루어가는 동력이다.

　소태산 대종사는 물질문명이 발달해 가는 시대 속에서 치열한 발심 구도를 통해 대원정각大圓正覺을 이루어 우리에게 일원상의 진리를 밝혀주었다. 또한, 이 일원상의 진리에 근거하여 사사삼팔4438의 교법 및 수행법을 펼쳐주었다. 일원상의 안목으로 사은을 전개하고, 일원상의 시각으로 사요를 제시하며, 일원상의 마음으로 삼학을 드러낸 것이다. 이 공부법이 소태산 대종사의 크나큰 법은法恩이다.

　우리의 신앙 수행이 일원상에 근원하고 바탕 하지 않는다면 뿌리가 미약한 나무

같고 기초와 기반이 허약한 건물과 같다. 그러므로 일원상을 신앙의 대상과 수행의 표본으로 모시고 받들어 쳐받는 '일원상 공부'를 놓쳐서는 안 된다.

각자의 처지와 상황에 따라 일원상 공부심으로 사은에 보은하고 사요를 실천하며 삼학과 팔조를 수행해 가는 일원상의 적공이 광대무량한 낙원으로 인도하는 구체적인 방법이며, 또한 교단 4대의 제일 우선이요 급선무요 근본으로 저력이 될 것이다.

**또한 일원상 독경을 하자.**『정전』제2 교의편 제1장 일원상 제1절 '일원상의 진리'부터 제6절 '일원상 게송'까지 일원상을 독송하는 문화가 꽃피길 바란다. 대각개교절을 맞이하여 전 교도가 소태산의 대각을 찬송하는 독송문으로 완독하기를 바란다. 원불교 문화에 '일원상 서원문'을 비롯하여 '일원상의 진리' '일원상의 신앙' '일원상의 수행'도 깨달음의 독송문으로 울려 퍼지고, '일원상 법어'와 '일원상 게송'도 가슴 벅찬 독송문으로 정착되기를 바란다.

이 일을 각자 하려는 서원 따라, 나부터, 할 수 있는 것부터, 이소성대以小成大로, 만나는 경계에서, 하는 일에서부터 '일원상 공부'로 '일원상 적공'의 일원탑一圓塔을 쌓아 가는데, 이 책『정신개벽의 일원상 공부』가 도움이 되길 바란다.

원기110년(2025)
대각개교절을 맞이하며

# 참고 문헌

- 불법연구회 정기간행물,《월말통신》《월보》《회보》
- 『원불교자료총서』(영인본) 1~10권, 원불교출판사, 1985.9.15.
- 『원불교교고총간』 제1권, 원불교정화사, 1968.10.26.
- 『원불교교고총간』 제2권. 원불교정화사, 1969.6.30.
- 『원불교교고총간』 제3권, 원불교정화사, 1969.9.26.
- 불법연구회 동·하선 일지,《선원일지》
- 《원광》 제8호, 원불교원광사, 1954.10.1.

- 『원불교 정전』(한자표기판본), 원불교출판사, 1999.7.31.
- 『원불교전서』(정전, 대종경, 불조요경, 예전, 정산종사법어, 원불교교사, 원불교 성가), 원불교정화사, 1977.10.26.
- 『원불교교헌』, 1948.4.26. 교명선포 후 제정 이후 2024.3.18. 6차 개정
- 『대산종사법어』, 원불교출판사, 2014.4.5.

- 『수양연구요론』, 원기12년(1927) 5월 발행
- 『조선불교혁신론』, 원기20년(1935) 4월 발행
- 『불교정전』, 원기28년(1943) 3월 발행
- 『불법연구회근행법』, 원기28년(1943) 12월 발행

- 『대종경선외록』, 원불교출판사, 1985.5.20.
- 『한울안 한 이치에』(증보판), 원불교출판사, 1987.11.1.
- 오선명 엮음,『정산종사법설』, 월간원광사, 2000.7.12.
- 원불교신보 신서 2『구도역정기』, 원불교출판사, 1988.9.30.
- 주산 송도성 법문집,『마음은 스승님께 몸은 세상에』, 원불교출판사, 2007.11.3.

- 구타원 이공주 법문집, 『일원상을 모본하라』, 원불교출판사, 2007.1.2.
- 혜산 전음광 문집, 『빛은 동방에서』, 원불교출판사, 1986.4.28.
- 원산 서대원 문집, 『천상락과 인간락』, 원불교출판사, 2000.5.30.
- 안이정, 『원불교교전해의』, 원불교출판사, 1997.10.31.
- 손정윤 편저, 『원각성존 소태산대종사 일화집』, 원불교출판사, 1995.3.20.
- 이승원(제룡) 엮음, 『원각성존 소태산 대종사 수필법문집』

- 정성본 역주, 『무문관』, 한국선문화연구원, 2004.5.26.
- 강신주, 『매달린 절벽에서 손을 뗄 수 있는가』 중 《무문관》 원문, 동녘, 2014.4.30.
- 한자경, 『불교의 무아론』, 이화여자대학교출판부, 2006.6.18.
- 고명섭, 『니체극장』, 김영사, 2012.6.15.
- 고명섭, 『하이데거 극장』 「존재의 비밀과 진리의 심연」 1권 2권, 한길사, 2020.8.30.
- 백낙청, 『문명의 대전환과 후천개벽』 - 백낙청의 원불교 공부, 모시는 사람들, 2016.12.31.
- 백낙청, 『서양의 개벽사상가 D.H.로런스』 중 「죽음의 배」, 창비, 2020.7.10.
- 백낙청·방길튼·허석, 『개벽사상과 종교공부』 중 「원불교. 자본주의 시대의 절실하고 원만한 공부법」 창비, 2024.2.2.
- 방길튼, 『소태산 영광을 수놓다』, 원불교출판사, 2021.3.31.
- 방길튼, 원불교 성가 감상담 1 『원음 산책하는 즐거움』, 원불교출판사, 2015.3.31.
- 방길튼, 원불교 성가 감상담 2 『원음 산책하는 기쁨』, 원불교출판사, 2018.9.14.

- 양은용, 「소태산대종사의 정기훈련 중 법문연구」 - 부록 《선원일지》의 대종사 법문, 제28회 원불교사상연구학술대회 '개교100년과 원불교문화', 2009.2.
- 김영신 수필, 시창23년 제1회 교무강습회 필기노트

## (지은이) 방길튼의 저서

- 원불교 성가감상담 1 『원음 산책하는 즐거움』, 원불교출판사, 2015.3.31.
- 원불교 성가감상담 2 『원음 산책하는 기쁨』, 원불교출판사, 2018.9.14.
- 『그렇지! 나는 원래 훌륭한 사람이니까』(동화집), 훌륭한마음씨, 2015.7.30.
- 『훌륭한 마음씨』(동시집), 훌륭한마음씨, 2015.9.20.
- 『훌륭한 마음씨를 키워요』(워크북), 훌륭한마음씨, 2016.2.25.
- 『동그라미가 넘어졌어요』(훌륭한 이야기집 1), 동남풍, 2016.8.10.
- 『소태산과 아홉 제자들』(훌륭한 이야기집 2), 동남풍, 2016.8.10.
- 원불교 영산성지 순례기도집 『소태산 대종사 숨결따라』(재개정), 원불교출판사, 2017.8.21.
- 원불교 변산성지 순례기도집 『소태산 대종사 마음따라』(개정), 원불교출판사, 2017.5.25.
- 원불교 익산성지 순례기도집 『소태산 대종사 발길따라』(개정), 원불교출판사, 2016.2.12.
- 원불교 서울성적지 길라잡이 『소태산, 서울京城을 품다』(개정), 원불교출판사, 2017.12.30.
- 『소태산에게 길을 묻다』(공저), 도서출판 마음공부, 2017.10.30.

- 소태산 서울 행적 및 법문 이야기『경성전』, 훌륭한마음씨, 2017.2.26.
- 소태산 변산 행적과 말씀『변산-전』, 원불교출판사, 2020.7.31.
- 『원불교, 남도와 만나다』, 상상창작소 봄, 2020.12.31.
- 영산성지 해석서『소태산, 영광을 수놓다』, 원불교출판사, 2021.3.31.
- 영상성지 명상과 법문『영산성지 사용법』, 원불교출판사, 2021.3.31.
- 월말통신·월보·회보로 읽는『정전 공부법』(총서편 및 교의편), 원불교출판사, 2021.8.21.
- 월말통신·월보·회보와 함께 읽는『정전 훈련법』(수행편1), 원불교출판사, 2022.8.21.
- 월말통신·월보·회보와 함께 읽는『정전 수행법』(수행편2), 원불교출판사, 2022.8.21.
- 원불교 기본교리『사사삼팔4438』, 원불교출판사, 2023.2.28
- 『개벽사상과 종교공부』(공저), 창비, 2024.2.2.
- 『소태산 법문 따라 익산총부를 걷다』, 원불교출판사, 2024.4.1.
- 『정신개벽의 일원상 공부』, 원불교출판사, 2025.4.

정신개벽의
# 일원상 공부 |증보판|

초　판 1쇄 발행　　2025년 4월 28일
증보판 1쇄 발행　　2025년 8월 30일

지은이　　　방길튼

펴낸곳　　　원불교출판사
펴낸이　　　주영삼(성균)
출판등록　　1980년 4월 25일(제1980-000001호)
주소　　　　54536 전북특별자치도 익산시 익산대로 501
전화　　　　063)854-0784
팩스　　　　063)852-0784
홈페이지　　www.wonbook.co.kr
인쇄　　　　문덕인쇄

ISBN 978-89-8076-440-2(03200)
값 20,000원

ⓒ 이 책은 저작권법에 의해 보호를 받는 저작물이므로 무단 전재와 복제를 금합니다.
잘못 만들어진 책은 구입처나 본사에서 바꿔 드립니다.